認認真真講歷史

天涯社区人气佳作

东晋风云

【全五卷】卷四

孙峰·著

中国文史出版社

图书在版编目（CIP）数据

东晋风云. 卷四 / 孙峰著. -- 北京 : 中国文史出版社, 2019.7
（认认真真讲历史）
ISBN 978-7-5205-1059-2

Ⅰ. ①东… Ⅱ. ①孙… Ⅲ. ①中国历史－东晋时代－通俗读物 Ⅳ. ①K237.209

中国版本图书馆CIP数据核字(2019)第066565号

责任编辑：刘　夏
封面设计：陈欣欣

出版发行：中国文史出版社
社　　址：北京市海淀区西八里庄路 69 号　**邮编：**100036
电　　话：010-81136606　81136602　81136603（发行部）
传　　真：010-81136655
印　　装：北京温林源印刷有限公司
经　　销：全国新华书店
开　　本：1/16
印　　张：19.75　　**字数：**341 千字
版　　次：2019 年 8 月北京第 1 版
印　　次：2019 年 8 月第 1 次印刷
定　　价：55.00 元

目录

第十部　晋末风烟

第八部 前秦灭亡

二八九 艰难复国（一）

前秦政权瓦解以后，代北地区同样经历了一场空前激烈的权力争夺。

客观地说，前秦在灭代以后，对于代地的处置也是十分缜密的：秦王离散了拓跋部的原有部众，在拓跋部的基层派驻了官吏进行管理，并让铁弗部刘卫辰管理原拓跋部西部部落和部民，让独孤部刘库仁管理拓跋部的东部部落和部民，将原居住于阴山以北意辛山（今内蒙古自治区二连浩特西南）的贺兰部迁往大宁（今河北省张家口市），让其依托幽州刺史以制约独孤部，这些我们前面均已说过。大乱来临之后，独孤部刘库仁站在了前秦幽州刺史王永的一边，他派出公孙希进攻慕容垂，但由于独孤部内乱，刘库仁于公元 384 年十月被杀，其弟刘眷（又称作刘头眷）继位。《魏书·刘库仁传》中称，（刘库仁）当时试图发雁门、上谷、代郡兵，从这一点看来，当时，独孤部势力范围已经延展到了恒代以东、桑干河中下游地区。刘眷继位以后，白部大人絜佛背叛，刘眷无力征讨，曾经请求前秦的并州刺史张蚝出兵进攻，击破了白部。不过，到了公元 385 年，贺兰部的势力也趁乱南下，进入了独孤部传统的游牧地善无（今山西省右玉县境），继位后的刘眷在善无击败了南下的贺兰部，又乘胜北上击败意亲山下的柔然别帅肺渥的部众，虏获十余万头牛羊。

柔然部，又被称作蠕蠕、茹茹等，有关柔然的来源，大致有四种说法：一是东胡说。据《魏书·蠕蠕传》记载：“蠕蠕，东胡之苗裔也，姓郁久闾氏。”在拓跋力微末年，拓跋部抓获一奴隶，由于此人头发长得只有眉毛那么长，因此，称呼他叫木骨闾，就是秃头的意思。又由于木骨闾与郁久闾的发音相近，此人的后代就以郁久闾为姓氏。木骨闾长大以后，被免除奴隶身份，成为一名骑士，拓跋猗卢时期，木骨闾因犯法当斩而逃亡，他逐渐聚合了一百多人，依附于高车的纥突邻部。木骨闾死后，儿子车鹿会才拥有自己的部众，自号柔然，隶属于拓跋部。到车鹿会的重孙地粟袁死后，其部一分为二，地粟袁的长子匹候跋居于东边（柔然原有游牧地，今内蒙古自治区河套东北、阴山以北一带），次子缊纥提居于西边（今内蒙古自治区河套以北以西到额济纳河流域）。拓跋什翼犍死后，西边的缊纥提依附于铁弗部刘卫辰。二是匈奴别种说。这源于《宋书》《南齐书》的记载。三是塞外杂胡说。有学者称历史上的确有柔然国，但没有柔然民族，因此，只能称其是塞外杂胡。四是蒙古说。但总的来说，柔然出于东胡中的拓跋鲜卑，似乎更加可靠。

新即位的独孤部酋长刘眷顺利地挫败了贺兰部的南下，并击破柔然部，实力进一步增强。但刘眷的儿子刘罗辰却提醒自己的父亲说："前一段用兵，我们所向无敌，可是，我们尚有心腹之患，不可不防！"

刘眷问："是谁？"

刘罗辰回答："我的堂兄刘显是一个心狠手辣之人，早晚肯定会发动叛乱。"

刘显是刘库仁的儿子，身为刘库仁之子，他当然有资格接任独孤部酋长的职位，而这一职位却让自己的叔叔继受，刘显心中自然不满。刘罗辰的用意正是要提醒自己的父亲，注意刘显会发动政变，但是，可惜的是，刘眷却没有将此事放在心上。结果，不久，刘显真的就发动了政变，将刘眷杀死，自立为独孤部的酋长。

独孤部的这一权力更迭，直接影响到了一个人的生存状态，这个人就是时年十五岁的拓跋珪。

我们知道，拓跋珪在昭成帝拓跋什翼犍建国三十四年(公元371年)七月七日生于参合陂(今内蒙古自治区凉城县东北之岱海)之北，当时，其父拓跋寔已在五月间发生的政变中被害。而《晋书》《宋书》《南齐书》有关拓跋珪的身世和代国灭国以后的踪迹，记载得与《魏书》《资治通鉴》迥然有异，这给我们读史人带来了很大的困扰。主要的争议之处在于，拓跋珪是拓跋什翼犍的儿子还是孙子？拓跋珪在代国灭国以后，是一直留在独孤部还是被送到了长安？对此，前面我们已经简单做了介绍，不再赘述。不过，即使如《晋书》等书所云拓跋珪实际上是拓跋什翼犍的儿子的话，从拓跋什翼犍在得知拓跋珪出生以后即大赦境内等方面，我们也可以看出，拓跋珪在当时是被确立了嫡孙地位的。同样地，即使如《南齐书》等书的记载，在代国灭亡以后，拓跋珪也被送到了长安，但淝水之战以后，拓跋珪最终还是被送回了独孤部，也就是说，根据史料的记载，拓跋珪在即位为代王之前曾经居住在独孤部这一点，是属实的。吕思勉先生推测，拓跋珪被慕容垂送回独孤部的时间，应该在独孤部刘库仁派遣公孙希率兵协助前秦军队之时。如果是这样的话，当时慕容垂将拓跋珪送归独孤部，其用意十分明显。由于独孤部统领的部众很多都是拓跋部的旧属，让拓跋珪回到独孤部就是为了分化瓦解独孤部，而作为十四五岁的拓跋珪而言，能够脱离慕容垂独立发展，也正是他求之不得的好事，独孤部酋长刘库仁是被后燕贵族慕舆文等人所杀，而拓跋珪又是从慕容垂那里归来的旧主，因此，他不仅对独孤部对其他部族的控制产生威胁，而且对独孤部本身也会产生威胁，这样一来，刘库仁之子刘显对拓跋珪的仇视似乎也更好解释。

刘显的杀叔行为，让独孤部面临分裂的边缘，而拓跋珪在独孤部的存在，更让本已不稳的独孤部雪上加霜。由于拓跋珪作为拓跋部的嫡孙地位，刘显担心拓跋珪将属于自己控制的原拓跋部部众带走，从而瓦解独孤部的部众，于是，他决定诛杀拓跋珪。一次，拓跋珪到刘显那里，商人王霸知道刘显有可能趁机杀死拓跋珪，就在人群中暗暗踩踩拓跋珪的脚，拓跋珪顿时明白，赶紧飞马而逃。

刘显一次没有成功，他还策划着第二次。不过，独孤部与拓跋部历来有着千丝万缕的关系，刘显的父亲刘库仁就是拓跋什翼犍的外甥，也就是说，刘库仁的妈妈就是拓跋什翼犍的姐妹，同时，拓跋什翼犍又将拓跋部的宗室之女嫁给了刘库仁；而刘显的弟弟刘亢泥的妻子，就是拓跋什翼犍的女儿；刘显的智囊梁六眷的母亲，是拓跋什翼犍的妹妹，这种错综复杂的关系和拓跋珪特殊的身份也让刘显只能采取暗中的行动，不可能明目张胆地诛杀自己的前主，而拓跋珪也利用这一宝贵的时间，秘密联络旧部，准备逃离独孤部。

果不其然，当刘显第二次计划准备实施的前夕，刘亢泥的妻子得知消息以后，就告诉了拓跋珪的母亲贺氏；与此同时，梁六眷也派自己部落的部民穆崇、奚牧二人秘密将刘显的阴谋报告给了拓跋珪。为了不引起刘显的怀疑，梁六眷对穆崇嘱咐道："刘显如果抓到了你，询问缘由，身为大男人，当以死效节，即使刀剑相割，也不能泄露。"他还特意让穆崇将自己美貌的妻子和骏马带上，说："事情发生以后，我将以此自明。"

得知消息的贺氏让自己的儿子带领身边亲随匆匆而去，而这位美丽、智慧而又伟大的母亲，为了儿子却提出请刘显来家喝酒。据《魏书·献明皇后传》记载："后夜饮显使醉。向晨，故惊厩中群马，显使起视马。后泣而谓曰：'吾诸子始皆在此，今尽亡失。汝等谁杀之？'故显不使急追。"史料对此语焉不详，但从字里行间却透露出一点信息，那就是，贺氏为了儿子的安危而主动与刘显勾搭，当晚，刘显喝醉以后，就住在了贺氏的帐中。天将破晓的时候，贺氏故意将马厩中的马匹惊动，刘显让贺氏起床查看，而贺氏回身却对刘显哭泣道："我的那些儿子们刚才还都在此，现在却一个也不见了，你们谁把我儿子杀死了？"因此，刘显以为自己安排的人已经将拓跋珪等人诛杀，也没有组织人寻找、追赶，为拓跋珪的脱逃赢得了宝贵的时间。

二九〇 艰难复国（二）

与拓跋珪一同逃往贺兰部的，尚有所谓的“元从二十一人”。

《魏书·李栗传》记载，（李栗）“初随太祖幸贺兰部，在元从二十一人中”。这是拓跋珪“元从二十一人”说法的由来。拓跋珪在登国元年（太元十一年，公元386年）的前一年八月，为躲避刘显的诛杀而从独孤部逃离，躲避到贺兰部。元从二十一人，当指在此前后追随拓跋珪的二十一位功臣。史料并没有给出这二十一人的具体所指，但据史料的记载，有学者将此二十一人圈定在以下的范围中，他们分别是：拓跋仪、拓跋烈、拓跋觚、拓跋遵、拓跋虔、拓跋纥罗（兄弟）、长孙犍、拓跋他、长孙肥、穆崇、奚牧、庾和辰（兄弟）、李栗、叔孙建、安同、来初真、贺兰悦、尉古真、穆丑善、王建、和跋等人。

在这二十一人当中，拓跋仪、拓跋烈、拓跋觚三人分别是秦明王拓跋翰的三个儿子，是拓跋珪的堂弟兼同母异父兄弟，拓跋遵为拓跋寿鸠之子，拓跋虔为拓跋纥根之子，二人均为拓跋珪的堂兄弟，这五人与拓跋珪的血缘关系最近，其中，拓跋仪和拓跋虔，尤其武勇绝伦，拓跋仪“容貌甚伟，美须髯，有算略，少能舞剑，骑射绝人”，而拓跋虔更是“姿貌魁杰”，勇冠当时，他使用的大槊非同寻常，但他依然嫌轻，又在槊刃上悬挂铃铛。临阵杀敌，常洞穿敌人身体，将敌人身体高举于大槊之上。一次，与敌交战，曾将大槊插在地上，驰马假装败退，敌人上前争相拔取大槊，却拔不出来，这时，拓跋虔在远处弯弓搭箭，一箭即射杀了两三个人，余众魂飞魄散而逃，拓跋虔这才从容地让人将大槊取回。

拓跋纥罗及其弟弟拓跋建，是神元皇帝（拓跋力微）的曾孙，从辈分上讲，与拓跋珪的爷爷拓跋什翼犍同辈，两人在拓跋部中辈分最高，他们跟随拓跋珪来到贺兰部以后，搜集旧部，得到了拓跋珪赖以发展的最初三百户居民，并请拓跋珪的舅舅贺兰讷（贺讷）帮助拓跋珪复国。

《魏书·太祖本纪》记载："帝乃阴结旧臣长孙犍、元他等。秋八月，乃幸贺兰部。"长孙犍、元他，只此一出，而元他即为拓跋他，长孙犍疑为长孙嵩，因为，据《魏书·长孙嵩传》记载，长孙嵩的名字是拓跋珪赐的，并非是其本名。在拓跋什翼犍时期，他的父亲长孙仁为拓跋部的南部大人，苻坚灭代以后，长孙嵩与拓跋他一起带领部众归顺独孤部刘库仁，在拓跋珪逃离独孤部以后，长孙嵩率领拓跋部本部七百多户部民，将要前去五原（今内蒙古自治区包头市），在乌渥的劝说下，长孙嵩勉强归顺拓跋珪。由于长孙氏在拓跋部极大的影响力，所以，长孙家族在北魏一朝一直非常显赫，在"帝室十姓"中是仅次于拓跋氏的姓氏。长孙嵩归附拓跋珪的时间，与拓跋珪逃往贺兰部相差并不长，因此，认定长孙嵩以及《本纪》中提到的拓跋他二人在"元从二十一人"之中，是可以接受的。

在各自本传中有明确记载，在拓跋珪依附独孤部及逃往贺兰部时，即追随拓跋珪的，尚有：一是长孙肥。其本传中称："太祖之在独孤及贺兰部，肥常侍从，御侮左右，太祖深信仗之。"二是穆崇。三是奚牧。《魏书·奚牧传》记载："初，刘显谋害太祖，梁眷知其谋，潜使牧与穆崇至七介山以告。"四是庾业延、庾和辰兄弟。《魏书·庾业延传》记载："刘显谋逆，太祖外幸，和辰奉献明太后归太祖，又得其资用。以和辰为内侍长。和辰分别公私旧畜，颇不会旨，太祖由是恨之。岳独恭慎修谨，善处危难之间，太祖喜之。"五是李栗。六是叔孙建。《魏书·叔孙建传》记载，其父叔孙骨为拓跋什翼犍的养子，因此，叔孙建是拓跋珪的养叔。"太祖之幸贺兰部，建常从左右"。七是安同。安同的父亲叫安屈，安屈的一个朋友叫公孙眷，这个公孙眷与公孙希是兄弟，他俩的妹妹就是苻坚赏赐给刘库仁为妻的公孙夫人。由于这个缘故，安同与公孙眷一起到独孤部做生意，在此见到了拓跋珪，就留在拓跋珪的身边。八是来初真。据《魏书·来大千传》记载说来大千的父亲来初真，"从太祖避难叱候山，参创业之功"云云。以上是十八人。

另有数人，虽然史料没有明确说明自拓跋珪在独孤部时，即追随拓跋珪，但可以看出在拓跋珪复国初期处于非常重要的地位，有可能被列为"元从二十一人"当中，他们分别是：一是贺兰悦。贺兰悦是拓跋珪母亲的堂兄弟，是拓跋珪的堂舅。《魏书·外戚传》记载："初，太祖之居贺兰部下，人情未甚附，唯悦举部随从。"二是尉古真。其本传称："太祖之在贺兰部，贺染干遣侯引乙突等诣行宫，将肆逆。古真知之，密以驰告，侯引等不敢发。"三是穆崇族人穆丑善。《魏书·穆崇传》称：“太祖初，率部归附，与崇同心勠力，御侮左右。”四是莫题。拓跋珪的属下还有一个莫题，另外一个是莫含的孙子，我们知道，莫含曾是刘琨的从事，家里十分富有，后被拓跋猗卢要去，自此莫家就效力于拓跋氏。这里说的莫题，也是拓跋珪的亲信部将，不过，在窟咄之难中，莫题曾经动摇过，后被拓跋珪所杀。五是贺狄干。曾为代国北部大人。“登国初，与长孙嵩为对，明于听察，为人爱敬。”六是和跋。拓跋珪提拔其为外朝大人，“参军国大谋，雅有智算”。七是王建。王建的姑奶是拓跋什翼犍的母亲王氏，王建是拓跋珪的堂舅，同时，王建又娶了拓跋什翼犍的女儿，因此，还是拓跋珪的姑父。据姚薇元《北朝胡姓考》考证，王建属于乌丸人。“登国初，为外朝大人，与和跋等十三人迭典庶事，参与计谋。”其中，我们多举出了莫题和贺狄干二人，从两人当时的身份上看，此二人也有可能成为备选之人。这些人大都是拓跋部的近亲或者旧属，以此为基础，拓跋珪开始了他艰难而又充满血腥的复国之路。

公元385年八月，后来被称为北魏道武帝的拓跋珪从独孤部逃离，这一年，他十五岁。就在同一月，前秦的苻坚被杀、东晋的谢安去世，此时，如出樊笼的拓跋珪，也是否暗示着另外一个崭新的时代即将出现？仓皇而逃的他，当然不知道。投奔舅舅的拓跋珪，见到舅舅贺讷以后，贺讷惊喜地说道：“你复国以后，当念及老臣！”拓跋珪笑着说：“真像舅舅所言，肯定不会忘的！”拓跋珪逃亡以后，刘显很快得到了消息，他怀疑是梁六眷走漏了风声，将要处罚梁六眷，而逃亡在外的穆崇却传过话来说：“梁六眷不顾恩义，与刘显一起图谋大逆，今天我抢到他的妻子和骏马，这足以泄愤。”刘显闻言，就不再追究梁六眷了。

正如前面所说的那样，拓跋珪刚刚到贺兰部的时候，身边并无多少部众，拓跋纥罗及其弟弟拓跋建搜集旧部，得到了三百户，这成为拓跋珪赖以发展的最初力量，另外，贺氏的堂弟贺兰悦率领自己的部众追随拓跋珪，贺兰悦的部众多少，是否就是或者包含在这三百户之内，已经无法确知。不过，由于贺兰悦的加入，导致了刘显大怒，欲杀死尚留在独孤部的贺氏，贺氏逃奔刘亢泥家，隐藏在刘亢泥家的神车中整整三天，后经刘亢泥全家哀求，刘显这才放过了贺氏。后来，独孤部发生内讧，原中部大人庾和辰带着贺氏从独孤部回到拓跋珪的身边，庾和辰也被任命为内侍长。其后不久，长孙嵩也率领部众七百多人加入到拓跋珪的队伍中，拓跋珪开始在贺兰部内逐渐壮大了起来。

二九一　艰难复国（三）

公元385年年底，当慕容垂定都中山、准备称帝的时候，拓跋纥罗及其弟弟拓跋建以及诸部大人也在请求贺讷推举拓跋珪为主。

贺讷不仅仅是拓跋珪的大舅，而且，贺兰氏与拓跋氏也有着十分复杂的姻亲关系。贺讷的爷爷娶了平文皇帝拓跋郁律的女儿，也就是说贺讷的奶奶是拓跋什翼犍的姐妹，贺讷的爸爸贺野干，又娶了拓跋什翼犍的女儿辽西公主，因此，从拓跋珪的角度，贺讷是自己的舅舅，但从辽西公主的角度，贺讷与拓跋珪又是平辈。贺讷的弟弟贺染干性格粗暴，他很担心拓跋珪慢慢坐大，威胁到贺兰部，因此，对拓跋珪十分忌惮，曾密谋让族人侯引七突等人袭杀拓跋珪。尉迟古真（尉古真）得知以后，秘密飞马前去相告，拓跋珪部众得以戒备，侯引七突等人到来以后，见拓跋珪有备，不敢动手。贺染干怀疑是尉迟古真泄露的秘密，将其捆绑起来，用两个车轴挤压尉迟古真的头颅，然后转动车轮，将他的一只眼球硬生生地从眼眶中挤出，但尉迟古真自始至终矢口否认，贺染干只好将其释放。袭杀不成，愤怒的贺染干竟明目张胆地带兵围住了拓跋珪的驻地，千钧一发之际，贺兰氏从营帐中出来，对自己的兄弟说："你们如今打算将我置于何地！？还想杀掉我的儿子！"贺染干羞愧而去。贺兰氏的出面保住了自己的儿子。

虽然如此，当诸部大人请求立拓跋珪为主的时候，贺染干还是表示："他拓跋珪身处我的国中，怎能如此！"贺讷却说："拓跋珪，是大国的嫡孙，在我国中兴复大业，是我们的福分。我们正应当予以帮助，立下大功，你竟然还有不同意见，这怎是为臣应该做的！"《魏书》的这段记载，似乎是对贺讷的褒美之词，其实，就当时代北的情况而言，前秦政权瓦解，拓跋部复兴已成必然，即使拓跋珪不被拥立，拓跋部旧部还会拥立其他人，如《魏书·长孙嵩传》记载，当时拓跋寔君之子也已经自立，就是证明。与其拥立其他人，倒不如拥立自己的外甥拓跋珪，这是其一。其二，就当时在代北及其周边地区的独孤部、贺兰部、铁弗部等部而言，实力最强的当属独孤部，但是，独孤部因为刘显杀死刘眷以及拓跋珪脱逃等，实力又大为削弱，贺讷在自己的国中树立起拓跋珪这面旗帜，可以有效地瓦解独孤部原属拓跋部的部众，对于贺兰部取得该地区的统治权，是有利而无害的。这大约也是贺讷愿意拥立拓跋珪的另一个原因。

于是，在晋孝武帝太元十一年（公元 386 年）一月六日，拓跋珪在代北的牛川召开部落大会，即代王位，改元登国，这一年即被称为北魏道武帝登国元年。牛川究竟在哪里？一般的说法是位于今内蒙古自治区乌兰察布盟的塔布河。塔布河，发源于今内蒙古自治区包头市的固阳县东北，往北流去，上游称召河，中游称大黑河、塔布河或西拉木伦河，下游注入呼和淖尔，这里是拓跋部的主要游牧区。而吕思勉的《两晋南北朝史》第六章第七节注释却说："牛川，出绥远凉城西，经左云至大同入河。"《中国古代地名大词典》"牛川条"解释："在绥县东，即榆沟，接凉城县界，晋太元十一年，拓跋珪即代王位于此。"塔布河在呼和浩特西北，而出自凉城附近的却在呼和浩特东南，显然不是指的同一条河流。马长寿《乌桓与鲜卑》一书也称代川在呼和浩特东南，因此，我们倾向于后面的说法。

新建的代国，主要依靠三部分的力量：一是所谓的宗室十姓，即纥骨氏（后改为胡氏）、普氏（后改为周氏）、拓跋氏（后改为长孙氏）、达奚氏（后改为奚氏）、尹娄氏（后改为尹氏）、丘敦氏（后改为丘氏）、侯氏（后改为亥氏）、乙旃氏（后改为叔孙氏）、车焜氏（后改为车氏）等。二是所谓的勋臣八姓。他们分别是丘穆陵氏（后改为穆氏）、步六孤氏（后改为陆氏）、贺兰氏（后改为贺氏）、独孤氏（后改为刘氏）、贺楼氏（后改为楼氏）、勿忸于氏（后改为于氏）、尉迟氏（后改为尉氏）、纥奚氏（后改为嵇氏）。三是部分汉族知识分子。这些人有张衮、许谦、莫含之孙莫题等人。拓跋珪即位以后，即任命长孙嵩为南部大人，叔孙普洛为北部大人，分别治理拓跋部众；又以上谷人张衮为左长史，许谦为右长史，王建、和跋、叔孙建、庾岳（庾和辰的弟弟庾业延）等人为外朝大人，处理日常事务；以奚牧为治民长，这些人均负责守卫，并参与军国大事的讨论。拓跋珪还任命长孙嵩的侄儿长孙道生、贺毗等四人担任随身侍从，掌握机密，负责传达命令。

也就是在拓跋珪即代王之位的同月，慕容垂也在中山称帝了，第二个月，长安的慕容冲即被下属杀死，西燕部众踏上了东归之路。而也就是在这个月，代王拓跋珪南下到代王的旧都盛乐（今内蒙古自治区和林格尔），听说代王拓跋珪南下以后，三月，在善无（今山西省右玉县）的独孤部头领刘显，为了躲避可能来自拓跋部和贺兰部的联合反击，率众离开善无，南撤到马邑（今山西省朔州市），独孤部的族人刘奴真则率众投降了拓跋珪。有学者根据刘奴真的发音与刘罗辰相近，又依据拓跋珪的刘皇后是刘罗辰的妹妹，而刘奴真在投降拓跋珪以后，也曾将自己的妹妹送给了拓跋珪，由此断定这个刘奴真就是刘眷的儿子刘罗辰。这一说法有一定的道理，从当时的历史情况看，独孤部因为刘显诛杀叔叔刘眷而发生动荡，内部出现分裂，刘罗辰率领自己的部众独立是可能的，但是，根据《魏书·外戚传附刘罗辰传》记载，刘罗辰归附拓跋珪，是在拓跋珪与慕容麟一起击败刘显以后，即本年的年底，而不是此时，据此，这个刘奴真也许另有其人。

刘奴真归附拓跋珪以后，由于其哥哥刘犍先前居住在贺兰部，刘奴真就请求拓跋珪将刘犍召来，刘奴真想将部落交给刘犍管理。刘犍掌管独孤的这一部以后，为答谢贺兰部对自己的关照，就派弟弟刘去斤给贺讷送上黄金和骏马等礼物。贺染干对刘去斤说："我对待你们兄弟很好，如今，你掌管了部落，应该离开拓跋部，投奔我贺兰部。"刘去斤点头答应。刘奴真听说以后，不禁大怒，他说："自我爷爷以来，一直都是代国的忠臣，因此，我才将部落的统治权让给你们兄弟，这是为了让你们按大义行事。如今你们兄弟太不像话，竟然商量着要背叛，这哪里是按照大义行事！"于是，刘奴真遂诛杀了刘犍和刘去斤二人。贺染干闻讯，率军前去攻打刘奴真部，刘奴真逃奔代王拓跋珪。拓跋珪派人斥责贺染干，这样，贺染干才罢手。

在盛乐的拓跋珪，与民休息，鼓励农耕，五月，他到盛乐以东的陵石巡视。在此期间，护佛侯部帅侯辰、乙弗部帅代题叛逃，诸将请求追杀，拓跋珪却说："侯辰等人世代为皇家做事，即使有点小过失，也应该予以宽恕。况且如今刚刚立国，人心不定，愚蠢短视之人自然会叛逃，不用追了。"七月，拓跋珪回到了盛乐，乙弗部的代题果然回来归附，过了十几天，代题又逃往独孤部刘显那里。拓跋珪让代题的孙子倍斤接管乙弗部。同月，刘显的弟弟刘肺泥率众进攻依附于拓跋部的刘奴真部，不久，刘肺泥也率众归顺了拓跋珪。

一切似乎都在有条不紊地进行着，然而，一件意想不到的事情又发生了……

二九二　艰难复国（四）

此时，西燕的慕容永就驻守在河东地区，而驻守在晋阳的则是前秦的苻丕。

代北地区则是：南边是与苻丕政权接壤的独孤部的刘显，往北是盛乐的拓跋珪，再往北则是贺兰部以及与贺兰部关系密切的高车诸部，东方西拉木伦河一带则是库莫奚部，西方河套地区内是铁弗部，更西居延海（即嘎顺诺尔和苏古诺尔）一带则是柔然部。西燕慕容永自然是与前秦苻丕为敌的，而刘显与苻丕政权的关系不详，但从前年张蚝协助独孤部刘眷平定白部这一点看，似乎苻丕政权是与刘显的前任刘眷关系良好的。我们知道，在苻坚灭代以后，曾经将代王拓跋什翼犍的少子拓跋窟咄迁往长安学习，西燕东归的时候，拓跋窟咄也随着慕容永一起离开了长安。此时，慕容永任命拓跋窟咄为新兴（今山西省忻州市）太守，并与独孤部刘显联系，让刘显派人前来迎接。慕容永的目的是，扶持一个亲西燕的拓跋政权，在代北方向威胁晋阳的前秦政权，以便减少其对自己的压力；而刘显同样希望扶持一个亲自己的拓跋政权，以减轻来自拓跋珪和贺兰部对自己的联合打击，于是，慕容永与刘显一拍即合，八月，刘显派遣自己的另外一个弟弟刘亢泥率兵迎接拓跋窟咄，并护卫拓跋窟咄北上，扰动刚刚建立起来的代国。这就是著名的“窟咄之难”。

即便没有小叔父拓跋窟咄的出现，拓跋珪身处贺兰部和独孤部之间，已经非常难受，部落居民时叛时降，如今，拓跋窟咄的出现，更是加剧了这一局势动荡。代国各部落人心骚动，拓跋珪的亲信将领莫那娄族首领莫题，给拓跋窟咄送去箭，说：“三岁的牛犊岂能负重致远？”说的意思是，拓跋窟咄年长而拓跋珪年幼，并不看好拓跋珪。拓跋珪的亲随、穆崇的外甥勿忸于族于桓等人与部众阴谋抓住拓跋珪，响应拓跋窟咄，同伙单乌干向拓跋珪报告，拓跋珪担心由此引发更大的混乱，一直隐忍未发。三天后，于桓将自己的计划告诉了舅舅穆崇，说：“如今拓跋窟咄已立，大家都愿意归附，富贵不可失去，请舅舅深思。”穆崇连夜向拓跋珪报告，于是，拓跋珪将参与计划的于桓等五人诛杀。鉴于当时十分险恶的情况，拓跋珪没有扩大打击范围，对于其他虽怀异心，但未参与政变的诸如莫题等七族，都一概没有追究。但是，没有追究，并不等于拓跋珪忘记了此事。相反地，对此，拓跋珪一直怀恨在心，二十二年后，在拓跋珪临死前一年的北魏天赐五年，有人告发莫题父子居处傲慢，类似王爷，拓跋珪让人带去一支箭旧话重提说：“三岁的牛犊，能负重致远嘛！”莫题接到诏书，父子相对而泣，直到第二天早晨才将两人诛杀。

杀掉于桓等人以后，拓跋珪从盛乐北逃，越过阴山，再次投靠贺兰部，并派遣外朝大人安同和长孙贺前往后燕求救。就在安同前去求救的同时，晋阳的苻丕被西燕慕容永消灭，慕容永进据长子，自立为帝，与后燕慕容垂隔太行山相持。此时，扶持一个亲西燕的拓跋部已经不再是为了牵制苻丕，而变成了威胁后燕。与此同时，独孤部一向与后燕为敌，慕容垂扶持的是拓跋珪，一旦由慕容永支持的拓跋窟咄入主拓跋部，那么，不仅后燕的幽州、平州地区将受到拓跋部的威胁，而且，拓跋部骑兵还可以越过太行山，侵扰后燕国都中山。如果按照《魏书》的说法，拓跋什翼犍的正妻慕容氏生下了献明帝和秦明王，慕容氏与慕容儁、慕容垂兄弟是姐弟关系，那么，慕容垂就是拓跋珪的舅爷；拓跋窟咄与慕容垂的关系又当如何呢？

据《魏书·序记》记载，拓跋什翼犍一生一共娶了四个慕容氏女人，她们分别为：拓跋什翼犍即位于公元338年，第二年，即聘慕容皝之妹为代王妃，两年后，慕容氏去世；同年年底，慕容皝又将宗室之女嫁给了拓跋什翼犍；公元344年，慕容皝又将自己的女儿嫁给了拓跋什翼犍，这就是前述的生下拓跋珪父亲的那位慕容皇后；十七年后，到了公元360年，这位慕容氏又去世了；时隔一年后，到公元362年，时任前燕皇帝的慕容皝之孙慕容暐又“荐女备后宫”，此女也应为慕容宗室之女。那么，根据《资治通鉴》称，拓跋阏婆、拓跋寿鸠、拓跋纥根、拓跋地干、拓跋力真、拓跋窟咄，均为慕容妃的儿子，到苻坚灭代之时，即公元376年，慕容暐嫁给拓跋什翼犍的那位慕容妃，也已经到代国十四五年了，因此，拓跋窟咄等人是其所生当不违背情理。那么，姑且不说《南齐书》所称的，慕容垂是拓跋珪舅舅的说法，也暂且将该书中所云拓跋珪曾经依附过慕容垂不提，仅就亲缘关系上讲，拓跋窟咄系前燕皇帝慕容暐一系的慕容氏所生，与西燕政权有着天然的联系，而慕容暐及其父亲慕容儁则视慕容垂为仇敌，所以，拓跋窟咄入主拓跋部以后，在处理西燕和后燕的关系上，自然是会倾向于西燕的。前后燕帝国宗室在这中间延续数十年的错综复杂的恩恩怨怨，也促使慕容垂下定决心帮助拓跋珪，而非拓跋窟咄。于是，在慕容垂忙着南下扩大领土的同时，即刻命令赵王慕容麟率领六千步骑北上，前去解救危如累卵的拓跋珪。

当时，拓跋珪的处境十分险恶。他派遣穆崇回到原部落，探查人心所向。穆崇深夜回到拓跋部原居民中，恰好有火光，一位舂米的妇人立刻就认出了他，此时，拓跋旧部已被拓跋窟咄控制，一时间众人惊呼而起，穆崇身边的随从也顿时消失，他只好躲在深坑之中，趁人不注意偷了一匹马仓皇北去。深夜，筋疲力尽的他睡在大泽之中，一只白狼朝他嗥叫，穆崇突然意识到追兵可能来到，就跟随着白狼而去，得以逃脱。拓跋珪听说此事以后，命令穆崇为白狼立祀，世代祭祀。在穆崇探察拓跋窟咄的同时，安同、长孙贺东去请求后燕出兵，可是，途中长孙贺却叛逃到拓跋窟咄那里，由此，拓跋窟咄不仅得知了拓跋珪的行踪，而且也得到了拓跋珪将要联络后燕的情报。拓跋珪带领部众翻越阴山以后，依托高山作为屏障自保，也许是长孙贺透露了拓跋珪的行踪，在后燕援军尚未到来之前，刘亢泥独孤部和拓跋窟咄拓跋部的联军，在占领代国旧地以后，又再次向北推进，准备一举消灭拓跋珪。就在此时，贺兰部的贺染干却又趁火打劫，率军前来攻击拓跋部的北部部民，一时之间，拓跋珪几乎陷于灭顶之灾。

公元 386 年十月，北部大人叔孙普洛等十三人以及各族乌丸往西南逃奔铁弗部刘卫辰那里避难，拓跋珪则从弩山（今地不详）向东移动，抵达牛川。当拓跋珪所部抵达牛川以后，独孤部也闻讯而至。就在这时，派往后燕的安同与慕容垂的使者兰纥脱离慕容麟大军，昼夜兼行前往牛川报信，可是，在牛川，安同等人却遇到了此地拓跋窟咄的侄儿拓跋意烈的军队，并没有碰到拓跋珪。拓跋意烈是拓跋窟咄的哥哥拓跋力真的儿子。安同藏匿在商人的货囊之中，侥幸没有被敌人发现，等到夜晚，又从货囊中出来，躲藏在空井之内，才躲过了一劫。等拓跋意烈所部继续追赶拓跋珪以后，安同才再次逃回慕容麟军中。

拓跋珪在牛川无处存身，就再次引军继续向东撤退，驻扎在于延水（修水，源出于今内蒙古自治区兴和县东北，向东南流入河北省怀安县以后称为东洋河，汇入桑干河）南岸——此时，原处于大宁（今河北省张家口市）的贺兰部和处于平舒城（今山西省灵丘县）的贺赖头部似已北徙到意辛山的原游牧地。

与此同时，独孤部和拓跋窟咄也在捕捉拓跋珪的主力，他们也悄悄地向东移动。不过，安同此行还是听到了一些拓跋珪所部的窘境，也探察到了拓跋珪可能的行踪，他回到慕容麟军后，立即向慕容麟做了汇报。当后燕赵王慕容麟听说拓跋珪已经到了行将覆灭的边缘的时候，他再次派遣安同和朱谭等人北上寻找拓跋珪，这次，两人顺利抵达拓跋珪的营地，给拓跋珪带来了后燕援军即将到来的好消息。

得知燕军即将到来之后，拓跋珪又派遣安同前往慕容麟军中，约定合击拓跋窟咄的日期。此时，拓跋窟咄的军队正驻扎在高柳（今山西省阳高县西北），拓跋珪则率领所部开始南下，再次进入牛川，并越过了参合陂，与慕容麟所部在阳高会师。参合陂的具体地点历来都有争议，由于在十年之后发生了著名的参合陂之战，所以，也引起了学者们的广泛关注。据《中国古代地名大词典》称，一种说法是认为参合陂在山西省大同县东南；而另外一种说法认为是在内蒙古自治区丰镇县北，结合本次作战的其他地望，个人倾向于认同第二种说法。对于拓跋珪的行踪，《魏书·太祖本纪》在记载拓跋珪又“出代谷”，按：代谷，在句注山北，而句注山则远在山西省代县，此处为独孤部腹地，当属史书误记，或另有所指。拓跋珪与慕容麟两军会师以后，即刻发起对拓跋窟咄的进攻，大破拓跋窟咄军，拓跋窟咄狼狈西逃，投靠铁弗部刘卫辰。

我们一直不知道，为什么拓跋窟咄没有投靠帮助他复国的独孤部刘显，也没有南下回到扶持他的西燕皇帝慕容永那里，而是远去投靠了铁弗部刘卫辰。也许是他听说了刘卫辰那里拥有不少叛逃去的拓跋旧部，也许是因为他感觉刘卫辰远离代北这一是非之地，也许是他认为刘卫辰是当前最具影响力的一股力量，因为，此时的刘卫辰“雄踞朔方，士马甚盛”。后秦皇帝姚苌封其为大将军、大单于、河西王、幽州牧，而西燕皇帝慕容永也封其为大将军、朔州牧。不过，拓跋窟咄到铁弗部以后，就遭到了刘卫辰的诛杀。有人从叔孙普洛等人投靠刘卫辰以及刘卫辰诛杀拓跋窟咄这一点上，得出此时的刘卫辰是倾向于拓跋珪的，但是，我们知道，刘卫辰长期以来就是一个反复无常的人，他曾经奇怪地掳掠前秦边民并将这些边民送到长安，以此来讨好秦王苻坚，对于这样一个思维与众不同的人，我们是无法用正常的理智来解释他的行为的——也许，此时的他就是想杀掉那个一直以来压服他的仇人拓跋什翼犍的儿子而已。

二九三 略定兖青

慕容麟帮助拓跋珪击败拓跋窟咄以后，就回军中山了，拓跋珪将拓跋窟咄的原有部众全部收到自己手下，并任命库狄干为北部大人。高柳之战，独孤部似乎并没有参战，其间的原因我们不得而知，慕容麟在打退拓跋窟咄以后，也没有对独孤部展开进攻，这大约还是兵力缺乏、后方不稳的原因，其时，后燕皇帝慕容垂正率大军平定冀州南部地区，尚无暇顾及太行山以西的独孤部。

慕容垂亲自进攻清河的吴深，战事从太元十一年九月一直持续到年底，后燕军队才攻拔吴深的堡垒，吴深单人匹马而逃，慕容垂遂进踞聊城的逢关陂（今山东省聊城市）。此时，在谢玄的再三要求下，太元十二年年初，东晋朝廷任命朱序为青州、兖州刺史，代替谢玄镇守彭城，而改授谢玄为散骑常侍、左将军、会稽内史。朱序要求退守淮阴，朝廷同意。在此前后，尚书令谢石也因为与王恭的矛盾，而上书辞职，孝武帝司马曜不同意，最后，谢石要求比照王彪之晚年在家办公的先例，请求朝廷允许自己在家办公，孝武帝同意了。谢玄被任命为会稽内史的第二年就病死了，谢石也在同一年年底死去。此后，虽然谢安的儿子谢琰还被任命为尚书右仆射，领太子詹事，加散骑常侍，征虏将军，但从总体上说，谢氏家族已经走过了它的巅峰时期，在东晋末年再也没有出现一位当轴的人物了。

慕容垂敏锐地觉察到东晋军队收缩的意向，他开始趁机发起对青州地区的进攻，以稳定冀州中心统治区的侧翼。太元十二年年初，慕容垂命令范阳王慕容德、高阳王慕容隆率军进攻驻屯在东阿的东晋济北太守温详。高阳王慕容隆对父亲说："温详这些人不过是些白面书生，部队也是乌合之众，不过是依赖黄河天险自保，大军一旦渡过黄河，敌人肯定会不战自溃。"慕容垂表示同意，于是，他派遣镇北将军兰汗、护军将军平幼从碻磝（今山东省庄平县西南古黄河渡口）以西四十里处，渡过黄河；慕容隆率领大军在黄河北岸遥为声援。看到后燕军队渡河，驻守黄河南岸的温详堂弟温攀和驻守碻磝城的温详儿子温楷均慌忙逃窜，逃归东阿城（今山东省阳谷县境）。平幼在后猛追，途中大破温详军队。温详连夜带着妻子南奔东晋手中的彭城（今江苏省徐州市），其手下三万多户部众全部投降了后燕。慕容垂命令侄儿太原王慕容楷为兖州刺史，镇守黄河南岸的东阿。温详南逃之后，黄河两岸的前秦旧臣光祚、封孚、封劝、朱肃等人也都以济北（今山东省平阴县境）、濮阳等地投降了后燕。

解决了温详以后，慕容垂又将矛头对准了齐涉和张愿。齐涉驻守新栅（今河北省清河县境），有八千之众，曾投降后燕，被慕容垂封为魏郡太守，不久，就又背叛了后燕；东晋泰山太守张愿也因为翟辽在黎阳崛起而背叛东晋，结好翟辽，此时，齐涉派人向张愿求救，张愿率领一万人马北上，进驻祝阿的瓮口（今山东省长清区东北）。高阳王慕容隆对慕容垂说："新栅坚固，易守难攻，如果屯兵新栅城下，张愿再率领流民，招来西边的丁零翟辽，则将造成更大的灾难。张愿部众虽多，但都是新近归附之众，战斗力不强。既然他自己前来送死，那就应该先打击他们。张愿父子自恃骁勇，一定不会轻易脱离战场，可一战而捉拿。张愿被击败以后，没有外援的齐涉就不能独存了。"慕容垂听从了，于是，开始部署对张愿所部的打击。

太元十二年二月，慕容垂派遣范阳王慕容德、陈留王慕容绍、龙骧将军张崇率领二万步骑，与慕容隆所部一起合击张愿。后燕大军推进到距离瓮口二十多里的斗城，全军解鞍休息。正在这时，张愿却领军掩杀过来，燕军将士个个惊慌失措，慕容德所部退去，慕容隆则严阵以待。张愿的儿子张龟跨马挺枪前来冲阵，慕容隆命令身边将领王末迎头截击，阵斩张龟。慕容隆挥军接战，张愿这才慢慢退去。慕容德所部退后一里多地，又整顿而回，他对慕容隆说："敌人气势还盛，等等再行进攻。"

慕容隆却说："张愿趁人不备，前来偷袭，应该取得大胜，可是，正因为我军将士被隔在黄河南岸，没有后退之路，人自为战，所以才能击退敌人。如今，敌人没有得到好处，已经气势衰竭，进退两难，不能齐心协力迎战，正应该迅速进击。"

慕容德说："我听你的。"

于是，后燕军队开始全力进攻，双方在瓮口会战，大破张愿所部，斩首七千八百级，张愿逃往三布口（今山东省肥城东）。燕军遂推进到历城（今山东省济南市历城区），东晋徐州、青州、兖州不少坞堡都纷纷投降，慕容垂任命慕容绍为青州刺史，镇守历城。慕容德等人回师以后，新栅人冬鸾活捉齐涉投降，慕容垂诛杀了齐涉，其余降众均予以赦免。

慕容垂在太元十二年年初稳定了后燕东南地区以后，即回到了中山。这时，历经半年长途跋涉、从西燕归来的慕容柔、慕容盛和慕容会也终于来到中山，慕容垂看到幼子、两个孙儿，心里非常高兴，他为三人的安全回国特意大赦境内，并加封儿子慕容柔为阳平王，孙子慕容盛、慕容会分别为长乐公和清河公。不过，慕容垂在中山屁股还没坐定，高平（今山东省巨野县）人翟畅就绑架了太守徐含远，投降了翟辽。

翟辽自从去年背叛东晋以来，招降纳叛，蚕食东晋黄河以南的土地，朱序曾命令将军秦膺、董斌率领淮河、泗水各郡部队合力讨伐，但效果甚微；翟辽反而主动南下，进攻谯郡等地，被东晋军队击退。这时，如果坐视翟辽不顾，慕容垂刚刚稳定的黄河南线就会陷入土崩瓦解的境地，他对诸将说："翟辽凭借一城之众，竟然在我国、东晋、西燕三国之间，反反复复，不可不予以铲除。"五月，他命令章武王慕容宙辅佐太子慕容宝驻守中山，自己再次亲率大军南下，以太原王慕容楷为前锋都督。翟辽的部众大多是燕赵之人，听说慕容楷前来，都说："太原王慕容恪的儿子，是我等的父母啊！"纷纷投降。翟辽大为恐惧，派出使者表示投降，慕容垂任命其为徐州牧，封河南公，大军推进到黎阳，举行受降仪式以后班师。不过，五个月后，翟辽再次背叛后燕，派遣军队东去与王祖、张申等人劫掠清河、平原等地，清河太守贺耕聚众叛变，被慕容农击斩。而后，翟辽再次派司马眭琼前往中山谢罪，慕容垂痛恨翟辽反复无常，斩杀司马眭琼，与之绝交。

太元十三年年初，翟辽就此自称魏天王，改元建光，并将国都南迁到滑台（今河南省滑县），于是，在黄河以南、淮河以北的豫州东北部、青州西南、兖州、徐州各一部又出现了一个持续五年的政权——翟魏政权。

二九四　渐稳脚跟

翟辽之所以再次背叛慕容垂，当然是因为丁零族人与慕容鲜卑有着深仇大恨，在慕容垂两次南下的同时，中山附近的丁零人就曾经两次骚扰中山，不过，这次翟辽的背叛行动，也许还与后燕大军北上有关。在安定了帝国东南部以后，慕容垂就将目光投向了帝国的西北——因为这里有一个让他十分头痛的人，那就是独孤部的刘显。

独孤部一直以来就与后燕为敌，刘显之父刘库仁就曾出兵协助前秦幽州刺史王永进攻后燕军队，而刘显的独孤部在幽州西部地区还有很大的影响力，在本年年初，幽州西部的上谷（今河北省怀来县）人王敏、代郡（今河北省蔚县）人许谦各自驱逐了太守，投降了刘显，如果任由刘显发展，将直接威胁后燕幽州的安全，整个后燕帝国将有被其拦腰切断的危险。不过，对于自己一直以来扶持的拓跋珪，慕容垂也并不十分满意，就在去年后燕军队帮助拓跋珪稳定拓跋部以后，慕容垂曾就势加封其为西单于、上谷王，慕容垂的用意十分明显，那就是要拓跋珪成为自己的臣下，帮助后燕帝国稳定西北部边境，然而，让慕容垂出乎意料的是，拓跋珪竟然婉言谢绝了！拓跋珪的这一异乎寻常的举动，让慕容垂深深地感到不可小觑了这位年仅十六岁的外甥。

那么，是帮助这位拓跋部的年轻人恢复拓跋部昔日的辉煌，还是维持目前西北部地区的现状呢？在犹豫不决中，慕容垂一直没有动作。

此时的独孤部地广兵强，称雄于北方。在渡过了拓跋窟咄之难以后，雄心勃勃的拓跋珪要想恢复昔日拓跋部的辉煌，首当其冲的就是要消灭南方的独孤部，这固然有刘显与拓跋珪母子之间的恩怨使然，但更重要的则是处于南北（独孤部和贺兰部）两大部落夹缝中拓跋部要想崛起，势必要拿两者开刀。恰在此时，独孤部刘显兄弟们之间却发生了内讧，史书没有记载其间的细节，但据推测，应当是刘显诛杀刘眷所引发的动荡的余续。于是，拓跋珪的长史张衮对拓跋珪说："刘显的志向远大，企图要变换天地，希冀非望。春秋时期吴国没有灭掉越国，终成后患。如今应当趁着他们内乱，迅速灭掉他们。如果我军单独南下，也许不能全歼他们。应该向后燕派出使者，东西夹击，一定能够成功。灭掉独孤部以后，我们再总揽英雄，安抚远方的部落，这是千载难逢的良机，不可失去！"于是，拓跋珪再次派遣安同前往后燕，请求慕容垂发兵攻击刘显。

安同抵达中山的时候，慕容垂刚刚从受降翟辽的黎阳前线回来，他并没有立即答应安同的请求。对于慕容垂而言，一个四分五裂的独孤部和一个相对弱小的拓跋部，最符合后燕的利益，然而，就在慕容垂犹豫不决之间，一件意外事件促使了慕容垂下定了消灭刘显的决心。

正巧此时，居住在代来城（今内蒙古自治区伊金霍洛旗西北）的刘卫辰向慕容垂献上三千匹战马，慕容垂派遣慕容良前去迎接。从铁弗部到后燕帝国，要经过独孤部的地盘，刘显派兵击败了慕容良的军队，将这三千匹战马据为已有——当然，刘显也有刘显的理由，那就是，后燕的慕容麟在不久前曾出兵上谷，斩杀了已经投降自己的王敏，这口气刘显当然难以下咽。

然而，刘显的这一不理智的决定，却招致了覆灭的后果。

慕容垂听到刘显掠夺马匹的消息，不禁大怒，他立即命令儿子慕容麟、侄子慕容楷率军自东向西发起对独孤部的进攻，大破刘显军。刘显率军退至马邑（今山西省朔州市）西部山区，拓跋珪此时也率领拓跋部与慕容麟、慕容楷的燕军会师，又在弥泽（马邑南部），再次大破刘显军，慕容麟命令轻装骑兵继续追击，刘显无路可逃，只得南下投奔西燕主慕容永，独孤部的全部部众均为慕容麟所得，后燕帝国虏获马牛羊以千万计，慕容垂将八千多帐篷独孤部众强行迁移到中山，并册立刘显的弟弟刘可泥（疑即刘亢泥）为乌桓王，以安抚独孤部众。消灭了刘显以后，到第二年（太元十三年，公元 388 年）三月，后燕赵王慕容麟又进攻代郡的许谦，许谦不敌，西逃到西燕，后燕将代郡之民全部迁徙到龙城，并废弃了代郡。

虽然拓跋珪借助后燕，灭掉了独孤部，为自己消除了心腹大患，然而，拓跋珪并没有在讨伐独孤部之战中捞取多少实际的好处，独孤部大部分残余部众和全部的财物都被后燕掠去，这让拓跋珪心中有些许的不快，更有甚者，不久以后，慕容麟将代郡的居民全部迁往龙城，在后燕幽州地区与拓跋部控制的代北地区人为地制造无人区，这一行为，也更多地说明后燕已经对他的拓跋部心存戒心，这一切都促使羽翼尚未丰满的拓跋珪暗生灭燕之心。

他相继派出外朝大人王建及弟弟拓跋仪前往后燕窥探虚实，慕容垂询问拓跋仪说："魏王拓跋珪为何自己不来？"

拓跋仪回答："我的祖先世代居住在北方，子孙相承，未曾失去旧土。我的先祖受晋朝任命，被封为代王，与燕国世代都是兄弟，我此次奉命前来，不可谓失礼。"

慕容垂说："我如今威加四海，你的主公却不来见我，怎说不失礼？"

拓跋仪回答："燕国如果不修文德，想以武力相加，那是我国将帅们的事情，不是我拓跋仪所知道的了。"

拓跋仪回到代国以后，向拓跋珪汇报说："慕容垂死后，我们才能图谋燕国，现在还不行。"

拓跋珪脸一下子拉长了，询问原因，拓跋仪回答："慕容垂年纪已经大了，而太子慕容宝却懦弱没有威严，不能断大事。范阳王慕容德十分自负，绝非弱主之臣，慕容垂死后，燕国内讧将起，届时即可图谋。"于是，拓跋珪按捺起那颗企图东进的冲动之心，而将目光转向了周边的其他部落：库莫奚、契丹、柔然、高车诸部，乃至自己的舅氏贺兰部。

在拓跋部周边，盛乐东北是库莫奚和契丹部；盛乐西北，阴山以北至意辛山一带，是贺兰部，与贺兰部交错游牧的，是高车诸部；盛乐东南的是独孤部，现已经被灭；盛乐西南，过黄河是铁弗部。基于现实的考虑，拓跋珪策划了暂时联合后燕、逐步脱离贺兰部庇护的策略，从登国二年（公元 387 年）年底到登国三年（公元 388 年），拓跋珪三次进抵赤城（今河北省赤城县）。第一次，是在公元 387 年十一月，拓跋珪联合后燕军队击破刘显，是在该年的六月，八月，拓跋珪回到驻地，这是拓跋珪回到驻地三个月后的事情，拓跋珪先到赤城以后，十二月，又率军进抵松漠一带；第二次，是在第二年四月，经过一冬的休养生息，拓跋珪再次来到赤城。五月，他就将军锋指向了库莫奚部。库莫奚，简称奚，是东胡的一种，与契丹是同一个民族，不同的支派。本来二者均属于宇文部，宇文部被燕王慕容皝击破以后，他们就迁徙到松漠一带游牧（今内蒙古自治区、辽西西拉木伦河一带，这里在古代生有很多松树，又与沙漠相连，故称松漠）。

关于库莫奚的族源，大致有五种说法，一是《隋书·奚传》等书称的东胡种；二是《通典》称的鲜卑别种；三是《新唐书》称的乌桓别种；四是《旧唐书》称的匈奴别种；五是《魏书》所称的宇文别种。这五种说法看似不同，但殊途同归。奚人一直到金代尚存，元代以后南迁的融入汉族，北迁的融入蒙古族或者汉族，奚人在中国历史上就此消失了。我们知道，当时的赤城，属于代郡，是后燕政权的管辖范围。拓跋珪进驻赤城，一方面，是为了侦察库莫奚部的虚实；而更重要的一方面，就是为了建立与后燕政权的同盟关系，请求后燕允许自己打击盘踞在幽州北部的库莫奚部。据《魏书》记载，库莫奚常为寇盗，这也许是拓跋珪争得后燕许可、以达到壮大自己的理由，对于慕容垂而言，拓跋珪对库莫奚的进攻等于是为后燕"靖边"，而对拓跋珪而言，此举正是吞并弱小、壮大自己的好机会。

太元十三年六月，拓跋珪率军向东北进发，在弱落水（西拉木伦河）南岸击破库莫奚，北魏掠夺库莫奚四部杂畜十余万头，七月，库莫奚偷袭魏军，又被拓跋珪击破。拓跋珪这次对库莫奚的打击，也直接影响到了契丹的发展，本来契丹与库莫奚均在松漠地区游牧，由于拓跋珪的这次打击，契丹部落向东北逃散，逃往和龙（今辽宁省朝阳市）以北数百里的地方，开始与库莫奚真正分开。

击败东北方向的库莫奚以后，拓跋珪转兵西向，同年十二月，又进至女水（今内蒙古自治区武川县），进攻解如部，虏获男女及杂畜十几万。一说女水就是今天的嫩江流域，错误，据《魏书·太祖本纪》记载，"十有二月，车驾西征，至女水，讨解如部"云云，女水当在盛乐以西地区，而非更东的嫩江。公元470年，北魏献文帝率师讨伐柔然，诸军会合于女水之滨，此战共斩杀柔然五万余人，为了纪念这次战功，献文帝将女水改为武川，在今呼和浩特之西。解如部，是高车诸部之一。据《魏书·高车传》记载，高车即敕勒、丁零，语言与匈奴大体相同，稍有差别。分为六大部：狄氏、袁纥氏、斛律氏、解批氏、护骨氏、异奇斤氏。其下又分出十二姓，分别为：泣伏利氏、吐卢氏、乙旃氏、大连氏、窟贺氏、达薄干氏、阿仑氏、莫允氏、俟分氏、副伏罗氏、乞袁氏、右叔沛氏。除此之外，又有高车别部：吐突邻与解和部，均在女水流域游牧，互为唇齿；纥突邻部与纥奚世部，则在意辛山一带活动；侯吕邻部，常在山险处游牧；薛干部，常屯聚于三城之间（今地不详）；还有黜弗部、素古延部、越勤倍泥部等等。

拓跋珪进攻解如部，是攻击高车诸部的开始，也是他确定依托后燕、兼并贺兰部的开始，因为，高车诸部与贺兰部有着千丝万缕的关系，他们大多依附于贺兰部，在游牧区域上又与贺兰部交错。

雄心勃勃的拓跋珪还将遇到怎样的考验和挑战呢？

二九五　两秦交兵（一）

我们只得把行将崛起的拓跋北魏和渐趋安定的后燕政权放在一边，回过头来看看这两年来，关中地区又发生了哪些大事。

太元十一年（公元386年）的十月，苻丕与西燕慕容永在襄陵之战惨败后，被东晋扬威将军冯该所杀，留守晋阳的前秦大司马苻纂和弟弟尚书苻师奴率领数万部众，西渡黄河逃往关中，驻扎在杏城（今陕西省黄陵县），与此同时，前秦南安王苻登刚刚在秦州大破后秦姚硕德，并进逼上邽城（今甘肃省天水市）。

当时，关中大旱，饿殍遍野，苻登把交战都当作吃饭，每次战前，他总是对部下说："你们不用担心挨饿，大家早上杀敌，晚上都能吃肉！"苻登所率的前秦军队以人肉为食，反而壮健能斗。姚苌听说以后，赶紧给弟弟姚硕德说："你再不回来，肯定会被苻登的人吃完！"于是，姚硕德退出了上邽，逃往长安附近。

十一月，苻丕尚书寇遗带着苻丕的两个儿子渤海王苻懿、济北王苻昶，从杏城逃往南安，投靠苻登。苻登这才知道了苻丕被害的消息，他下令三军将士都穿上孝服，为苻丕举行哀悼仪式，之后，苻登打算册立苻懿为皇帝，但手下均表示反对："渤海王虽然是先帝的儿子，但年纪尚轻，无法承受太多的灾难。天下大乱，就需要册立年长之君。如今，后秦、后燕、西燕三个贼人，时刻虎视眈眈，没有大王，就不能建立中兴大业！"于是，苻登于太元十一年十一月继皇帝位，改元太初，大赦境内。

登基以后，苻登即在军中立苻坚的牌位，牌位放在四面围着幔帐的车内，车上建有黄色的旗帜和青色的车盖，以三百虎贲武士守卫。他在苻坚牌位前祷告说："孙儿苻登凭借先帝之灵登上皇位。过去五将山之难，叛羌加害圣体，实是苻登之罪。今天，我集合正义之师，有五万精锐之士，足以立下大功，即日发兵东下，直指敌人巢穴，上报先帝之冤，下雪臣子之耻！"说完，他掩面而泣，三军将士无不悲恸，在铠甲之上刻着“死休”二字，以示必死之心。每次交战，苻登用长矛短剑布成方圆大阵，根据战士的能力分配在阵中厚薄之处，因此，将士们总能人自为战，所向披靡。

苻登大军越过陇山，进入关中平原，抵达彬县的胡空堡。

胡空堡的来历是：长安大乱的时候，前秦中垒将军徐嵩、屯骑校尉胡空各自率领五千人马，每人驻守一座坞堡，徐嵩守卫的称作徐嵩堡，胡空驻守的被称为胡空堡，后来，二人相继接受了姚苌的官爵，苻坚被杀以后，徐嵩等人以王礼将苻坚安葬在两座堡垒之间。

此时，两人又归降了苻登，苻登拜徐嵩为镇军将军、雍州刺史，胡空为辅国将军、京兆尹，又将苻坚尸体挖出，以天子之礼重新下葬。接着，苻登册立毛兴之女毛氏为皇后，以苻丕之子苻懿为皇太弟，并向杏城派出使者，拜东海王苻纂为使持节、都督中外诸军事、太师、领大司马，加封为鲁王；封苻纂弟弟苻师奴为抚军大将军、并州牧，封朔方公。

接到诏书的苻纂非常不快，他对使者说：“渤海王是世祖苻坚的孙子，是先帝之子，南安王为何不立而自立？”

苻纂长史王旅见状，赶紧劝说道：“南安王已经自立，再无中途改变的道理。如今大敌当前，万不可在宗室之中自相残杀，请求大王想想光武帝刘秀推举更始帝刘玄的道理，等到消灭了敌人以后，再慢慢筹划此事。”

于是，苻纂才接受了任命。

当时，贰县（今地不详）卢水胡彭沛谷、屠各董成、张龙世、新平羌族雷恶地等人全都响应苻纂，有众十多万人，苻纂命令苻师奴率军进攻上郡（今陕西省富县）羌族头领金大黑、金洛生，金大黑等人大败，被斩首五千八百多级。

不久，苻登又加封兹川的窦冲为车骑大将军、南秦州牧，杨定为大将军、益州牧，杨璧为司空、梁州牧，乞伏国仁为大将军、大单于、苑川王；又任命他的哥哥苻同成为司徒、代理尚书令，封颍川王，弟弟苻广为中书监，封安成王，儿子苻崇为尚书左仆射，封东平王。

后秦征西将军姚硕德从上邽退守泾阳（今陕西省泾阳县）以后，太元十二年四月，杨定与苻纂合击姚硕德，双方在泾阳大战，姚硕德大败。姚苌从阴密（今甘肃省灵台县西南）前来解救，苻纂退守到敷陆（今陕西省洛川县）。窦冲乘虚西进，进攻姚苌的汧（今陕西省陇县南）、雍（今陕西省凤翔县南）二城，连陷这两座城池，并斩杀后秦守将姚远平、张略等人；姚苌回师与窦冲在汧东交战，窦冲被击败。

此时，苻登的主力军团驻扎在瓦亭（今宁夏回族自治区固原市南）。从苻登这一部署上看，他是企图以窦冲、苻纂、杨定等人为东线，而自己作为西线，夹击位于今甘肃平凉、泾川一带的姚苌根据地，同时，苻登的这一部署，也是为了在打击姚苌的同时，屏护自己的根据地秦州。然而，正是苻登的这一部署，却给予了姚苌各个击破的良机，让姚苌相继击退了东线苻纂、杨定、窦冲的进攻，不仅如此，姚苌还趁机进攻位于今陕西省黄陵县境内的卢水胡彭沛谷坞堡，彭沛谷仓皇逃往杏城，依附苻纂。在取得东线胜利以后，七月，姚苌命令太子姚兴镇守长安，这才又回到了阴密（今甘肃省灵台县），防备苻登可能在西线发起的进攻。

姚苌回师阴密以后，到了这一年的八月，前秦冯翊太守、征虏将军兰椟率领二万之众，离开频阳（今陕西省富平县东北五十里）北上，进入和宁（今陕西省皇陵县东南），计划与苻纂合力拿下长安。这本来是一个天赐良机，因为，此时的姚苌首尾不能相顾，孤立于数个据点之间，如果他要想守住大本营阴密，就有可能失掉长安。一旦前秦军队拿下长安这座具有政治意义的城池，再联兵西上，姚苌就有可能遭到彻底的失败。

然而，一件意想不到的事件却改变了姚苌的命运——恰恰就在此时，苻纂的弟弟苻师奴却劝说自己的哥哥苻纂登基即位！

我们无法知道苻师奴的动机，也许，在他看来，只有称王才能更好地驾驭关中纷纷归附的各路豪杰。可是，苻纂深知假如自己称王，另立旗帜，本来就已支离破碎的前秦政权会更快地土崩瓦解，于是，他拒绝了。苻纂没有听从也就罢了，可苻师奴却鬼迷心窍，一怒之下，竟将哥哥苻纂诛杀，自立为秦公。

苻师奴此举极大地削弱了前秦苻登打击后秦的力量，兰椟也与苻师奴断绝了关系，自然，由于这一突发事件，前秦东线部队进攻长安的计划也付之东流了。不仅如此，立国以来一直与民休息的西燕皇帝慕容永，也来趁火打劫。他率军渡过了黄河西进，企图吃掉兰椟所部。在慕容永的进攻和苻师奴的威胁下，兰椟为了自存，只得向昔日的仇敌后秦皇帝姚苌求救。

接到兰椟求救信以后，后秦主姚苌决定东去驰援兰椟，尚书令姚旻、尚书左仆射尹纬劝说道："苻登大军就驻扎在西北不远的瓦亭，恐怕会在背后袭击我们，陛下不应远征。"

姚苌摸准了苻登寡谋少决的特点，他说："苻登大军人多势众，一时难以消灭，不过此人为人头脑迟钝，处事不果断，每每失去战机。这次他即使听说我率军东进，在他看来，他正好可以趁机积聚粮草，征集兵员，肯定不敢轻易率军深入我腹地。两个月之内，我足以击败苻师奴、兰椟和慕容永这三个小子，届时，即使苻登前来，也无能为力了。我已经决定了。"

九月，姚苌率领后秦大军再次东进，进驻泥源（疑为泥阳，今陕西省耀州区东南）。苻师奴率军迎战，却被姚苌打得大败，其人逃往鲜卑部落，后秦军将苻篡、苻师奴兄弟的部众全部接收，消灭了前秦这股力量；接着，姚苌继续东进，在黄河西岸攻击西燕主慕容永，慕容永兵败渡河而去，其征西将军王宣率众投降。

消灭了苻师奴、又赶走慕容永以后，姚苌兵临兰椟驻守的杏城，此时的兰椟又不让姚苌进城，姚苌立即发起了对杏城的进攻，十二月，后秦军队又攻陷了杏城，活捉兰椟，并将兰椟所部全部收编。在后秦大军的压力下，那些原本依附于苻篡的屠各董成等人，也都投降了后秦。

自九月到十二月，姚苌三战皆捷，一举解决了长安以北的异己势力，不仅壮大了自己，更重要的是也解除了自己的后顾之忧。

二九六　两秦交兵（二）

果然，当姚苌在杏城等地与苻师奴等人交战的时候，前秦皇帝苻登也率军从瓦亭推进到胡空堡——史料没有记载苻登是否攻占了姚苌在岭北的各个巢穴，不过，从苻登的进军路线上看，苻登在此期间的确也曾拿下了安定等城。

苻登驻军胡空堡以后，此地长期以来归顺姚苌的各族民众也都纷纷投降苻登，人数达到十余万之众。在东线取得胜利的姚苌命令将军姚方成进攻胡空堡附近的徐嵩堡，前秦雍州刺史徐嵩不敌，堡垒被攻陷。姚方成活捉徐嵩以后，斥责其反复无常，徐嵩大骂道："你家姚苌罪该万死，当初苻黄眉要杀掉他，还是先帝救了他一命。不仅如此，先帝登基以后，还委他以重任，给予他的宠爱和荣誉可以说达到了极点。他姚苌竟然连猪狗都不如，亲自对恩人痛下杀手。你们这些羌人怎配用人来看待？为何不速速杀我，让我早点在地下见到先帝，取你姚苌性命！"姚方成大怒，先剁去徐嵩的双脚，又将其拦腰斩断，再割去他的头颅，残忍地将其杀死。这还没有完，姚方成还下令，将徐嵩坞堡内的所有士兵全部活埋，妻子、女儿赏赐给自家将士们。

随后到来的姚苌，看到苻登又依照天子之礼改葬了苻坚，他又下令将苻坚尸体从坟墓中挖出，鞭笞无数，只打得衣服烂掉，露出身体，然后，他命令将苻坚的尸体用荆棘包裹起来，埋在泥土之中。

姚苌的这一丧心病狂的举动，着实让人不齿。也许是因为自己对恩主有愧于心，而徐嵩的话正好深深地刺痛了他，他惧怕得到报应，所以才用这种泯灭良知的举动来掩盖自己的羞愧吧。虽说慕容垂也背叛了苻坚，慕容垂还时时显示出内疚之情，可姚苌，就等而下之了。

姚苌在宣泄了内心的愤怒和狂躁之后，就与苻登打起了游击战。

太元十三年（公元 388 年）二月，当苻登大军东下陇山、推进到朝那（今甘肃省灵台县境）的时候，姚苌却率军向西南而去，驻军在遥远的武都（今甘肃省成县西）了。当然，此武都也极有可能别有所指，也有可能是史书误记，这是因为，从当时的情况分析，武都在杨璧、杨定手中，姚苌不大可能远离长安，进入氐族聚居区内。大约也是对此有所疑虑，吕思勉先生《两晋南北朝史》一书中在谈及此段历史的时候，就删去了这段史料。

当初，关中豪杰都以为姚苌为一时英雄，苻氏将要灭亡，因此都纷纷归顺姚苌，而苻登却与姚苌相持一年有余，并多次击败姚苌，于是，众人又开始动摇，姚苌军中只有征虏将军齐难、冠军将军徐洛生、辅国将军刘郭单、冠威将军弥姐婆触、龙骧将军赵恶地、镇北将军梁国儿等人，一直忠心不二，将自己子弟留守大营，供应军粮，亲自追随姚苌征伐。当时，天降大雪，姚苌下书自责，命令将后宫的珍宝绸缎都散给军中，自己吃饭只吃一道菜，妻子衣服也是单色布料做成。对于死难将士家属进行追赠，并设立太学，尊崇先贤的后代。到太元十三年十月，苻登与姚苌各自回到自己的驻地，姚苌回到安定（今甘肃省泾川县），苻登则率军到新平（今陕西省彬县）寻找食物，在苻登离去之前，他滑稽地率领一万多部众围绕着姚苌的大营，四面大哭。姚苌也很奇怪，他没有趁机偷袭军营以外的前秦军，而是命令军中也一齐朝营外的前秦军放声大哭，两军哭得痛快淋漓之后，苻登这才离去。这场奇特的哭战，大约是中国战争史乃至世界战争史上绝无仅有的一次。

经过一年多来的激战，苻登与姚苌双方各有胜负。苻登占领了南安，继而挥师东下，迫使姚苌放弃了上邽，退守陇东和岭北一带，占据长安及其周边据点、安定根据地等地，然而，由于苻登主力东进，也使得苻登在陇西地区的影响力骤然降低，被苻登封为苑川王的乞伏国仁逐渐坐大。太元十二年（公元 387 年）六月，乞伏国仁率领三万骑兵东进，袭击六泉（今宁夏回族自治区固原市附近）的鲜卑密贵部、裕苟部和提伦部三部，七月，鲜卑没奕干、东胡金熙率军西进为三部报仇，双方在渴浑川（今甘肃榆中县勇士城东北）相遇，一战下来，没奕干和金熙军大败，被斩杀了三千余级，乞伏国仁军缴获马匹五千多匹。没奕干和金熙狼狈而还，密贵等三部十分害怕，率众前往乞伏国仁辖区投降，乞伏国仁封密贵为建义将军、六泉侯，裕苟为建忠将军、兰泉侯，提伦为建节将军、鸣泉侯。太元十三年，乞伏国仁的建威将军叱卢乌孤跋拥众背叛，驻屯在牵屯山。

牵屯山，在今甘肃平凉西北，亦称崆峒山，还有人称今天的六盘山即是，另有一说称今宁夏回族自治区中卫县黄河南岸山地即是过去的牵屯山，从地望上讲，以牵屯山在甘肃平凉西北为可信。

乞伏国仁率领七千骑兵前去讨伐，斩杀叱卢乌孤跋的部将叱罗侯，叱卢乌孤跋的部众有一千多户投降。叱卢乌孤跋大惧，率众投降，由于叱卢部是最初组成乞伏部联盟的四部之一，乞伏国仁没有深究，而恢复了他原来的官位。在乞伏国仁回师途中，他又趁势进攻在平襄（今甘肃省通渭县）一带游牧的鲜卑越质叱黎部，大破越质叱黎部，生擒越质叱黎的儿子越质诘归、侄儿越质复半，并掳掠越质部民五千多户。

乞伏国仁这次还师以后，即于太元十三年六月去世，因其子乞伏公府尚幼，属下共同推举他的弟弟乞伏乾归为大都督、大将军、大单于、河南王，并大赦境内，改元太初。乞伏乾归册立其妻边氏为王后，开始设置百官，以南川侯出连乞都为丞相，镇南将军、南梁州刺史悌眷为御史大夫，边芮为左长史，东秦州刺史秘宜为右长史，翟勍为左司马，王松涛为主簿，堂弟乞伏轲弹为梁州牧，弟弟乞伏益州为秦州牧，弟弟乞伏屈眷为河州牧，并将国都从苑川的勇士城迁往金城（今甘肃省兰州市）。太元十四年（公元 389 年），为了继续羁縻乞伏部，解除自己的后顾之忧，前秦皇帝苻登加封乞伏乾归为大将军、大单于、金城王。在牵屯山一带游牧的河西鲜卑休官阿敦和侯年两部，拥众五千多帐篷，屡屡骚扰乞伏乾归边境，乞伏乾归率军击破两部，将两部部众全部收降，于是，声威大震。南羌独人部、鲜卑豆留犄、叱豆浑、南丘鹿结、休官曷呼奴、卢水尉地跋也都纷纷率众归降乞伏乾归，枹罕的羌族头领彭奚念也被乞伏乾归任命为北河州刺史，就连远在青海的吐谷浑大人视连也向乞伏乾归派出使者，贡献特产，主动结好乞伏乾归，被乞伏乾归拜为沙州牧、白兰王。

经过这一年多的较量，姚苌失去了上邽和秦州部分地区，但是却消灭了杏城的苻纂及其追随者，安定了长安北部地区，避免了受到南北夹击的危险，不过，即便如此，苻登的常胜之军横亘在姚苌安定（今甘肃省泾川县）与长安这两大据点之间，也让姚苌十分头痛。

二九七　两秦交兵（三）

姚苌的后秦军队多次被前秦苻登击败，这令后秦上下惶惶不安。

姚苌以为苻登军之所以屡战屡胜的原因，可能是得到了苻坚的神助，他照样画葫芦，也在军中立下苻坚的牌位，并亲自祷告说："往年您遭到新平的灾祸，原因不在我姚苌。臣兄长姚襄率众渡河，借路西进，只是想回到故乡。而陛下与苻黄眉一起率军截击，我哥哥死于战场。是姚襄命我杀你，不是为臣的罪过。苻登不过是陛下的疏族，尚且要为陛下报仇，何况臣为兄长报仇，于情于理又有什么负心之处！昔日陛下曾授予我龙骧将军之号，当时陛下就对臣说过：'朕以龙骧将军建立大业，卿要努力！'您的话还言犹在耳。陛下虽然离开人世，成为尊贵的神灵，岂能借着苻登之手来图谋为臣，忘了您曾经说过的话了嘛！如今，我替陛下立下神像，请您在此休息，不要在计较为臣的过错。"

苻登进攻姚苌，登上望楼大呼道："从古至今，哪里有弑君以后反而为君立下神像，祈求保佑的？有什么用处！"接着，苻登继续高叫道："弑君贼姚苌，你给我出来！我和你单独决斗，为何要枉害无辜百姓！"姚苌听得真真切切，却吓得不敢答应。

自从姚苌在军中立下苻坚的神像以后，在战场上也不见得到什么好处，相反地，军中在深夜里还往往发生夜惊，于是，姚苌又命令军士在神像四周擂响战鼓，将神像斩首，送还给苻登。除了竖立苻坚神像以外，姚苌部将索虏曜还想出了刺杀苻登的主意，姚苌说："卿以身殉难，你是为了谁呢？"索虏曜回答："臣死以后，请求陛下关照我的朋友辛暹。"索虏曜刺杀苻登未果被杀，姚苌以辛暹为骑都尉。

太元十四年（公元 389 年）四月，经历了一冬的休整以后，前秦皇帝苻登再次从胡空堡北上进攻安定（今甘肃省泾川县）。他将全军的辎重留在大界（今陕西彬县与甘肃省泾川县之间），自己亲率一万骑兵一举攻下了安定羌人驻守的密造坞堡；苻登还相继攻下了弥姐营垒以及繁川的各个坞堡，姚苌率军多次与苻登交战，均被击败，他想到了偷袭苻登的辎重所在地大界，于是，派遣中军将军姚崇掩袭大界，却被苻登及时发现，率军截击，在安丘（今甘肃省灵台县境）大败姚崇军，共斩杀、俘虏了两万五千人。接着，苻登率军又西上进攻姚苌的右将军吴忠、将军唐匡驻守的平凉（今甘肃省平凉市），一举攻下平凉，苻登任命尚书苻硕原为前禁将军、灭羌校尉，驻守在平凉。

八月，苻登率部驻屯在苟头原（今甘肃省泾川县西北）上，进逼安定。诸将均劝说姚苌与之决战，姚苌却说："与穷途末路的敌人决斗，这是兵家大忌，我将以计谋来取胜。"其实，姚苌的计谋依然是袭击苻登的辎重所在地——大界。两个月前，姚苌就曾出此计策，但却被苻登识破，安丘一战，后秦军死伤惨重，这次，姚苌命令尚书令姚旻留守安定，姚苌亲自率领三万骑兵趁夜偷袭大界。

在姚苌主力部队的袭击下，大界很快就陷落了，留守大界的有苻登的皇后毛氏、北海王苻尚等人，还有前秦老弱部众五万多人。苻登的皇后毛氏，美貌而又勇敢，骑马射箭样样精通。姚苌大军突入大界以后，毛氏还跨马弯弓，率领身边数百亲兵，与敌殊死搏杀，杀伤后秦士兵七百余人，终因寡不敌众，被姚苌抓获。姚苌打算收毛氏为妻妾，毛氏大骂说："我天子皇后，岂能被贼羌所侮辱，何不速速杀我！"然后，仰天大哭："姚苌无道，前杀天子，后侮辱皇后，皇天后土，难道就不睁眼看看嘛！"姚苌火了，将毛氏诛杀。

姚苌偷袭苻登辎重成功，斩杀毛氏，活捉前秦数十员名将，掳掠苻登军士家属五万多人，这令在前方的前秦军心大乱。后秦众将劝说姚苌，趁机一举消灭苻登。姚苌却说："苻登之众虽然惊骇慌乱，但是却怒气甚盛，不可轻敌啊！"姚苌因安定靠近苻登所部，并且城池狭小，他任命姚硕德领兵镇守安定，自己则将安定一千多家迁到阴密（今甘肃省灵台县），并派弟弟征南将军姚靖前去镇守。苻登收拾残余部众，退回了胡空堡，这次苻登发起的对安定的进攻，也就此停了下来。

苻登失利以后，姚苌看到秦州空虚，就命令弟弟姚硕德设置秦州的各个郡县地方官，以堂弟姚常戍守陇城（今甘肃省秦安县东北），以邢奴镇守冀城（今甘肃省甘谷县西南），以姚详镇守略阳（今甘肃省秦安县东南）。然而，虽然苻登大军东出，加上乞伏乾归尚未将势力延伸到此，但此地却并非无人问津。当后秦势力染指此地以后，立即遭到了前秦仇池杨定的打击，杨定率军连续攻下了陇城、冀城和略阳，斩杀了姚常，活捉了邢奴，赶跑了姚详，于是，杨定自称秦州牧、陇西王，苻登听说以后，即以此官职加封了他。

强攻安定失利，退守胡空堡的苻登决定直接东下，拿下长安，然而，他深知仅仅依靠自己之力无力剿灭姚苌，只有联合其他势力才能完成中兴大业，于是，他派遣使者加封窦冲为大司马、骠骑将军、前锋大都督、都督陇东诸军事，封杨定为左丞相、上大将军、都督中外诸军事，以杨璧为大将军、都督陇右诸军事，同时命令，窦冲率军为先锋，从繁川进攻长安；苻登本人则率众从新平进攻新丰（今西安市临潼区）的千户固；命令杨定率领陇上之兵东进，作为后援；命令杨璧驻守仇池。在作出上述部署之后，他又命令接受自己封号的并州刺史杨政、冀州刺史杨楷也率领所部向长安聚集。杨政和杨楷均是河东（今山西省夏县）人，苻丕败亡以后，二人召集数万户流民，杨政驻屯在河西（今陕西省中北部黄河西岸地区），杨楷则驻扎在湖、陕之间，即今天的河南省灵宝县与陕县之间。

于是，一场在长安周边地区的大战又将展开……

二九八　两秦交兵（四）

苻登东下长安以后，姚苌不失时机地再次朝秦州派出军队，企图动摇前秦苻登的后方。

不过，此时的秦州地区已经不再是苻登的实际控制区了。苻登一心一意地想要消灭姚苌，从他起兵之日起，就倾巢出动，先是离开枹罕，攻取南安，再由南安，兵发上邽，接着，又驻军瓦亭、胡空堡，随着时间的推移，苻登之军慢慢成了以胡空堡为基地的一支孤军。而此时的秦州西部地区则是乞伏乾归的领地，东部地区则成了杨定的实际控制区，当姚苌派遣将军王破虏前往秦州拓境的时候，即遭到了杨定的迎头痛击，双方在清水（秦川，源于今甘肃省清水县）的格奴坂（今地不详，当在甘肃省清水县境）展开一场大战，杨定大破王破虏的后秦军，挫败了姚苌占领秦州的企图。

东线方向，苻登在一个一个拔除长安近郊的堡垒，他先是率军进攻鸯泉堡（今地不详）的张龙世。我们知道，张龙世曾经投靠苻纂，在苻纂兄弟败亡以后，又转投了姚苌。姚苌闻讯，立即率军前去解救，苻登军遭到大界之败的重创，已经不敢与姚苌正面交战，当苻登发现姚苌前来之后，只得怏怏退兵。

此时，已经是太元十四年（公元389年）的年底，距离淝水之战已经过去了整整六个年头，距离姚苌起兵也已经五年，而苻登也与姚苌决斗了四年，可是，双方都看不出这场争斗还将持续多久。姚苌的左右司马、南安人姚晃、尹纬对自己的老乡、尚书郎古成诜说："苻登乃一穷凶极恶之敌，几年尚未消灭，奸雄鼎峙，到处迷惑百姓，人人怀有二心，我们将如何办？"

古成诜回答："主上权略无数，赏罚严明，贤能之士，都愿意效命，何必要担心大业不成，氐人不灭呢？"

尹纬又说："苻登未灭，奸雄们到处煽风点火，我们能不忧虑吗？"

古成诜说："关中，天府之国，陛下已经十分有八。如今，能够威胁我们的仅仅苻登、杨定、雷恶地数人而已，其余宵小之人，何足挂齿！雷恶地占领的土地狭窄，人众寡少，不足为虑；苻登率领乌合之众，不过是偷生乱世，苟延残喘，我料他的智慧绝非主上的对手。霸王要想出现，必定要有所驱除，然后才能建立大业，过去汉魏兴起之时，也都需要十几年的奋斗，才能统一四海，如今才经过五六年的时间，这不算太久。主上内心英明，外面英武，可以说是天下无敌之人，取苻登绰绰有余。愿主上能够继续施行仁义，招贤纳士，厉兵秣马，等待时机，如此这般，大业还不能成功的话，请腰斩我谢罪。"

尹纬将此言向姚苌汇报，姚苌大喜，加封古成诜为关内侯。

话虽这样说，饭还是要一口一口地吃。眼前的苻登，还是要想方设法去消灭掉。

这一年十二月，姚苌指使其东门将军任瓮、宗度诈降，并给苻登送去口信，假装愿为内应，招苻登前往安定。苻登信以为真，即将亲自率兵前往，听到苻登将有军事行动，雷恶地驰马前来胡空堡，他对苻登说："姚苌诡计多端，善于驾驭部下，此二人一定有诈，请三思而后行。"听了雷恶地的告诫，苻登才没有上当。安定的姚苌听说雷恶地前去面见苻登，对诸将说："这个老羌多智谋，今此人前去见苻登，我们的计划肯定流产。"苻登派人前去探察，果然发现姚苌高居城门，等待着苻登前来。苻登大惊失色，他对身边的人说："雷征东大概是位神人啊！没有此公，朕几乎被姚苌这小子欺骗了！"然而，由于雷恶地是羌族人，加上其人智勇双全，苻登内心对他深为忌惮。雷恶地知道以后，十分恐惧，竟然投降了姚苌，姚苌拜其为镇军将军。已成弱势的苻登还不善于团结各路豪杰，局面开始变得更为不利。

太元十五年（公元 390 年）三月，姚苌发兵进攻前秦的扶风太守齐益男驻守的新罗堡（今陕西省眉县东南），一举攻下了新罗堡，齐益男逃归苻登。苻登则向西进攻后秦天水太守张业生驻守的陇东（今陕西省陇西县），姚苌前去救援，苻登再次不战而退。从苻登不敢发兵解救新罗堡和见到姚苌就退这两点，我们可以看出，在经历了四年交手以后，苻登已经从全面进攻转入被动防御，而全面进攻长安的计划，也暂时搁置了起来。此时，姚苌正在逐一剪除长安以西前秦的据点，并寻机与苻登决战，而恰在此时，长安以北的杏城地区，却又发生了一场突变，让一直被动挨打的苻登暂时喘了一口气。

四月，前秦镇东将军魏揭飞趁着苻登、姚苌在新平（今陕西省彬县）周边相持的时候，自称大将军、冲天王，并率领氐族、匈奴等数万之众，进攻驻守杏城（今陕西省黄陵县）的后秦安北将军姚方成。刚刚投降姚苌的镇军将军雷恶地，再次背叛姚苌，配合魏揭飞的行动，进攻后秦镇东将军姚汉得驻守的李润（今陕西省蒲城县东北）。

得知这一消息，姚苌与部下商议前去解救，众将都说："陛下不担心六十里以外的苻登，却担心六百里以外的魏揭飞，这是什么道理？"

姚苌回答："苻登不是一时半会儿能够消灭的，我的城池也不是苻登很快就能拿下的。雷恶地足智多谋，不是寻常之人。假如他南面结好魏揭飞，东面联合董成，甜言蜜语以达到了他的目的，这样一来，如果他再得到杏城、李润两座城池，控制远近民众，相互配合，那么，长安东北一带将不属我所有了。"

杏城一带属于黄土高原与关中平原的接合部，占据杏城，可以随时从北面威胁长安。自太元十二年八月姚苌消灭苻篡以后，一直牢牢地控制着这里，扭转了受到苻登两面夹击的局面，并使得战略局面逐渐向好，一旦这里被异己势力占据，后果将不堪设想，于是，姚苌偷偷率领一千六百名精锐骑兵，长途奔赴杏城救援。

当时，魏揭飞和雷恶地的部众高达数万，而姚苌的援军仅仅一千六百，众寡十分悬殊，与此同时，杏城、李润附近归附魏揭飞和雷恶地的各族民众，还络绎不绝地抵达。见此情景，姚苌非但没有恐惧，相反，每当他看到一军到来，就面露喜色。手下十分不解，询问原因，姚苌回答："如今同恶相济，齐集此地，这样一来，我可以一战而乘胜将其消灭殆尽，一举而倾覆其巢穴，东北地区再也不用担忧了。"

雷恶地和魏揭飞看到姚苌的援军人数很少，即率领全军前来应战，姚苌坚守堡垒，示弱不战，偷偷派遣儿子姚崇率领数百骑兵，绕到敌阵后面，出其不意，从敌人后面掩杀过来。魏揭飞、雷恶地的军队正在前方酣战，姚崇的数百精锐骑兵却突然从后面杀出，一时间，全军大乱，四散溃逃。姚苌命令镇远将军王超、平远将军谭亮率领步骑从正面杀来，魏揭飞之军受到前后夹击，溃不成军，临阵斩杀了魏揭飞，并斩首一万多级，雷恶地投降，姚苌还像以往那样对待他。

雷恶地对他人说："我自认为我的智勇，也足以称为一时的豪杰。比较如今的各路英雄，像我这样的，都跨据一方，像野兽的嚎叫一样令千里之外感到恐惧。而我每每遇到姚公，总是无能为力，这是我的命啊！"史称，雷恶地"猛毅清肃，不可干以非义"，岭北的各路豪杰都对他十分敬服。

三年前，姚苌在泥源之战一举平定了苻师奴，占领了杏城，此时又以一千六百精兵大破魏揭飞数万之众，再次稳定了长安东北地区。

此战以后，姚苌命令姚当成在自己曾经的宿营地周围每个栅栏的空隙里，都种下一棵树，以纪念这次神奇的胜利，一年以后，他再次询问姚当成，姚当成回答："营地太小，我已经把它扩大了。"姚苌说："自从我成人以来，所经历的战斗，从来没有这次这样痛快，以一千多士兵大败三万多敌人，营地小了才稀奇，大了有什么可贵的呢？"

姚苌的第二次杏城大捷，让杏城以北的各族民众开始归附后秦，贰城的胡人曹寅、王达向姚苌献上三千匹战马，曹寅当属居住此地的匈奴东西曹之一。南羌的窦鸯也率领五千户前来归附，被姚苌拜为安西将军。

姚苌性格直率、粗放，手下有过错，姚苌总是当面辱骂。太常权翼劝说道："陛下不修小节，驾驭群雄，弃过录善，有汉高祖刘邦之风，只是高祖那种简慢习气，应该去除。"

姚苌闻过则喜，他说道："这是我的本性。我没有舜帝的一点美德，却占全了高祖的缺点。如果没有你的忠言，我怎能知道自己的过错呢！"他还下令，如果有人胆敢报私仇，一律斩杀；将士死亡的，家属可以自行决定立何人为后，国家给予长期的抚恤金。

二九九　乾纲独断

苻登与姚苌已经打了四五年，然而，命运决定了他们还将继续进行生死的决斗。我们暂时把纷乱无比的北中国各个势力放下，回到相对平静的南方去看看……

谢安在太元十年（公元385年）的去世，导致了东晋朝廷又一轮的权力分配，孝武帝司马曜开始牢牢地控制了政权。从太元元年（公元376年）孝武帝司马曜十四岁亲政，到太元十年，已过去了整整十年，这十年中前秦逐步统一了北中国，并发起了入侵东晋的战役，结果以淝水之战的惨败而告终，北方重新陷入更大的动荡之中。相对北方而言，东晋却进入了一个较为安定的时期，在此期间，对外，北方尚无一个势力有足够的力量对东晋构成大的威胁，对内，主导东晋政治走向十年左右的陈郡谢氏，因谢安的去世而逐渐失去昔日的荣耀。年富力强的孝武帝成为东晋历史上第一个、也是唯一一个真正掌握皇权的皇帝，这一点，我们可以从谢安去世以后东晋朝堂的人事变化上得到答案。

太元十年，谢安去世的时候，东晋帝国中央大员分别是：司徒、骠骑将军司马道子兼扬州刺史、都督中外诸军事、录尚书事，尚书令谢石拜卫将军，尚书仆射陆纳，中书令王献之，侍中车胤、王国宝、张玄。第二年，东晋朝廷又将尚书仆射一分为二，以陆纳为尚书左仆射，晋升谯王司马恬为尚书右仆射；晋升侍中张玄为吏部尚书；这一年中书令王献之去世，以王珣弟弟、侍中王珉兼中书令；侍中还是车胤和王国宝。到第三年，即太元十二年，张玄出任吴兴太守，侍中又增加了王珣和庾准，皇后之兄王恭则被任命为丹阳尹。

我们仅从谢安去世后的两年多朝廷人事变化中，即可得出一个重要的信息，那就是，司马曜的皇权在逐步稳固，首先，司马曜的弟弟司马道子成为宰辅，掌握了帝国的相权。其次，宗室在朝廷中的地位逐渐抬头，以谯王司马恬为尚书右仆射就是一个信号。再次，谢氏力量的逐渐削弱。谢安死后，其生前所兼的太保、中书监、录尚书事、扬州刺史等众多职务，仅卫将军的名号留给了谢石，其他则虚悬。另外，在王献之死后，安排谢氏的仇人王珉接替尚书令，也很有意味。王珣、王珉兄弟为王导之孙，我们知道二人均曾是谢氏女婿，由于桓温生前十分赏识王珣，而引起谢安的猜忌，竟与王珣兄弟离婚，两族遂成为仇人，相反地，虽然王献之与王珣兄弟是堂兄弟，均为琅邪王家，但王献之家族则与谢氏关系甚深，司马曜将中书令的职务仍然保留在琅邪王氏家族，却又交给了与谢氏有隙的王珉，这里既有平衡门阀士族利益的原因，又有防止谢氏一支独大、掣肘谢氏的用意。最后，起用太原王氏。王国宝是琅邪王司马道子的从妃兄，而王恭则是孝武帝司马曜皇后王法慧的哥哥，两人同属于太原王家的两个分支，在司马曜、司马道子兄弟扩张皇权的时候，王国宝成为侍中，王恭则担任丹阳尹，这意味着司马曜兄弟在重用私人方面又走了一步。

在谢安去世之前，司马曜即命弟弟司马道子为录尚书六条事，不久，又加开府，领司徒；谢安去世以后，又以司马道子领扬州刺史、录尚书、假节、都督中外诸军事，并将谢安的卫将军府的文武官吏，全部配给司马道子的骠骑将军府。在此，《晋书·孝武帝本纪》与《晋书·司马道子传》的记载有出入，前者记载在谢安去世后三天，即任命司马道子为都督中外诸军事，而后者则称司马道子推让没有接受。但从当时的情形分析，司马道子是接受了任命的。

如果说司马曜因为听信谗言而猜忌谢安的话，大抵是令人信服的，由于当时谢安的权位和皇权独尊的天然要求，司马曜有这样的猜忌也是情理之中的事情；然而，如果说在谢安去世以后，司马曜是有意排挤谢氏，却有些问题。太元十一年，谢玄因为翟辽、张愿相继背叛而自求解职，表疏十余上，司马曜一直没有同意，最后，在谢玄的坚持下，才于第二年的正月解除了谢玄的徐州兖州刺史的职务，谢玄解除职务以后，原有谢玄兼任的徐州、兖州两州刺史，又分为二镇，东晋朝廷即以司马道子接任徐州刺史，而以豫州刺史朱序担任青州、兖州刺史。对于谢石也是如此，据《晋书·王恭传》的记载，一次，司马道子宴请群臣，在酒席之上，尚书令谢石趁醉唱一些粗鄙小调，王恭正色斥责说："你身居重臣，坐在大王的府邸，却放肆地唱着淫声，怎让属下们以你做榜样！"另外，王恭与谢石还因为工作上的事情，矛盾很深，由于王恭是孝武帝司马曜的大舅哥，司马曜对其十分看重，所以，谢石恼羞成怒，赌气还家，要求辞职，孝武帝一直没有同意，并听任谢石在家里办公。对于司马曜而言，一旦一个门阀家族不再威胁到皇权的时候，他还是要去赢得这个家族的支持的，因此，我们可以说在谢氏家族一手遮天的时候，司马曜会本能地对谢氏进行排挤，但当谢氏成为一个普通的高门大族的时候，司马曜还是不想人为地制造对立面的。

说到朱序接任兖州刺史一事，就涉及徐州、兖州、豫州的人事安排问题。其实，朱序在兖州、青州刺史的位置上仅仅做了一年零四个月，到太元十三年四月，司马曜就以谯王司马恬接替朱序的位置，担任都督兖州、冀州、幽州、并州诸军事，青州、兖州刺史。朱序在淝水之战回归东晋以后，被任命为龙骧将军、琅邪内史，由于在桓冲死后，豫州刺史桓伊接任了江州刺史，豫州刺史则由桓冲的侄子桓石虔接任，而桓石虔接任一年左右，到了太元十年，即因母亲去世而离职服丧，朱序是桓氏的旧将，因此，豫州刺史则由其接任，镇守在淮河南岸的马头；太元十二年，桓石虔服丧期满，恢复豫州刺史职务，桓石虔不愿远离京师，请求将治所南移到了历阳，这时，正巧谢玄多次提出病休，所以，朱序这才被任命为青州、兖州刺史。

朱序在青州、兖州刺史任上似乎并不得心应手，虽然他资历很深，但与北府兵却没有什么渊源，留驻于淮河两岸的谢氏旧将不一定听命于他。他上任以后，请求将治所从彭城南迁到淮阴，并且，据《晋书·朱序传》的记载，朱序还上书请求从江州运送十万斛米、布五千匹以接济军中，这一方面说明朱序的军资不能从兖州、青州当地供给；另一方面也说明兖州大后方的扬州各郡也不给予支持，只能依靠桓氏老巢的江州接济。

朱序并非孝武帝司马曜的心腹，又非宗室姻亲，所以，他只是一个过渡，太元十三年四月，司马曜即将他调任边地，任命其为都督司州、雍州、梁州、秦州四州诸军事，雍州刺史，镇守洛阳，并命河南太守杨佺期、南阳太守赵睦各率领一千士兵，隶属于朱序，而让宗室司马恬接替朱序担任兖州、青州刺史。司马恬接任后的情形就与朱序时大不相同了，因为，司马恬的职务全称是：都督兖、青、冀、幽、并、扬州之晋陵、徐州之南北郡军事，领镇北将军、兖青二州刺史，假节，司马恬所督之地，包括了兖州、徐州的大后方——晋陵，并且，朝廷还将司马恬的治所从淮阴继续南迁至京口。也就是说，兖州军队原本用于实施北伐的作用，此时，又回归到它长期以来作为东晋政治格局中一股平衡力量上来了。司马恬镇守京口以后，又以儿子司马尚之为广陵相，父子一南一北，隔江相望，以期达到有效控制长江下游、屏护建康的作用。据《晋书·司马恬传》称，司马恬“忠正有干局”，“孝武帝时深仗之”。毫无疑问，司马恬是孝武帝司马曜的心腹。

徐州刺史一职，自谢玄离任以后，就由司马道子兼领，治所也随之移到了建康。自此，孝武帝司马曜将陈郡谢氏彻底从“北府”中排挤出去，而将其牢牢控制到了司马氏宗室的手里。

太元十三年，豫州刺史桓石虔去世。豫州是建康的门户，历来受到东晋朝廷的高度重视，在谢安时代，谢安将豫州刺史的职务交给桓伊，桓伊虽是桓氏疏族，但却与谢安关系很好，将其放在谢氏具有很大影响力的豫州，与委任谢氏子弟没有什么两样，因此，豫州的军队（时称西府兵）与谢玄的徐州、兖州军队（时称北府兵）经常协同作战，密切配合，并最终赢得了淝水之战的大胜。让桓石虔担任豫州刺史，是在桓冲去世以后谢安为了安抚桓氏所做的无奈之举。谢安去世以后，朝局又为之一变。恰巧桓石虔需要服丧，就由朱序暂时接任豫州，等桓石虔服丧期满，拒不服从驻节马头的命令，却要驻在建康眼前的历阳，司马曜只好同意。

这里透露出几点信息：一是，当朱序担任兖青刺史、驻节淮阴的时候，司马曜让桓石虔驻节淮河南岸的马头，其目的就是让其豫州部队配合兖州部队防卫淮河防线，但却遭到了桓石虔的拒绝，自此，西府兵不再像曾经的那样与北府兵密切配合了。二是，豫州刺史驻节历阳，是有先例的，但却会出现两种截然不同的后果：一种是拱卫京师，如庾亮、谢尚刺豫的时候即是如此；另一种则是威胁京师，如苏峻。

桓石虔提出驻节历阳的要求，是因为不想远赴荒凉的淮南，还是因为不愿上前线，这都不重要，重要的是：让一位不是亲信的人驻节京师近郊，无论如何都不是司马曜愿意看到的事情。孝武帝司马曜不会忘记自己继位之初以及自己父亲生前，在桓温的威压之下整日所过的提心吊胆的日子，因此，司马曜对于桓氏家族自然是心存疑虑，尤其是对于眼皮子底下的豫州刺史桓石虔更是不放心。

好在是桓石虔很快就去世了，这让司马曜长出了一口气，东晋朝廷很快即以庾亮的二儿子庾龢之子庾准，接任豫州刺史的职务；庾准担任豫州刺史两年，到太元十五年八月，庾准去世，其弟庾楷继任。

司马曜何以选择了庾氏家族了呢？我们知道，自咸和四年苏峻之乱被平定以后，豫州在庾氏家族手里长达十余年，在桓温时代，庾氏家族受到了空前的打击，然而，庾氏家族与司马氏家族尚是姻亲关系，此时将与桓氏有世仇的庾氏家族重新抬出，就是为了防备上游桓氏的势力，达到屏护建康的目的，同时，这也是司马曜平衡各个大族之间利益关系的结果。

在谢安去世以后、司马曜独揽大权的初期，司马曜与司马道子的关系是亲密的，他们兄弟之间既相互配合，共同扩张司马氏宗室的力量，与此同时，两人之间又各自树立自己的党羽。那么，哪些重要方镇大员的安排，体现了司马道子的利益呢？比较突出的就是荆州刺史的任命。

太元九年二月，桓冲去世，当时，谢安即以桓冲的侄儿桓石民为荆州刺史，六年后，到太元十四年六月，桓石民去世，七月，朝廷即以骠骑将军长史王忱为荆州刺史，都督荆益宁三州诸军事，建武将军。

我们知道，王坦之一共有四个儿子：王恺、王愉、王国宝和王忱。王忱与王恭、王珣都是年少知名，王恭与王忱同为太原王家的两个分支，而王珣则是琅邪王家。王国宝与王忱是同父同母兄弟，关系很好，王国宝依附于司马道子，深得司马道子的赏识，因此，王忱的政治立场也是站在司马道子一边的，王忱被任命为荆州刺史，就是体现了司马道子的意志。

我们不能清楚地知道，在王忱被任命为荆州刺史的时候，司马曜与司马道子之间是否已经产生了很深的矛盾，但是，我们知道，起码到那个时候，双方还没有变得水火不容，史书上也说，由于司马道子专权恣肆，毫无顾忌，司马曜虽然心存猜忌，但在表面上还是比较宽容的，然而，双方之间的矛盾，却因为一个人而激化了。

那么，这个人又是谁呢？

三〇〇 兄弟阋墙（一）

这个人就是陈郡的袁悦之。

袁悦之，又作袁悦，应属袁乔、袁耽、袁宏的同族，三袁游刃于桓氏、王氏、谢氏家族之间，而这个袁悦之就曾经是谢玄的参军，后因服丧而离职。袁悦之口才极好，等到服丧期满以后，身上只带了本《战国策》前往京师，他对别人说："年少时候读《论语》《老子》，又看《庄子》《易经》，都是无病呻吟，有什么用处？天下最关紧的事情，就是读通《战国策》。"到京师以后，他进入司马道子幕府，成为司马道子的亲信，总是劝说司马道子要专权，司马道子也对其非常欣赏，经常采纳他的意见。

年轻的司马道子毛病很多，除了与他哥哥司马曜一样喜欢酗酒以外，他的权力欲很大，并且，对司马曜礼数不周，要么长时间不觐见司马曜，要么好不容易进宫一次，又酒后失态，不顾及哥哥身为皇帝的体面，这让孝武帝内心十分不满。

不过，造成这种局面，司马曜本人也难辞其咎。司马曜成年以后，尤其是在他牢牢控制了朝廷以后，开始与弟弟司马道子一起沉湎于酒色之中，两人经常以喝酒、高歌作为人生最重要的事情。同时，他又信仰佛教，穷奢极欲，所亲近的都是些尼姑和尚、保姆亲眷，身边的侍从小人争相牟取私利，请托贿赂，公开进行，形成了风气，升官、赏赐全没有了规矩，司法黑暗，社会没有了公道。

太元十四年九月，陆纳接替死去的谢石担任尚书令，陆纳一向耿直，他对社会现状十分不满，但却又感到无能为力，只能望着宫门长叹道："多好的一个家居，难道小孩子们要将它撞坏吗？！"左卫领营将军徐营的上书，更是说出了当时混乱的朝政，他说："那些外朝和内廷的官吏、禁卫武官以及奴仆婢女，不知道父亲是谁而姓母姓的很多，这些人根本没有经过乡里的品评、推举，却都能被提拔担任郡守或者县令，或者在大内做官；和尚、尼姑、公子哥们的乳娘等辈，也都争相推荐自己的亲党为官，并收受贿赂。这些人当上官员以后，执政不公，伤害无辜，法令不明，致使抢劫、盗窃犯罪公然出现。过去，皇上也曾经下令广泛征求意见，但大家的意见上交以后，却没有一条被采用。臣下听说，佛祖是清虚的神祇，可是，如今的和尚尼姑们却凭借着那身衣服，连最基本的五戒都遵守不了，何况是更加精深的佛法呢？而那些受到蛊惑的人，争着去礼拜，可又去鱼肉百姓，仅以收到财物才为实惠，这也是不符合佛家所说的‘布施’之道的。”徐营的上书投递上去以后，同样如石沉大海，估计整日昏醉的司马曜本人根本就没有看到。

中书侍郎范宁，是范汪的儿子，范汪将女儿嫁给王坦之，生下了王国宝和王忱，范宁是二人的舅舅；同时，我们知道，范汪的舅家是新野庾氏，因此，范汪一直就是颍川庾氏的亲信。基于这个原因，范汪、范宁父子在桓温时代深受排挤。范宁此人崇尚儒教，专门写过一篇文章称，西晋的清谈家王弼、何晏的罪恶要超过桀纣。孝武帝司马曜喜爱文学，对范宁很是敬重，范宁也与另外一位大儒徐邈一起，多次进忠言，补正朝廷的缺漏。

虽然范宁是王国宝的舅舅，但却十分讨厌善于阿谀奉承的王国宝，就劝说孝武帝废黜王国宝。王国宝听说以后，就让袁悦之托尼姑支妙给太子母亲陈淑媛写信，称赞王国宝忠诚严谨，应该得到信任；与此同时，袁悦之还挑拨王忱与王恭之间的关系，致使二人失和。

我们知道，司马曜与司马道子关系出现裂痕，还有一个原因，就在于司马道子后来很少入宫朝觐司马曜。对此，王恭深以为忧，他对王忱说："世俗对主相之间的关系，颇有异同，这可能源于骠骑将军很少朝觐的缘故。是否该选择时机诚恳地劝说一下？如果主相之间和睦相处，我等效力于圣明之世，还能有什么忧虑呢？"王忱也表示同意，然而，王忱担心自己的话分量不够。于是，王忱就找到为司马道子所亲近而又伶牙俐齿的袁悦之，想让袁悦之找机会劝说一下司马道子。

谁知，这个袁悦之一直以来就想离间王恭与司马道子之间的关系，一次，他趁着王恭与司马道子在一起的时候，竟当众厉声斥责王恭说："大人为何凭空说出主相不和谐的话来，你是想混淆朝野的视听吗？"一问之下，王恭怅然若失，无言以对，弄得十分尴尬。回去思量下来，王恭以为是王忱出卖了自己，而王忱确实对王恭问心无愧，但却又无以自明，从此，两个原来的好朋友就变成了死敌。

王恭岂是等闲之辈？他作为皇后之兄，深为司马曜宠信，于是，王恭就将凡此种种都报告给了孝武帝司马曜，司马曜听后，不禁大怒，就随便找了个借口，把袁悦之杀了。可叹一向以深通纵横之术、又能言善辩的袁悦之，在纵横捭阖之后，却恰恰死于纵横之术之中！

无疑，诛杀司马道子宠臣袁悦之事件，让司马曜与弟弟司马道子之间的矛盾加深了，也让两个阵营中的其他人的矛盾呈现出激化的趋势，史称："继而朋党同异之声，播于朝野矣（见《世说新语》刘孝标注引袁氏谱）。"而《世说新语·忿狷》的"王大、王恭俱在何仆射坐"条，则生动地反映了这种情况："王大、王恭尝俱在何仆射坐，恭时为丹阳尹，大始拜荆州。讫将乖之际，大劝恭酒，恭不为饮，大逼强之，转苦，便各以裙带绕手。恭府近千人，悉呼入斋；大左右虽少，亦命前，意便欲相杀。何仆射无计，因起排坐二人之间，方得分散。所谓势利之交，古人羞之。"王大，即是王忱。这则故事说的正是在太元十四年七月，骠骑将军长史王忱接任荆州刺史、即将上任之时的事情。心存芥蒂的二人因为相互劝酒而大打出手，各以衣带相互缠绕，双方随从上千人也全部涌入何澄的家中，随时准备打架。作为东晋朝廷的重臣，竟然因为劝酒而亲自扭斗，实在让人大跌眼镜。

由于袁悦之被杀与王国宝也有直接的关系，而王国宝的舅舅范宁也曾劝说过孝武帝废黜王国宝，因此，王国宝和司马道子一起给司马曜施加压力，要求将范宁贬到外地。

见此情形，范宁主动请求去做豫章（今江西省南昌市）太守。孝武帝司马曜说："豫章这个地方对太守不利，为何着急着以身去尝试死亡呢？"范宁从来就不相信巫术、占卜之类，坚持要去。临出发的时候，他还上书孝武帝，劝谏孝武帝为政要崇尚公平、宁静，指出当今虽然四境平安，但国家仓储却不足；劳役很多，百姓疲敝，致使百姓为了躲避差役，"生儿不复举养，鳏寡不敢妻娶"。孝武帝召集群臣议论朝廷得失，范宁又上书说，对于流落到江南的百姓，应该根据现在的居住地进行土断，确定目前的户口，便于国家管理；合并现有的小郡县，对于不满一千户的，不能设置县，郡县的主官，要选择清正公平之人；州郡大员离职，常常将手下的兵员、资粮带走很多，送兵多的高达一千多户，少的也有几十户，因此，这种风俗应当予以禁止；礼经规定，十九岁死亡的，被称为夭亡，因为他还没有成年，如今，将十六岁作为成年的壮丁，让其履行成年人应当履行的劳役，是不适当的，应该以年满二十岁作为成年壮丁，十六岁到十九岁作为半壮丁对待，这样对于百姓就公平合理了。范宁的拳拳忠言，司马曜也大多采纳了。

可以说，范宁被贬为豫章太守，是司马道子和王国宝在司马曜诛杀袁悦之以后的反击行动，也说明了司马曜、司马道子之间的矛盾逐渐激化。

这种主相矛盾的加深，致使在司马曜执政后期的东晋政局出现了十分诡秘难测的情形。

三〇一 兄弟阋墙（二）

从谢安去世的太元十年到太元十五年，是司马曜、司马道子兄弟合作多于分歧、矛盾逐渐堆积的时期。

在此期间，无论是中央还是地方的人事安排，都让人眼花缭乱，而每一步也都是司马曜巩固皇权、平衡门阀利益的结果。扬州不用多说，谢安死后就由司马道子接任。

荆州桓石民在谢安去世前一年，接任其叔桓冲职务，六年后，到太元十四年，桓石民去世，司马曜即任命王忱为荆州刺史，至此桓氏家族失去了最后一座方镇。

徐州，太元十二年谢玄离职以后，即由司马道子遥领；豫州，到太元十五年即由庾楷接替哥哥庾准之职。

江州，桓伊于太元十五年（《建康实录》称其在太元十六年十一月）去世，朝廷以王羲之的儿子王凝之（才女谢道韫丈夫）担任江州刺史。

兖州，太元十二年谢玄离职以后，朱序接任，不久即以谯王司马恬担任，三年后，太元十五年，谯王司马恬又去世，司马曜即以皇后之兄王恭担任兖州刺史。

太元十年，孝武帝司马曜在襄阳又侨立了雍州，以杨佺期的父亲杨亮为雍州刺史，太元十三年四月，加朱序为都督雍州、梁州、沔中九郡诸军事，雍州刺史，（本传称“都督雍梁司秦四州诸军事”）让其镇守洛阳。

益州，桓温故吏罗友，太元十年从广州刺史任上改任益州刺史，至太元十五年由郭铨继任。

在此期间，宁州刺史是费统、广州刺史是孔愉的儿子孔汪。

会稽内史一职，在谢玄去世以后，即由谢安之子谢琰继任，到太元十六年，谢琰又被升为尚书右仆射、太子詹事。

这就是在此期间东晋的主要方镇大员们。

在这些方镇中，当然还是徐州、兖州、豫州、江州、荆州主官的变动比较引人注目。

兖州、徐州的北府兵在谢玄离职以后，被一分为二，徐州由司马道子遥领，而兖州则在朱序短暂过渡以后，由司马恬担任，驻节京口，由此看来，无论是中枢宰辅的司马道子也好，还是兖州刺史司马恬也罢，两人对于因淝水之战的胜利而北移至淮河两岸的北府旧将及其部曲们，均鞭长莫及，这些北府旧将和部曲们则团结在龙骧将军刘牢之的周围，并通过刘牢之与陈郡谢氏发生着某种联系。刘牢之因五桥泽之败被免职以后，不久，又被任命为龙骧将军，镇守淮阴，继而，朝廷让其率部北屯彭城，领彭城太守。

太元十五年司马恬去世，孝武帝司马曜任命王恭为都督兖、青、冀、幽、并、徐州六州诸军事、平北将军、兖青二州刺史、假节，镇守京口。王恭此任是在他的对头王忱刺荆八个月之后，反映了司马曜、司马道子兄弟矛盾的进一步加剧，也是孝武帝暗中裁制司马道子的措施之一。

在此任命发出之前，司马曜曾听取太子左卫率王雅的意见，他说："我想提拔王恭和殷仲堪二人，你看如何？"

殷仲堪，出自陈郡殷氏，是太常殷融的孙子，原扬州刺史殷浩的侄儿，殷仲堪与他的叔叔殷浩一样能清谈，曾说过"三天不读《道德经》，就感觉舌头僵硬"的话，后被谢玄拜为长史、领晋陵太守。殷仲堪的父亲殷师患病多年，殷仲堪衣不解带，亲自研究医术，由于过于用功，致使将一只眼睛熬瞎。殷师得了一个奇怪的病症，听到床下的蚂蚁走动，就像听到牛在打斗一样，司马曜听过此事，但不知发生在何人身上，有一次，他问殷仲堪，殷仲堪流着眼泪站起来回答："臣进退维谷。"司马曜了解实情后很不好意思，后来，司马曜又任命殷仲堪为黄门侍郎，使之成为自己的心腹。

听了司马曜的问话，王雅回答："王恭气质高贵，严肃正直；仲堪注意细节，以文章闻名。然而，两人均心胸狭窄，并且没有多少治军才能，如果让两人作为一方大员，天下无事的话，尚能称职，一旦天下有事，二人必定会成为灾祸的根源。"司马曜不听。

因为，此时的司马曜需要的是能够制约弟弟司马道子的人物，而王恭则经常当面痛斥司马道子的种种不当行为：淮陵内史虞眺的妻子裴氏修炼一种服食药物、祈求成仙的道术，司马道子非常喜欢此妇人，常令裴氏与大臣们在一起谈论，众人对其都施礼降节，唯独王恭说："我从未听说过宰相举办的会议上竟然有失行妇人在座的。"一座无不尴尬惊愕，司马道子听了，心里也十分羞愧。

在孝武帝司马曜看来，京师近郊的京口让王恭这样的人镇守，是再合适不过的了。

以前，徐、兖刺史往往带有"北"字军号，但却总有不祥之事，所以，桓冲、王坦之、刁彝等人都不受镇北军号，王恭对此也十分忌讳，就上表辞让平北将军军号，孝武帝改任其为前将军。

再说荆州刺史王忱。

我们知道，王忱担任荆州刺史之前就已经与王恭交恶，不过，王忱此人却极具名士风度。据《世说新语·赏誉》记载，豫章太守范宁对荆州刺史王忱说："你很风雅，声望过人，真是后起之秀。"王忱说："如果没有你这样的舅舅，哪里会有这样的外甥！"即使是仇敌王恭，也每每想到王忱，王恭曾服药后行散，走到京口的射堂，当时，清露在晨光中闪动，新桐初吐嫩芽，王恭触景生情说："王大确实清亮明朗。"

这样一个风雅之人，到荆州以后，却自恃才高，非常仰慕原荆州刺史、琅邪王澄的为人，行为放荡，朝中群臣对他能否治理好荆州都心存疑虑。然而，王忱虽然风流，内心并不糊涂，他十分清楚，在荆州最需要警惕的就是此地盘根错节的桓氏家族，而此时桓氏家族的族长正是年满二十岁的桓温最小的儿子桓玄。

桓玄，字敬道，又名灵宝，据传说，桓玄的母亲马氏与桓温的其他妻妾们夜间坐着闲聊，月光中，看见流星落到铜盆的水中，出现一个两寸高的火珠，大家争相用水瓢接取，结果，马氏得到将它喝下，后怀孕生下了桓玄。桓玄出生的时候，火光照耀屋子，因此，取名灵宝。桓温老来得子，对桓玄十分宠爱，临终特意下令以桓玄为继承人，袭爵南郡公。桓温丧期届满以后，原桓温府上的幕僚向桓冲辞行，桓冲抚摸着桓玄的头说："他们都是你家的旧吏啊。"当时桓玄才七岁，听了这话，顿时泪流满面，众人都暗暗称奇。长大以后，桓玄与他的父亲桓温一样，容貌十分奇伟，多才多艺。由于孝武帝对桓氏家族心存芥蒂，所以，一直没有任用他。虽然未曾在朝廷中担任一官半职，但在荆州的地盘上，桓玄可谓是无冕之王，常以英雄豪杰自诩，大家也都敬他三分。

王忱到荆州以后，"威风肃然，甚得物和"。尤其是对桓玄，王忱更是每每予以压制。一次，桓玄去拜见王忱，值班的人前去通报未归，桓玄就破门而入，王忱大怒，当着桓玄的面，下令鞭打看门人，弄得桓玄很没面子，一怒之下，掉头就走，王忱也不挽留；还有一次，在一个月初的时候，王忱大摆仪仗接见客人，桓玄称要出城打猎，暂借数百兵士，王忱如数借给，自此，桓玄对王忱开始敬畏服气。

王忱在荆州刺史任上干了三年零三个月，到太元十七年十月，因病去世了。王忱末年，特别喜欢喝酒，经常是一醉月余不省人事，或者裸体出游，常常叹息说如果三天不喝酒，就感觉精神与形体分离了。他个性特立独行，自己的岳父遇到丧事，王忱前去吊唁，岳父见到吊客，照例痛哭，可是，只见王忱与数十位宾客都是醉后前来，个个披头散发，手拉着手，赤裸着身体进入，绕着尸体转了三圈，就扬长而去。

王忱死后，被追赠为右将军，而随着他的去世，荆州刺史一职立即成为东晋朝野共同关注的焦点。

《世说新语·识鉴》称："王忱死，西镇未定，朝贵人人有望。"这段记载，恰恰就说明了这一点。可以说，王忱的死，给司马曜一个夺回荆州的良机，而与此同时，雍州刺史朱序的辞职，也为孝武帝掌握大荆州地区铺平了道路。

朱序身为雍州刺史镇守襄阳，他多次上表，以年老多病提出辞职。当时，孝武帝还需要他统御黄河以南的军队，代替帝国镇抚边境，因此，一直都没有接受，甚至于专门下诏拒绝接受朱序的上书。就在王忱去世的当月，朱序擅自离开驻地，回到了建康，于是，孝武帝顺理成章任命了自己的亲信、太子右卫率郗恢接替朱序为雍州刺史，镇守襄阳，为下一步安排荆州刺史人选做好了准备工作。

那么，对于荆州这一要地，司马曜和司马道子又青睐何人呢？

司马曜认为王恭是荆州刺史最合适的人选。王恭以国舅之尊驻节上游，司马曜当然就可以高枕无忧；而司马道子则想让自己的心腹王国宝担任。王国宝是王忱的三哥，同为司马道子的内兄，由其接任此职，司马道子自然是再乐意不过的了，并且，司马道子也已经着手运作此事。

当然，除了主相二人分别垂青的王恭和王国宝二人以外，琅邪王氏的王珣对此也垂涎欲滴。王珣与殷仲堪、徐邈、郗恢、王恭等人，都因为才学为孝武帝宠幸，在孝武帝与司马道子之间，王珣是站在孝武帝一边的。在王珣看来，自己门第、名望出众，又是桓氏的旧吏，由自己出任荆州刺史，便于安抚主导荆州的桓氏旧部，是非常合适的。当时，虽然孝武帝一直对桓氏采取排斥的态度，但桓氏在荆州地区乃至中央也都有很大的影响力，王珣本人就曾称赞桓温是“废昏立明”，那么，对于桓氏是拉还是打，也是荆州刺史人选的诸多决定因素之一。对孝武帝而言，他们父子二人在桓温生前曾经担惊受怕的处境，当不会轻易释怀，可是，反过来说，如果没有桓温废黜海西公，也就没有简文帝、孝武帝父子的帝统，如果公开宣称桓温篡逆，也就等于是说自己和自己的父亲帝位来源并不合法，因此，孝武帝虽然对桓氏家族心怀不满，但又不可能彻底废黜桓氏，于是，他对桓氏家族采取了实际压制、而表面上不予理会的策略：即虽未公开宣布桓温为逆臣，但却对桓氏处处戒备，这从他任命桓温的仇族庾楷兄弟为豫州刺史，借以限制桓氏向下游发展；又任命阻碍桓温篡位最得力的王坦之之子王忱为荆州刺史这两点上，就可以看得出来。在孝武帝这种表面不理、实际打压的心态之下，他是不会任命与桓氏家族存有故谊的王珣去做荆州刺史的。于是，朝中就有传言称，王恭很快就会转任荆州刺史了。

然而，好事多磨。

据释宝唱《比丘尼传》卷一《简静寺支妙音尼传》称：“荆州刺史王忱死，烈宗意欲以王恭代之。时桓玄在江陵，为忱所折挫，闻恭应往，素又惮恭。……玄知殷仲堪弱才，亦易制御，意欲得之。乃遣使凭妙音尼为堪图州。”孝武帝以此事问妙音，答曰：“外内谈者，并云无过殷仲堪，以其意虑深远，荆楚所须。”

孝武帝的这一人选又因为桓玄的暗中操作而中途改变，将荆州刺史的人选最终圈定到了一个资望很浅的人——殷仲堪身上。《世说新语·纰漏》记载：“王大丧后，朝廷或云国宝应作荆州。”注引《晋安帝纪》曰：“王忱死，会稽王欲以国宝代之。孝武中诏用仲堪，乃止。”司马道子不愿意失去荆州地盘，正在运作以王国宝接替其弟王忱，当孝武帝听说以后，不经过吏部一系列考核、推荐程序，即迫不及待地直接任命了殷仲堪，由此可见，当时的情势非常紧张，司马曜与司马道子之间的斗争也十分激烈。

太元十七年十一月，东晋朝廷正式以殷仲堪为都督荆、益、宁三州诸军事，振威将军，荆州刺史，假节，镇守江陵。殷仲堪是殷浩的侄儿，他与王忱一样，自己的上一辈同属于桓温打压的对象。任用殷仲堪，不仅体现了孝武帝从道子手中夺回荆州的努力，也显示了孝武帝继续防范荆州的桓氏残余势力的意图。

孝武帝司马曜对殷仲堪十分亲昵，殷仲堪将要赴任，司马曜还特意下诏，含情脉脉地说：“卿将要离去，每当想到此事，就令人心酸。常想着你能永做庙堂之上的珍宝，却突然成为荆楚之地的俊杰，的确让人感慨痛恨啊！”

殷仲堪为人廉洁、俭朴，他担任荆州刺史以后，境内连年发生水旱灾害，殷仲堪吃饭的时候，没有什么菜肴，饭粒落到桌子上，总要仔细地捡拾起来吃掉，他经常教育子弟们说：“别人看到我当了一方诸侯，都说我实现了当初的梦想，其实我如今十分不容易。清贫是知识分子们的常态，怎能爬到树枝就忘记了根本？”

不过，殷仲堪名声很好，却喜欢给人小恩小惠，荆州上下级之间没有多少规矩。另外，让孝武帝意想不到的是，殷仲堪与他的前任王忱不同，他内心胆怯，性格温和。抵达荆州以后，他对桓玄又敬又怕，还主动与之交好。一次，桓玄竟然拿着长矛对着殷仲堪比试，险些刺中殷仲堪，殷仲堪的下属刘迈当即斥责桓玄，桓玄恨恨而去。桓玄离去以后，殷仲堪吓得赶紧让刘迈离开荆州逃命，刘迈刚一出城，桓玄追杀的人就赶来了。

由于殷仲堪的懦弱和桓玄的强势，荆州官民畏惧桓玄胜过畏惧殷仲堪。

总体看来，太元十七年是孝武帝与弟弟司马道子斗争激烈、同时又取得胜利的一年。在司马曜任命殷仲堪以后，紧接着，他就将司马道子的琅邪王，改封为会稽王，而封自己的二儿子司马德文为琅邪王——东晋时期，由于很多皇帝都出自琅邪王，因此，琅邪王的地位几乎等同于皇位继承人——孝武帝将弟弟司马道子改封为会稽王，实际上是一种贬黜。

此时，在孝武帝看来，襄阳有郗恢、荆州有殷仲堪，京口有王恭，朝中有王珣、王雅，司马道子的中枢之权也就没有多少腾挪的余地了。

三〇二 东征西讨

东晋朝廷的政局真如孝武帝所料，能够平稳前行吗？这还有待于进一步观察。

不过，我们始终有一个疑问，那就是，既然司马道子如此骄横跋扈，那么，孝武帝何以不果断地将其废黜呢？

这是因为，简文帝存世的儿子，仅有孝武帝和司马道子二人，而孝武帝的叔伯、堂兄弟们也所剩无几，孝武帝可资依靠的皇族实在是寥寥无几，因此，他以一母同胞的司马道子作为辅政大臣，也在情理之中。兄弟二人出现矛盾后，皇太后李陵容多次做两人的调解工作，于是，孝武帝虽知司马道子并非社稷之臣，但一直不忍将其废黜。

东晋朝局就在这种主相不断冲突之中慢慢前行。

暂时将东晋错综复杂的朝局放在一边，还是回过头去，看看北中国又有什么样的变故吧。

从太元十三年到太元十七年，也就是在东晋孝武帝与司马道子之间的矛盾逐渐激化的这几年间，北中国的各个势力之间也发生了剧烈的变化：后燕慕容垂分别在太元十一年和十二年，帮助魏主拓跋珪消灭了拓跋窟咄和独孤部刘显，拓跋珪则凭借着后燕强有力的支持，逐渐吞并周边的部落，北魏与后燕也开始了一段持续不长的蜜月期。从慕容垂欲加封拓跋珪为上谷王这一点上可以看出，慕容垂是想让拓跋珪臣服于自己，从而为自己守卫帝国西北部边境，可是，事与愿违，年仅十八岁的魏主拓跋珪虽然刚刚站稳脚跟，但是却雄心勃勃，他拒绝了慕容垂的任命。这也让慕容垂有些不快，随后拓跋珪又请求后燕帮助自己打击独孤部刘显，慕容垂就显得并不十分积极。正巧独孤部刘显对后燕的敌对行为，促使慕容垂最终同意了拓跋珪的要求，并一举将独孤部消灭。

之后，慕容垂又在幽州西部用兵，并废弃了代郡。这一系列行动都是慕容垂在无法臣服拓跋珪的情况下，对拓跋珪不得已而采取的预防措施，而这些措施却引起了拓跋珪的不满。他当时就要与慕容垂翻脸，但在弟弟拓跋仪的劝说下才作罢，继而，拓跋珪加速了征服周边部落的步伐。

太元十三年（即道武帝登国三年，公元 388 年），在后燕的默许下，北魏拓跋珪率军大破库莫奚人，进一步壮大了自己的实力，之后，性格暴戾而又残忍的他又将矛头指向了与自己母族贺兰部有着密切关系的高车诸部。

打击高车诸部之前，拓跋珪自然已经意识到这次进攻行动有可能与一直以来支持自己的贺兰部翻脸。因此，在击破库莫奚的当月，拓跋珪又回到了尚属后燕领地的赤城，并在下月向慕容垂派去了自己的弟弟拓跋仪，第二个月，慕容垂的使者又来到盛乐。史料缺载此时慕容垂与拓跋珪之间有什么交易，但从随后发生的事情来看，拓跋珪依靠慕容垂，是要将矛头对准了自己的母族贺兰部，并在自己讨伐高车诸部的时候，寻求慕容垂的支持。

后燕使者来到盛乐的第二个月，即太元十三年的十二月，拓跋珪就迫不及待地西进，在女水（今内蒙古自治区武川县）进攻高车解如部，拉开了进攻高车诸部的序幕。紧接着，拓跋珪马不停蹄，在太元十四年一月，继续进击高车诸部，大破高车各部，二月，他再次进入女水流域，讨伐与解如部唇齿相依的突（叱）吐邻部，大获而还。

拓跋珪的这次攻击行动，遭到了贺兰部贺讷、贺染干兄弟的阻击。贺讷兄弟率领依附于贺兰部的诸部前来救援，与拓跋珪的军队相遇，拓跋珪将其击退。

这是拓跋部与贺兰部冲突的正式开始。

拓跋珪在遭遇贺兰部打击以后，于四月即再次前往赤城，当是与后燕范阳王慕容德和赵王慕容麟会晤，并协商由后燕帮助自己出兵打击贺兰部，第二月，拓跋珪派遣堂弟拓跋虔亲自前往中山，拜见后燕皇帝慕容垂，当是在二王无法答复拓跋珪的情况下的一次正式请求。拓跋虔的使命完成得很好，因为，紧接着，后燕范阳王慕容德、赵王慕容麟就出兵进击贺兰部的贺讷，一直追击到勿根山（今地不详，疑为木根山的转音，木根山在今内蒙古自治区河套内，东木根山在今内蒙古自治区兴和县境，按照地望大约此处为东木根山之误），贺讷走投无路，请求投降，被后燕迁徙到上谷郡，将其弟弟贺染干扣押在中山作为人质。

借燕军之手，扫除了自己的母族贺兰部，拓跋珪更是加快了统一代北的步伐。

然而，被迁徙至上谷的贺兰部很快就从上谷北逃，回到了自己的原有游牧地意辛山一带，贺染干也随之而去。

同年十月，慕容垂的使者再次抵达盛乐，与拓跋珪会面，据《魏书·太祖本纪》记载，第二年（太元十五年）三月，拓跋珪再次西征，大军推进至鹿浑海，袭击高车袁纥部，虏获人员、马牛共计二十余万。鹿浑海，一般认为是指今天新疆维吾尔自治区阿勒泰的乌伦古湖，但以当时拓跋珪的力量来看，其不可能长途至此，据何光岳的《东胡源流史》称，鹿浑海在今蒙古国后杭爱省沃勒吉特东南鄂尔浑河以东，另据周伟洲《敕勒与柔然》也称，在鄂尔浑河一带。结合前一年后燕将贺兰部迁移至上谷这一点，拓跋珪在阴山以北地区已经没有了贺兰部的牵制，拓跋珪领军长驱北上漠北打击高车各部，也是可能的。袁纥部，发展到唐代，被称为回纥或回鹘，又分别演变成今天的维吾尔族、裕固族。《资治通鉴》也许对《晋书》所称也有类似的疑虑，故对拓跋珪此役并未收录。

后燕将贺兰部安置在上谷，既有利用贺兰部阻止拓跋部向东发展的意图，也有以拓跋部夹持贺兰部的打算。也许正是因为拓跋部倾国北出，给上谷的贺兰部以亡归故地的可乘之机，大约就是在此时，贺兰部逃离了后燕的控制，返回到了意辛山附近，于是，在拓跋珪二月大破袁纥部以后，到四月，他就与慕容麟的后燕军队一起进攻意辛山（今内蒙古自治区二连浩特西南）附近的贺兰部、高车纥突邻部、纥奚部等诸部落，再次大破三部。六月，拓跋珪回到了牛川。

受到打击的贺兰部实力大损。

统治河套地区诸部的铁弗部刘卫辰，看到有机可乘，即命令自己的儿子刘直力鞮率军进攻来到自己势力范围内的贺兰部，将穷途末路的贺兰部团团包围。在万般无奈的情况下，贺讷等人向拓跋珪请求投降，七月三十日，拓跋珪亲率二十万精锐骑兵前去解救，抵达羊山（今地不详），刘直力鞮率军撤退，拓跋珪将贺兰部迁徙到代国的东部边境，大约在今河北省张家口市与赤城县之间。

至此，拓跋珪在消灭了独孤部以后，仅仅用了两年多的时间，就又将盛极一时的贺兰部征服了。

连连获胜的拓跋珪仍然没有停下自己征服的脚步，八月，他回到牛川以后，即派遣弟弟秦王拓跋觚出使后燕。九月，拓跋珪再次出兵讨伐高车叱奴部于囊曲河（今黄河河套托克托县附近），大破该部，十月，拓跋珪回师云中（今内蒙古自治区托克托县），又击破了在狼山（今河套西北狼山）一带游牧的高车豆陈部。在拓跋珪咄咄逼人的攻势下，十一月和十二月，遭到打击的纥奚部大人库寒、纥突邻大人屈地鞬相继率领部众投降。第二年，也就是太元十六年（公元 391 年）二月，拓跋珪驻屯于纽垤川（今内蒙古自治区达尔罕茂明安旗北艾不盖河），三月，派遣九原公拓跋仪、陈留公拓跋虔等人率军向西进攻高车黜弗部，再次大破黜弗部。

正当拓跋珪一路势如破竹，不断向西吞并高车各部，壮大自己实力的时候，位于他东部边境的贺兰部却又发生了一件意想不到的事情……

三〇三　燕代决裂

如前所述，在太元十四年（公元389年）四五月份的时候，贺兰部已经在后燕的打击下，投降了后燕，并被安置于代郡。可是，过去整整一年，史籍又记载拓跋珪再次联合后燕赵王慕容麟进攻贺兰部于意辛山。唯一的解释就是，贺兰部在被后燕安置于代郡之后，又趁机叛逃了，回到了旧地意辛山游牧区。对于拓跋珪而言，将贺兰部从意辛山南迁，就隔绝了其与高车诸部之间的联系，便于拓跋珪实施先弱后强、逐步吞并高车诸部、次及贺兰部、最终完成统一恒代的任务；而对于后燕慕容垂而言，既然拓跋部与自己的母族贺兰部之间有了嫌隙，那么，出兵征服贺兰部、壮大自己的实力，何乐而不为呢？

然而，让拓跋珪和慕容垂始料不及的是，贺兰部仅仅在被迁徙至代郡数月，就又集体叛逃了。

于是，到太元十五年四月，拓跋珪再次与后燕合作，将军锋再次指向自己的母族。后燕军队之所以弃纷乱的中原局势于不顾，竟然同意拓跋珪的请求，远出意辛山，当然是因为此时的贺兰部已经是叛逃的身份，也就是说，在慕容垂看来是一块自己曾经拥有过的、如今又行将失去的"蛋糕"，他还想再次将它夺回来。

此战过后，据《魏书·贺讷传》的记载："遂徙讷部落及诸弟，处之东界。"

按照《魏书》的说法，此时的贺兰部是归顺拓跋部了。但是，由于《魏书》本身不容否认的瑕疵，这一说法似乎是有问题的。《魏书》在记述拓跋部前期历史的时候，总喜欢故意抬高拓跋部，比如，在拓跋什翼犍迎娶慕容氏的时候，它记载为：慕容部"荐女备后宫"，其实，当时的拓跋部仅仅还处于原始部落水平，逐水草而居，也根本没有像样的宫室；称慕容垂的使者说是人家"遣使朝贡"，这些都是不实之词，对此，清赵翼的《二十二史札记》的"魏书多曲笔"条即有过提及。按照常情推断，后燕之所以第二次配合拓跋珪出兵打击贺兰部，是因为贺兰部是自己的，自己要将其重新掳掠回来，后燕帝国与拓跋珪和亲，要长途奔袭，却换来空手而归？

此战拓跋珪收获颇丰，纥奚部、纥突邻部都归顺了拓跋珪，难道后燕将贺兰部也让给了拓跋珪了吗？似不可能。真实的情况大约是，拓跋珪单独无力进攻黏合在一起的三部，于是，鼓动后燕进攻贺兰部，双方约定由拓跋珪配合后燕作战，作为答谢，同时被进攻的纥奚部和纥突邻部降众则归拓跋珪所有，而后燕只拿自己该得的贺兰部。《魏书》称拓跋珪将贺兰部“处之东境”一语，十分含糊，在此之前，史书涉及贺兰部的迁徙目的地均有明确的地点，如大宁、平舒城等地，唯独此次只是笼统地说在东境，而属于燕国的上郡，也正在拓跋部的东境。《魏书》这样记载，掩盖了贺兰部再次被后燕安置到代郡的史实，真实目的就是给后世的人们制造出一种假象，即此时贺兰部已经归顺拓跋部，为拓跋珪不久以后再次打击自己的母族作铺垫。

贺兰部这次回归之后，慕容垂加封贺讷为归善王。

介于拓跋部与后燕之间的贺兰部，处境艰难：是投靠拓跋珪，还是依附后燕，还是独立发展，这个问题让饱经磨难的贺兰部再度面临了一场危机。

亲拓跋珪的一派以贺讷为代表，而反对拓跋珪的则是贺讷的弟弟贺染干。

贺染干阴谋诛杀哥哥，夺取头领位置，阴谋败露后，兄弟两人各自率领部众厮杀，历史再次上演了独孤部灭亡前的一幕。身为贺兰部外甥的拓跋珪，并没有及时向贺讷伸出援手，他却立即向后燕派出使者，请求自己的拓跋部作为向导，引导后燕军队绞杀贺兰部。《魏书》称此举是拓跋珪为了援救贺讷，对此，《资治通鉴》没有采信。

太元十六年二月，后燕皇帝慕容垂下令赵王慕容麟率领燕军进攻贺讷，镇北将军兰汗率领龙城之兵进攻贺染干。四月，兰汗之兵首先在牛都（胡三省注此地当在牛川以东，少数民族放牧，在此聚会）击破贺染干部，六月，后燕赵王慕容麟又在赤城击破贺讷，活捉了贺讷，俘获贺讷数万部众。

慕容垂仍旧让贺讷统领部众，而将贺染干再次迁往中山。至此，曾经强大一时的贺兰部就此被离散了，作为一个部落实体在历史上湮灭无闻了。

拓跋珪在进攻各部的同时，采取了血腥的手段离散了各个部落，让部落头领失去了原有的领众，而原有的部民则形同中原封建国家的普通“编户”，进一步巩固了自己的专制统治。

短短六年时间，拓跋珪借助后燕的力量消灭了独孤部、贺兰部这两大部落，吞并了代北地区高车诸部，势力大增。可以说，拓跋珪的成功之路，就是一个不断忘恩负义的过程。

在后燕这次出兵打击贺兰部的后期，拓跋珪派兵试图解救贺讷，后燕军队未再进行深入的打击。

赵王慕容麟回师以后，对慕容垂汇报说："臣观察拓跋珪此人的举动，终将成为国家的灾难，不如将其征召到朝廷，让他的弟弟代替他监国。"慕容垂没有听从。

当时的燕主慕容垂已经六十六岁，步入了晚年，前些年，慕容垂就已经将燕国的政事交给了太子慕容宝处理，慕容垂的其他儿子们也拥有很重要的话语权，他们将前来燕国的拓跋珪同母异父弟弟秦王拓跋觚滞留在了燕国，以此要挟拓跋珪送上好马。数年来，慕容氏协助拓跋珪逐步平定了代北，虽然在此过程中，慕容燕国也从中得到了一定的好处，燕军得以从东道自由进出代地，但总的来说，是拓跋氏一直有求于慕容氏的，因此，慕容垂求质子、索名马，也是可以理解的。然而，一向桀骜不驯的拓跋珪对此反应却十分强烈，他不顾弟弟拓跋觚的死活，断然拒绝了慕容垂的要求，并与后燕绝交，而派出长史张衮出使西燕，与后燕的敌国西燕慕容永结好。

在后人看来，拓跋珪在太元十六年的这一举动是草率的，但其实却有着深刻的原因。

一是拓跋珪谋求独立发展的个性使然。五年前，在后燕帮助他打败叔叔拓跋窟咄之后，当时还羽翼未丰的拓跋珪，就拒绝了慕容垂加封其为上谷王、西单于的诏命，那时候，就显示的他桀骜不驯的个性，此时后燕又要挟索求名马，自然会引起他的不快。

二是此时的代北局势。经过六年的搏杀，拓跋珪已经剪除了阻碍他统一代北的两大部落：独孤部和贺兰部，今日的拓跋珪再也不是六年前的他了，他更不会容忍他人在其面前指手画脚。

三是拓跋珪复杂而又隐秘的兄弟之间的关系。拓跋觚与拓跋仪、拓跋烈是亲兄弟，据《魏书》记载，拓跋觚是拓跋寔的弟弟秦明王拓跋翰的儿子，《魏书·皇后传》又称其为拓跋珪的母亲贺氏最小的儿子，据周一良先生考证，秦明王拓跋翰死时，贺氏尚未出生或在襁褓之中，因此，他认定贺氏在拓跋寔死后，被拓跋什翼犍所纳。拓跋什翼犍子嗣疑点甚多，难以尽考，当时的拓跋部对于父纳儿媳、儿子纳后母、弟弟纳嫂、哥哥纳弟媳之事似无忌讳，当北魏建立以后贺氏的这种不合儒家规范的行为，就十分顾忌，需要予以掩盖。从母系上说，上述三人是拓跋珪的弟弟，但从父系上说，则又是拓跋珪的叔父，而拓跋部长期以来也有着兄终弟及的传统，因此，拓跋觚未必不是拓跋珪后嗣王位的有力竞争者，拓跋珪这一举动似乎也有借刀杀人的意思。

不过，慕容垂似乎并没有诛杀拓跋觚的意思。听说拓跋珪与后燕绝交的消息，拓跋觚带领身边数十骑兵，诛杀了后燕卫士，从中山逃出，却被慕容宝抓获。拓跋觚被抓回中山以后，慕容垂仍然像过去一样对待他，于是，拓跋觚在后燕留心读书学习，背诵经书典籍数十万字，后燕国人对其都十分敬重。

至此，后燕与拓跋珪之间持续六年的合作，宣告结束，而拓跋珪则又开始了他新的征战的路途。

三〇四 消灭铁弗

拓跋珪于太元十六年七月告绝于后燕，同月与西燕慕容永结好，慕容永当即派出自己的大鸿胪慕容钧出使魏国，《魏书·太祖本纪》记载："奉表劝进尊号。"此语当然不实，当为慕容永以拓跋珪自称之号封之。

同月，匈奴铁弗部刘卫辰命令其子刘直力鞮率领军队从棝阳塞杀出，直至黑城。

棝阳塞，疑位于今内蒙古自治区五原县境，五原郡北境的边塞，其终点卢朐山（今内蒙古自治区五原县西北），黑城，今地不详。在此有必要提及的是，关于刘卫辰驻屯的代来城的确切位置，历来存有争议，大致有三种说法：一种是在今陕西省榆林市西南的巴拉素；一种是在今内蒙古自治区杭锦旗东、伊金霍洛旗西北；第三种是在今内蒙古自治区磴口西，即乌拉特后旗东南一带。从这次刘直力鞮率军从棝阳塞由西向东杀出这一点来看，将代来城的位置确定在今内蒙古自治区磴口以西地区似乎要更合理一些，也许在此期间，刘卫辰与其子刘直力鞮部分居东西两地，刘直力鞮居于河套以西地区。从最初刘虎退居朔方郡，到刘卫辰投降苻坚以后，要求河套以内的土地，"春来秋去"，苻坚同意，大致我们可以断定铁弗部的根据地是在朔方，即河套西北地区，而河套以内地区似乎仅是铁弗部的暂时游牧地而已。但是，也有可能这个棝阳塞是位于五原郡（今内蒙古自治区包头市）附近，这样的话，就可以支持代来城在河套以内的说法，而从以后拓跋珪消灭铁弗部时诸军进攻方位上看，代来城在河套以内似乎又更准确一些。

九月，拓跋珪率军袭击被铁弗部占领的五原，并残忍地实施了屠城，将铁弗部的辎重全部缴获后，撤回至纽垤川（今内蒙古自治区达尔罕茂明安旗北艾不盖河）休整。在撤离之前，在棝阳塞上刻石立碑，纪念战功。在暂时击退了铁弗部的进攻以后，拓跋珪即着手发起对柔然各部的进攻。

柔然在秦王苻坚灭代之前，就已经分为两部，郁久闾匹候跋居住在东边，弟弟郁久闾缊纥提居住在西边，臣服于拓跋部，代国灭亡以后，柔然又臣服于秦国的附庸铁弗部刘卫辰。拓跋珪即位以后，在北魏军队的打击下，高车各部纷纷投降，而唯独柔然两部依然听命铁弗部，而并不臣服拓跋珪。因此，为了提前预防柔然与铁弗部可能的联合进攻，在击退了铁弗部以后，十月，拓跋珪即转入了对柔然的打击，柔然率部北逃。拓跋珪亲率魏军追击了五六百里，拓跋各部帅通过长史张衮对拓跋珪说："如今敌人逃得远了，我军的粮草将要吃完，不能再深入了，请速速回师。"拓跋珪让张衮询问各部帅："如果杀掉备用的'副马'，粮食吃完，我们就吃马肉，能再坚持三天吗？"大家都表示可以。于是，拓跋珪就率领全军倍道兼行，加速追赶，终于在南床山（今蒙古中南部诺木冈山）下追上了柔然部，在此，魏军大破柔然，俘获了柔然一半部众，郁久闾匹候跋和柔然别部帅屋击各自搜罗残余部众，分路逃走，郁久闾缊纥提投降。拓跋珪命令南部大人长孙嵩、大将长孙肥率军度过沙漠，分头追击。长孙嵩负责追赶屋击，一直追到平望川（今蒙古东南部），大破屋击所部，活捉屋击以后，将其斩杀；长孙肥则往南追赶，追到涿邪山（今蒙古南部尼赤金山），赶上了郁久闾匹候跋，郁久闾匹候跋走投无路，率众投降，同时抓获郁久闾缊纥提的世子郁久闾曷多汗、郁久闾曷多汗的哥哥郁久闾诘归之、郁久闾社伦、郁久闾斛律等，还有宗族数百人，拓跋珪将他们全部分配到各部。回到拓跋部统治区以后，最先投降的郁久闾缊纥提趁人不备，向西逃跑，企图逃往铁弗部，拓跋珪亲自追赶，在跋那山（今内蒙古自治区乌拉特前旗东南）追上了他，郁久闾缊纥提再次投降，拓跋珪还像以前那样对待他。

南床山之战以后，拓跋珪对张衮说："你等知道我当时询问三天粮食的意思吗？"

张衮回答："大家都不明白。"

拓跋珪回答："这其实很简单。柔然逃亡了数日，他们带着的残余畜产，遇到河水之处，一定是要停留的。因此，我判断他们在沙漠南沿驻扎，我计算我们与沙漠之间的距离，三天足够赶上。我轻装骑兵突然抵达此处，出其不意，敌人一定会惊慌逃散，形势如此而已。"

张衮将拓跋珪的话传达给诸将，大家都说："主上圣明之策长远，非我等愚人所能明白的。"

年仅二十一岁的拓跋珪已经显示出超乎常人的能力。

果然不出拓跋珪所料，击破柔然的拓跋珪刚刚回到纽垤川（今内蒙古自治区达尔罕茂明安旗北艾不盖河），铁弗部刘直力鞮的大军就到来了。这次，刘直力鞮倾巢出动，共率领八九万铁弗部军队，气势汹汹地朝拓跋部杀来。十一月十日，拓跋珪身边自带的五六千直属部队，被刘直力鞮的大军包围。在万分紧急的情况下，拓跋珪下令将随行的车子围起来组成方形阵营，苦战而前，经过四天激战，十一月十四日，拓跋珪在铁岐山（今内蒙古自治区固阳县西北）下大破铁弗部八九万之众，刘直力鞮单骑逃走，拓跋珪缴获牛羊二十多万。

铁岐山一战，拓跋珪以五六千人大破铁弗部八九万之众，几乎让人难以想象，史料也没有给予我们太多的细节，但是，以拓跋珪的足智多谋，他绝不会贸然置身险地，此战以后，拓跋珪有组织地南下，乘胜进攻铁弗部，从这一点看来，铁岐山一战极有可能是拓跋珪故意以少数兵力，将刘直力鞮的大军吸引到自己身边来，而以拓跋部大军在外围组织了一个更大的包围圈，给予了铁弗部以毁灭性的打击，因为，即使拓跋珪这五六千人再骁勇善战，面对十几倍有准备的敌人，自守尚且不足，更不可能会转斗而前；即使能转斗而前，“大破”也似乎难以做到，也许是史书为了彰显拓跋珪的能力，才故意将其他事情隐去了吧。

此战，拓跋珪将铁弗部的主力全部歼灭，也奠定了铁弗部灭亡的基础。魏军乘胜猛追，十九日，魏军在五原郡（今内蒙古自治区包头市）金津渡口（今昭君坟渡口）渡过黄河，进入铁弗部国中，铁弗各部惊恐万分，部众四散奔逃，完全丧失了继续作战的能力。十一月二十二日，拓跋珪直接率军推进到悦跋城（代来城），刘卫辰父子狼狈而逃。入城次日，拓跋珪即命令诸将率领轻装骑兵，分路追击，拓跋虔所部往南追击至白盐池（今陕西省定边县西北），俘获了刘卫辰的家属，将军伊谓追击刘直力鞮，在木根山下活捉了刘直力鞮，将其部众全部俘获。

木根山的具体位置尚有争议，有人称是今内蒙古自治区乌海市海南区的桌子山，据柏杨《资治通鉴》注释，在今内蒙古自治区鄂托克旗西南；另一说称在今宁夏回族自治区银川市东南。刘卫辰本人单骑逃走，被部众所杀，头颅被送到了拓跋珪那里，十二月，拓跋珪得到了刘卫辰的尸体，他又下令将刘卫辰的尸体再次斩杀了一遍，传示铁弗各部。刘卫辰最小的（一说第三子）儿子刘屈丐（又称刘屈孑）南逃到高车薛干部。这个刘屈丐，就是后来的赫连勃勃。薛干部又被称为叱干部，居于三城（今陕西省延安市）附近，此时也投降了拓跋珪，后被改为薛姓。

这时，黄河以南各部都像薛干部那样，对拓跋珪表示归顺，山胡酋长幡秃、业易于等率领三千多家投降，拓跋珪将他们安置到马邑（今山西省朔州市）。为了防止铁弗部死灰复燃，拓跋珪下令将刘卫辰宗族子弟五千多人，不论老幼集体屠杀，全部投入黄河。前不久，黄河河水不知什么原因，突然变成血色，刘卫辰当时就非常厌恶，至此，铁弗部刘氏宗族真的遭到了集体的屠杀。至此，拓跋部与铁弗部延续了近百年的恩怨，最终以铁弗部的灭亡而告终。拓跋珪得到了铁弗部大量的珍宝畜产，获得良马三十多万匹，牛羊四百多万头，魏国从此十分富饶。

拓跋珪在短短两个月的时间内，就灭掉了实力强大的柔然部和铁弗部，可谓神奇，他本人也十分得意。灭掉铁弗部以后，拓跋珪并没有像往常那样很快回到代北，而是在河套地区足足停留了数月之久。这大约是威服河套地区各部的需要，在此期间，拓跋珪主要做了几件事。

一是巡视。太元十七年年初，他开始巡视铁弗部旧地，第一个到达的地方就是木根山，然后，他来到黑盐池（疑为今宁夏回族自治区盐池县长城外的花马池），在此，他设宴款待群臣，接受各国使者的朝觐。他又北至美水（今地不详）。

二是赏赐有功之臣。太元十七年三月，他在黄河河边设宴招待群臣，五月，再次赏赐有功人员。

三是建筑行宫。在灭掉刘卫辰以后，拓跋珪即命令建筑河南宫，作为实施对铁弗部统治的一个据点，经过三四个月的紧张施工，河南宫于太元十七年三月建成，投入使用。

在此期间，西部泣黎部大人茂鲜叛逃，拓跋珪命令南部大人长孙嵩率军讨伐，大破泣黎部。

三〇五 讨灭翟钊

而对于慕容垂而言，此时最让他忧虑的还是黄河以南滑台（今河南省滑县）的翟辽和身处长子的西燕慕容永。

丁零翟辽与慕容氏有血海深仇，因此，他屡屡在后燕帝国的南部地区制造事端，给慕容垂制造麻烦，而慕容永呢？他占据太行屋脊，等他的实力一旦强大，兵下太行，邺城、襄国、中山甚至是蓟城都在其有效攻击范围，况且，他与自己同族，一旦自己去世、嗣君无能的话，西燕慕容永对于后燕内部的民心士气都将是一个不小的威胁，不过，目前，西燕慕容永尚未采取大规模的进攻行动，两燕之间还保持着相对平和的状态，两害相权取其轻，慕容垂决定先对付翟辽。

我们知道，在太元十二年，清河（今河北省清河县）人吴深、章武（今河北省大城县）人王祖、渤海（今河北省南皮县）人张申均背叛后燕，同年十月，翟辽派兵与王祖、张申合力，抄掠清河、平原一带；第二年，翟辽称王以后，又唆使张申进攻广平（今河北省鸡泽县东南）、王祖进攻乐陵（今山东省乐陵县东南），慕容垂命令高阳王慕容隆前去讨伐。十二月，后燕太原王慕容楷、赵王慕容麟率军与慕容隆会合，在合口（今河北省沧州市西南），进攻张申所部。王祖率领各军前去救援，趁夜偷袭后燕营垒，被燕军击退。

慕容隆打算率军追击，慕容楷和慕容麟劝说："王祖是位老贼，可能是假装逃跑，在半路上设有伏兵，不如等到天亮再说。"

慕容隆回答："这是各处聚集的群盗，乌合而来，侥幸一战，并非平素里有严明的纪律，能统一进退的步调。如今失利而逃，众人不再听命，乘胜追击，不出几里地，可将他们全部抓获。张申依靠的就是王祖的救兵，王祖被击破，张申就投降了。"

他留下慕容楷、慕容麟守卫堡垒，自己与平幼一起分头率军追击，一直杀到天明，大获而还，将斩杀的头颅悬挂在张申的营垒外面，不久，张申就率众投降，王祖也走投无路投降。与此同时，章武王慕容宙也率军击破了吴深，吴深逃奔绎幕（今山东省平原县西），不久，当地民众斩杀了吴深。

至此，三位骚扰后燕东南部地区的三股变民势力全部被扑灭。

在此前后，慕容垂以太子慕容宝为侍中、大单于、骠骑大将军，为其建造承华观，让他独立处理帝国的大小政务，慕容垂自己仅仅做出大政方针的指示而已；他又在龙城建立留守政府，以高阳王慕容隆为都督幽州平州诸军事、征北大将军、幽州牧，录留台尚书事，全权处理龙城地区的政务，以护军将军平幼为征北将军长史、散骑常侍封孚为司马，协助慕容隆工作；将原来镇守龙城的辽西王慕容农调回中央，担任侍中、司隶校尉。

慕容农镇守龙城五年，辖区安定祥和，慕容隆完全按照慕容农制定的法令，并予以修订扩充，辽西地区更为安定。

当魏主拓跋珪消灭了铁弗部、在其旧地巡视之时，后燕主慕容垂即着手策划对丁零翟钊的打击了。

丁零翟辽在太元十一年，袭杀东晋黎阳太守滕恬之之后自立，距今已经存续了七年。为了扩大自己的地盘，他向东煽动东晋泰山太守张愿叛变，向南进攻东晋的淮北各城，向西还进攻东晋占领的荥阳，威胁东晋旧都洛阳，因此，翟辽政权与东晋朝廷是天然的敌人。同时，丁零翟氏与慕容氏有血海深仇，时不时地骚扰后燕帝国的南部边境，鼓动后燕国内民众骚乱，一度威胁到邺城的安全。太元十二年翟辽曾短暂投降慕容垂，后再度背叛，并于太元十三年自称魏天王，正式建立了政权。太元十五年，张愿（《晋书·刘牢之传》记作张遇）率军击破了东晋占领的金乡（今山东省金乡县），包围了东晋新任泰山太守羊迈。此时，北府的核心人物刘牢之业已重新被东晋朝廷任命为龙骧将军、彭城太守，镇守彭城（今江苏省徐州市），刘牢之命令参军向钦之率军将张愿击退。翟辽的儿子翟钊率军救援张愿，刘牢之退去。八月，做好准备的刘牢之再次进攻泰山，一举拿下泰山，并一直将翟钊追至鄄城（今山东省鄄城县），翟钊逃往黄河以北，张愿被俘投降。接着，刘牢之又转兵进攻翟辽的都城滑台（今河南省滑县），在滑台城下，又将翟辽军击败。太元十六年十月，翟辽去世，儿子翟钊继位，翟钊继位以后，即发起了对后燕邺城的进攻，被驻守此地的后燕慕容农击退。第二年二月，翟钊又派遣部将翟都进攻馆陶（今山东省馆陶县），进驻苏康坞堡。

在这种情况下，后燕皇帝慕容垂决心一举消灭这个不断骚扰自己的丁零政权。三月，一直在鲁口（今河北省饶阳县）、河间（今河北省献县）、渤海（今河北省南皮县）之间巡视的慕容垂引兵南下，进逼苏康坞堡。看到后燕慕容垂前来，翟都不战而逃，退回到了滑台。翟钊自知不敌，他赶紧向西燕皇帝慕容永求救。慕容永召开会议，讨论是否出兵救援翟钊。

尚书郎鲍遵说："让两个敌对势力相互争斗，我们趁着他们精疲力竭的时候，再从背后插他们一刀，这是卞庄子先令两虎相斗、再一举两得的策略。"

中书侍郎张腾反驳道："慕容垂强大而翟钊弱小，胜利的一方又怎会精疲力竭？不如火速救援，使我们三国形成鼎足而立之势。如今，我们直接向燕国首都中山进军，白天多部署疑兵，晚上多设置火把，这样一来，慕容垂必定会担心后方有失而回师解救中山。然后，我军进攻燕军的前面，翟钊骚扰燕军的后面，这是上天交给我们的良机，千万不可失去。"然而，思路不清的慕容永却没有接受。

就这样，后顾无忧的慕容垂放心大胆地南下了，六月，后燕军抵达黎阳，在黎阳渡口，燕军将要渡过黄河，而翟钊也率领翟魏军队在黄河南岸抵御。后燕诸将看到翟魏军队十分精锐，都劝说慕容垂不要渡河。慕容垂笑着说："这小子能有什么本事，今天我要将其杀了，给大家看看！"于是，慕容垂率领大军向西移动，在距离黎阳渡口四十里的西津渡口扎下大营，在那里用一百多艘牛皮船，载满部队兵器，逆流而上，做出要从黄河上游渡河的姿态。本来翟钊在黎阳渡口的对岸早已构筑了坚固的工事，扎下了大营，此时，看到慕容垂引兵西上西津，他担心燕军从西津渡口渡河，赶紧丢下大营，率领军队西上西津渡口。

略施小计即成功调动了翟钊之后，慕容垂秘密派桂林王慕容镇、骠骑将军慕容国，率军趁夜火速回到了黎阳渡口，并在当夜从黎阳渡口渡过了黄河。拂晓时分，这支燕军先头部队顺利地在黄河南岸扎下了大营，坚守不战。翟钊听说一部分燕军已经从黎阳渡过了黄河的消息，赶紧又从西津跑回，进攻燕军大营。

可是，翟魏军在一日一夜来回奔波了八十多里，已经是筋疲力尽了，根本攻不下这座大营。与此同时，在西津渡口的后燕主力大军也在慕容农的率领下，从西津渡口渡过了黄河，尾随而至。翟钊看到无法攻破燕军军营，而从西津方向而来的燕军又将到来，打算逃归自己的军营。慕容镇和慕容国发现翟钊将要逃走，立即把握住战机，转守为攻，率军从营中主动杀出，死死缠住了翟钊。此时，慕容农也及时赶到，两下夹击，大破翟魏军。翟钊看大势已去，逃归滑台，带着妻子、孩子，率领数百骑兵向北渡过黄河，逃往白鹿山（今河南省获嘉县），依托山险固守。燕军尾随而至，慕容农说："翟钊没有粮食，不可能长久留驻在山中。"于是，他留下小股侦察兵，自己则率领大军假装离去。果然，翟钊看到燕军离去，就率众下山了，慕容农突然回军掩杀，将翟钊部众全部抓获，翟钊单身匹马西逃西燕。西燕主慕容永加封其为车骑大将军、兖州牧，封东郡王。一年以后，翟钊被指称谋反，被慕容永所杀，就这样，存续四年多的翟魏国灭亡了。

翟魏的灭亡，让后燕的势力拓展到黄河以南地区。前秦旧臣郝晷、崔逞、崔宏、张卓、夔腾、路纂过去都曾在前秦为官，前秦大乱以后，投降东晋，东晋朝廷将他们任命为冀州各地的郡守，命令他们各自率领部曲驻守在黄河以南地区。不久，他们又接受了翟魏政权的官爵，此时，又纷纷投降了慕容垂。

郝晷，原本是前燕的散骑侍郎，曾经出使前秦，并主动结好王猛；崔逞，也曾是前燕的黄门郎，撰写过《燕纪》，后投降拓跋珪；崔宏与崔逞同为清河崔氏，他就是后来大名鼎鼎的北魏名臣崔浩之父；张卓前此为东晋荥阳太守，被翟辽俘获；夔腾身世不详，石赵帝国的时候，曾有大臣夔安，是石勒最初的八骑之一，后为石虎的侍中、太尉，与他有无渊源，不得而知；路纂此人不详。慕容垂都按照才能，授予各人不同的官职，翟钊统治的七郡三万八千多户民众，也都落入后燕之手。慕容垂任命章武王慕容宙为兖州、豫州二州刺史，镇守滑台，又将靠近东晋边境的七千多户徐州民众，迁到黄河以北的黎阳，并任命彭城王慕容脱为徐州刺史，镇守黎阳。慕容宙和慕容脱均为慕容垂弟弟的儿子。

太元十七年七月，慕容垂从南方前线回到邺城，十二月，他又以辽西王慕容农为都督兖州、豫州、荆州、徐州、雍州五州诸军事，镇守邺城，看护着帝国的南大门。

那么，回到中山的慕容垂，又会将兵锋指向何方呢？

三〇六　消灭西燕（一）

回到中山的慕容垂很快就将目光投向了西面的慕容永。

太元十一年十月慕容永在击败前秦皇帝苻丕以后，登基继位，至今也已经过去六年多了。据说，虽然慕容永是前燕皇族，但他在前秦时代，却十分贫穷，与妻子在长安街市以卖靴子为生，贫苦出身的慕容永即位以后，还是贯彻了与民休息的政策，没有对外进行大规模的战争，见诸于史料的分别有三次：第一次是太元十二年慕容永曾趁着前秦苻纂、兰椟与后秦姚苌相斗，而出兵河西，企图火中取栗，结果被后秦姚苌击败。第二次是在太元十五年年初，他曾经率军南下，企图进攻东晋手中的洛阳，当时还是豫州刺史的东晋老将朱序，亲自率军从河阴（今河南省孟津县东北）渡过黄河迎战，与慕容永的大将王次等人在沁水（今沁河，位于河南省与山西省交界处）相遇，王次战败而逃，斩杀王次部将勿支。朱序参军赵睦、江夏相桓不才率军追击慕容永，又在太行山打败了慕容永，慕容永逃回上党。朱序率领大军一直追到上党的白水（今山西省晋城市白河），与慕容永军相持了二十多天，后来，听说翟钊乘虚将要进攻洛阳，朱序这才退兵，又在石门击破翟钊，命令参军赵蕃在怀县击破翟辽，稳定了洛阳周边地区的局势。此战以后，朱序就退回了襄阳，并退休了。第三次是在太元十六年，慕容永再次进攻黄河以南，被东晋河南太守、广威将军杨佺期击退。由此看来，慕容永在领教了姚苌的厉害以后，再也不敢染指关中，而北面是自己的友邻拓跋珪，东面是同样厉害的慕容垂，因此，他就将目光放到了防守相对薄弱的东晋洛阳地区，但是，在驻守在此的都是久经沙场的东晋将领，慕容永依然没有讨来便宜。如今，当东面的慕容垂消灭了翟钊以后，慕容永再也无心进攻了，而是将全部的注意力放到了防守后燕慕容垂上了。

同样地，对于慕容垂而言，在南线，自从消灭了翟钊以后，后燕控制了黄河以南地区，极大地加深了南线的防御纵深，而且，目前的东晋并无大举北伐的意图，因此，夺取太行屋脊，扭转自己战略上的不利态势，就成了慕容垂的当务之急。况且，消灭翟钊以后，后燕再无南线两面作战的牵制，于是，消灭西燕自然就被提上了后燕君臣的议事日程。不过，当慕容垂提出进攻西燕的计划以后，后燕群臣、诸将依然提出了反对意见，大家的意见主要是说，慕容永立国以来，从未对我国进行挑衅，而我们却是连年征战，士兵疲惫，口出怨言，等到以后再说。范阳王慕容德却说："慕容廆、慕容皝、慕容儁三位先祖积德，为燕赵民众留下恩惠，所以至今人民还传颂他们的恩德，陛下登基一方面是因为陛下圣武；另一方面还是因为燕赵之民愿意做大燕的臣民。如今，慕容永僭位，煽动民众，致使无知之徒淆乱华夏，应该先将其除去，以正视听。过去，光武帝刘秀讨伐苏茂之战，不顾及百官的疲劳，怎能是没有仁爱之心？是机不可失的原因啊，兵法上有'不得已而用兵'之说，陛下此时的情况还有时间从容淡定吗？"慕容垂笑着说："司徒与我的意见完全相同。'二人同心，其利断金。'我已经决定了！况且，我已经进入暮年，去日无多，虽然如此，我拿出我口袋里剩余的那点智慧，自认还能够消灭了他，不再将逆贼留给子孙们了！"于是，太元十八年（公元393年）十月，也就是在慕容垂消灭翟钊一年以后，后燕开始了讨伐西燕的总动员。

慕容永的统治中心地区在今天的山西省上党地区，上党之名的由来，就是因其地势很高，"居太行山之巅，地形最高与天为党也"。因其地势险要，素来就有"得上党，即可望得中原"之说。目前的慕容永势力控制晋中南，可谓拥有地利：西扼守蒲坂，进可以渡过黄河，西进关中，退可自保；北据雁门关，与拓跋部接壤；东面和南面则是太行山和黄河，分别与东晋的洛阳地区、后燕河北平原分割。不过，自古以来，就从来没有越不过的天险，攻不破的坚城。连接着上党地区的就是太行山的"太行八陉"。

我们知道，太行八陉，是晋东南河流穿切绵延千里的太行山而形成的交通孔道，它们分别是：第一陉轵关，在今河南省济源市西北十一里处，形势险峻；第二陉太行陉，在今河南省沁阳市西北三十五里处，陉宽三步，长四十里，从此南下可以抵达虎牢关，是进兵中原的重要孔道，北面即为天井关，在今山西省晋城市西南四十五里的太行山上；第三陉白陉，在今河南省辉县西北五十里处，自此东出可威胁淇县、浚县；第四陉为滏口陉，在今河北省武安县南和磁县之间的滏山，东出直接威胁到邺城；第五陉是井陉，又称土门关，在今河北省井陉县的井陉山上，西屏护晋阳，东威胁中山；第六陉飞狐陉，又称为飞狐口，在今河北省涞源县北和蔚县南，陉长一百余里；第七陉蒲阴陉，即紫荆关，在今河北省易县西紫荆岭上，是连接晋北与幽州的军事要隘；第八陉军都陉，即居庸关，在今北京市昌平区西北的居庸山上，是出燕、入晋北、去塞外的咽喉要道。除了第七陉和第八陉之外，西燕与后燕之间有六陉相连。

当时，西燕慕容永有十万军队，而慕容垂自身所带的兵力只有七万步骑，从人数上并不占有绝对的优势，而且，慕容垂的部队连年征战，比较疲惫，如果慕容永措置得力的话，不是没有胜算。然而，从慕容永立国以来的三次征战来看，慕容永本人指挥艺术并不高明，西燕军队的战斗力也并不十分强，尤其是西燕的十万军队既要防守西面的蒲坂，又要防守这六条交通孔道，平均使用兵力，自然是不行的，那么，慕容垂会从哪里出现，而慕容永又会将主力用于何方呢？

在这种情况下，两军主帅的智慧对于整个战役的走向，就起到了决定性的作用，如何误导对手，达到避实击虚、调动敌人的目的，就成了战役的关键。老谋深算的慕容垂深谙此道，十一月，他亲率步骑七万从中山南下邺城，与此同时，他另外派遣丹阳王慕容瓒、龙骧将军张崇从井陉关出发，进攻驻守晋阳的西燕慕容永弟弟、武乡公慕容友，征东将军平规进攻西燕镇东将军段平驻守的沙亭（今河北省临漳县西南），打响了全面进攻西燕的序幕。十二月，慕容垂抵达了邺城（今河北省临漳县），而西燕主慕容永则命令尚书令刁云、车骑将军慕容钟率领五万大军，驻守在潞川（今山西省浊漳河），将主力部队放到了防备滏口陉上。这里正是王猛灭燕之时的主战场，二十四年后这里还将发生一场灭国的大战吗？

慕容垂也深感自己的兵力不足，他留下清河公慕容会镇守邺城，又征发司州、冀州、青州、兖州四州之兵，派遣太原王慕容楷率军从滏口西进，辽西王慕容农从壶关西进，慕容垂则亲率大军从沙亭出发。至此，慕容垂显示给对手的共有四个进攻方向：最北，是慕容友从井陉关出发、进攻晋阳的北路军；次之，是太原王慕容楷从滏口西进之军，对面是刁云、慕容钟的五万大军；再次之，是慕容垂屯兵于沙亭附近的主力中军；最南面则是穿越壶关，进逼长子的慕容农所部。慕容垂的各路大军集结完毕以后，西燕主慕容永得知这一消息，也采取了一系列防备措施，将辎重囤聚在台壁（今山西省黎城县西南），命令侄儿、征东将军慕容小逸豆归、镇东将军王次多（与前述王次当属同一人）、右将军勒马驹率领一万多军队在那里防守。

三〇七 消灭西燕（二）

战云密布。

然而，让慕容永疑惑不解的却是，慕容垂屯军邺城西南将近一个多月，却迟迟不进。

这个老狐狸葫芦里究竟装了一剂什么药？慕容永百思不得其解。四路进攻大军一起从东向西扑来，但却屯军不进，善于用兵的慕容垂究竟是想从何处进攻？其实，此时的慕容垂如一头蓄势待发的猛兽，正密切注视着猎物的动向，耐心地等待着最佳的时机，猛扑上去。时间一天天过去，慕容垂驻屯在邺城，一方面可以兼顾南北两翼，防止慕容永主动出击，做困兽之斗；另一方面养精蓄锐，同时观察慕容永的行动，再做出最佳的应对策略。对于慕容永而言，他最好的应对办法是，以小部兵力，多张旗帜，迷惑敌人，扼守关隘，而集中优势兵力，选择最突出的敌人一部，一方面做好阻击慕容垂大军增援的准备；另一方面全力将敌一部吃掉，然后，再视战役的发展情况，决定是否继续扩大战果，各个击破敌人的进攻。而此时的慕容永，却着眼于被动防守，一味地揣测对手的心思，亦步亦趋，未战之前，其实已经被动了。

更有甚者，自作聪明的慕容永，看到慕容垂屯兵邺城一个多月没有动静，根据兵法虚虚实实的道理，他判断，狡猾的慕容垂也许示形于邺城，其实打算南下，迂回到河内郡，从那里穿越太行陉，进攻天井关；或者从更西面的轵关，进入河东地区。想到此处，慕容永不禁冒出一身冷汗，庆幸自己差一点上了大当。于是，他下令将主力军团重新集结起来，只留下一支军队驻守在台壁，保护辎重，其他主力部队先南下天井关，将道路较宽的太行陉用石头完全封堵起来，然后，又将大军屯驻在轵关之上，准备以逸待劳，一举歼灭慕容垂的来犯之敌。可是，慕容永的这一重大决策，完全来自自己的凭空想象，判断慕容垂有可能从太行道进攻的依据就是：一、慕容垂迟迟不进，一定有诈，不会选择从较近的滏口进攻；二、太行道相对比较宽，便于军队行军。在彻底堵塞了太行道以后，慕容永进一步判断，慕容垂走太行道不通，将会继续西进，绕道轵关进攻。利用人力堵塞太行道，在当时的条件下，所用功力是巨大的，西燕军队从东线调来以后，充当工程兵将太行道堵塞以后，又风尘仆仆集结在轵关。慕容垂像含笑不言的一尊神，静静不动，已经让慕容永惊慌失措，让西燕军队未战先已疲惫不堪。

看到慕容永这一系列举动，慕容垂却于四月二十日，亲自率领大军对滏口发起了猛烈的进攻，攻下滏口以后，又乘胜从背面进入了天井关（今山西省晋城市西南四十五里的太行山上），至此，后燕大军顺利进入上党盆地。五月一日，慕容垂大军推进到台壁，防守台壁的是慕容永的侄儿、征东将军慕容小逸豆归、镇东将军王次多、右将军勒马驹率领的一万多军队，慕容永担心台壁有失，赶忙派遣堂兄、太尉慕容大逸豆归率军前去增援，后燕平东将军平规率军将其击破。慕容小逸豆归率领众将出战，后燕辽西王慕容农前往迎战，又将其击败，并阵斩西燕右将军勒马驹，活捉镇东将军王次多，后燕军遂包围了台壁。慕容永急忙调远在南面太行山麓轵关一带的驻军火速东返，自己则亲自率领五万大军抵御，依托河曲（今地不详，当为浊漳河西岸）自守，并派出使者约期与慕容垂决战，而就在此时，西燕潞川驻军主将尚书令刁云、慕容钟却惊慌失措，率众投降，慕容永大怒，诛杀了二人的妻子儿女。

五月十六日，双方决战的日子终于到来了。

慕容垂做好了大战前充分的准备工作，他在台壁以南列下阵势，以辽西王慕容农和太原王慕容楷为左右两翼，另外，在头一天，他还秘密派遣骁骑将军慕容国率领一千骑兵，提前埋伏在山涧之中，作为奇兵。于是，两军在河曲展开了一场生死对决。慕容垂假装败退，慕容永乘胜追击了几里，就在这时，慕容国的一千骑兵突然从山涧中杀出，在慕容永军后左砍右杀，与此同时，慕容楷和慕容农也从两翼夹击，慕容永西燕军大败，被斩首了八千多级，慕容永狼狈退回到了长子（今山西省长治市）。晋阳守将慕容永闻讯，不战弃城而逃，后燕丹阳王慕容瓒等人也攻克了晋阳，于是，慕容垂大军包围了长子。

慕容永打算往西逃跑，投奔后秦姚苌，侍中兰英劝说道："过去石虎进攻我们的龙城，太祖慕容皝坚守不去，最终成就了大燕伟业。如今以慕容垂七十岁的老翁，对于战争早已厌倦，不可能一直吃苦在外，长年累月驻在此地，攻击我们。

只用坚守城池，令其疲惫即可。”于是，慕容永打消了放弃抵抗的念头，并派遣儿子常山公慕容弘等人向东晋雍州刺史郗恢求救，献上一颗玉玺，另外，又派人请求魏王拓跋珪出兵相救。

我们知道，郗恢是郗鉴的孙子、郗昙的儿子，他身高八尺，美须髯，孝武帝对他非常器重，他接替朱序担任雍州刺史已经一年有余。郗恢接到慕容永所献玉玺以后，上呈给孝武帝，并上书说：“如果慕容垂兼并了慕容永，后燕心思难测。如今替我国打算，应该救援慕容永。两燕并立的话，互为仇敌，相互攻击，无能为患，然后，瞅准时机，将其双双消灭，那么，黄河以北将可以讨平。”孝武帝司马曜表示同意，下诏命令兖州刺史王恭、豫州刺史庾楷发兵北上，救援慕容永。

慕容永担心东晋不会出兵，又派遣太子慕容亮作为人质，后燕平规率军追击慕容亮，在高都（今山西省晋城市境）将其抓获。

此时，魏王拓跋珪还在北巡，去年他消灭了柔然和铁弗部，又得到了自己第一个儿子拓跋嗣，可谓是十分顺利的一年，今年年初，高车侯吕邻部大人叱伐骚扰，拓跋珪再次西征，进军苦水，大破侯吕邻部，生擒其别帅焉古延等人。五月，拓跋珪回到了白楼休养，六月开始到北部边境巡视。苦水河，又称作长源河，发源于宁夏回族自治区海原县南七里宝山，南经甘肃省静宁、庄浪入秦安县为葫芦河，至天水北注入渭河，《水经注》称：“瓦亭水出陇山，与陇水合为一水，谓之瓦亭川。”北魏与后燕交恶以后，拓跋珪采取了联合西燕、制约后燕的策略，这一方面是出于战略上的需要；另一方面，也是经济上的需要。由于与后燕绝交，后燕军队需要的马匹从魏国无法得到，同样地，北魏亟须的丝绸布帛也无从获得，这也是在下一年拓跋珪决定在五原（今内蒙古自治区五原县）至于椆阳塞外的黄河北岸实施屯田的一个原因。

拓跋珪接到慕容永求救的书信以后，立即命令陈留公拓跋虔（元虔）、将军庾岳率领五万骑兵，东渡黄河前来救援，魏军抵达秀容。秀容分为南北，北秀容在今山西省朔州市西北，是北魏契胡族（未被冉闵杀尽的羯族的一种）尔朱氏的聚居地；南秀容则在今山西省岚县南，两个秀容相距三百多里。

然而，晋军和魏军尚未抵达长子的时候，长子城内就已经支持不下去了。

慕容大逸豆归所部将领伐勤、贾韬等人秘密与后燕联络，打开了长子的城门，后燕军队涌进了城内。慕容永逃往北门，被后燕前锋抓获。慕容永曾将慕容垂一系子孙全部诛杀，因此，慕容垂对其恨之入骨，他责骂慕容永一通，然后将其诛杀，并将西燕原已投降的刁云等公卿三十多人一并杀死。西燕八郡七万六千八百多户以及慕容永从长安得来的珍宝、乐器、服饰、车马等全部纳入慕容垂的囊中，西燕屈遵、李先、封则、胡母亮、张腾、王德、公孙表等人都被任命为官，其中屈遵、李先、公孙表等人《魏书》有传。至此，西燕灭亡，在中国境内尚有七国并立：东晋、后燕、前秦、后秦、北魏、后凉、西秦。九月，慕容垂从长子回到了邺城，并东巡平原、阳平（今河北省大名县东）两地，命令慕容农率军渡过黄河，会同安南将军尹国一起入侵东晋所属的青州、兖州等地。慕容农进攻廪丘（今山东省郓城县境），尹国进攻阳城（今山东省庄平县南），均攻克，接着，慕容农又转兵进攻高平（今山东省巨野县境），东晋高平太守徐含远告急，刘牢之不敢相救，以畏敌被免官，高平也很快陷落，东晋泰山（今山东省泰安市）、琅邪（今山东省临沂市北十五里）郡守纷纷弃城南逃，十一月，慕容农在龙水（今山东省青州市南）击败东晋辟闾浑所部，于是，进入临淄。

至此，后燕帝国全取了青州，将东晋的边界逼出了黄河南岸。

三〇八 前秦灭亡（一）

慕容垂接连取得了一系列的胜利，这绝不是拓跋珪所愿意看到的，而拓跋珪竟然发兵救援慕容永，也让慕容垂如鲠在喉，难以释怀，两国已经视同水火，行将一战。不过，在叙述那场著名的战役之前，我们不得不回过头来补叙一下这几年来关中地区又发生了些什么。

太元十四年（公元389年）二月，基本上平定了凉州的吕光自称三河王，并大赦境内，改元麟嘉，吕光的妻子石氏、儿子吕绍、弟弟吕德世从仇池来到姑臧，吕光立石氏为妃，以吕绍为世子。后凉政权也是一个渐进式独立的政权，公元386年，吕光得知秦王苻坚去世的确切消息后自称凉州牧，至此又自称三河王，到了太元二十一年（公元396年），他正式称天王建国。有人从吕光公元386年自称凉州牧开始，即计算为后凉建国，但似乎以此时作为后凉建国更合适一些。这一年，苻登还在与姚苌酣战，苻登皇后毛氏被杀；而仇池杨定则趁机夺占陇西地区，自称陇西王、秦州牧。对于吕光来说，境内一股庞大的势力就是河西鲜卑秃发部。太元十一年，秃发部首领秃发思复鞬曾经支持张天锡的儿子张大豫，进攻姑臧，吕光将其子秃发奚于诛杀，后来，秃发思复鞬死后，其子秃发乌孤继位。吕光为了实现民族和解、稳定统治秩序，他派出使节加封其为假节、冠军大将军、河西鲜卑大都统、广武县侯。秃发乌孤问大家："吕光远来加封于我，是否接受？"大家都说："我士众不少，为何隶属他人？"秃发乌孤将要听从，其将石真若留劝说道："如今，我们的基础还不牢固，应当顺从天时。吕光政治清明，境内安定，如果要全力消灭我们，我们强弱不敌，以后即使后悔也来不及了。不如暂时接受，再耐心等待时机。"于是，秃发乌孤就接受了任命。接受吕光委任后的秃发乌孤，借助吕光加封的名号，相继讨平了鲜卑乙弗部、哲掘部和意云鲜卑，并命令其将石亦干修筑廉川坞堡（今青海省民和县西北），作为首都。

对于吕光而言，除了境内令人担忧的河西鲜卑秃发部以外，国境之外就是在黄河以南、在东面紧邻自己的鲜卑乞伏部。我们知道，乞伏国仁在太元十三年去世以后，其弟乞伏乾归继位，第二年，前秦皇帝苻登拜其为金城王，乞伏乾归相继讨平了鲜卑侯年部、休官阿敦部，陇西西部地区的各族民众大多臣服于乞伏部，甚至是吐谷浑王视连也给乞伏乾归送上礼物，接受了乞伏乾归的官职。不过，吐谷浑王视连去世后，他的儿子视罴继位，视罴性格果敢，有雄才大略，提出了要“秣马厉兵，争衡中国”的打算，太元十四年，乞伏乾归派出使者加封视罴为使持节、都督龙涸以西诸军事、沙州牧、白兰王，视罴对乞伏乾归的使者说：“自从晋室失驭，奸雄驰骋，刘渊、石勒暴乱中原，秦燕跋扈中国，河南王你处于形胜之地，应该纠合义兵，以讨伐逆党，为何要私自封拜，与群凶一样！寡人将率领二万之众，扫清秦陇，清理沙州、凉州，然后饮马泾渭之滨，诛杀问鼎的小丑，以一块泥巴封上潼关，奉迎天子还都长安，以尽臣子之节。河南王何不立功帝室，建立不世之功，流芳将来呢？”视罴不审视敌我力量，断然拒绝接受乞伏乾归的任命，令乞伏乾归不禁大怒，但是，由于顾及吐谷浑的强大，他尚没有动兵。而就在此时，原已归附乞伏乾归的鲜卑越质部越质诘归，据守平襄（今甘肃省通渭县）再次背叛乞伏部，自称建国将军、右贤王，乞伏乾归率军将其击破，越质诘归东逃陇山。可是，此地是后秦姚苌、前秦苻登、陇西王杨定三方势力接合部，越质部无法在此生存，越质诘归只好又再次投降了乞伏部，乞伏乾归为了安抚他，封其为立义将军，并将宗室之女嫁给了他。太元十六年（公元 391 年），投靠苻登的鲜卑没奕干将自己的两个儿子作为人质，交给乞伏乾归，请求一起进攻鲜卑大兜部。四年前，由于乞伏部进攻鲜卑密贵等三部，破多兰部没奕干与东胡金熙曾为三部报仇而出兵进攻乞伏部，双方结下仇隙。同时，没奕干又一直与后秦姚苌为敌，如今，他为了自存，又主动结好乞伏部，乞伏乾归同意了没奕干的要求，七月，双方共同出兵进攻鸣蝉堡（今甘肃省秦安县）的鲜卑大兜，大兜战败逃走，乞伏乾归俘获了大兜的部众，又仁义地将没奕干的两个儿子放回。但是不久，没奕干又背叛了乞伏部，而投靠东边的铁弗部刘卫辰，八月，乞伏乾归率领一万骑兵前往讨伐，没奕干逃奔他楼城（今宁夏回族自治区同心县境），乞伏乾归一箭将没奕干的一只眼睛射瞎。此时，铁弗部的刘卫辰正派其儿子刘直力鞮北上进攻魏主拓跋珪，无暇解救没奕干，不久，刘卫辰的铁弗部就被拓跋珪所灭，在四面环敌的情况下，没奕干部更是处于岌岌可危的境地。

就在这千钧一发之时，远在前线的乞伏乾归却得到了一个令他十分震惊的消息：凉州的吕光趁着他远出，派兵渡过黄河，进逼他的老巢金城（今甘肃省兰州市）了。听到这一消息，乞伏乾归只得放下行将被消灭的没奕干恨恨而去。

吕光发兵的缘由还在于投降乞伏乾归的南羌彭奚念。不久前，彭奚念进攻凉州的白土（青海省西宁市东南），吕光都尉孙峙退奔兴城（据胡三省注称，当在允吾即甘肃永靖县西；今地不详）。这一突发事件，令吕光大怒，他立即派遣南中郎将吕方以及弟弟、右将军吕宝、振威将军杨轨、强弩将军窦苟进攻金城，吕方屯军黄河之北，吕宝率军渡过黄河，双方在鸣雀峡（今甘肃省兰州市西固区八盘峡）初战，乞伏乾归长途奔回的疲惫之师被吕方击败，乞伏乾归率部退守青岸（今甘肃省兰州市西固区青石嘴一带）。吕宝率师追击，乞伏乾归命令彭奚念率部切断西凉军队的退路，他自己则亲自披甲上阵，前后夹击，一举消灭了西凉渡过黄河的这支军队，斩杀了吕宝并西凉将士一万多人。西凉的另外一支军队由吕光的庶长子、虎贲中郎将吕纂和强弩将军窦苟率领，人数五千多人，负责向南进攻彭奚念，双方在盘夷（大约在今青海省海东市乐都区以西的安夷城）激战，西凉军队再次大败而归。太元十七年，吕光亲自率领大军南下，讨伐乞伏乾归和彭奚念，派吕扬武将军杨轨、建忠将军沮渠罗仇、建武将军梁恭驻扎在左南（今青海省海东市乐都区境）。彭奚念非常担心，在白土渡口堆积大石筑堤，以水自固，并派遣精兵一万距守湟河渡口。吕光派遣将军王宝率部秘密在上游，趁夜渡过了湟河，吕光的主力部队则从石堤渡河，一举攻克彭奚念的据点枹罕（今甘肃省临夏县境），彭奚念单骑远远南逃至甘松（约在今甘肃省舟曲县一带），吕光凯旋而归。

这是几年来发生在陇西各个势力之间的角逐，而发生在陇山以东的战事，则主要是前秦苻登和后秦姚苌之间的生死决斗。

两个秦国之间经过太元十四年八月的大界之战、太元十五年四月第二次杏城之战，苻登逐渐转入弱势。太元十五年七月，也就是后秦主姚苌以一千六百精兵取得击败魏揭飞、雷恶地数万大军的第二次杏城之战后的三个月。冯翊人郭质在广乡（今陕西省华县西）起兵，归顺前秦皇帝苻登，并向长安附近的各个坞堡传送檄文，于是，长安近郊的各个坞堡都归附了前秦政权，只有郑县（今陕西省华县）人苟曜不从，他聚众数千投靠后秦姚苌，苻登以郭质为平东将军、冯翊（今陕西省大荔县）太守，姚苌以苟曜为豫州刺史。这两支相邻但又立场不同的小股势力，火并是必然的，果然，到了同年十二月，双方在郑县以东地区交手，结果，郭质战败逃奔东晋占领的洛阳。《晋书·苻登载记》记载与此不同，称郭质第一次战败以后，又联合驻扎在湖陕之间（今河南省陕县与灵宝之间）的变民头领杨楷（此时已被苻登封为冀州刺史）作为声援，再次与苟曜作战，郭质再次被击败，其众溃散，郭质只好投靠了姚苌，被姚苌封为将军。

三〇九 前秦灭亡（二）

太元十六年（公元 391 年）三月，前秦主苻登亲自率领军队从雍城（今陕西省凤翔县）出发，一举攻克了后秦安东将军金荣驻守的范氏堡，于是，他渡过渭河东下，进攻后秦京兆太守韦范驻守的段氏堡垒，却没有攻下，然后，秦军驻扎在曲牢（约在今陕西省西安市长安区境）。苻登此举的目的是，避开北岸姚苌主力，从渭河南岸迂回迅速东下长安近郊，联合附近响应自己的坞堡部众，从南向北进击长安。

当时，苟曜已经有一万多部众，驻扎在长安以东的逆万堡，他看到苻登前来，立即转变了立场，秘密与苻登联络，答应作为内应。于是，四月，苻登率军从曲牢向北面的繁川进发，驻扎在马头原（今陕西省西安市东）。五月，后秦主姚苌从长安出骑兵迎战，苻登将其击败，阵斩后秦尚书、右将军吴忠。

姚苌战败以后，收拾余众，意欲再战。弟弟姚硕德对诸将说："陛下一向作战十分谨慎，每次都是以计策取胜。如今初战失利，却还要再战，这里肯定是有原因的。"

姚苌听到后对姚硕德说："苻登用兵历来迟缓，不知虚实道理。如今，他竟然轻率出兵径直进抵我长安城东，这一定是那个苟曜与他之间有阴谋。事情拖延下去，就会发生变故，灾难难以预料。我之所以连续作战，就是为了趁着苟曜的阴谋还没有实现、两人之间还不十分信任的时候，将他们的阴谋提前破坏掉啊！"

于是，姚苌率军再次朝马头原冲锋，大败苻登军队，苻登只好远远退守郿（今陕西省眉县）。

后秦兖州刺史强金槌（《晋书》称金槌）驻守新平（今陕西省彬县），以儿子强逵（或金逵）作为人质，投降姚苌。姚苌率领数百骑兵要径直进入金槌军营，左右都纷纷劝谏，姚苌却说："金槌已经背叛了苻登，又要杀害我，他还能投奔哪里呢？况且，他刚刚归顺，更需要我们推心置腹，以结其心，为何对其不信任，让他产生疑虑呢？”进入金槌军营以后，果然，金槌手下的氐族战士想要趁机杀死姚苌，但金槌不答应。

新平原是姚苌的根据地，在这里，姚苌处死了秦王苻坚，同时，新平又是扼守岭北与长安之间的要冲，对于苻登而言，不仅具有巨大的政治意义，而且又有十分重要的战略价值。七月，苻登率众北上，企图再次夺取新平，姚苌率军来救，苻登不战而退。不久，前秦主苻登又率军进攻安定（今甘肃省泾川县北），姚苌率军进驻阴密（今甘肃省灵台县西南），与之相持。在姚苌离开长安北上之前，他对太子姚兴说：“苟曜此人诡计多端，留下他必为国家之害，他听说我北去之后，一定会来见你，届时就拿下他。”姚苌率军离开长安以后，苟曜果然要求进城面见姚兴，姚兴命令将其逮捕，让尹纬斥责他一通之后，将其诛杀。

在安定城东，姚苌的后秦军队大破苻登的前秦军队，苻登退守路承坞堡。至此，我们再也看不到气势汹汹、敢于野战的前秦军队，不论从整个局势上，或是军队的数量上，苻登均处于下风了。

取得安定之战胜利以后，得意扬扬的姚苌在安定城设宴款待众将，大家都说：“如果遇到您的哥哥魏武王姚襄的话，不会让此贼活到今天，陛下还是过于谨慎了。”

姚苌笑着说：“我不如我的哥哥有四点：他身高八尺五寸，手臂长过膝盖，众人望而生畏，这是其一；其二是他率领十万之众，逐鹿天下，将士看到军旗所指的方向，就会奋勇杀敌；其三是他温古知今，讲论道理，搜罗英雄豪杰；其四是他统领大军，上下都很高兴，人人都愿意出死力。我之所以能够建立功业、率领诸位贤才，不过是在谋略上略胜一筹罢了。”

群臣一片山呼万岁。

正是由于看到姚苌取得了安定之战的胜利，刚刚受到乞伏部打击的前秦骠骑将军没奕干率领自己的六千多户部众，主动投降了姚苌。此时，没奕干投靠的铁弗部刘卫辰已经被拓跋珪消灭，刘卫辰最小的儿子刘屈丐（以后的赫连勃勃）又被高车薛干部大人太悉伏送到了自己的部落。刘屈丐长相俊美，没奕干将自己的女儿嫁给了这位落难的王子，他深知，刘屈丐是拓跋珪挂名索要的要犯，强大的拓跋珪知道消息以后，随时可能发兵讨伐自己，因此，没有一个强有力的靠山，在这个乱世之中随时就会遭到灭顶之灾。而对于姚苌而言，招降了没奕干，等于在岭北地区砍掉了苻登一只臂膀，也消除了一个威胁，于是，姚苌封没奕干为使持节、车骑将军、高平公。

然而，福无双至，祸不单行。

太元十七年（公元 392 年），志得意满的姚苌却突然得了重病。病中的他看到死去的苻坚在作祟。他几乎是在为后事做安排，命令弟弟姚硕德驻守李润（今陕西省蒲城县东北），尹纬防守长安，征召太子姚兴火速前来安定军中。姚兴临出发之前，征南将军姚方成建议说："如今敌人尚未消灭，可是主上却得了重病，王统、苻胤等前秦降将均有各自的部队，终将作乱，应当将其全部诛杀。"于是，姚兴将王统、王广兄弟、苻胤、徐成、毛盛五人杀死。

王统、王广兄弟分别是前秦秦州刺史和益州刺史，苻胤当属前秦宗室，徐成为前秦右将军，毛盛为前秦镇军将军，与姚苌均为前朝同僚。

姚苌听说以后，不禁大怒，他对姚兴说："王统兄弟是我的老乡，没有别的志向；徐成等人均是前朝名将，天下稍微安定下来，我正要起用他们，为何擅自就将他们杀害，真是叫人丧气！"

姚苌得病的消息也传到了苻登的耳中，他厉兵秣马，向苻坚的牌位祷告说："孙儿苻登自从受命以来，快过去十二年了，一直以来都受到上天的眷顾，先帝的怜悯，让我攻无不克，战无不胜。如今，先帝之灵附于逆贼姚苌之身，以此推断，逆贼将因此而死，我当趁着姚苌死去，执行上天赋予的生杀之权，恢复大秦基业。"于是，大赦境内，晋升百官二级，接着，苻登率军与姚苌部将姚崇在清水（秦川，源于今甘肃省清水县）附近争抢小麦，却屡屡为姚崇击败。

不久，苻登率军接近安定，距离安定九十里安营扎寨。

太元十七年八月，姚苌病情稍微好转，即率军出战，苻登也引军出营，将要厮杀，而姚苌却派遣安南将军姚熙隆从后方进攻苻登的军营，苻登只好回师。

姚苌趁夜率军从另外的道路紧紧跟随在苻登之后，天亮以后，苻登的侦察兵回报："敌人各营全部是空的，不知道去往何方。"

苻登目瞪口呆，倒吸一口冷气，说："此人是何等样人！离去的时候，我不知道，来的时候，我也不能察觉，传闻其人将死，可是偏偏又突然现身。朕与这个羌族的家伙活在一个世界上，是多么不幸啊！"

于是，苻登从安定撤回雍城（今陕西省凤翔县），姚苌也回到安定。

此事就发生在慕容垂平定翟钊后不久。

这次安定战斗其实并没有发生。

同年十月，关中地区的巴蜀流民都背叛了后秦，占据弘农（今河南省灵宝市），归顺前秦。苻登晋升窦冲为左丞相，窦冲移驻华阴（今陕西省华阴市），东晋河南太守杨佺期命令上党太守荀静、平阳太守张元熙驻守在皇天坞（今地不详，当在今河南省灵宝市境）抵御。窦冲屡次前来进犯，雍州刺史郗恢命令将军赵睦驻守金墉城，河南太守杨佺期驻军湖城（今河南省灵宝市境），击退了窦冲的进攻。杨佺期乘胜西进潼关，屡战屡胜，斩首俘虏上千敌人，招降了九百多家，然后回到洛阳，被加封为龙骧将军。其后，氐帅杨佛嵩率领蜀地胡人三千多户叛降姚苌，杨佺期、赵睦发现以后实施追击，姚苌派遣姚崇接应，大败东晋军队，斩杀了赵睦，姚苌任命杨佛嵩为镇东将军。

此战以后，杨佺期称病要求返回内地，被改任为新野太守，后被荆州刺史殷仲堪引为司马，杨佺期的部队也随之离开了最前线，隶属到荆州部队序列中。郗恢任命随郡太守夏侯宗之为河南太守，驻守洛阳。

三一〇 前秦灭亡（三）

太元十八年五月，苻登加封窦冲为右丞相。

这当然是苻登为了安抚这一仅存的同盟军所实施的一项举措，然而，事与愿违，此举却引发了窦冲的野心。窦冲一直以来就恃才傲物，当他接到苻登的任命以后，竟然得寸进尺，要求苻登加封自己为天水王，苻登没有同意，这让窦冲十分不快，他索性与苻登分道扬镳，自立为秦王，改元元光。于是，在狭小的关中平原上，出现了三个秦国：苻登的前秦、姚苌的后秦和窦冲的秦国，这还不包括陇西鲜卑乞伏乾归的西秦。

窦冲自立，令苻登十分恼火，七月，他率军从雍城东进，将窦冲包围在野人堡（今陕西省蒲城县西北），窦冲转而向姚苌求救。尹纬对姚苌建议："太子仁厚的美名，远近皆知，但领军打仗的能力，大家还不曾了解。此行应让太子出战，可以慢慢培养太子的威武之名，杜绝觊觎之途。"姚苌同意了。这次姚苌采取了围魏救赵之计，他命令姚兴出兵进攻苻登的根据地胡空堡（今陕西省彬县南），同时告诫姚兴说："敌人发现你们逼近，将躲进坞堡，趁其聚合在一起，可以一举消灭。"听说姚苌将要袭击胡空堡，苻登赶忙撤去野人堡之围，火速回救。姚兴趁机回师西进，袭击平凉（今甘肃省平凉市），大获而还。姚苌命令姚兴镇守长安。

这一年十二月，年近七十的慕容垂正组织对西燕慕容永进攻的时候，时年六十四岁的后秦主姚苌却走到了他生命的尽头。重病在身的姚苌命人将自己带回长安，走到新支堡的时候，他病得实在不行了，被人用轿子抬着前行。神志不清的姚苌梦见苻坚率领天使和数百鬼兵冲入营中，吓得心惊肉跳，慌忙朝宫中跑去，宫内卫士手持长矛迎击鬼兵，慌乱之中却刺中姚苌的阴部，鬼兵们相互说道："正中死处。"拔出长矛，流了一石多的鲜血。姚苌从噩梦中惊醒，惊魂甫定，却发现自己的阴部竟然真的无端肿大起来，御医依法用针刺，流出鲜血的镜头与梦中一模一样。于是，姚苌开始说胡话，有时说："臣姚苌，杀陛下的是臣的哥哥姚襄，不是臣的罪过，请您不要冤枉臣！"

到长安以后，他召见太尉姚旻、尚书左仆射尹纬、右仆射姚晃、尚书狄伯支、将军姚大目等人，命他们遗诏辅政。姚苌对姚兴告诫说："诽谤这几位大臣的，千万不要听信。你以后对待骨肉兄弟要仁爱，对待大臣要注重礼仪，处理政务要遵守信用，对待百姓要给予恩典，能够做到这四点，我即使死去也没有可担忧的了。"

姚晃流着眼泪问攻取苻登的策略，姚苌说："大业将要成功，姚兴的才能足以胜任，还问什么！"姚苌在十二月庚子日去世，姚兴秘不发丧，命令叔父姚绪驻守安定，姚硕德驻守阴密，弟弟姚崇协防长安。有人对姚硕德说："大人威望最高，部队最强，在政权交接之时，您最容易被猜忌，不如暂时到秦州躲避，看看形势再说。"姚硕德回答："太子度量很大，明辨是非，肯定没其他想法。如今苻登未灭，而骨肉相残，这是自取灭亡。我就是去死，也不会这样的。"于是，姚硕德坦然前往拜见姚兴，姚兴对他很是尊重，又将其送回。此时，由于姚兴对外没有宣布父亲的死讯，所以，他在父亲死后，并没有登基继位，而是自称为大将军，以尹纬为长史，狄伯支为司马，率军讨伐苻登。

然而，天下没有不透风的墙，姚苌的死讯还是传到了苻登的耳中。

苻登高兴地说："姚兴小儿，我将折下一根树枝打打他的屁股！"于是，他大赦境内，率领全部人马向东进击，留下弟弟、司徒安成王苻广驻守雍城（今陕西省凤翔县），太子苻崇留守胡空堡（今陕西省彬县西南），为了安抚乞伏乾归，又派人加封其为左丞相、河南王、兼秦梁益凉沙五州牧，加九锡之礼。后秦咸阳太守刘忌奴占据避世堡背叛姚兴，姚兴率军偷袭，将其擒获。太元十九年（公元394年）二月，苻登军队进攻屠各匈奴据守的姚奴坞堡和帛蒲坞堡，全部攻下，从甘泉（疑为陕西省淳化县甘泉宫）兵下关中。四月，前秦军队从六陌（今陕西省乾县西北）推进至废桥（今陕西省兴平市东南），后秦始平太守姚详驻守马嵬坡（今陕西省兴平市西）抵御。当时，苻登军队气势很盛，姚兴担心姚详难以抵挡，于是，他亲自率领后秦精锐骑兵逼近苻登军队，并派遣尹纬率领步兵增援姚详。尹纬采纳了姚详的建议，率领部队在废桥构筑营垒，阻挡苻登前进。废桥的背后就是水源地，饥渴难耐的前秦军急于争夺河水，对尹纬所部发起了猛烈的进攻，但始终无法攻克，前秦士兵有十之一二被渴死。

尹纬将要出战，姚兴派狄伯支飞马前来阻止，说："兵法不战而制人者，就是指的这个。苻登是穷凶极恶的敌寇，应当持重，不可轻易出战。"

尹纬却说："先帝去世，人心浮动，如今不借着士兵们奋勇杀敌之气，一鼓作气消灭敌人，那么，我们将大事去矣！尹纬将以死抗拒命令。"

于是，他率军出营，与前秦军队展开激战，大破苻登所部。当夜，绝望的前秦士兵们一哄而散，只剩下苻登一人单骑向雍城逃来。

可是，当他来到雍城城下的时候，却再也不是自己原有的留守军队了。原来，苻登在前线失利的消息传来，留守在雍城和胡空堡的苻广、苻崇二人惊慌失措，各自弃城而逃，他们率领的部众也就此溃散。苻登无路可逃，只得朝平凉而去，收集平凉的残余部众，进入马毛山中躲避（今甘肃省平凉市西）。姚兴废桥之战大破苻登，也就是在同月，慕容垂的台壁之战大破了慕容永，就此包围了长子。

后燕和后秦，一东一西同时在上演着灭国的大剧。

姚兴击败苻登之后，这才对外宣布姚苌的死讯，并在槐里（今陕西省兴平市东南南佐村）正式登基继位，大赦境内，改元皇初。然后，姚兴率军进入安定（今甘肃省泾川县），追谥姚苌为武昭皇帝，庙号太祖。前秦主苻登以儿子汝阴王苻宗为人质，请求河南王乞伏乾归发兵救援，并晋封乞伏乾归为梁王，将自己的妹妹东平长公主嫁给乞伏乾归为王后。乞伏乾归派遣前将军乞伏益州、冠军将军翟瑥率领二万骑兵前来救援（《资治通鉴》称一万）。七月，苻登率军从马毛山出迎乞伏益州的援军，姚兴闻讯，从安定率军进抵泾阳（曹魏设置，故城在今甘肃平凉市西四十里；苻秦所置泾阳，在今陕西泾阳县东南三十里有故县屯，此处从地望上分析当指前者），在马毛山的南麓与苻登军队遭遇，临阵活捉了苻登，并将其诛杀，将苻登部众全部遣散，让其从事农业生产，又把阴密（今甘肃省灵台县）三万户迁到长安城内，分立四个大营，设置四名将军统领。姚兴还把苻登新皇后李氏嫁给了尚书仆射姚晃。乞伏益州等听说苻登战败的消息，只得撤回。苻登的太子苻崇逃往湟中（今青海湟河两岸一带），继皇帝位，改元延初，追谥苻登为高皇帝，庙号太宗。后秦安南将军强熙、镇远将军杨多背叛姚兴，推举窦冲为主。姚兴亲自率军前往讨伐，后秦军队抵达武功（今陕西省武功县），杨多的侄儿杨良国诛杀杨多投降；窦冲的弟弟窦彰武与窦冲不和，窦冲投奔强熙，强熙听说姚兴大军将至，率领二千多户逃往秦州（治所上邽，今甘肃省天水市），窦冲逃往汧川（千河的古称，发源于今甘肃张家川，在陕西宝鸡陈仓区注入渭河），这里是氐羌聚居地，氐人仇高将窦冲献给了姚兴。窦冲的堂弟窦统率领残余部众投降后秦。

同年（太元十九年，公元394年）十月，在湟中仅仅三个月的前秦主苻崇，却被梁王乞伏乾归驱逐，苻崇无处可逃，只好往东投奔秦州的陇西王杨定。杨定毕竟是苻坚的女婿，他留下司马邵强留守上邽（今甘肃省天水市），自己亲率两万军队（《晋书·乞伏乾归载记》称四万）与苻崇一起西上，进攻乞伏乾归。乞伏乾归对诸将说："杨定以勇敢暴虐统御部众，穷兵黩武。兵就像是大火，不很好的控制，将会烧着自己。杨定此次前来，大概是上天要资助我吧！"于是，他命令他的凉州牧乞伏轲殚、秦州牧乞伏益州、立义将军越质诘归率领三万骑兵，前去迎战。乞伏益州与杨定在平川（今甘肃省礼县北平泉河）交手，乞伏益州被打得大败，听说乞伏益州的败讯，乞伏轲殚与越质诘归两部同时退去。

乞伏轲殚的司马翟瑥拔出宝剑，大怒说："我王神武雄杰，在陇西开创基业，东征西讨，所向无敌，威震秦州、益州。将军以宗室位居元帅重任，理当竭尽全力报效国家，乞伏益州虽败，但是我们两军尚毫发无损，为何不去援救，就望风而逃，你有什么面目回去见我王？过去，项羽斩杀庆子以安定楚国，胡建诛杀监军以建立功名，这都是将军所知道的。翟瑥确实才能无法与古人相比，但怎敢忘记项羽之义，难道说就不能斩杀将军你吗？！"

乞伏轲殚说："之所以没有奔赴救援乞伏益州所部，就是刚才不知道大家的真心啊。败不相救，这是首先需要被军法处置的，我怎能心安！"

于是，乞伏轲殚率军进战，乞伏益州和越质诘归也随之挥军前进，大败杨定，阵斩杨定、苻崇，斩首一万七千余级。自此，乞伏乾归完全占有了陇西郡（今甘肃省陇西县）。

前秦帝国自公元351年建立至今，共存续了四十四年，至此灭亡。

第九部 北魏之兴

三一一 角逐秦陇

前秦帝国灭亡了，但关西地区各个势力围绕着秦州的统治权，还在继续争斗着。

上邽（甘肃省天水市），这个秦州的统治中心，在短短的数年中已经几易其手。最初，由后秦姚硕德占领，在前秦苻登东下以后，被苻登占领；苻登率部越过陇山，进入关中平原后，又被杨定夺占；此时，杨定被乞伏鲜卑击败，天水人姜乳袭占了上邽。在上邽周边地区，尚有后秦叛将强熙逃往此地的两千多户部众，在上邽西北的显亲县（晋改为显新县），还有杂夷部落首领休官权千成，自称秦州牧。而介于秦州两边的，则是两大势力：刚刚斩杀了苻登的姚兴后秦和刚刚斩杀了杨定、苻崇并最终消灭了前秦的乞伏乾归西秦。此时，后秦的疆域大致是以长安为中心的关中平原和岭北地区，而河套以内的原铁弗部游牧区则属于北魏拓跋珪的势力范围，《简明中国历史地图集》将此也划归后秦疆域，似属不当。依违于两大势力之间的，除了上邽周边的三股小的势力之外，平凉西北的高平（今宁夏回族自治区固原市）附近，有游牧的鲜卑别种破多兰部没奕干（《魏书》称“木易干”），前年，即太元十七年（公元 392 年），没奕干投降了后秦，被封为高平公；在关中以北三城（今陕西省延安市），原来还有高车别部薛干部。太元十六年（公元 391 年），铁弗部刘卫辰被拓跋珪灭亡以后，刘卫辰最小的儿子刘屈丐逃往薛干部，拓跋珪得知刘屈丐的确切下落以后，派人要求薛干部（《晋书》称为“叱干”部）大人太悉伏（《晋书》称为“他斗伏”）交出刘屈丐。太悉伏不愿得罪拓跋珪，打算将刘屈丐送交拓跋珪，当时，太悉伏的侄儿阿利戍守大洛川（疑为今陕西省洛川县），飞马前来劝谏：“鸟雀投入人的怀抱，尚且蒙受哀怜而放生，何况刘屈丐国破家亡，将身家性命交给了我们？即使不能相容，也应当听任其逃走，如今，却要将其抓住送给他的仇人，这绝非仁爱之人所为。”

太悉伏担心部落因之而遭受灭顶之灾，因此没有听从。阿利偷偷派遣勇士在半路上劫下刘屈丐，这才把刘屈丐送交到了破多兰部的没奕干那里，没奕干将女儿嫁给了刘屈丐。

果不其然，阿利的这一举动，让拓跋珪十分不满，太元十九年（公元 394 年），拓跋珪命令拓跋虔、庾岳两将赴救慕容永不及，到这一年的八月，拓跋珪亲自率领大军南下，进攻薛干部的三城。恰在此时，太悉伏率领部队离开了三城，前去进攻匈奴的曹覆。这个曹覆就是曾投降前秦，被苻坚分为两部，号称为东西曹的匈奴部落。拓跋珪军队乘虚攻陷了三城，抓获了太悉伏的儿子珍宝（《魏书·高车传》称“获太悉伏妻子珍宝”，疑此处珍宝非人名，而同书太祖本纪则记作“获太悉伏子珍宝”），把三城屠城，并将太悉伏的部民迁往境内。太悉伏得知魏军进攻三城的消息，回救不及，只好南投姚兴。不久，太悉伏又脱离姚兴，北逃到岭北，上郡（陕西省绥德县）以西的鲜卑、杂胡都服从于他。

这是上邽以北介于西秦和后秦两大势力之间的两个比较大的部落：破多兰部和薛干部。而上邽以南地区，则是杨定的根据地，过去，杨定的父亲杨佛奴和其弟杨佛狗一起投奔苻坚，杨佛狗的儿子杨盛也就是杨定的堂弟，在杨定西上与西秦交战之时，被杨定安排驻守在仇池老巢。此时，杨定已死，没有子嗣，于是，杨盛自称征西将军、秦州刺史、仇池公，追谥杨定为武王，向东晋派出使者称臣。前秦太子苻宣依附杨盛，苻宣是苻崇的儿子，苻登的孙子，据《元和姓纂》记载，苻宣，字舆周，本年才七岁，刘宋时，被封为镇西侯，终老于武都，其一子过继给沈林子为子。杨盛将仇池附近的氐族和羌族分为二十部护军，不再设置郡县，各自驻守自己的营寨，恢复到过去的部落时期。

消灭了杨定之后，乞伏部率先将目光投向了上邽。太元二十年（公元 395 年）年初，乞伏乾归大赦境内，任命长子乞伏炽磐为尚书令，左长史边芮为尚书左仆射，右长史秘宜为尚书右仆射，翟瑥为吏部尚书，翟勍为主客尚书，杜宣为兵部尚书，王松寿为民部尚书，樊谦为三公尚书，方弘、麹景为侍中，对外还称大单于、大将军。四月，也就是斩杀杨定半年之后，西秦王乞伏乾归即命令弟弟乞伏益州率领六千骑兵，进攻盘踞在上邽的姜乳。

边芮和王松涛劝谏道：“益州贵为主上的亲弟弟，又屡有战功，由于屡次战胜，常常有骄傲之色。如果遇到敌人，他肯定会骄傲轻敌，不可让其单独领兵。”

乞伏乾归说：“益州骁勇，善于统御部众，诸将无人可及，我只是担心他独断专行罢了，如果任命一位重臣辅佐他，可保无事。”

于是，他任命平北将军韦虔为长史、散骑常侍务和司马。

乞伏益州率领这支人马进抵大寒岭（今甘肃省天水市西），已经接近了敌人，但是，乞伏益州果然轻敌，毫不戒备，他下令将士解甲，饮酒田猎，还说：“敢谈论军事的，斩首。”

韦虔等人劝谏说：“主上因为将军亲近贵重，才委以重任，希望你能击败敌人，不辜负主上的期望。如今已经与敌人相距很近，为何要解下铠甲，饮酒如故？”

乞伏益州却说：“姜乳不过是乌合之众，听说我率军前来，必定像老鼠一样远远逃窜。假如敢与我决战，那是他自投罗网。我自己心里有数，你们就不要多虑了。”

谁知，姜乳果然率军出战，将西秦军打得大败。乞伏乾归闻讯，自我检讨，赦免了大家的败军之罪。

乞伏乾归当然忘不了上邽，如果能够占领上邽，进而控制陇山，就可以俯瞰关中平原，全取秦州。不过，由于乞伏益州的这次战败，使得西秦丧失了这个机会。因为，此时凉州的吕光正筹划着南下，吃掉自己，这不得不让乞伏乾归将注意力放在西部，以应对吕光可能的打击。

吕光与乞伏乾归之间的过节，来源于依附乞伏部的南羌彭奚念。彭奚念本居住在枹罕（今甘肃省临夏市），他投降乞伏部以后，发兵进攻黄河以北的吕光的白土，致使吕光在太元十七年南下，并与乞伏乾归为敌。打败彭奚念以后，吕光将要把西海郡（今青海东北部）的居民内迁，人们思念家乡，民谣称：“朔马心何悲？念旧中心劳。燕雀何徘徊？意欲还故巢。”吕光听了，又将他们迁回西河的乐都（今青海省海东市乐都区）。不过，与乞伏乾归一样，吕光同样也面临着东西两面的问题。东面是乞伏乾归，自不待言，而西面西凉群臣则建议吕光要控制好高昌（今新疆维吾尔自治区吐鲁番）。于是，他任命儿子吕覆为使持节、镇西将军、都督玉门以西诸军事、西域大都护，镇守高昌，并命令大臣子弟随之而去。在安顿好西部以后，吕光即于太元二十年七月，率领十万大军南下，将要进攻西秦。

此时，距离乞伏益州战败仅仅三个月，乞伏乾归的左辅密贵周、左卫莫者羖羝担心难以抵挡，两人建议：“吕光很快就会来到，陛下雄才大略，将建立不世伟业，如果不能暂时屈服，与奸雄争一时之利，一旦失败，则大事去矣，不如给其送上爱子，暂时让他退兵。”

乞伏乾归觉得也有道理，就派出使者向吕光称臣，并将儿子乞伏敕勃送给吕光作为人质。吕光接受人质后，随即退兵，可等吕光大军退去以后，乞伏乾归又后悔了，以为不战而称臣纳质，也太窝囊了，就诛杀了密贵周和莫者羖羝等人。

其实，密贵周和莫者羖羝二人的建议，并非没有丝毫道理。因为，虽然乞伏乾归击败了杨定，然而，在其东北部有一直为敌的破多兰部没奕干，其东有日渐强大的后秦，其西是不服从自己的吐谷浑视罴和依附于吕光的河西鲜卑秃发部。一旦与吕光开战，乞伏部也是凶多吉少。暂时与吕光结好以后，使得乞伏乾归腾出手来，继续对秦州东部地区保持压力，到第二年年初，休官权部的休官权万世就率众投降了西秦。

后秦的姚兴同样知道上邽的重要性，与西秦展开了激烈的争夺，太元二十一年，姚兴促使西秦的越质部越质诘归率领两万户投降，姚兴拜越质诘归为镇西将军、平襄公，将他们安置在成纪（今甘肃省秦安县境），与此同时，姚兴命令姚硕德率军进攻上邽，姜乳率众投降。姚兴任命姚硕德为秦州牧，镇守上邽，征召姜乳为尚书。在上邽附近的强熙与休官权千成率领三万军队，包围了上邽，姚硕德出城迎战，大破联军，强熙南逃到仇池，并借道辗转来到了江南。姚硕德乘胜进攻退守略阳（今甘肃省秦安县东北）的休官权千成，休官权千成无奈投降，至此，后秦终于在失去上邽近十年以后，再次占领了这一陇上要地。

三一二　魂断参合陂（一）

就在秦陇一团乱麻的时候，基本上统一了大漠南北的拓跋珪又开始侵扰后燕的边境，不断挑起事端。

拓跋珪即位的登国元年，就是孝武帝太元十一年，即公元 386 年，从这一年开始，到登国六年（公元 391 年），拓跋珪的北魏政权与慕容垂的后燕政权，维持了达五年多的亲密关系。在此期间，拓跋珪凭借着后燕慕容垂的帮助，先是击败拓跋窟咄，继而独孤部，稳定了代王之位，然后，又北征库莫奚，接着，开始了他吞并高车诸部的步伐，相继兼并了高车解如部、叱突邻部、袁纥部、纥突邻部、纥奚部、叱奴部、豆陈部，又依靠慕容垂，将自己的舅氏贺兰部消灭，到北魏道武帝拓跋珪登国六年，拓跋珪已经基本上统一了代北大部，实力大增，也就是在此时，慕容垂子弟扣留了拓跋珪的弟弟拓跋觚，要求拓跋珪给后燕送来马匹，拓跋珪断绝了与后燕的关系。

断绝关系以后，拓跋珪并没有立即对后燕发动攻击，而是发兵北上，先是消灭了柔然东西两部，继而大破铁弗部刘直力鞮，并顺势南下消灭了铁弗部，将势力范围向北拓展至漠北、向南延伸到河套以内。到登国八年（公元 393 年），拓跋珪又西征高车侯吕邻部，东进试图救援西燕慕容永，并顺势消灭了类拔部帅刘曜，继而南征薛干部。

拓跋珪解救慕容永的行动，使得北魏与后燕的关系更趋于恶化，后燕得不到亟须的马匹，而北魏也无法得到粮食、布帛，为了解决这一问题，在登国九年（公元 394 年）年初，拓跋珪命令弟弟拓跋仪率军在黄河以北的五原等肥沃的土地上实施屯田，同年十月，柔然緼纥提之子社仑、曷多汗抛弃其父，率领部众向西逃跑，拓跋珪命令长孙肥率领轻装骑兵前往追赶，一直追到上郡跋那山（今内蒙古自治区乌拉山，在乌拉特前旗东南），阵斩曷多汗，并将柔然叛众全部杀死。《通典》称："胜州西北百二十里有纥那山。即跋那山矣。"

社伦率领数百人投奔伯父匹候跋，此时匹候跋已经投降北魏，但是念在骨肉亲情，匹候跋还是接纳了社伦一行，将他们安置在部落游牧区的南部，距离王庭五百多里，并派自己的四个儿子监视他们。不久，刚刚喘息一下的社伦突然将匹候跋的四个儿子抓住，并率众偷袭匹候跋。匹候跋的其余儿子们收拾残余部众，依附高车斛律部。抓获了匹候跋及其四子的社伦，为了斩草除根，在拘押了匹候跋一个多月以后，又假装释放了匹候跋，然后，他秘密举兵，对匹候跋及其诸子又一次发动突然袭击，杀死了伯父匹候跋，匹候跋的儿子启拔、吴颉等十五人逃奔拓跋珪，其余部众全部被社伦吞并。社伦杀死匹候跋以后，担心被拓跋珪讨伐，于是，大掠五原（今内蒙古自治区包头市）以西各部，裹胁部众北度沙漠，从此以后，社伦以漠北为基地，时常发兵南下，骚扰北魏，成为北魏北方的一支劲敌。

而此时的拓跋珪却无暇顾及这个社伦，他将目光投向了刚刚灭掉慕容永的后燕。

慕容垂刚刚灭掉西燕，让拓跋珪失去了一个重要盟友，更重要的是，占据了西燕之地的慕容垂，既可以随时从晋阳（今山西省太原市）北上，进攻拓跋珪的代北之地，又可以从蓟城（今北京市）、龙城（今辽宁省朝阳市）西进打击拓跋珪，严重威胁到拓跋珪的腹地。为了防患于未然，拓跋珪抢先下手，掠取燕代之地两国边境依附后燕的各族部落部众。

拓跋珪此举，立即引起了后燕的强烈反应。太元二十年（公元 395 年）五月，后燕主慕容垂在灭掉西燕九个月后，即下令讨伐拓跋珪。他命令太子慕容宝、辽西王慕容农、赵王慕容麟率领八万人马，兵锋直指五原（今内蒙古自治区包头市），又命令范阳王慕容德、陈留王慕容绍率领一万八千步骑混合军团，作为后援。

高欢的高祖高湖，时任后燕散骑常侍，他劝谏慕容垂说："北魏是我国的伙伴，他们曾有内乱，我们给予他们帮助；我们有什么要求，则他们从未违抗，双方和好多年，使者不绝于路。过去，我们曾要求他们贡献马匹，他们没有同意，我们就将人家的弟弟扣留，理屈在我们，不在人家。如今，正是重新建立友好关系、安定国家之时，陛下您却派遣太子率领大军长途讨伐。况且，魏主有雄才大略，兵马强盛，从小历经磨难，而太子年轻，果断坚定，轻敌好胜，不可单独委以重任。战事凶险，请您深思。"高湖言语激切，慕容垂大怒，免除了他的官职。

听说后燕近十万大军前来讨伐的消息，张衮对拓跋珪说："慕容宝趁着滑台消灭翟钊、长子消灭慕容永之威，率领后燕主力前来，我们实在难与争锋。臣以为，应该向敌人示弱，让其产生轻视之心，这样一来，才能击败他们。”拓跋珪听从了张衮的建议，率领魏国部众向西渡过黄河转移，逃往根据地以西一千余里的地方躲避。

后燕军队顺利抵达五原，招降了北魏旁支部落三万多家，收割杂粮（一种不黏的黍）一百多万斛，并在五原附近构筑黑城（今内蒙古自治区包头市北），其后，慕容宝率军进抵黄河渡口，在那里建造船只，准备渡河给予拓跋珪以毁灭性的打击。眼看后燕即将渡河，拓跋珪派遣司马许谦前往长安，向后秦主姚兴求救。临行之际，他对许谦说：“如今事情紧急，除了你之外，没人能够将后秦之军招来！你快点出发吧！”许谦到后秦以后，姚兴命令杨佛嵩率军救援。

八月，拓跋珪在黄河南岸集结军队，九月，推进到黄河岸边，在黄河南岸东西一千多里，遍插旌旗。拓跋珪命令原在五原农垦的弟弟拓跋仪，向西转移到朔方（今内蒙古自治区临河区），此时，他又下令让其率领五万骑兵留在黄河以北，等后燕军队撤离时，时刻准备打击后燕军队的后方；命令陈留公拓跋虔率领五万骑兵，部署在河东地区，此河东是指河套以内的东部地区，在后燕军队一旦渡过黄河以后，打击燕军左翼；命令略阳公拓跋遵率领七万骑兵，堵塞燕军退往中山的道路。

此据《魏书·太祖本纪》，而《资治通鉴》则称，陈留公拓跋虔率军五万，屯兵河东，东平公拓跋仪率军十万屯兵河北，略阳公拓跋遵率军七万在燕军南面，防止燕军渡河南下。两处表述不同之处在于：一是拓跋仪的率军人数；二是拓跋遵所部的位置。

关于此时魏军的人数，据《魏书》记载，不包括拓跋珪自领之军，魏军总数就有十七万之众，而按照《资治通鉴》的记载，则高达二十二万。不论依据何者，魏军总兵力都远远超过燕军不足十万之众，而魏军却远远逃避，这令人十分不解。对此，很早就有学者提出了质疑，结合拓跋珪惊慌失措中给许谦说的话以及其后拓跋珪的参战部队人数，两本书所记载的魏军人数，可能水分很大，这也许是后世作史者为给拓跋珪脸上增光杜撰出来的，实际上，三王所领之军的人数可能大大低于记载，他们分别是：拓跋虔五千，拓跋仪五千，拓跋遵七千。这一点，在《魏书·昭成子孙列传附常山王遵传》已经露出了些许的马脚，称：“慕容宝之败也，别率骑七百邀其归路，由是有参合之捷。”如果当时拓跋珪有充足的兵力，他自己也不会仅仅率领二万骑兵前去追赶，更不至于让拓跋遵只带七百骑兵断其归路。至于《魏书》称，拓跋遵率领军队阻断燕军退回中山的道路，据当时的情况分析，也是不属实的。

后燕军队与魏军隔河相望，慕容宝整顿军队将要渡河，却突然刮起了狂风，将后燕军队的数十艘船只都刮到了黄河南岸，魏军抓获了船上的三百多名燕军士兵，拓跋珪赏赐他们衣食，然后，全部将他们放还。

慕容宝从中山出发的时候，父王慕容垂就生病在床了，慕容宝兵至五原以后，拓跋珪命令部将率军埋伏在中山与五原之间的交通线上，将中山来的使者，通通抓获，因此，慕容宝三个多月没有接到慕容垂的一点消息。拓跋珪将使者强行押往黄河之上，对着北岸大喊："你的父王已经去世，你为何不早早回去！"慕容宝等人心怀鬼胎，不敢果断渡河，军中谣言四起，燕军士兵也是军心浮动。燕军的随军术士靳安对慕容宝说："如今天时不利我军，燕军必将大败，迅速退去，可以免难。"当初，慕容宝率军抵达幽州的时候，他乘坐的车子的车轴突然折断了，当时靳安就以为大凶，劝说慕容宝回师，慕容宝没有听从，此时靳安又说出一番不祥之言，慕容宝大怒，没有听从，靳安退下以后，对身边的人说："我们都将抛尸野外，为乌鸦蚂蚁所吃，活着是回不去了！"

三一三　魂断参合陂（二）

魏军与燕军隔着黄河相持了数十天之久。

而在此期间，拓跋珪的疑兵之计慢慢显出了效果。赵王慕容麟的部将慕舆嵩等人，认为慕容垂肯定死去了，他们密谋作乱，杀死慕容宝，立慕容麟为主。不过，慕舆嵩等人的阴谋很快就败露了，阴谋发动政变的慕舆嵩等人被慕容宝所杀。慕舆嵩的阴谋虽然败露，但是这一事件直接导致了慕容宝与慕容麟，甚至慕容农等燕军主将之间心存隔阂。

在迟迟没有中山消息、已经进入冬季的情况下，十月二十五日，慕容宝终于决定率军撤离，烧毁船只，拔营东去。当时，天气尚不十分寒冷，黄河之上的浮冰还没有完全冻结在一起，慕容宝认为拓跋珪不可能渡过黄河，因此，在军后没有安排侦察部队。然而，让人意想不到的是，到了十一月三日，也就是燕军东还十天之后，突然刮起了凛冽的寒风，气温骤降，黄河之上的河冰很快全部冻结在了一起，拓跋珪留下辎重，选拔二万精锐骑兵迅速渡过了黄河，不分昼夜向东狂追而去。

七天之后，也就是十一月九日夜，拓跋珪的二万骑兵终于追上了缓慢东撤的燕军。

地点：参合陂西，而燕军就在参合陂！

参合陂的具体地望，众说纷纭，难以备述，主要有：一说在山西省大同县东南；一说在内蒙古自治区凉城东北；一说在山西省阳高县东北，我们采信“阳高说”。

燕军抵达参合陂的时候，突然刮起了大风，随着大风而来的是一股黑气，这股黑色的雾气像一道长长的堤坝，在天上忽高忽低地浮动，覆盖着燕军的军营。随军的支昙猛和尚对慕容宝说：“这股大风与黑气，来势迅猛，这是魏军将要到来的征兆，应该派军队前去抵御。”

慕容宝认为已经距离魏军很远了，听后，他笑而不答。支昙猛还是不停地请求，赵王慕容麟发怒说："以殿下的神武，军队又如此强盛，足以横行沙漠，索虏（对拓跋部的蔑称）怎敢远来送死？支昙猛妖言惑众，当斩杀以传示三军！"

慕容宝从小就喜欢别人奉承自己，而慕容麟从小也是反复无常，不久前，慕容麟的部将谋反未遂，让慕容宝对慕容麟心存疑忌，因此，慕容麟不失时机地再度奉承慕容宝，也是投慕容宝的所好，讨其欢心。

支昙猛哭着说："苻坚以百万之众，却在淮南大败，正是因为自恃人多而轻敌，不相信上天骄兵必败的铁律啊！"

靳安也说："今日西北风来得迅猛，是追兵将到的征兆，应该严密警戒，昼夜兼行离开此地，不然肯定要危险。"

慕容德头脑还比较清醒，他劝说慕容宝听从二人的意见，于是，慕容宝才派遣慕容麟率领三万部队，作为后军，以防万一。慕容麟以为支昙猛和靳安是胡言乱语，所部一边行军，一边打猎，根本不设戒备。慕容宝又派出侦察骑兵，可是，这些侦察兵却不听从调度，走了十几里，就擅自解鞍休息，根本没有发现魏军就在眼前！而燕军的覆灭也就在眼前！

一会儿，黄色的烟雾布满山岗，日月无光，也就是在此时，拓跋珪到来了！

这是二十五岁的拓跋珪与四十一岁的慕容宝两人之间的对决，从两人的表现来看，二十五岁的拓跋珪远比四十一岁的慕容宝老道。

魏军抵达参合陂以西地区以后，拓跋珪派出的侦察兵向其汇报，燕军就在参合陂的东面，而燕军的大营就在蟠羊山（今山西省阳高县东）南麓依傍着河水。得知了燕军的确切下落以后，拓跋珪连夜给诸将分配作战任务，决定对燕军实施大规模的偷袭行动，当夜，魏军士兵口含木枚，绑住马嘴，神不知鬼不觉地慢慢接近了燕军，各自登上燕军四周的山上，进入指定的攻击位置。

第二天即十一月十日一早，一觉醒来的燕军，还没有吃上早饭，突然看到四面山上无数的魏军，正从山上缓缓而下，朝他们逼来。燕军从七月出师，至今已经三个多月，早已成为疲惫惰归之师，毫无心理准备的燕军士兵，突然看到从天而降的魏军，无不魂飞魄散，乱作一团，整个燕军大营一片惊恐绝望，燕军士兵立刻四散奔溃。

拓跋珪立即命令所部对惊恐的燕军发起进攻。

魏军凭借着有利地形，从山上狂奔而下，势不可当，而完全失去战斗力的数万燕军，如同待宰的羔羊，被魏军追杀。燕军人马自相践踏，被杀的、被踩死、压伤的，就有一万多人，其余四五万人同时缴械投降，侥幸脱逃的不过一千多人，燕国太子慕容宝等人狼狈逃回中山。魏军诛杀后燕陈留王慕容绍，生擒鲁阳王慕容倭奴、桂林王慕容道成（慕容垂侄子）、济阴公慕容尹国、北地王世子慕容钟葵、安定王世子慕容羊儿等文武将吏数千人，抓获慕容宝的宠妾和宫人，缴获燕军武器、铠甲、财产等辎重十余万。《晋书·慕容宝载记》则称，慕容宝和慕容德等人率领数千骑兵逃脱，士兵逃回的仅有十之一二，也就是说，燕军尚有一两万人脱逃。

拓跋珪选择被俘的燕军才能之士贾闰、贾闰弟弟贾彝、晁崇等人作为参谋，其余的人打算发放衣食，予以放还，以争取中原民心。

拓跋珪召开会议，商讨如何处置这四五万燕军士兵。中部大人王建说："慕容宝在此全军覆没，国内空虚，击败燕国十分容易。如今将俘虏放归，恐怕是不合适的。况且，放纵敌人会留下祸患，不如杀掉。"

拓跋珪对大家说："如果照王建说的，我担心以后中原人将受到伤害，对我不再顺从，也不符合吊民伐罪的本意。"

大家都同意王建的说法，王建又坚持自己的意见，于是，拓跋珪下令将被俘的四五万燕军士兵全部坑杀！拓跋珪实施了这一暴行后，他本人也有点后悔了，这是因为，在接踵而至的北魏灭燕之战中，燕国军民誓死抵抗，给予魏军以极大的杀伤。

十二月，拓跋珪回到云中郡的盛乐（今内蒙古自治区和林格尔）。

参合陂之战，是拓跋珪的北魏对后燕的一场重要战役。此战，处于劣势的拓跋珪采取了示弱于敌的策略，在战役开始阶段，避开后燕军队的锐气，实施战略撤退，有组织地主动撤出自己统治的中心区域；燕军兵不血刃进入五原，并取得了俘获拓跋别部三万余户的战果，可以说，在战役初始阶段，后燕轻松就取得了胜利。但是，表面上取得胜利的后燕军队，并没有捕捉住魏军的主力，而拓跋珪在撤离之前就已经派出小股部队，切断了后燕远征军与其国都中山之间的联系。经过三四个月的征战，在拓跋珪释放的假情报的迷惑之下，已经疲惫不堪的燕军只好匆匆东撤。燕军统帅慕容宝等人十分轻敌，而拓跋珪则后发制人，秘密追击，终于在参合陂将后燕数万大军团团包围，予以歼灭。参合陂之战的胜利和继之而来的坑杀暴行，从客观上极大地削弱了后燕的国力，震动了整个后燕帝国，给后燕军民以极大震慑，自此，东西强弱易势，也为北魏最终灭亡后燕奠定了基础。

狼狈奔还的后燕太子慕容宝，承受了巨大的心理压力，他多次对父王慕容垂建议，请求父王再次出兵报仇雪恨。后燕司徒慕容德也对慕容垂建议："北魏之人参合陂胜利之后，自高自大，有轻视太子之心，应该利用陛下神圣的谋略，将他们征服，不然，必为后患。"慕容垂最终同意了，他命令太子慕容宝之子慕容会录留台事务，领幽州刺史，镇守龙城，代替高阳王慕容隆；任命阳城王兰汗为北中郎将，代替长乐公慕容盛镇守蓟城，而命令慕容隆和慕容盛，率领龙城和蓟城的全部精兵，集中到中山，计划明年再次大举讨伐北魏。

三一四 燕王之死

对于慕容垂的决策，不是没有不同意见。

后燕宫中的太史令在查看天象以后，对慕容垂说："太白星晚上在西方消失，数日之后又出现在东方，这叫作躁兵，先发动的要灭亡。"但是，慕容垂没有听从。在决定了对北魏实施第二次打击以后，慕容垂需要的就是征发军队、确定具体的进军路线。

太元二十一年（公元 396 年）一月，奉命而来的后燕高阳王慕容隆，率领龙城之军抵达了国都中山，龙城军队阵容整齐，威武雄壮，给两个月来沉浸在极度悲痛、惊恐不安的中山军民带来了丝丝的希望。仅仅依靠幽州、平州之军还远远不够，慕容垂还命令征东将军平规征发冀州之军。然而，平规竟然率领博陵（今河北省蠡县）、武邑（今河北省武邑县）、长乐（今河北省冀州市）三郡之兵，在鲁口（今河北省饶阳县）叛变了！

平规兄弟自慕容垂起事之初即追随慕容垂，其后平规曾被任命为宁朔将军，与慕容麟一起北上进攻幽州，被独孤部公孙希击败；公孙希覆灭之后，平规最终与带方王慕容佐一起攻下了蓟城，攻下蓟城以后，平规被任命为蓟城守将，主管幽州军务；在余岩叛乱时，平规没有听从慕容垂的命令，擅自出城迎战，被余岩击败；也许是这次失败，平规被剥夺了幽州最高统治权，而由长乐公慕容盛接替了他的职位。这大约是其趁机发动叛乱的一个原因。

平规的侄子、冀州刺史平喜劝谏，可平规拒不听从；平规的弟弟海阳（今河北省卢龙县）令平翰也在辽西郡（今河北省迁安市）起兵响应。这一突发事件，打乱了慕容垂的部署，他赶忙派遣镇东将军余嵩率军进攻平规，可是余嵩却战败被杀。于是，慕容垂亲自率领大军进攻鲁口，平规没有想到七十一岁的慕容垂竟然亲自前来，军心大乱，他抛弃部众，带着妻儿老小与平喜等几十人仓皇南下，逃到黄河以南，慕容垂不战而胜，顺利平定了叛乱；平翰起兵以后，率军一路北上，朝龙城杀来。新任幽州刺史慕容会一直以来是慕容垂最为宠爱的孙子，被寄予厚望，在慕容垂的心目中，慕容会就是慕容宝未来的继承人，果然，慕容会不负所望，他命令东阳公慕容根等人率军迎战，一举击破平翰之军，平翰逃往山南（白狼山一带，今辽宁省建昌县）。

在处理好平规事件之后，摆在慕容垂面前的仍然是：选择什么样的进军路线，能够出乎拓跋珪的预料而不被其提前侦知，以期达到战役的突然性。从去年慕容宝退军路线上分析，慕容宝的进军路线，当是从中山出发北上，进入蓟城，然后从蓟城西进；而这次，深谙用兵之道的慕容垂又将采用哪条行军路线呢？

《资治通鉴》记载："三月，庚子，燕主垂留范阳王德守中山，引兵密发，逾青岭，经天门，凿山通道，出魏不意，直指云中。魏陈留公虔率部落三万余家镇平城。垂至猎岭，以辽西王农、高阳王隆为前锋以袭之。"《晋书·慕容垂载记》记载："垂从之，留德守中山，自率大众出参合，凿山开道，次于猎岭。遣宝与农出天门，征北慕容隆、征西慕容盛逾青山，袭魏陈留公泥于平城，陷之，收其众三万余人而还。"结合两处记载，要想弄清楚慕容垂伐魏的具体行军路线，就必须确定下述三个地望的确切位置：青岭（青山）、天门、猎岭。

胡三省注称："青岭即广昌岭，所谓五回道也。其南层崖刺天，壁立直上，盖即天门也。"《中国古代地名大词典》青岭条称："在河北省易县西南，即五回山，亦曰广昌岭，东晋时慕容垂袭魏，由中山逾青岭，经天门，凿山通道，直指云中。"

广昌岭，位于广昌县境，即今天的河北省涞源县。广昌县为西汉设置，属于并州代郡，东汉属于冀州中山国，晋代又属并州代郡，民国三年（1914 年）因与江西省广昌县同名，而改为涞源县。《水经注·滱水条》称："《春秋·昭公七年》，齐与燕会于濡上。杜预曰：濡水出高阳县。东北至河间鄚县入易水，是濡水与虖池，滱、易，互举通称矣。博水又东北，徐水注之。水西出广昌县东南大岭下，世谓之广昌岭。岭高四十余里，二十里中，委折五回，方得达其上岭，故岭有五回之名。下望层山，盛若蚁垤，实兼孤山之称，亦峻竦也。徐水三源奇发，齐泻一涧，东流北转，迳东山下。水西有《御射碑》。"滱水，即今河北省定州市上游的唐河，也就是说广昌岭是位于广昌县（今河北涞源县）东南的山岭。

确定了广昌岭的位置，那么，胡三省有什么根据就断言青岭就是广昌岭呢？

根据胡三省对天门的描述，我们发现《水经注》同条在记述滱水上游时有一段这样的记载："滱水自县（今山西省灵丘县）南流入峡，谓之隘门，设隘于峡，以讥禁行旅。历南山，高峰隐天，深溪埒谷。其水沿涧西转，迳御射台南，台在北阜上。台南有御射石碑。南则秀嶂分霄，层崖刺天，积石之峻，壁立直上。"很显然，胡三省对于天门"层崖刺天，壁立直上"的描写，是来源于《水经注》灵丘南隘门"秀嶂分霄，层崖刺天，积石之峻，壁立直上"。这也让人怀疑，青岭并非如胡三省所云的是涞源的广昌岭，而是灵丘的隘门。

综合日本学者前田正名《平城历史地理学研究》、严耕望《唐代交通图考》、蔡宗宪《南北朝交聘使节行进路线考》等有关资料，从平城南下到黄河岸大致有两条路线，一条是从平城翻越句注山、雁门关，沿汾河南下；一条是自平城向东南，经莎泉（今山西省广灵县境）、灵丘，沿滱水流域东南行，翻过倒马关，抵中山城，从中山城沿着太行山东麓路南下经邺抵达黄河。而从平城到中山大致又有两条路线，一是经由上谷路，先向东北，再转东南的大迂回路线；二是从平城穿越太行山、恒岭（前田正名认为就是广昌岭），直达中山。

慕容垂这次出兵伐魏，当属走的第二条从中山到平城最直接、距离最短的道路。不过，对于这条道路的具体路线，学者们也存在一定的分歧：严耕望认为，从平城到倒马关一段，是从平城向东南，沿滱水河谷，经灵丘至广昌，从广昌再下倒马关；前田正名虽然也认为从倒马关通往广昌的路应该是存在的，但也指出从平城经灵丘之后，有灵丘道沿滱水河谷直下倒马关，并无须经过广昌。也许此次慕容垂也没有经过广昌，而是走了更为直接的道路，从中山到倒马关，直扑灵丘隘门，因此，所谓的青岭和天门可能均在灵丘县境。

猎岭，胡三省注称："在夏屋山东北，魏都平城，常猎于此。"又称，夏屋山，又名夏壶山、贾屋山、贾母山，俗名草垛山，在今山西代县东北六十里，与句注山相接，为山西北部险要之地，但此处与平城距离遥远，从平城远来打猎似不合理，猎岭当另有所指，也许是指平城附近的某一座山岭。

太元二十一年三月二十六日，在迅速处理了平规之乱之后，后燕皇帝慕容垂命令弟弟范阳王慕容德留守中山，他自己亲自率军从中山秘密出发，越过青岭、天门，开凿山路，出其不意，直扑平城而来。经过十八天的急行军，闰三月十二日，后燕军队抵达平城郊区的猎岭。此时，驻守在平城的是拓跋珪的堂弟拓跋虔，拓跋虔号称名将，武艺绝伦，与拓跋珪的弟弟拓跋仪，是北魏数一数二的猛士，素有“卫王弓，桓王槊”的美名。平城附近有三万多家部众，拓跋虔素来轻敌，平时根本不设戒备，他做梦也没有想到后燕军会突然到来，等到后燕军抵达平城城下的时候，他才发觉。

当时，燕军刚刚经历了参合陂之败，个个畏惧魏军，慕容垂发现这一情况，立即命令辽西王慕容农、高阳王慕容隆率领未经战阵的龙城兵作为前锋，朝平城杀来。拓跋虔发觉以后，部队没有时间完成集结就匆忙应战，而燕军龙城兵个个奋勇争先，所向无敌，在燕军的突然袭击下，拓跋虔大败，临阵被杀，平城魏军全军覆没，屯驻该地的三万多户魏国部民全部被燕军虏获。

取得平城之战的胜利以后，慕容垂引兵北上参合陂。燕军将士看到漫山遍野的尸骨，堆积如山，全军痛哭，声震山谷。慕容垂摆下香案，祭奠燕军亡灵，老人既悲愤，又惭愧，情绪激动之余，口吐鲜血，倒地不起，因此旧病复发，躺在两匹马驾着的软轿上，拉回了平城，驻军于平城西北三十里，靠山安下大营。

此时，拓跋珪听到拓跋虔阵亡、平城大败的消息，他十分惊慌，想到再次逃跑；拓跋部属下很多附属部落，在得知这一消息后，各个怀有二心，拓跋珪更是惶恐不安，无计可施。太子慕容宝之军继续西进，抵达云中（今内蒙古自治区托克托县），但是听说父王病重的消息以后，他停止了军事行动，回到平城。拓跋珪风闻慕容垂已死，打算追击，可发现燕军并没有撤离，而是驻守在平城以北地区，拓跋珪只好又退回了阴山。

如果此时燕军继续西上，迅速膨胀的北魏将立即陷入分崩离析的境地，然而，天不假英雄之年。

燕军驻扎在平城西北十几天，却一直没有继续西进，这是因为，在此期间，慕容垂的病情不仅没有好转的迹象，反而日渐加重，燕军听说拓跋珪将要前来，于是，在平城以北四十里处建筑燕昌城以后，燕军开始撤离。

燕军撤至上谷的沮阳（今河北省怀来县南），慕容垂就病死在那里，终年七十一岁，在位十三年。他遗诏说：“如今灾难正多，丧礼务从简易，早上去世，晚上入殡，下葬三日后即脱掉丧服，处理政务。强寇正在寻找时机，秘不发丧，到京师以后，再发丧举办哀悼仪式。”慕容宝依次命令，秘不发丧，四月二十三日，燕军回到中山，四月二十五日，公布慕容垂的死讯，举行哀悼仪式，追谥为成武皇帝，庙号世祖。

四月二十九日，时年四十二岁的太子慕容宝登基继位，大赦，改元永康。

三一五 岌岌可危

燕王慕容垂病死的消息传来，让拓跋珪长长地舒了一口气，他并没有给慕容宝太多的时间，即筹划着趁着后燕国丧，实施对后燕帝国的全面进攻。那么，后燕新君慕容宝又如何应对即将到来的严峻形势呢?

慕容宝，字道祐，是慕容垂的第四子。他年少的时候，没有志向操守，就喜欢别人奉承自己。等到被立为燕国太子之后，也许是听到小段夫人对自己的评价，开始注重自身修养，尊崇儒学；他善于言谈、会写文章，并注意拉拢慕容垂的身边近臣，因此，慕容垂以及全体朝臣都认为慕容宝是燕国未来一位不可多得的贤明君主。然而，参合陂之败，让慕容宝威信扫地，半年之后，尚未完全走出失败阴影的燕国军民，又遭遇了慕容垂病逝的打击。

客观地说，慕容垂的第二次出兵伐魏，除了与第一次一样得到三万户拓跋部民之外，并没有与拓跋珪的主力军团遭遇，也没有消灭拓跋珪的有生力量，参合陂之战所带来的北魏与后燕之间的实力消长，也并没有因之而有所改变，相反地，因为慕容垂的病逝，让后燕民心、士气更为低落，也使得慕容垂在世时隐藏在后燕朝廷背后的种种矛盾，随着时间的推移慢慢凸显了出来，而慕容宝却没有能力和威望消弭这些矛盾，他的某些行动甚至还在制造和加深这些固有的矛盾。

太元二十一年（公元 396 年）五月九日，慕容宝任命范阳王慕容德为都督冀州、兖州、青州、徐州、荆州、豫州六州诸军事，车骑大将军，冀州牧，镇守邺城；以辽西王慕容农为都督并州、雍州、益州、梁州、秦州、凉州六州诸军事，并州牧，镇守晋阳；以太尉、安定王库縟官伟为太师、左光禄大夫，以段崇为太保，以扶余王余蔚为太傅。五月十二日，任命弟弟、赵王慕容麟为尚书左仆射，弟弟、高阳王慕容隆为尚书右仆射，儿子、长乐公慕容盛为司隶校尉，堂弟、宜都王慕容凤为冀州刺史。

在安排了各方大员之后，慕容宝迫不及待要做的一件事，就是逼死段氏。

这个段氏，就是三段了，我们知道，大段氏是段末柸的女儿，死于慕容儁和可足浑氏夫妇的狱中，她是慕容令和慕容宝的亲生母亲；二段是大段的妹妹，与前秦王苻坚有染；三段，即段元妃，是前两段的侄女。段元妃、段季妃姐妹两人分别嫁给慕容垂、慕容德兄弟二人，按母系来说，三段与慕容宝是表兄妹关系，从父系来说，三段是慕容宝的继母。由于段元妃曾经建议慕容垂废黜慕容宝、慕容麟兄弟，因此，二人一直对其怀恨在心。

慕容宝顺利继位后，他压抑了十三年之久的怒火，突然间就爆发了出来。五月二十三日，继位不足一月的慕容宝，就迫不及待地派遣赵王慕容麟来见段元妃。慕容麟见到段元妃之后，向段元妃带去了慕容宝的问话："皇后经常说主上不能继承大统，如今到底怎么样呢？应该趁早自杀，这样才能保全整个段氏家族。"

段氏听后，怒火中烧，她说："你们兄弟二人竟然能做出逼杀母亲之举，怎能保全社稷！我怎能怕死，只是可惜国家很快就将灭亡了！"于是，段元妃自杀而死。

慕容宝在朝堂之上商议，以为段元妃生前阴谋废黜嫡子，威胁社稷安危，不尽母后之道，不应该举办哀悼仪式，朝堂众臣都纷纷表示同意。只有中书令眭邃慷慨说道："儿子没有废黜母亲的道理。汉代的安帝阎皇后亲自废黜了顺帝，依然配享安帝之庙，况且段皇后生前所言，是真是假还不得而知，应该遵循安帝阎皇后的旧例！"慕容宝只得同意。

段元妃当时对慕容宝的评价是"姿貌雍容，柔而不断"。而对慕容麟的评价则是"奸诈负气"。段元妃所言并无半点私心，她并非是要册立自己的儿子，当时，她对慕容垂的建议是高阳王慕容隆和辽西王慕容农，是诸儿中的贤者，可以选择其一册立为嗣子。实践证明，段元妃的说法句句是实。

逼死段元妃事件，虽然是慕容宝的家事，但皇帝的家事也是国事。在国难当头之际，慕容宝不顾即将到来的灾难，将继母逼死，这是十分不明智的。段元妃作为段末柸的孙女，将她逼死，就意味着段氏家族失去了在慕容宝新朝里的前途，同样地，后燕皇室也失去了一支本来可以弥补关系、足资依靠的力量，段氏作为旧族，与鲜卑各族都有通婚关系，具有潜在的巨大的影响力，比如，段氏的亲妹夫就是慕容宝的叔叔慕容德。慕容宝此举，不仅不理智，也显示了他狭隘的心胸，虽然他逞一时之快，但却在道义上失去了人心。

慕容宝继位之后，要做的第二件事情就是核查人口。据史书记载，这是慕容宝遵循慕容垂的遗令所为，由此让人怀疑，在慕容垂生前第二次伐魏之时，他派遣平规征发冀州之兵，可能就兼有核查户口之举，从而引发冀州民众的普遍不满，激起了平规之乱。后燕政权建立之初，与东晋一样，各个将领都拥有自己的部曲，这些部曲属于各个大员私人所有，效忠于各自的主子，不向政府缴纳赋税；各领兵将领打仗掳掠来的人户，除了国家占有一部分之外，也分配给将领作为奖赏。时间一长，各个领兵将领的军营里就容纳、隐瞒了很多人户，致使后燕政府财政、兵员枯竭。在慕容垂时代，由于他一直忙于战争，无暇处理此事，而参合陂之败，后燕一战失去了五万精兵，致使兵员短缺的问题就立刻凸显了出来，对此，慕容垂看在眼里，这也是他临终嘱托慕容宝要引起高度关注。

在全国范围内核查户口，撤销各个军营隐藏的人户，分配到各个郡县，并按照官员的品级确定各自占有的人户数量，这当然是国家长治久安之本。不过，此举不仅令占有人户的贵族怨声载道，而且，让一直逃避赋税的百姓也离心离德，尤其是在即将面临外部打击的时候，采取如此大规模的改革，势必要引发全国范围内一系列的动荡——回想公元 368 年前燕大规模核查户口之时，也是“举朝怨怒”，主持此事的尚书左仆射悦绾竟因此而死，此次后燕核查人户也是如此，史称“百姓思乱者，十室而九焉”。

慕容宝继位之后，所做的第三件事，即是派遣弟弟、高阳王慕容隆率军讨伐平规。

平规从鲁口南逃之后，盘踞在高唐（今山东省禹城市西南）。由于慕容隆名声很好，他率军抵达之后，帝国东南部的民众纷纷迎接，犒劳燕军。太元二十一年七月，慕容隆率军抵达黄河北岸，平规放弃高唐南逃，慕容隆命令建威将军慕容进等人渡过黄河，在济北（今山东省肥城市）追上了平规，将其斩首，平规的侄儿平喜辗转逃到东晋统治区彭城（今江苏省徐州市）。

慕容宝继位后做的第四件事就是册立太子。

慕容宝在慕容垂生前一直没有册立世子，对此，慕容垂也十分忧虑。慕容宝的庶子慕容会年龄较大，有雄才大略，又多才多艺，慕容垂非常喜爱，慕容宝伐魏之时，慕容垂曾任命慕容会全权处理慕容宝的东宫事务，对他的礼遇与对他父亲慕容宝一样；等到慕容垂伐魏的时候，由于龙城是慕容鲜卑的发祥之地，是先王宗庙所在，十分重要，慕容垂特意任命他接替高阳王慕容隆镇守龙城，并配备大批贤能之士作为他的下属。慕容垂临终之时，还不忘嘱托慕容宝要册立慕容会为太子。然而，慕容宝却喜爱自己的小儿子濮阳公慕容策，并不中意慕容会，这大约也是他在老父在世的时候，迟迟不立世子的原因。慕容宝还有一个庶长子慕容盛，与慕容会同年出生，也不愿意比自己年纪小的弟弟慕容会地位超过自己，十一年前，慕容盛、慕容会兄弟与他们的叔叔慕容柔一困长安，再困长子，历经艰难逃归中山，当时叔侄三人患难与共，而今天二十四岁的慕容盛在利益面前，却不愿自己的弟弟超过自己，极力在父亲慕容宝面前称赞慕容策应当作为太子。慕容宝大喜，又询问赵王慕容麟、高阳王慕容隆等人，这些人都顺从慕容宝的旨意，表示赞成。于是，八月四日，慕容宝下诏册立慕容策为太子，加封慕容策的母亲段氏为皇后，进封慕容会、慕容盛为王。慕容策年仅十一岁，素来愚蠢懦弱，慕容会听到这个消息，不禁心生怨怒。九月，为了应对拓跋珪的进攻，慕容宝趁堂兄弟慕容宙往龙城奉送慕容垂与段皇后灵柩之时，命令慕容宙将高阳王慕容隆原有的幕僚、将佐、部曲、家属全部带回中山，此举无疑是削弱慕容会的实力，慕容会阳奉阴违，拒绝执行命令。慕容宙是慕容会的堂叔，而慕容会在慕容宙面前却总是盛气凌人，时时凌辱这个堂叔，让人都怀疑慕容会已经心怀不轨。我们无法确切地知道，慕容宝为何疏远慕容会，但是，在大敌当前，册立年仅十一岁的慕容策显然不仅起不到巩固国本的作用，反而让年长的诸子之间产生矛盾，也是十分不明智的。

而慕容宝的另外一个不明智之举，却直接导致了北魏拓跋珪对后燕的大举进攻……

三一六 大举伐燕

慕容宝在任命慕容农之初，当然是对慕容农寄予了厚望的。

并州的重要性人人皆知，它不仅能够有效屏护河北腹地，而且本身就是一个易守难攻之国，因此，必须要有最为亲信的重臣镇守。慕容宝在决定并州牧人选的时候，第一选择并没有投向同样厉害的叔叔慕容德，而是任命了弟弟慕容农。遥想十三年前，辽西王慕容农可谓是算无遗策，叱咤风云，为慕容垂建立后燕政权立下了汗马功劳，对于慕容农的能力，慕容宝是看在眼里，以其镇守并州，应该是最佳的人选。不过，在慕容宝任命慕容农为并州牧的时候，并州属于后燕尚不足两年，创业难，守业更难，慕容农能否守住这块战略要地呢？

北魏的拓跋珪在得知慕容垂去世的消息以后，立即发动了对后燕的全面进攻。太元二十一年六月，他首先将进攻的矛头对准了广宁（今河北省张家口市），而此时驻守在此的是后燕广宁太守、乌桓王独孤部大人刘亢泥。广宁就是西晋时期的大宁，处于代北的东部，这里是塞北游牧民族渗透到河北的咽喉要道，地理位置十分重要，也是西晋护乌桓校尉府的所在地，还是西来乌桓的聚居地。长期以来，乌桓与拓跋部、独孤部、贺兰部等各部都有着错综复杂的共生关系，西晋时期，卫瓘于泰始七年至咸宁四年（公元 271 年到公元 278 年）曾担任护乌桓校尉，并护鲜卑乌桓，当时正是由于拓跋鲜卑与乌桓交错杂处，乌桓王库贤才在拓跋部“亲近用事”，并由其最终离间了拓跋部；另如，北魏平文皇帝拓跋郁律的妻子王氏就出自广宁乌桓。而独孤部与铁弗部也早有乌桓之名，如《晋书·苻坚载记》就称“乌丸独孤、鲜卑没奕干率众数万，又降于坚”云云，公元 387 年，代郡、上谷之民杀、逐太守之事，也说明了独孤部对于代北乌桓具有一定的影响力，因此，太元十二年（公元 387 年），后燕主慕容垂利用独孤部刘显兄弟的内讧，在一举消灭了刘显以后，即将刘显的弟弟刘亢泥（又作刘可泥）加封为乌桓王，并将独孤部八千落部众迁往中山，其后，慕容垂利用刘亢泥在乌桓部众中的影响，让其担任了广宁太守，扼守这一战略要地。

拓跋珪选择首先打击独孤部刘亢泥，既有部族恩怨的因素，也有夺取广宁要地的现实需要。据《魏书·莫含传附莫题传》称，拓跋珪选择的领军将领共有三人，其中王建、莫题二人，另一人史籍缺载，但仅从两人的身份来看，即可知拓跋珪在挑选此次出兵的领兵将领之时，也是颇费心思的。王建是广宁乌桓人，他的姑奶正是平文皇帝拓跋郁律的皇后王氏，从辈分上讲，王建是拓跋珪的从舅，当对广宁乌桓有一定的影响力；此莫题，并非代人莫题，而是原刘琨手下莫含的孙子，雁门繁畤（今山西省繁峙县）人。莫含世代居住在代北，深为拓跋猗卢倚重，六修之乱中晋人卫雄等人带领晋人、乌桓离开拓跋部，投奔刘琨，说明了卫雄等人也是深得乌桓人的信赖，而莫含与卫雄的地位相差无几，莫含家族在乌桓人中间的影响力也是有的。六月一日，王建、莫题等人进击刘亢泥，将其诛杀，并将独孤部迁往平城，后燕上谷（今河北省怀来县）太守、开封公慕容详弃城而逃。这个慕容详是慕容皝的曾孙，也就是慕容宝的堂侄。自此，幽州门户洞开。

然而，就在拓跋珪试图大举入侵后燕之时，一件意想不到的事情却发生了——其母贺兰氏去世了！

《魏书·皇后传》记载，贺兰氏的死因是：“以（拓跋）觚不返，忧念寝疾。”这短短的一句话，似乎无法掩盖贺兰氏去世的全部原因，也许她的死与自己的儿子拓跋珪前后的所作所为，有着更为隐秘的联系。首先，拓跋珪对慕容垂子弟“求名马”而滞留拓跋觚反应出乎意料地十分强烈。而据史料记载，实际上，慕容垂并无杀拓跋觚的意思，拓跋觚在中山期间还留心学业，北魏与后燕也不是没有和好的余地，那么，拓跋珪为何要以此为借口，置拓跋觚安危于不顾，一意孤行与后燕绝交呢？一是见诸于《魏书》的拓跋珪的弟弟有：拓跋仪、拓跋烈和拓跋觚三人，他们均是拓跋珪父亲的弟弟拓跋翰或者是拓跋珪的爷爷拓跋什翼犍的儿子，从父系上看，他们是拓跋珪的叔父或者堂弟，从母系上看，则是他的同母异父弟弟，不论从情感上或者是对拓跋珪王位的威胁上说，他们都令拓跋珪不安，也许拓跋珪借此与后燕绝交，其目的就是要借刀杀人。二是拓跋珪本性残忍。贺兰氏带着拓跋珪兄弟辛苦备尝，但是，据《魏书·道武七王列传》记载，拓跋珪在刚刚逃难到贺兰部的时候，见到了贺兰氏的亲妹妹，也就是拓跋珪的姨妈，由于贺兰氏的这位妹妹十分美丽，拓跋珪一见之下，就对贺兰氏说要娶自己的姨妈。贺兰氏不同意，她说："她太过美丽了，不吉祥，况且人家已经有了丈夫。"结果，拓跋珪竟然派人将他的姨夫秘密杀死，然后强行娶了贺兰氏，生下了儿子拓跋绍。拓跋珪的残忍本性由此可见一斑。三是对贺兰部的悲惨命运的无奈。据《魏书·官氏志》记载："登国初，太祖散诸部落，始同为编民。"拓跋珪刚从独孤部逃往贺兰部的时候，自己身边的部众很少，因此，拓跋珪必须要培养直属于自己的力量，在他兼并其他部落之后，就离散了原有的部落结构，被征服的部落原酋长与其部落民一样，失去了昔日的特权和部民，也需要从事农业生产，隶属于由拓跋珪任命的各部大人管理，这当然是拓跋珪加强中央集权的无奈之举。然而，这一有意无意之举却恰恰使得拓跋部从原始社会的部落制度迅速向封建社会转型，妥善解决了困扰前燕、后燕乃至东晋的贵族荫户问题，增强了北魏的中央集权，在这一进程中，贺兰氏的母族贺兰部也未能逃脱被离散的命运。对于贺兰氏而言，恩将仇报的人恰恰正是自己的儿子，而她对此却无能为力！拓跋珪对贺兰部的摧毁，不能不说是贺兰氏忧愁而死的原因之一。四是刘亢泥的被杀。刘亢泥是独孤部刘显的弟弟，又是拓跋珪的姑父，在贺兰氏母子最为艰险的时候，是刘亢泥一家保护着拓跋珪未被刘显诛杀，首先刘亢泥之妻将刘显欲杀死拓跋珪的阴谋，告知了贺兰氏，让贺兰氏早做了准备；然后，当拓跋珪成功脱逃以后，刘显欲诛杀贺兰氏，贺兰氏夜奔刘亢泥家，藏匿于神车三天三夜，在刘亢泥全家的恳求下，刘显才放过了贺兰氏。对贺兰氏母子有如此大恩大德的刘亢泥，却在半月前被拓跋珪派军所杀，这不能不让贺兰氏万念俱灰，选择了死亡。五是贺兰氏与拓跋珪之间的母子关系。在拓跋部乃至代北各部的历史上，出嫁女嫁出以后，其母族对于出嫁女以及他所生的孩子，都是十分庇护的。因此，母亲依靠母族部落的力量对本部事务的干预，也是比比皆是。如拓跋部各代酋长的选任以及出现的历次动荡，无不有着各位母亲依靠母族，为自己的儿子争夺部落最高统治权的痕迹。拓跋珪离散贺兰部的同时，伴随着排斥母亲干政的强烈意图，也让我们隐约看到以后北魏的"子贵母死"制度的雏形。可以说，在拓跋珪一步步走向成功的道路上，贺兰氏与这个儿子的关系是冷淡的、隔膜的，甚至也许贺兰氏的死本身，就来自于拓跋珪的某种压力，这可以从以下历史事件得到印证：贺兰氏是太元二十一年六月十五日去世的，时年四十六岁，当月即下葬了。第二月，许谦即上拓跋珪尊号，拓跋珪因此建天子旌旗，改元皇始，并与下一月出兵伐燕。虽然据《魏书·李彪传》称，北魏并无终丧制度，但大丧过后，还是有三个月的时间用于迎神、攘恶、行吉礼的，而拓跋珪在母亲死后，表现得麻木不仁，毫无感觉，这是十分不正常的。

也就是在拓跋珪建立天子旌旗前后，后燕并州牧慕容农率领自己的数万部曲来到了并州。这一年，并州霜降提前，庄稼损失严重，而并州却没有储备粮食，百姓贫困，无力供养慕容农带来的部众；同时，慕容农来到并州以后，还命令部将监护各地的胡人，因此，并州各族百姓民心思乱。天灾当然仅仅是一个原因，更重要的原因则是，并州在西燕慕容永统治了近十年，一直与后燕为敌，与拓跋魏则是同盟，当地居民在后燕处于劣势的情况下，当然希望被拓跋珪解放，于是，不少民众逃往代北，请求拓跋珪出兵南下。在这种情况下，拓跋珪的参军张恂建议，进取中原，拓跋珪同意了。

太元二十一年八月二十八日，拓跋珪亲自率领四十万大军对后燕发起了总攻，主力部队以将军李栗的五万铁骑为前锋，从代北南下，穿过马邑（今山西省朔州市），翻越句注山（今山西省代县北），直取晋阳；另一路，则命令将军封真、莫题等从东路，越过军都关（居庸关，今北京市昌平西南），扑向蓟城。李栗，雁门人，为拓跋珪“元从二十一人”之一；封真，史书无传，但据《魏书·封敕文传》记载，其祖封豆，皇始初年领兵三万东征幽州，平定三郡，被封为幽州刺史，据此，封真疑为封豆异音；莫题仍是莫含之孙，非代人莫题。拓跋珪的主力大军旌旗连绵二千余里，一路上旌旗招展，鼓角齐鸣，声势十分浩大。九月十八日，魏军抵达晋阳以北的阳曲，拓跋珪命令魏军登上晋阳西面的高山之上，从山而下，直指晋阳，环绕晋阳大声呐喊示威。慕容农率领晋阳守军出城迎战，被魏军打得大败，慕容农率领败军欲退回城内，可是，司马慕舆嵩却闭门不纳——去年，在慕容宝从伐魏前线撤退之前，慕舆嵩曾阴谋拥立慕容麟而被杀，此处又出现一位重名者，也许这是史书的误记。

无法进城的慕容农只好带领妻子和身边数千骑兵，狼狈往东逃窜。拓跋珪命令中领军将军长孙肥跟踪追击，在潞川（今山西省浊漳河，《魏书·长孙肥传》记作“蒲泉”）追上了慕容农一行，虏获了慕容农的妻儿，跟随慕容农逃窜的几千燕军全军覆没，慕容农本人也在战斗中负伤，仅与身边三名骑士逃回了中山。关于此战，《魏书·太祖本纪》则称，魏军从晋阳西山上下来以后，绕城呐喊示威，慕容农十分害怕，趁夜率领妻儿弃城东逃，这一说法也许是真实的，因为，如果慕容农是出战战败后而逃，则不可能带上城内的妻儿。

就这样，拓跋珪轻松地就拿下了并州。在并州，拓跋珪开始正式设立朝廷，设置百官，任命各地的郡守、将军，尚书郎以下的官员都由士人担任，鼓励农业生产。拓跋珪刚刚建立新朝，对每一位知识分子都虚心接待，士人们只要来求官的，不论老幼，拓跋珪均亲自接见，耐心询问他们有什么才能，只要有一点才能的，都被任用。九月十九日，拓跋珪命令辅国将军奚牧率军南下，夺取汾川（今汾河流域）一带，清扫后燕残余势力，屏护晋阳的侧翼安全，在平陶城（今山西省文水县），奚牧军队生擒了后燕丹阳王慕容买得、离石护军高秀和。

三一七　孝武之死

太元二十一年，的确是一个大变之年。

在这一年的四月，后燕慕容垂病死，慕容宝继位，紧接着，北魏拓跋珪即发起了对后燕大规模的进攻。这是关东的局势。在关中地区乃至秦州、凉州，同样也经历着巨大的变化：在这一年，后秦姚兴夺回了陇上重镇上邽，与此同时，他还趁着拓跋珪进攻并州之机，出兵河东。河东地区是进入关中的跳板，要想确保关中东面的安全，就必须牢牢地控制河东。当时，河东地区有两股大的势力：一股是西燕慕容永任命的河东太守柳恭，西燕灭亡以后，柳恭拥兵自保；另一股是变民首领薛强，从永嘉之乱开始，汾阴薛氏就聚合宗族自保，苻坚时代，曾拜薛强为镇东将军。后秦主姚兴命令叔父晋王姚绪进攻，柳恭等人据守黄河天险，姚绪无法渡过黄河。于是，姚绪说动薛强，薛强带领后秦部队从龙门成功渡过黄河，进入蒲坂，柳恭等人投降，姚兴以姚绪为并州冀州牧，镇守蒲坂，并将新平、安定新归附的居民六千户迁至蒲坂，于是后秦将触角伸到了河东地区。凉州的吕光在经历了数年的羞羞答答之后，终于在本年正式登基，即天王位，大赦，改元龙飞，设置百官，以世子吕绍为太子，封子弟为公侯的有二十人，以中书令王详为尚书左仆射，以著作郎段业等五人为尚书。吕光派遣使者加封河西鲜卑秃发乌孤为征南大将军、益州牧、左贤王，秃发乌孤说："吕光的几个儿子贪婪荒淫，三个外甥暴虐无比，境内百姓十分怨恨，我怎可不顺从民意，而接受他的官爵呢？我自当成就一番帝王的事业。"于是，没有接受他的官爵，但却留下了吕光使者带来的鼓吹、羽仪。而也就是在这一年，西秦的凉州牧乞伏轲殚与益州牧乞伏益州，他们两个一个是乞伏乾归的堂兄弟，一个是亲弟弟，两人的矛盾逐渐激化，终于乞伏轲殚逃往凉州吕光，而乞伏轲殚的叛逃，很快也将让整个陇西乃至凉州地区发生一连串的巨变。

而这一年，对于江东的东晋政权而言，同样是一个非同寻常的年份。

太元末年（太元十七年以后），扬州、徐州由司马道子兼领，荆州刺史是殷仲堪，豫州刺史庾楷，江州刺史王凝之，兖州刺史王恭，梁州刺史王正胤，雍州刺史郗恢，益州刺史先后由郭铨和毛璩（毛宝之孙、毛穆之之子），宁州刺史缺载，交州刺史腾遯之，广州刺史王怀之，会稽内史在谢琰调任为尚书右仆射以后，先由孔安国继而由谢輶担任。除去遥远的广州、交州、益州、梁州等地无关大局，东晋核心区域的大员襄阳郗恢、江陵殷仲堪、京口有王恭，毫无疑问是听命于孝武帝的；而司马道子则拥有扬州、徐州；依违于二者之间的则是豫州庾楷和江州王凝之，不过，王凝之却更倾向于司马道子；而会稽则是谢氏的领地。

太元十四年，孝武帝与司马道子兄弟二人的矛盾逐渐显现，因为孝武帝诛杀袁悦之而使得两人的矛盾公开化；司马道子在袁悦之被杀之后，发动了反击，孝武帝无奈，只得含泪将自己的亲信范宁贬为豫章太守，双方这一轮争斗算是打成了平手，自从范宁被贬出京城之后，司马道子更加恣意妄为。司马道子身边多是佞幸小人，其中最亲近的两人一个叫赵牙，另一个叫茹千秋。赵牙本是唱戏的，茹千秋则是钱塘的捕贼小吏，司马道子以赵牙为魏郡太守，茹千秋为骠骑咨议参军。赵牙给司马道子建别墅，构筑假山，深挖池塘，种植树木，费用极大；建好新宅之后，司马道子让宫女们在里面开设酒店，在水边卖酒，司马道子与亲近人等坐着船，到岸边买酒饮宴，以此为乐。孝武帝曾经去司马道子的新宅游玩，看后对司马道子说："在府邸里设置假山，可以登高游玩远眺，这很好，不过，太过华丽，这不是节俭之道。"司马道子无言以对，只得连连称是。孝武帝回宫之后，司马道子对赵牙说："皇上要是知道这假山，是令人一筐土一筐土加固打造成的，你可就死定了。"赵牙立即回答："有大人你在，我赵牙怎敢去死！"而茹千秋也是卖官鬻爵，积累了上亿的家资。当时，有人写《云中诗》给当时的朝廷众人画像："相王沈醉，轻出教命。捕贼千秋，干豫朝政。王恺守常，国宝驰竞。荆州大度，散诞难名；盛德之流，法护、王宁；仲堪、仙民，特有言咏，东山安道，执操高抗，何不征之，以为朝匠？"荆州，谓王忱也；法护，王殉；宁，即王恭；仙民，是徐邈的字；安道，即隐士戴逵。

博平令吴兴闻人奭上疏称："茹千秋起自微贱，窃弄威权，卖官鬻爵；他的儿子茹寿龄为乐安令，贪赃枉法；尼姑保姆之流，淆乱朝廷。如今，谷贱人饥，饥饿的流民到处都是，百姓贫苦，而赋税却很重……"司马曜看了奏疏，心中很是不满，可是，却碍于母亲李太妃的面子，对司马道子又无可奈何。在中央只好委任王雅、王珣等人，而司马道子却任用王国宝和王绪兄弟，两个阵营立场鲜明，互相倾轧，孝武帝与司马道子兄弟之情再次到了冰点，李太妃也多次劝说司马道子，但司马道子始终不改。

范宁被贬之后，在豫章大兴教育，不拘一格，收录学生，传授五经，他自己还拿出俸禄作为学生的生活费，范宁所为原本没有什么出格之处，但是，范宁的顶头上司、江州刺史王凝之却弹劾说：范宁在豫章城又开了两个城门；还自设了家庙，还下令各县都设置宗庙、社稷，而且，范宁所为都没有上报等等。孝武帝只好将其论罪，不过，他知道范宁所为只是为了兴办学校，因此，一直压着不予判决，等到遇到大赦，这才将范宁免职。王凝之弹劾范宁之事，多少有司马道子的幕后黑手。范宁离京，继而获罪、离职，让朝中一直为孝武帝依赖的徐邈胆战心惊。为了保全自己的家族，徐邈不敢与司马道子作对，当孝武帝再次恼怒司马道子的时候，徐邈只想让两人和好如初，他对司马曜说："汉代淮南王、西晋齐王的故事，都是兄弟不和的沉痛教训。司马道子虽然喜欢醉酒，但对皇上您还是忠心耿耿，应该对其宽容，消除外界的疑虑，对外是为了国家，对内也是为了安慰太后。"徐邈通过这一番言语，也得到了司马道子的认可，一次，徐邈参加司马道子的宴会，司马道子对徐邈说："你有心情酣畅的时候吗？"徐邈回答："我本简陋街巷内的书生，只以节俭生活、清苦学习为酣畅。"司马道子笑了笑，不认为徐邈的话有顶撞他的意思。后来，司马道子打算任命徐邈为吏部郎，徐邈深知那是一个风头浪尖上的位置，自己坚决推辞，由此看出，徐邈也已经不敢出头说话了。

到太元二十一年，孝武帝与司马道子兄弟之间似乎和好了，然而，就在这一年的上半年，却出现了一件十分奇怪的事情。一向是司马道子心腹的中书令、兼中领军王国宝，却突然开始主动向孝武帝示好了。史书给我们合理的解释是：王国宝素来骄纵不法，屡次被御史中丞褚粲弹劾，王国宝素来讨厌尚书左丞祖台之，一次，他借着酒劲，大发酒疯，竟然端起盘子乐器砸向祖台之，祖台之吓得不敢说话；他在自己家修建的斋房，竟然与皇帝的清暑殿相仿，王国宝深知孝武帝对其十分讨厌，所以，这才疏远司马道子，而投向了孝武帝的怀抱。对于孝武帝而言，王国宝投向自己，无疑削弱了司马道子在中枢的地位，这是孝武帝想都没有想到的，因此，孝武帝很快就接纳了王国宝，并将要给自己的二儿子琅邪王司马德文娶王国宝的女儿为妻。与此同时，司马道子在朝廷之上，当面斥责王国宝，并用佩剑朝王国宝扔去，大家都知道两人之间的关系从此决裂。东晋朝廷就在这种平静而又十分诡异的气氛中迎来了一件惊天动地的大事——时年三十五岁的孝武帝司马曜突然驾崩了！

在此之前，司马曜似乎已经有了某种不详的预感，在前一年的七月，彗星从须女星座扫过，到哭星座消失。孝武帝看到以后，心中十分不快，他在华林园（今南京鸡鸣寺附近）举酒遥祝说："彗星啊，我敬你一杯酒，从古至今，哪有活到万岁的天子呢！"另外，太白星连年在白天出现，地震、水旱灾害一桩接着一桩。而孝武帝沉湎于美酒，他的身边又没有能规劝他的人，因此，很少有清醒的时候。除了孝武帝本人，还有一个人也有一种奇怪的预感，此人就是王珣，王珣兄弟与谢氏离婚，琅邪王家遂与陈郡谢氏两族形同水火，孝武帝起用王珣初始目的是为了削弱谢氏，谢琰母亲去世的时候，当时有人说应该依照太傅谢安的礼仪安葬，王珣当时是尚书仆射，估计拖延不办，最后，谢琰等不到朝廷赏赐的辒辌车，就自己制作了一辆安葬了母亲。王珣被孝武帝起用以后，即加入了孝武帝一党，成为孝武帝在朝中依赖的一个重要力量。在孝武帝去世前几天，王珣突然梦见一个人给了自己像椽子那么大的巨笔，王珣醒来之后，就对人说："这是即将有大手笔之事的预兆。"不久，孝武帝就暴崩了，孝武帝去世以后的讣告等，都出自王珣之手。

在孝武帝的后宫中，张贵人是他最宠爱的妃子，后宫所有的人都畏惧她。到这一年的九月二十日，孝武帝在后宫饮宴，身边的美女和乐队全部到齐，当时，张贵人已经三十岁了，孝武帝看着如花似玉的美女们，对张贵人开玩笑说："按照你的年纪，也该被废了，我更喜欢年轻的女人。"张贵人听后十分恼火，但是，她强压怒火，隐忍不发，晚上，孝武帝再次大醉，就睡在清暑殿内。张贵人将孝武帝身边的亲随们全都灌醉，打发他们离去，然后，命令婢女用被子捂住孝武帝的脸，活活地将其捂死。孝武帝被杀之后，张贵人又拿出重金，贿赂皇帝身边的人，对外宣称皇帝是中了邪，暴死了。

孝武帝的太子司马德宗，是一个比晋惠帝还要傻的傻子，不仅是一个傻子，而且天生还是个哑巴，连冷热饥饱自己都不知道，吃饭、睡觉都不能自理，因此，孝武帝的死竟然没有人过问，也没有人深究。最后，张贵人竟然逃出深宫，下落不明了。

从孝武帝死前死后东晋朝廷上出现的一系列不同寻常的情况来看，孝武帝被弑也许会是一场蓄谋已久的阴谋，而这一阴谋则来自司马道子一党。一是据《晋书·五行志》《天文志》的记载，孝武帝死后，社会上纷纷流传张贵人弑杀皇帝的传言，那么，宫禁之事，外面的平民百姓如何能够得知？广布流言，而又不追究凶手，这件事情本身就十分奇怪。二是王国宝与司马道子关系甚深，这不仅仅是因为王国宝个人与司马道子的交情，更重要的是司马道子的王妃就是王国宝的堂妹，这种姻亲关系怎是一时毫无征兆就了断的呢？而且，在孝武帝死后，司马道子立即与王国宝和好如初，不仅如此，司马道子还比以往更加信任王国宝了，以王国宝为尚书左仆射，管理官员任免，加后将军，丹阳尹，司马道子还将东宫的部队全部配给王国宝指挥，而且，王国宝也比孝武帝生前更为专横跋扈，这就令人十分费解，也让人不由得怀疑，司马道子“内堂掷剑”一幕，是否正是两人演给孝武帝看的双簧呢？目的是，让王国宝更能轻易地进入内廷。过去，王国宝曾经借助尼姑勾结陈淑媛，如今他运作于后宫之中，也不是没有可能。《魏书·司马睿传》载王恭抗表讨王国宝之言曰：“先帝暴崩，莫不惊号，而国宝觍然，了无戚容，夜乃犯阙叩扉，求行奸计，欲诈为遗诏，矫弄神器。”这更令人生疑。三是，在这一年的五月，司马道子突然任命散骑常侍刘该担任徐州刺史。吴廷燮的《东晋方镇年表》认为，司马道子于太元二十一年九月安帝即位以后，解除了徐州刺史的职务，而《资治通鉴》则将刘该任徐州刺史的时间，定为五月份，《资治通鉴》记载可能有误，但是，也不排除《资治通鉴》另有所据。刘该，今本《晋书》无传，据学者考证，他是彭城丛亭人，彭城丛亭刘氏是淮河两岸著名的士族。刘该当原属于北府将领，后投靠了司马道子。当时的北府旧将大多在淮河两岸，北府首领刘牢之则驻屯在彭城，因此，兖州刺史王恭并无多少可资依靠的北府兵。司马道子任命刘该为徐州刺史，镇守鄄城，也许就是利用刘氏在淮北的影响力，拉拢北府旧将，这一举措当属为应对孝武帝死后可能出现的危机而提前采取的对京口王恭的预防性行动。四是史书称当时司马道子昏惑，司马道子之子时年十六岁，司马元显专权，因此对此事没有任何追究。其实，从司马道子的一系列举动来看，他其实在权力之争中，一点都不糊涂，比如，据《世说新语·言语》“谢景重女适王孝伯儿”条，司马道子的长史谢重，是谢安的二哥谢据的孙子，谢朗的儿子，谢重又是琅邪王廙之子王胡之的外孙，谢重娶了陈郡袁质的女儿，而他的女儿嫁给了王恭的儿子，谢重本来是司马道子的长史，被弹劾免职，王恭就任命他为自己的长史兼晋陵太守。可是，司马道子与王恭已经结怨，而谢重身上有琅邪王家、陈郡谢氏、太原王家、陈郡袁氏等士族多重色彩，因此，司马道子不想让王恭得到谢重，就又将谢重任用为咨议参军，表面上是表示挽留，其实是为了离间谢重与王恭之间的关系。如此深谙官场角力之术、又心细如发的司马道子，很容易让人感觉他其实不过是用醉酒来掩饰自己而已。

东晋在位时间最长（在位二十四年）的皇帝孝武帝司马曜就这样死去了。第二天，即太元二十一年九月二十一日，纯正的“白痴”司马德宗继位，史称晋安帝，二十三日，就有部门上书说，会稽王司马道子应该进位为太傅，扬州牧，假黄钺。于是，司马德宗下诏，以司马道子为太傅，摄政，朝中不论大事小事全都由司马道子决定。

在孝武帝时期，尤其是谢安执政时期，东晋社会相对安定，生产有所发展，据说，梁山伯与祝英台的故事就发生在此时期，但是，据《晋书·刘隗传附刘波传》记载，刘波曾经上书指出，当时的社会“利竞滋甚，朋党比周，毁誉交兴，钻求苟进，人希分外。见贤而居其上，受禄每过其量，希旨承意者以为奉公，共相赞白者以为忠节”。“今政烦役殷，所在凋弊，仓廪空虚，国用倾竭，下民侵削，流亡相属。略计户口，但咸安已来，十分去三”。“陛下虽躬自节俭，哀矜于上，而群僚肆欲，纵心于下，六司垂翼，三事拱默，故有识者睹人事以叹息，观妖眚而大惧”。说的是当时的社会风气很坏，国库空虚，百姓贫困，流离失所。

三一八　晋阳之甲（一）

孝武帝的死，结束了东晋主相争斗的政治格局，司马道子开始独揽朝廷大权。

太元二十一年（公元396年）十月，东晋朝廷将孝武帝司马曜埋葬在隆平陵。还在兖州刺史王恭入朝吊唁前后，就有人建议王恭趁此机会，诛杀王国宝，但是，司马道子一党、豫州刺史庾楷也率军进京，以防不测。王恭考虑到豫州刺史庾楷兵强马壮，又是王国宝的党羽，因此心存顾忌，不敢发动。孝武帝司马曜在世的时候，王恭、殷仲堪、王珣都是孝武帝一党，与王国宝关系不和，此时，晋升为尚书令的琅邪王珣也劝说王恭再等一等，他对王恭说："王国宝虽然终将会祸乱国家，只是如今他的罪行尚未显现，如果现在就提前行动，必然会令朝廷上下失望。况且，拥有强兵，在京师突然发动政变，这不是忤逆又是什么呢！王国宝如果怙恶不悛，罪行大白于天下，然后，再顺应民心除掉他，也不用担心不会成功。"于是，王恭打消了诛杀王国宝的打算。一会儿，王恭又对王珣说："我看你越来越像胡广。"胡广，是东汉侍奉过东汉七帝的宰相，善于和稀泥。王珣回答："王陵在皇帝面前争论，陈平却保持沉默，我们只看最终的结局怎样！"《世说新语·仇隙》"王东亭与孝伯语后渐异"条，就是记载的这件事："孝伯谓东亭曰：'卿便不可复测。'答曰：'王陵廷争，陈平从默，但问克终云何耳。'"

当时，王国宝的堂弟王绪也劝说王国宝，趁王恭在京期间，遇着王恭前往拜见司马道子，预先埋伏伏兵，将王恭诛杀，但王国宝没有同意。

此时的司马道子大权独揽，也不愿意看到朝廷重臣之间再出现矛盾，他对王恭推心置腹，用心结交，试图消除双方之间的隔阂，然而，在王恭入朝吊唁期间，每每谈及国家大事，总是正色直言，声色俱厉，痛心疾首，司马道子不仅忌惮而且还心存怨恨。王恭罢朝以后，不禁叹息着说："榱栋虽新，便有《黍离》之叹矣。"意思是，房屋房梁都是崭新的，但我却有一片荒凉的感觉。《世说新语·文学》“王孝伯在京”条称：“行散至其弟王睹户前，问：‘古诗中何句为最？’睹思未答。孝伯咏：‘所遇无故物，焉得不速老？’此句为佳。”这则故事虽然记载在文学篇内，但是，也曲折地反映了王恭对国事忧心忡忡、感叹年老无所作为的心境。

王恭的一系列表现，让司马道子终于认识到他是不可能投入到自己怀抱的，并且，王恭的弟弟、侍中王爽也屡次对司马道子不恭：在孝武帝驾崩的当晚，王国宝试图进入禁中，起草遗诏，当时在禁中值班的侍中王爽拒绝王国宝入宫，他说：“大行皇帝驾崩，皇太子尚未到来，敢入宫者斩！”这不能不让王国宝甚至司马道子怀恨在心；王爽此人也与他的哥哥王恭一样，说话强直，一次，司马道子曾与王爽一起喝酒，司马道子趁着酒意称呼王爽“小子”，王爽当即就回了一句说：“我死去的爷爷王濛王长史，与你的父亲简文皇帝是布衣之交；我死去的姑姑是哀帝皇后，我死去的姐姐是孝武帝皇后，还说什么小子不小子的！”

等埋葬了孝武帝以后，王恭离京还镇。临别，王恭严肃地对司马道子说：“主上处于服丧期间，您作为国家的宰相，责任重大，希望大王要亲自处理国家大事，采纳正直的建议，远离荒淫的音乐，放逐身边的奸佞之人。”王恭兄弟的这种表现，让司马道子深感双方无法和解，也让王国宝等人十分担心，于是，司马道子开始接受了王绪的计划。

公元 397 年元旦，时年十四岁的司马德宗举行了成人礼，改元隆安。司马道子的计划是，先在朝廷除去旧臣，然后再下诏剥夺王恭的兵权。在隆安元年正月，司马道子即升任原来的尚书仆射王珣为尚书令，而由王国宝接替了王珣原来的职务。王珣过去虽然是尚书仆射，但是，领吏部，掌握着东晋朝廷的人事大权，如今将其升为尚书令，明显属于明升暗降。在王国宝领选以后不久，他就罢免了王恭的弟弟王爽的侍中职务。王国宝得势之后，招权纳贿，贪得无厌，家中的姬妾竟达百位数，天下的珍宝充斥府邸。王国宝与王绪还多次劝说司马道子削减王恭的兵权，而王恭则整顿军队，上书要求北伐，司马道子担心王恭另有图谋，下诏以盛夏出兵影响农业生产，令其解除警备。

王恭出京之后，也没有闲着。

虽然王恭身为兖州青州刺史、平北将军，但由于淝水之战以后，北府旧将率领部曲逐渐北移，部队移驻在淮河两岸，王恭仅凭京口的军队还无力与司马道子抗衡，于是，他开始拉拢北府旧将刘牢之，任命刘牢之为自己的司马，并领南彭城内史，加辅国将军。这样一来，长期被弃之于边疆之地的北府旧将，就带领着各自的部曲南下。北府兵的南下，是司马道子与王恭争夺北府兵的结果，也让王恭成为名实相符的北府镇将。

然而，在王恭看来，这还不够，他又派人联络荆州刺史殷仲堪，约定共同讨伐王国宝。

消息传来，让荆州的土皇帝桓玄感到有机可乘。

桓玄在孝武帝时期，一直处于被排挤的处境，直到太元末年，才被朝廷任命为义兴太守，郁郁不得志。他曾经登高遥望震泽（即荻塘河），不禁叹息说："父为九州伯，儿为五湖长！"于是，弃官归家。桓玄之所以被东晋朝廷猜忌，是因为，虽然朝廷并没有认定其父桓温为忤逆之臣，但有关此事的争论还时有发生。据《世说新语·言语》记载，就在桓玄这次弃官归家途中，他路过建康，前去拜谒司马道子。当时，司马道子已经喝醉了，席上客人众多，司马道子问道："桓温晚年想要做贼人，是这样吗？"桓玄浑身汗出，伏在地上不敢起身。幸好谢重当时是司马道子的长史，高举手板对司马道子说："宣武公（桓温死后的谥号）废黜昏君，册立圣明，功业超过伊尹和霍光，至于纷纭之议，还望大王明鉴。"司马道子说："我知道，我知道。"于是，举起酒杯对桓玄说："桓义兴（太守），我敬你一杯！"桓玄这才站起身来，走到司马道子身边，表示自己已经辞职的罪过。桓玄回到荆州以后，越想心里越不舒服，他专门上书孝武帝追述自己父亲的功绩，提出："至于先帝龙飞九五，陛下之所以继明南面，请问谈者，谁之由邪？谁之德邪？"桓玄虽说是质问说闲话的人，但其实是在指责孝武帝本人，孝武帝看后并没有做出任何答复。

一直心有不甘的桓玄当然希望能够通过介入朝廷内争，从而火中取栗，于是，他劝说殷仲堪："王国宝与大人等几个人素来不和，他只是担心相斗不快点啊。如今，王国宝已经把持了朝廷大权，与堂弟王绪互为表里，他们想干什么，没有做不成的。王恭作为小皇帝的舅舅，为朝野所重，王国宝即使有心，也不便于立即对其动手，因此，他们极有可能先从大人开刀。大人被先帝越级提拔为一方大员，朝野人士都认为大人虽然有才能，却不是担任方镇大员的材料。如果朝廷下诏征召大人为中书令，以殷顗为荆州刺史，大人将如何应对呢？"

听了桓玄的话，殷仲堪说："我一直为此担忧，不知有什么良策？"

桓玄接着说："王国宝是一个奸邪之人，天下共知。王恭疾恶如仇，大人如果能够派使者，说服王恭，一起起兵肃清君王身边的奸臣，推王恭为盟主，四方无不响应，这将立下齐桓公、晋文公一样的功业。”

过去，殷仲堪与王国宝兄弟都有过节。据《世说新语・谗险》记载：“王绪数谗殷荆州于王国宝，殷甚患之，求术于王东亭。曰：‘卿但数诣王绪，往辄屏人，因论他事。如此，则二王之好离矣。’殷从之。国宝见王绪，问曰：‘比与仲堪屏人何所道？’绪云：‘故是常往来，无它所论。’国宝实谓绪于己有隐，果情好日疏，谗言以息。”这则故事，说的就是王绪经常在王国宝面前说殷仲堪的坏话，并说殷仲堪听从了王珣的计策，让王国宝兄弟二人关系疏远了。其实，王国宝和王绪兄弟的感情不会因此而疏远，殷仲堪与王氏兄弟有过节倒是件实事，因此，此时听了桓玄的话，殷仲堪开始犹豫不定。

而就在此时，王恭的书信先到了殷仲堪的手中，信中招殷仲堪与桓玄一起匡扶王室，于是，殷仲堪开始与襄阳的雍州刺史郗恢结好，又分别与堂兄南蛮校尉殷顗、南郡相江绩商量，一起兴兵。

殷顗说：“人臣的本分是守好自己的辖区。朝堂上的是非曲直，那是宰相大臣们的事情，怎是地方方镇的事情？清君侧的事情，不应参与。”

殷仲堪再三劝说，殷顗却始终不答应，他说：“我进不敢同，退不敢异。”殷仲堪心中十分恼怒。

当时，杨佺期与弟弟杨孜敬劝说诛杀殷顗，殷仲堪不同意，杨孜敬抽出佩刀，就要出门行事，被殷仲堪抱住苦苦相劝，杨孜敬这才作罢。据《世说新语・德行》记载：“初，桓南郡、杨广共说殷荆州，宜夺殷顗南蛮以自树。顗亦即晓其旨。尝因行散，率尔去下舍，便不复还，内外无预知者。意色萧然，远同斗生之无愠。时论以此多之。”

殷顗为了免祸，称病主动退位，殷仲堪前去探病，说：“哥哥你的病情堪忧啊！”

殷顗回答：“我的病大不了身死，而你的病弄不好就要灭门，你要自爱，不要挂念我！”殷仲堪多次与南郡相江绩商量，可是江绩也不同意，殷顗担心江绩受到迫害，就在座上调解，可是，江绩却不买账，他说：“大丈夫何至于以死相威胁！我江绩年龄将到六十，只是还不知道死在哪里！”殷仲堪无法使江绩屈服，就以杨佺期为南郡相，司马道子听说以后，就任命江绩为御史中丞，将其调回了中央，同时，郗恢也不听从。

由于内部无法形成统一意见，在接到王恭的书信以后，殷仲堪表面上答应了王恭，但是，他认为，一旦王恭起事，京口距离建康仅仅二百多里，而荆州与建康遥远，两地一东一西，兵势无法联结，所以，他患得患失，并不打算真正举兵东下。

然而，接到殷仲堪回信后，王恭却信以为真，不禁大喜，隆安元年（公元397年）四月七日，他正式上书，历数王国宝的罪状，起兵向京师开进。

三一九　晋阳之甲（二）

司马道子和王国宝正打算剥夺王恭的兵权，还没有来得及施行，四月十日，王恭的檄文就传到了建康。

王恭的檄文称："后将军王国宝因为姻亲关系而登上高位，却不知恩图报，报效国家，反而专权跋扈，危及社稷。先帝驾崩，他深夜进宫，意欲修改遗诏，所幸皇太后、相王聪明睿智，致使王国宝的阴谋没有得逞。又将东宫的兵划归自己的府上，对自己的两个哥哥视同仇敌，百般诬陷。与他的堂弟王绪沆瀣一气，互为表里，不忠不义。臣忠诚为国，更是饱受他们的诬陷，所幸先帝圣明，他们的目的没有达到。春秋之时，赵鞅为诛杀君王身边的奸臣，而兴起晋阳之甲士，臣虽然驽钝，也不敢忘了此义！"

王恭的檄文理由其实并不充分，东宫之军划归王国宝统领，那是司马道子的主意，而王国宝与自己的两个同父异母哥哥王恺、王瑜，关系恶劣，这实在是王家的家务事，而王国宝真正的罪名，则是孝武帝驾崩当晚，他曾经夜叩宫门。不过，当时王国宝为中书令，王国宝此举也并非有什么不妥之处，而指称其意欲制作遗诏，则又是道听途说之言，并无确凿的证据。

接到王恭的檄文，司马道子首先怀疑尚书令王珣是否同谋，他问王珣道："王恭、殷仲堪二人起兵叛乱，你是否知道？"

王珣一直是孝武帝安插在朝中的亲信，孝武帝暴崩，接着，是司马道子辅政，王珣失去了朝中的发言权，对此，他一直心中不快。听到司马道子的问话，他回答道："朝政的得失，王珣我不曾参与；王恭、殷仲堪发难，我又怎能知晓！"

平时趾高气扬的王国宝，得知王恭出兵的消息，顿时惶恐不安，不知该如何应对。他派出数百兵丁前往竹里（南京东北）驻守，途中，天降大雨，这支部队在风雨中溃散，士兵们各自回家。王绪对王国宝建议，假传司马道子的命令，传王珣和车胤议事，然后，将二人杀死，除去人们的希望，再挟持皇帝和司马道子讨伐王恭、殷仲堪，王国宝表示同意。可是，等王珣与车胤来到以后，王国宝却不敢加害，反而向二人询问对策。

王珣说："王恭、殷仲堪素来与你没有什么深仇大恨，双方之间的争斗不过还是争点权，夺点利罢了。"因此，劝说王国宝解除兵权，迎接王恭。

王国宝说："你是想要像对待曹爽那样对待我吗？"

王珣回答："你说的这是什么话！即便大人有曹爽的罪过，可是他王恭能是司马宣王一类人嘛！"说得王国宝不禁心动，他又问车胤该如何处理此事，车胤没有正面回答，他说："如今，兖州与荆州一同发难，而荆州兵尚未到达，如果朝廷派军攻击王恭，王恭肯定要驻守京口不战。昔日，桓温曾讨伐袁真，围困寿阳，经过很久才攻破城池。如果京口尚未攻拔，而上游的荆州之兵又大举而来，请问大人将如何处理？"

王国宝原本就没有什么雄才大略，完全依靠巴结、献媚，高居大位，如今听了车胤的一番话，他更是提心吊胆，惶惶不可终日。思前想后，他终于决定采纳王珣和车胤的意见，上书请求解除自己的职务，并带领全家到皇宫门口接受处罚。

其实，如今的司马道子也在看着王国宝的一举一动，未战之前，王国宝自乱方寸，这是大忌。就当时的客观情况来看，仅仅是王恭的檄文传到建康，兖州兵远没有动身，而荆州的殷仲堪更是坐观成败，如果荆州殷仲堪一直不出兵的话，王恭单靠兖州军队，是没有成功的把握的。而王国宝一方，起码有豫州刺史庾楷是站在自己一边的，趁着殷仲堪尚未出兵，中央军和豫州军一起攻陷京口，不是没有可能；一旦攻下了京口，殷仲堪更不会出兵了。

跪在宫门外的王国宝越想越感觉不甘心，不久，他就后悔了，索性又改了主意，对外谎称皇帝下诏恢复了自己的官职。虽然王国宝自己又恢复了官职，但是，前此他的这一系列举动，已经让司马道子内心动摇起来，也传染得司马道子惊恐万状。本来司马道子就胆小怕事，在这种情况下，司马道子为了保全自己，只有采取舍车保帅的策略，他命令谯王司马恬的长子司马尚之，率军逮捕了王国宝，送交廷尉审判，四月十七日，在王恭的檄文送到建康七日之后，东晋朝廷下令赐死王国宝，并在建康街市上将王绪斩杀；与此同时，司马道子给王恭送去书信，深刻检讨自己所犯的错误，并请求与王恭和解。

接到司马道子的书信以后，王恭罢兵回到了京口驻地。

王国宝被杀，昔日王国宝一党均要被牵连，散骑常侍刘镇之、彭城内史刘涓子、徐州别驾徐放等人，也因为是王国宝的同党而被抓，将被处以极刑。司马尚之对司马道子说："刑狱不可牵连太广，应该赦免刘镇之等人。"司马道子正要依靠司马尚之兄弟，因此，就赦免了他们；而王国宝的两个同父异母哥哥侍中王恺、骠骑司马王瑜，也辞官待罪，由于两人素来与王国宝不和，又不是亲生兄弟，也因此未予追究。四月二十一日，东晋朝廷宣布大赦。

这次危机，以司马道子诛杀王国宝而告终。这场前景扑朔迷离的风波，很快就因此而得以平息，这远远出乎殷仲堪的预料。他本来想坐山观虎斗，选择最佳的时机，在司马道子与王恭相斗正酣的时候，顺流东下，攫取最大的利益，然而，事与愿违，自己在这场争斗中，没有捞到一点政治好处。就在得知王国宝已经被杀以后，殷仲堪似乎是为了引起司马道子的注意，他也发布了一道檄文，命令杨佺期率军进驻巴陵（今湖南省岳阳市）。司马道子只好又给他写了一封劝慰信，接到司马道子的信之后，殷仲堪这才怏怏而去。

殷仲堪的这番滑稽表演，完全形同儿戏，不过是为了表示自己并没有食言而已。然而，正是殷仲堪的这番表演，却让司马道子深感前所未有的压力。当年，司马道子的儿子司马元显年仅十六岁，但却与其父不同，他聪明果敢，以社稷安危为己任。他对王恭十分厌恶，对司马道子说王恭和殷仲堪终将成为祸患，应该早做准备。于是，司马道子拜司马元显为征虏将军，将自己的警卫部队和原徐州刺史府上的文武官员都配给了司马元显。

这次王恭发难，还有一点余波。

当初王恭起兵的时候，担心自己的兵力不足，想到了因母丧守孝在吴国（今江苏省苏州市）的王廞。王导共有六个儿子，王廞是王导最小的儿子王荟之子。《世说新语·任诞》各有一条关于王荟父子的逸事，一则是王荟曾说："酒正自引人著胜地。"另一则是说王廞的，称，"王长史登茅山"条说，王廞登上茅山，大声痛哭说："我王廞终当为情而死！"这样一个为情而死的人，其实对于权力也是孜孜以求的。王恭对此也非常了解，因此，起兵之前，王恭即任命王廞为吴国内史，让其在三吴地区起兵。王廞想趁乱以取富贵，两人一拍即合，于是，王廞就联络前吴国内史虞啸父等人，分赴吴兴、义兴等地募兵。

虞啸父，是虞谭的孙子，曾做孝武帝的侍中。过去，我们曾经说过虞啸父与孝武帝之间的一则笑话，说的是：孝武帝司马曜对虞啸父说："你身为近臣，一直没有听到你有所献替啊？”孝武帝的意思是，鼓励虞啸父进一些献替之言（关乎国家命运的忠言），而虞啸父却想到自己的故乡近海，他误以为孝武帝是向自己索取家乡的土特产，就回答：“天气尚温暖，鮆鱼虾鲊还弄不到，随后肯定会上贡的。”孝武帝听了不禁拊掌大笑，两人喝酒喝得大醉，把虞啸父喝得连站都站不起来了，孝武帝命人搀扶他，他却说：“臣的官职还不到要人搀扶的地步，我虽然喝醉了，但还没有到糊涂的程度，非分的赏赐，臣不敢承当。”孝武帝很是高兴。虞啸父作为孝武帝的亲信，在孝武帝死后，就被免去了吴国内史的职务，而调任尚书。

在王廞、虞啸父等人的鼓动下，三吴之地的年轻人聚集了一万余人，组成响应王恭的义军。然而，不过十日，王国宝被杀，王恭退兵，司马道子与王恭之间又重归于好，王恭也下令让王廞罢兵，并将王廞免职。王廞起兵以后，诛杀了很多异己，此时业已合众，已成骑虎难下之势，因此，王廞接到王恭的命令，不禁大怒，拒绝执行王恭的命令。为了自保，王廞立即转投司马道子，他给司马道子写信，指斥王恭的罪恶，并命令儿子王泰率军北上，进攻王恭。司马道子刚刚与王恭和解，就将王廞的书信送交王恭。五月，王恭命令司马刘牢之率领五千北府兵，进攻王泰，双方在曲阿（今江苏省丹阳市）交战，王廞的乌合之众临阵溃散，王泰被杀，王廞单骑逃走，遂不知所终。虞啸父也被抓获，罪应当斩，因其爷爷虞谭有功，朝廷以其有病为由让其自赎为庶人。

隆安元年王恭的这次发难，虽然除掉了王国宝，但是，却并没有消除他与司马道子之间的矛盾，相反，使得两人之间的隔阂进一步加深，也让司马道子对王恭、殷仲堪等人更加警惕，东晋中枢与地方方镇之间又将酝酿着更大的冲突。

三二〇 大举攻燕

我们暂且将东晋后孝武帝时代的中枢与方镇之间的争斗，放在一边，回过头来看一看，占领了并州、俯瞰冀州的北魏拓跋珪又将对后燕慕容宝采取什么样的进攻。

拓跋珪于太元二十一年九月占领了并州，在那里，他设置百官，草创了政府。如今，拓跋珪坐镇晋阳（今山西省太原市），遥控四方。晋阳，战略地位非常重要，西有吕梁山的层峦叠嶂和黄河的咆哮南下，东有太行山和极为险峻的井陉关，北有雁门险关，东南有上党地区滏口和天井关，西南则是平阳和蒲坂，有龙门、蒲津险要。轻松得到晋阳地利的拓跋珪，是迂回东南出天井关或者滏口东进，还是回师东北从代北越过倒马关，进入河北平原呢？前者的滏口之路，是慕容垂消灭西燕慕容永曾经走过的路，而后者则是慕容垂第二次进攻北魏，突袭平城的路线。那么，拓跋珪又将选择哪一条进攻方向呢？

慕容垂两次进攻，都是选择了最近的路线，第一次进攻长子的慕容永，他选择了从滏口西进，而以别将从井陉西上晋阳，为偏师；第二次则从中山直指平城，均起到了突袭的效果。拓跋珪在并州期间，除了安定居民，简拔优秀人才，以充实政府，他与自己的幕僚们最关心的问题，就是下一步的进军方向。如果大军兵出倒马关，与封真、莫题的北路军合势，一举攻下蓟城的话，北魏军队就将后燕帝国拦腰切为两段，然后，肃清幽州周边后燕的残余势力，占领燕山山脉上通过辽西的各个险隘、做好幽州地区北面的防守之后，以主力大军再挥师南下，也不失是一条出路。然而，拓跋珪却没有这样，而是选择了距离中山最近的一条道路——井陉路，采取直捣腹心之法，企图一举攻下中山。拓跋珪此举虽然直接，但也不是没有值得商榷的地方。

在攻下晋阳的第二月，拓跋珪即命令冠军将军于栗磾、宁朔将军公孙兰率领步骑混合军团，偷偷从晋阳出发，打通韩信故道（井陉路）。于栗磾，是代郡人，武艺绝伦，能马上左右开弓；公孙兰，不知身世。公元前204年，韩信穿越井陉，攻灭赵国，经过六百余年的沧桑巨变，原来韩信经过的井陉故道，已经湮灭、毁坏。这当然是从晋阳直抵中山最为捷径的道路，《吕氏春秋》称“天下九塞，井陉其一”。从井陉道可以直接自晋阳东出河北中部地区，控制河北的中枢，将以中山为中心的河北腹地分割瓦解，由于山西地势较高，从山西东下相对容易，拓跋珪选择从井陉突袭，也有一定的道理。

闻听拓跋珪即将采取大规模进攻的消息，后燕皇帝慕容宝召开御前会议，在东堂集体讨论应对之策。中山尹苻谟说：“魏军强盛，千里转斗，乘胜而来，勇气百倍，如果让魏军进入平原，魏军骑兵在平原上纵横驰骋，则其军势更盛，难以抵挡，应当扼守各个险隘。”

中书令眭邃建议：“魏军骑兵居多，部队行动迅速，但骑兵所携带的粮食数量较少，不过只能吃十来天。应当下令让全国的百姓每一千家聚合成一个堡垒，深沟高垒，坚壁清野，魏军到来之后，野外抢不到粮食，不出六十天，自然会撤退。”

尚书封懿反对说：“如今魏军人数有十万之众，的确是天下的劲敌。百姓们虽然想聚集在堡垒之内，但在大敌面前无以自保，魏军逐一攻下堡垒之后，这种办法反而是给魏军积聚粮食，并且，动员全国百姓离开家乡，只会动摇人心，示弱于敌。所以，苻谟提出的扼守险关，不让魏军进入平原，才是上策。”

赵王慕容麟说：“魏军乘胜而下，士气百倍，其锋不可抵挡，应当搞好中山的防御工事，等待敌人疲惫之后，再行攻击。”

当时的燕军士气低落，兵员不足，太行山有数处险关，如果分兵把守，各个要隘守军人数少了，不起作用，而派去的守军多了，中山等河北腹地各城又防守薄弱，且不知道魏军从何处东下，一旦突破险关，则大事去矣。慕容麟的建议，也是无奈之举。于是，慕容宝采纳了慕容麟的建议，并没有分兵扼守太行山的各个险隘，而是集中兵力防御中山、邺城、信都等各个大城，修筑城墙，积攒粮草，做好打持久战的准备。与此同时，慕容宝还命令辽西王慕容农率军驻屯在安喜（今中山东南），作为游军，随时支援中山，而城内的军事行动，全部由赵王慕容麟全权负责。

十月，拓跋珪亲自率领北魏大军从井陉道东下，他命令冠军将军王建、左军将军李栗率领五万骑兵，作为先头部队，军锋直指中山。拓跋珪在经过井陉道的时候，发现于栗磾修治的道路很好，不禁大喜，当即赏赐给于栗磾名贵的战马。

当魏军推进至井陉关的时候，井陉关守将李先投降，拓跋珪任命其为征东左长史。李先，中山人，少好学，师从清河张御，善占相之术，为苻坚尚书郎，后为西燕慕容永参谋，劝慕容永占据长子称帝，慕容永被灭以后，归附后燕。

拓跋珪问李先："你是哪国人？"

答："赵郡平棘（今河北省赵县）人。"

又问："朕听说中山土地宽广，人民众多，是这样吗？"

回答："臣年少的时候，在长安为官，又在长子，后来回到家乡，确实如此。"

又问："我听说长子中有一个叫李先的，是你吗？"

李先称是。

拓跋珪问："你认识我吗？"

李先回答："陛下圣德符合谶言，恩泽笼罩天下，臣怎敢不认识！"

又问："你的爷爷、父亲都是什么官？"

李先说："爷爷李重，晋平阳太守、大将军右司马；父亲李樊，石虎乐安太守、左中郎将；臣苻丕尚书右主客郎、慕容永秘书监、高密侯。"

拓跋珪又问："你擅长什么？"

回答："臣才识愚蠢，年少学习经史，年长以后忘了很多，不过现在还通十分之六。"

问："兵法你懂吗？"

答："也读过，不能通晓。"

问："慕容永时期，你用过兵吗？"

答："臣当时被提拔到高位，确实参与过军事。"

从拓跋珪与李先的问答中，我们可以看出，在拓跋珪入主中原之初，对待每一位士人都是悉心询问特长，并予以任用。

拓跋珪兵出井陉之后，首先进攻面前的常山（今河北省正定县），并一举攻陷，抓获了后燕常山太守苟延，自常山以东的后燕地方官，逃的逃，降的降，各个郡县都归附了北魏，只剩下中山、邺城、信都三城还坚守不下。中山是后燕的国都，邺城是后燕南方的重镇，信都是冀州刺史的治所，后燕仅失一城，整个冀州几乎全部归降，可见当时后燕百姓对慕容宝的统治并不满意。

十一月一日，拓跋珪抵达常山，他命令弟弟东平公拓跋仪率领五万骑兵南下进攻邺城，冠军将军王建、左将军李栗也率领五万之众进攻常山东南的信都，传令全军不得伤害百姓的庄稼，他自己则亲率大军北上进攻中山。

十一月十九日，拓跋珪抵达中山城下，他命令骑兵将中山城围住。第二天，北魏军队发起了对中山城的总攻，后燕高阳王慕容隆率军驻守南城，后燕军队依托城墙的保护，竭力抵抗，从早晨一直杀到黄昏，杀伤魏军数千人，魏军才停止了进攻。北魏骑兵擅长野战，而不善于攻城，拓跋珪眼看强攻不行，他对众将说："朕预料到慕容宝不敢出战，一定会固守中山城，苟延残喘。我军展开猛攻的话，肯定会造成重大伤亡，可是围城日久，则浪费我军宝贵的军粮。不如先攻下邺城和信都，然后，再回过头来进攻中山，这样比较妥当。我军离去之后，慕容宝一定要遣散城中的军队，到民间就食，这样一来，燕军人心就散了，再行进攻就比较容易。"

于是，拓跋珪离开了中山南下，十一月二十八日，拓跋珪抵达鲁口（今河北省饶阳市）。

拓跋珪抵达鲁口之后，一直驻扎在鲁口一个多月，后燕博陵（今河北省安平县）太守申永逃往黄河以南，高阳（今河北省蠡县）太守崔宏逃到海边，所属郡县的官吏都望风投降，博陵县令屈遵对吏民说："往年，慕容宝参合陂大败，今年，慕容垂北征不还，这是上天抛弃了燕国，不是人力所能抗拒的。魏帝神武英明，宽和仁爱，率众百万，号令如一，这是汤武之师啊！我欲归降，你们自爱吧，不要遇到好运而却成了祸首。"

屈遵投降以后，被任命为中书令，负责起草文告。高阳太守崔宏，是清河东武城人，曹魏司空崔林的六世孙，世代以才学知名，过去我们说过，他曾担任苻融的冀州从事，苻坚听说他的大名，曾征召他为太子舍人，他拒绝了，被贬为著作佐郎；苻丕镇邺，他又被任命为征东功曹；苻坚灭亡以后，崔宏流落在齐鲁之间，又被丁零翟钊和东晋叛将张愿扣留；慕容垂灭翟钊后，崔宏被任命为吏部郎、尚书左丞。太原人郝轩素以知人闻名，他称崔宏有王佐之才，近代无人可及，还叹息说："如此之人遇到如此之世，不因风云际会成就功名，而与燕雀相浮沉，真是可惜啊！"拓跋珪早就听说过崔宏的大名，派骑兵追赶崔宏，将崔宏抓到军营相见，一见之下，拓跋珪大喜，立即任命其为黄门侍郎，与张衮共同掌管机密，建立制度。

拓跋珪在鲁口度过了新年，隆安元年正月初一，拓跋珪在鲁口大宴群臣，而就在新年过后，中山城内的慕容宝派遣左卫将军慕容腾进攻博陵（今河北省安平县），诛杀了拓跋珪任命的中山太守和高阳郡的各个县令，抢掠北魏的军粮。与此同时，魏军的南北两线也都遭遇到了挫折。北线，封真、莫题进攻蓟城的军队，也一直没有取得进展。后燕章武王慕容宙送慕容垂和小段皇后的灵柩从龙城回来，听说魏军入侵的消息，他马不停蹄，率军疾行进入蓟城，与镇北将军慕容兰一起驻守。

《资治通鉴》称，慕容兰是慕容垂的堂弟，但这里是有疑问的，因为，我们知道，在太元十六年二月，慕容垂曾下令赵王慕容麟率领燕军进攻贺讷，镇北将军兰汗率领龙城之兵进攻贺染干；太元二十年年底，在慕容垂第二次进攻北魏之前，他还任命阳城王兰汗为北中郎将，代替长乐公慕容盛镇守蓟城，也就是说，阳城王兰汗镇守蓟城距今整整一年的时间，不仅从军号上，还是从爵位上，都与此相符，而慕容兰此人则仅此一出，再无下落，因此，这里极有可能是漏字，而蓟城守将还是镇北将军、阳城王兰汗。

北魏别将石河头率军进攻蓟城，没有攻下，只好退守渔阳（今北京市密云区）。

同样地，南线进攻邺城的东平公拓跋仪（《晋书·慕容德载记》记作“拓跋章”）也进攻受挫。镇守邺城的是后燕车骑大将军、冀州牧慕容德，慕容德没有消极防守，他派南安王慕容青等人率军趁夜出城，偷袭魏军，将魏军击败，魏军退守新城（今河北省邯郸市肥乡区，慕容垂攻邺时修筑的屯粮之所）。慕容青请求乘胜进击，别驾韩谆说：“古人作战，先决胜庙堂，然后攻战。如今，魏军不可击理由有四，我军不能动的理由有三。魏悬军远入，利在野战，一不可击；他深入我国近畿，屯兵死地，二不可击；魏军前锋既败，后阵正进行巩固，三不可击；彼众我寡，四不可击。官军自战其地，一不宜轻举妄动；动而不胜，众心难固。二不宜轻举妄动；城郭未修，敌来无备。三不宜轻举妄动。这都是兵家大忌，不如深沟高垒，以逸待劳。敌人需要从千里之外运来军粮，野外没有粮食掠夺，时间久了，敌人就没有了粮草，攻城则士兵多伤亡，军队疲惫之后，将会出现机会，然后再进攻，就可以取胜。”

慕容德说：“韩别驾的话，真是张良、陈平一样高明的计策。”于是，将慕容青的军队召回。慕容青是慕容详的弟弟，慕容详在《魏书》上被称为“慕容普邻”，去年六月，拓跋珪派军进攻刘亢泥之后，时任后燕上谷太守的开封公慕容详弃城而逃。在南线不利的情况下，十二月，拓跋珪又派遣辽西公贺赖卢率领二万骑兵，协助东平公拓跋仪一起攻城。

贺赖卢，是贺讷的弟弟，据《魏书·贺讷传》称其跟随拓跋珪一起平定中原以后："其后，离散部落，分土定居，不听迁徙，其君长大人皆同编户。"又说："（贺）讷以元舅，甚见尊重，然无统领。"在大动荡的时代里，贺兰部饱受苦难，曾被三次强制迁徙，一次是登国三年（公元 388 年）慕容麟尽徙代郡之民于龙城，可能就包括在此的贺兰部；第二次是登国五年（公元 390 年），拓跋珪与慕容麟合击贺兰部，将其迁徙至"东界"；第三次登国六年（公元 391 年），贺讷兄弟内讧，慕容麟破贺讷于赤城，贺讷弟弟贺染干被迁往中山。对于贺兰部而言，不仅后燕是自己的仇敌，而且如今效命的北魏拓跋珪也是自己的敌人。

看到魏军增兵，慕容德自知不敌，他派遣参军刘藻向后秦姚兴求救，对姚兴待以亲兄弟一样的礼节。然而，后秦虽然暂时安定，但是，洛阳地区尚在东晋手中，而并州则为拓跋珪占领，后秦军要想长途增援慕容德，十分困难，因此，姚兴一直没有发兵。

邺城城内人心浮动，十分恐惧，慕容德亲自犒赏战士，鼓励士气，于是，城内人心慢慢安定了下来，人人愿意誓死固守。隆安元年一月，贺赖卢自以为是拓跋仪的舅舅，不听拓跋仪的指挥，两人发生了内讧。拓跋仪的司马丁建暗中与慕容德联系，向城内射箭传书，告知魏军的内情，并从中离间贺赖卢与拓跋仪之间的关系。一月六日，天上刮起了大风，云雾四起，白天伸手不见五指，恰在此时，贺赖卢的营中出现火光，丁建对拓跋仪说："贺赖卢已经烧毁军营逃跑了！"拓跋仪信以为真，率军退去，贺赖卢听到拓跋仪退兵的消息，也赶忙北撤，而丁建则趁乱率领自己的部众，向城内的慕容德投降，并对慕容德建议魏军已经疲惫不堪，可以出城追击。

于是，慕容德命令桂阳王慕容镇、南安王慕容青率领七千骑兵，跟踪追击，大破魏军。

三二一　柏肆之战

隆安元年的一月，对于拓跋珪而言，是喜忧参半。

拓跋珪出兵三个月来，顺利攻占了常山、鲁口、高阳等地，收纳了众多后燕官吏士人，然而，蓟城、邺城、信都、中山一直未下，进攻蓟城和邺城的军队又连连受挫，拓跋珪的本部粮草也时时被后燕军队劫掠，北魏军队虽然善于在冰天雪地里作战，但是如果一直攻不下后燕的重镇，外面又没有粮草，覆灭则指日可待。与此同时，战事未获进展，也令北魏内部固有的矛盾加剧。北魏别部大人没根有胆有识，十分骁勇，拓跋珪心存猜忌，没根担心被杀，在太元二十一年十二月二十日，率领数十名亲兵投降了后燕，慕容宝任命其为镇东大将军、封雁门公。没根请求率军东还鲁口，偷袭魏军，而慕容宝则对其并不十分相信，只给了他一百多名骑兵，没根只好带领着一百多名骑兵，偷偷南下，接近魏军。没根对魏军的军令十分熟悉，这支奇兵趁夜顺利地进入到魏军的中军大营，将要接近拓跋珪寝帐的时候，卫兵才发觉有变，拓跋珪惊醒之后，狼狈而逃。没根明知自己率领的人数太少，不敢恋战，只好斩杀了很多敌人以后，安全撤离。

没根此人《魏书》无传，《魏书》对没根事件也是讳莫如深，只字不提，但从后燕给予他的官爵来看，当属北魏宗室重臣，没根降燕事件，是北魏王室长期以来钩心斗角的表现，而没根的背叛，也促使了北魏后方的动荡。

如今，拓跋仪、贺赖卢从邺城败还，而王建、李栗连攻信都六十多天，一直没有攻下。如今看来，拓跋珪原来打下常山以后，分军为三的计划，过于乐观了，于是，拓跋珪将所有的兵力集中起来，一起进攻信都。《魏书·王建传》称，拓跋仪和王建、李栗之军分别是五万人，那么，拓跋珪本人所领之军当在十万以上，那么，参与进攻后燕的北魏军队总人数当在二十万左右。以二十万之众，进攻被围困六十余日的信都，这对守将是一个巨大的考验。据《晋书·慕容德载记》记载，慕容德稍后离开邺城所带领的人户有四万，士兵也在四万左右，而邺城是冀州牧的治所，承担着屏护帝国整个南部安全的重任，因此，信都守军肯定不会超过这个数字，如果信都守军是两三万的话，那么，进攻方与防守方的兵力对比则几乎达到十分悬殊的十比一了。

隆安元年（公元 397 年） 月二十二日，拓跋珪亲自率领大军进攻信都，二十四日，魏军以骑兵将信都包围。当夜，后燕冀州刺史、宜都王慕容凤率军从城内突围，逃往中山；第二天一早，信都城内的后燕辅国将军张骧、护军将军徐超率领官吏、将士出城投降。我们知道，慕容凤是慕容桓的儿子，一直以来英勇善战，在后燕立国之初，常为军锋，因此，说慕容凤是胆怯避战，似乎不通。可能的原因是，由于消息不通，慕容凤也许是率领一部分部队出城，前往中山请求慕容宝的支援吧。

其实，在听说拓跋珪集中兵力进攻信都的时候，中山的后燕皇帝慕容宝就已经率领燕军南下，进抵滹沱河，驻扎在深泽（今河北省深泽县），并派遣赵王慕容麟进攻杨城（今地不详），杀掉北魏常山守军三百多人。后燕皇帝慕容宝还将后宫的珍宝和宫女全部拿出，用于招募郡县豪强，后燕各地的民众纷纷响应。

在信都稍事休息以后，二月一日，拓跋珪率军北上杨城，迎击后燕军团，双方以滹沱河为界相持不下。两军尚未开战，而拓跋珪却听到了一个令他十分震惊的消息：并州监军丑提，是没根的侄子，当丑提听说没根叛魏之后，担心牵连被杀，已经率领本部人马从并州撤回代北，发动了叛乱！

听到这个消息，拓跋珪心乱如麻，他再也不愿继续与后燕打下去了。他派遣国相涉延向后燕求和，并表示愿意以自己的弟弟作为人质，从拓跋珪派出的使者级别和提出的和解条件看，这次他是真心想与后燕和解，也说明当时的他是多么焦虑。不过，你无缘无故到人家家里抢掠一番，自家有难了，你此时想起要和平了，天下哪有如此便宜之事？当时的慕容宝也是这样想的，慕容宝也听到了北魏后方有乱的消息，他坚决不同意和解，不仅如此，他还派遣冗从仆射兰真前往拓跋珪军营，斥责拓跋珪的忘恩负义，并动员几乎全部的军队，共计步兵十二万、骑兵三万七千余人，驻扎在曲阳的柏肆（柏肆坞，有本写作柏津，在今河北省藁城市境），大军依托滹沱河北岸阻拦魏军。

其实，从感情上讲，慕容宝做出这种决定自然是无可厚非的，前年的参合陂之战，慕容宝率领的数万大军被北魏全歼，五万士兵被活埋，作为主帅的慕容宝是多么想一雪前耻啊！而此时正是最佳的时机，他也想让拓跋珪匹马不还。

二月九日，北魏军队西撤到此，在滹沱河南岸扎营。当晚，慕容宝率领全军趁夜偷偷渡过了滹沱河，在魏军大营北面背水列阵，然后，他选拔了一万多敢死勇士前往魏营偷袭。这一万多勇士像旋风一般扑向魏营，趁着凛冽的寒风四处放火，向魏军发起了猛烈的进攻，一时之间，魏军惊慌失措，一片大乱。大火一直烧到拓跋珪的行宫，卫士们也都四散奔逃，拓跋珪又一次从睡梦中惊醒，连衣服帽子都顾不上穿戴，光着脚弃营逃跑。后燕将军乞特真（段辽有子段乞特真，不知是否为同一人）率领一百多人一直前突到拓跋珪的寝帐之内，找到了拓跋珪的衣服和靴子，拓跋珪趁黑脱逃。可惜的是，攻入魏营的后燕士兵在黑暗中识别不清，竟突然自惊，相互砍杀射击，其实，此时的魏军全都逃离了军营，魏军军营之内全是燕军。拓跋珪逃到营外，看到营内燕军士兵相互砍杀，他亲自击鼓召集部下，不一会儿，拓跋珪的左右亲随和中军将士开始聚集到拓跋珪的身边。整顿好残余部众之后，拓跋珪让士兵们在大营之外四处点燃起火炬，然后，派出骑兵冲进大营。后燕的这一万相互激战正酣的军队，突然遭到营外魏军骑兵的冲击，又看见大营之外四处火光，以为魏军人数众多，一时间被打得大败，斩首近万级，俘获后燕将军高长等四千多人，从魏营中逃出来的燕军将士北逃到慕容宝的大营。慕容宝不敢恋战，赶紧率军又渡过了滹沱河，回到了河的北岸。

第二天，经过重新整顿的北魏军队，隔河与燕军相持，燕军士气低落，无力再战，慕容农和慕容麟劝慕容宝退回中山。当天，慕容宝即率领全军向中山方向北撤，魏军看到燕军后撤，立即渡过滹沱河，组织追击，后撤中的燕军无心恋战，一败再败。慕容宝担心不能安全撤至中山，他与慕容农等人抛弃大军，只率领两万骑兵仓皇北逃。当时，天气十分恶劣，风雪交加，一路上被冻死的燕军士兵一个挨着一个。慕容宝担心被魏军追上，他下令部队将数十万的辎重全部丢掉，侥幸逃回中山的燕军连一寸长的匕首都没有带回。此战，后燕朝臣、将士投降魏军的不计其数，后燕尚书闵亮、秘书监崔逞、太常孙沂、殿中侍御史孟辅等都投降了拓跋珪。崔逞与崔宏同族，均为清河东武城人，慕容暐时补著作郎，撰写《燕记》；苻坚时代为齐郡太守；苻秦灭亡，投降东晋，被任命为清河平原二郡太守；后被翟钊俘获，任命为中书令；慕容垂灭翟钊，任命其为秘书监。张衮多次向拓跋珪称道过崔逞的才能，《魏书·崔逞传》记载，等慕容宝逃往和龙之前，崔逞还被任命为留台的吏部尚书，直到慕容麟篡位之后，崔逞才携带妻子儿女投奔拓跋珪，这与《资治通鉴》及《魏书·太祖本纪》的记载都不同。拓跋珪得到崔逞之后，十分喜欢，任命其为尚书，全面管理国务院三十六个部的各项工作。

柏肆大捷，让本来要返回本国的拓跋珪又改变了主意。不过，柏肆是先败后胜，那些逃回的败军路过并州，向人们散布了大军惨败的消息，并声称不知魏王拓跋珪的下落。封真原本与莫题等从东路，进攻蓟城，大约是丑提回国、并州兵力吃紧，拓跋珪将其调回到了晋阳，任晋阳守将。封真（《魏书·神元平文诸帝子孙列传附素延传》称"封宴真"）闻听拓跋珪下落不明、魏军大败，他率军进攻并州刺史曲阳侯素延，素延率军平定了叛乱，叛乱平定之后，素延大开杀戒，诛杀了很多人。

素延是桓帝猗㐌之孙，论辈分是拓跋珪的爷字辈，当时，拓跋珪已经后悔参合陂之战诛杀的人太多了，因此，一直要求魏军在新占领的土地上施行仁政，得知素延杀戮过多的消息，拓跋珪将其免官。拓跋珪将素延免官之后，任命代人奚牧为并州刺史，奚牧是独孤别部梁六眷的部民，拓跋珪在独孤部处于危难之时，是梁六眷让穆崇和奚牧将刘显欲杀死拓跋珪的消息，告知了拓跋珪之母贺兰氏，并保护拓跋珪一起逃离独孤部，拓跋珪对奚牧也很感激，称其为"仲兄"，被任命为治民长。奚牧在晋阳城破之后，曾率军晋川，抓获了后燕丹阳王慕容买得等人。他被拓跋珪任命为并州刺史以后，由于姚兴已经占领了河东一带，与北魏军队发生了摩擦，奚牧给姚兴写信，与之平起平坐，责备后秦军队骚扰边境。姚兴接到书信以后，十分恼火，他直接给拓跋珪写信，称两国和好，而你的臣子竟然如此无礼，要求拓跋珪予以处罚。此时，拓跋珪一心要消灭燕国，岂敢因此而得罪了后秦，于是，拓跋珪翻脸将奚牧诛杀，给姚兴谢罪。

然而，封真的叛乱还仅仅是一个开始。

拓跋珪在柏肆战败的假消息，立刻像风一样传遍了代北。当时，驻守云中的是南安公拓跋顺，拓跋顺是拓跋什翼犍的儿子地干之子，与拓跋珪是堂兄弟关系。当他听说拓跋珪下落不明以后，想要自立为王。代人莫题，此莫题非莫含之子莫题，彼莫题率军在蓟城前线，此莫题在拓跋窟咄之乱中，曾暗中对拓跋窟咄表示："三岁的小牛岂能负重？"暗示拓跋珪年少。而这时，莫题却建议道："这是大事，不可轻举，应该查明真伪，不然大祸将要临头。"拓跋顺这才作罢。

这一假消息，不仅让拓跋顺心存非望，而且，也让被征服的贺兰部、高车纥突邻部、纥奚部，纷纷举兵反叛，贺兰部帅贺附力眷、纥突邻部帅匿物尼、纥奚部帅叱奴根联合在阴馆（今山西省代县西北）反叛。拓跋顺率军征讨，却无法取胜，被杀了数千人，于是，拓跋顺从白登（今山西省阳高县南）南进入繁畤（今山西省繁峙县）故城，依托桑干河北岸，屏护代北地区，安定魏国腹地的人心。拓跋珪听说三部叛乱的消息，命令庾岳（庾业延，庾岳之名为拓跋珪所赐）率领一万骑兵回到代北，讨伐叛乱的三部，庾岳不仅顺利消灭了三部，而且还带来了拓跋珪尚在，并取得了柏肆大捷的消息，于是，北魏国内这才安定了下来。

三二二　弃守中山

进兵燕国三四个月，拓跋珪经历数次大喜大悲，不过好在是大悲大惊过后，还是大喜。

同样地，后燕皇帝慕容宝也经历了数月的精神折磨，而这种折磨同样也摧残着后燕的每一个人，将后燕原有的潜在矛盾暴露了出来。就在柏肆大败的第二天，魏军即乘胜来到了中山城下，驻扎在芳林园。后燕尚书郎慕容皓对慕容宝的能力产生了强烈的怀疑，当夜，他与同党密谋诛杀慕容宝，迎立赵王慕容麟为皇帝。得知这一密谋的慕容皓内兄苏泥告发了此事，慕容宝立即命令高阳王慕容隆率兵前去逮捕慕容皓，慕容皓提前得知事情败露，与数十名同党仓皇夺门而出，投降了魏军。前有参合陂之战前慕舆嵩的阴谋，后有慕容皓的密谋，这两次未遂政变都发生在帝国处于十分危急的时刻，而欲迎立的又都是同一个人，这让人感到十分可疑，而事主慕容麟也深感不安。

除了慕容皓的未遂事变让后燕皇帝慕容宝心惊肉跳之外，儿子清河王慕容会的表现也让他十分不满。当初，慕容会听说魏军大举入侵之后，曾上书慕容宝请求率领龙城之兵前往中山勤王，慕容宝同意了。可是，岂料慕容会此番上书，不过是一种姿态而已，长期以来，他一直对父亲没有册立自己为太子深感不满，而他自己却想趁乱坐镇辽西，本无勤王的意思，谁知慕容宝竟然同意了，慕容会无奈只好命令镇南将军库䛁官伟、建威将军余崇率领五千人马，作为前锋，南下救驾。余崇就是去年慕容垂出兵伐魏之前，在平规叛乱中，被诛杀的后燕镇东将军余嵩之子。库䛁官伟和余崇驻军在卢龙（今河北省喜峰口一带），等待慕容会的大军。这支先头部队在那里等待接近一百天，军粮全部吃尽，全军将士将军中的牛马也几乎吃光，可是，依然没有等到慕容会的影子。

中山的慕容宝左等右等不见辽西的大军，非常恼火，他下诏严厉指责慕容会，慕容会不得已，上书表示尚需准备行装，训练队伍，又在龙城逗留了一个多月。当时，魏军切断了辽西与中山的联系，库傉官伟打算派遣轻装部队前去打探消息，并侦察蓟城周围的魏军强弱，诸将都心存畏惧，不愿前往。

余崇说：“如今大敌当前，京都危如累卵，小民尚且不顾性命解救君父，各位深受国家的宠爱，难道还顾惜自己的生命嘛！如果国家灭亡，而未尽臣子的职责，即使死掉，还有耻辱。你们大家尽管安坐在此，我余崇自愿前往。”

库傉官伟大喜，当即分拨给余崇五百步骑。余崇率领这五百人的小分队推进到渔阳，遇到北魏一千多骑兵，余崇对大家说：“敌众我寡，不攻击则不能生还。”于是，他率军朝敌人猛冲过来，余崇亲手斩杀了十多人，魏军仓皇退去，余崇也带着俘虏回到卢龙。问明了魏军的虚实，大家这才安下心来，他们又将情况报告给了慕容会，慕容会这才率领大军上路，一直到三月，即柏肆之战结束后一个月，慕容会才进抵蓟城。

魏军包围中山近一个月，城中将士都憋了一股气，要出城与敌决战。

征北大将军慕容隆对慕容宝说：“拓跋珪虽然得到一点小利，但是，从去年十一月至今，魏军已经在外度过了新年，进攻态势受挫，兵马死伤大半，人心思念家乡，各部分崩离析，这正是击败他的良机。我军全军振奋，如果趁着我军士气高涨，敌人士气低落，出战没有不胜利的道理。如果继续待在城内不战，则将士沮丧，事情拖延越久，则可能会发生意外的变故，即使以后再想出动，就难上加难了。”

慕容宝表示同意，可是，慕容麟听说以后，每每予以阻扰。慕容麟集结了四次部队准备出击，而每次都因慕容麟的阻扰而临时取消。

三月十一日，拓跋珪来到中山近郊的卢奴。慕容宝派使者来见拓跋珪，请求将常山以西全部割让给北魏，后燕防守中山以东，双方实现和平，并送还拓跋珪的弟弟拓跋觚，以表示诚意。拓跋珪同意了。可是，很快地，慕容宝就反悔了。

三月十三日，魏军再度包围了中山。

后燕数千将士一起到慕容宝那里请愿，他们说：“如今坐守穷城，最终将被困死，臣等愿意出城决战，而陛下总是制止，这是在等死。况且，中山被围多时，并无退敌的良策，只是盼望着时间久了，敌人自行撤退。如今，敌我双方的实力悬殊，敌人肯定是不会自行撤退的，应该听从大家的意见，与敌决一死战！”慕容宝同意了。

于是，慕容隆开始整顿军队，做战前动员，他对下属说："国家威势不振，致使敌人侵入近畿，这是我们做臣子共同的耻辱，为了大义，再也不顾惜生命了。今天幸运的话，能够击破强贼，凯旋而归，这固然很好。如果不幸战败，也让我等夙愿得以了却。你们以后有生还回到龙城，见到我母亲的，请为我向她老人家说出我的志愿。"

说完，慕容隆披挂上马，在城门等待出发的命令。可是，慕容麟却再次坚决劝阻慕容宝，出兵的命令一直没有下来，众人非常气愤，慕容隆也是流泪而去。

也许，慕容麟五次三番地劝阻慕容宝，目的就是让众人对慕容宝产生怨恨，自己好从中得利吧。也就是在当天深夜，慕容麟率领自己的亲信士兵，劫持了北地王慕容精，让其率领禁军发动叛乱，诛杀慕容宝。慕容精义正词严地予以拒绝，慕容麟大怒，斩杀了慕容精，然后率领妻子儿女逃出中山城，依附盘踞在中山西山的丁零部众。慕容麟（《魏书》称"贺麟"）离去之后，中山城内十分震惊，也让慕容宝担心，慕容麟会北上蓟城，夺取慕容会的龙城之军。而恰在这时，慕容麟的侍郎段平子从丁零那里逃回，他对慕容宝说慕容麟招诱丁零，军容甚盛，将要偷袭蓟城，回到龙城。本来慕容宝就担心这一点，如今听了段平子的话，更让他忧心忡忡。

他召集慕容隆和慕容农商量，计划弃守中山，回到辽西，退保龙城。慕容隆说："先帝历尽艰难，成就了中兴大业，驾崩刚刚一年，天下就成了这样，岂能说我们都对得起先帝？如今，外寇很盛，而内讧又起，骨肉之间反目成仇，百姓充满了恐惧，这种情况下，的确无法与敌较量了；北迁旧都龙城，也是合适的。但是，龙城之地土地狭窄，居民稀少，回去之后，如果仍像在中原那样生活，急于收复河山，建立大功，是肯定不行的。如果节约用度，爱惜民力，鼓励农耕，训练军队，数年之后，公私财力充实，而赵魏地区民众受够了兵灾，思念燕国时代的安定生活，也有可能率军南下，恢复河山。如果不能的话，我们则依靠险阻，也足可以度过安稳的日子，养精蓄锐啊。"

慕容隆在伤心之余，审时度势，给慕容宝离开中山之后，指出了未来的燕国的发展方略。

慕容宝说："你说的话很有道理，我全部听从你的主意。"

辽东人高抚善于占卜，是慕容隆的亲信，他偷偷对慕容隆说："殿下北去，将不会到达，最终也不可能见到母亲。如果主上独自前往，殿下留在此地，肯定将成就一番大业。”

慕容隆说：“国家蒙受大难，主上蒙尘奔波，况且母亲还在北方，我即使面朝北方死去，也死无遗恨。你说的是什么话！”于是，他将手下全部召集起来，一个一个询问是走是留，只有司马鲁恭、参军成岌愿意追随，慕容隆尊重大家的选择。

慕容农的部将谷会归对慕容农说：“城中之人，都是参合陂被拓跋珪所杀的人的父兄子弟，大家的眼泪已经流干，哭出了鲜血，他们悲愤难抑，奔走呼号，想与魏军以死相拼，却总被慕容麟压制。如今，大家听说主上将要离开此地，都说：‘能够找一个慕容皇家的人拥立，带领大家与魏军决战，死无所恨。’大王最好是留在此地，顺从众人的愿望，击退魏军，安定京畿，然后迎还主上，这也不失为忠臣所为啊！”

慕容农想要杀死谷会归，但却爱惜他的才能，不忍下手，他说：“如果这样活着，倒不如去死！”

想当年慕容农是何等的英武，此时却像是换了一个人，先是并州惨败，后是畏首畏尾，在后燕末年，后燕朝堂上的重臣们，仿佛都得了失心疯一般，再无十年前慕容垂立国时的勃勃生机，只有一个慕容隆还是那样清醒，可是，他的意见却总不被采纳。

据《魏书·张衮传》的记载，在此前后，张衮对拓跋珪建议：“慕容宝依靠三代积累下来的力量，中山又城高池深，虽然最终会被我军攻克，但穷兵黩武，也不是王者应当做的事。过去，郦食其、鲁仲连都凭借口才，让敌人投降，臣愿意凭借着大王的威灵，说服慕容宝。”于是，张衮给城中的慕容宝写信，发起了心理战，这也在一定程度上促使慕容宝丢掉中山北去。

三月十四日，也就是在拓跋珪再次包围中山、慕容麟逃走的第二天深夜，慕容宝与太子慕容策、辽西王慕容农、高阳王慕容隆、长乐王慕容盛等人，率领一万多骑兵北上蓟城，河间王慕容熙、渤海王慕容朗、博陵王慕容鉴都还年幼，（慕容朗、慕容鉴为段元妃所生）没能及时出城，慕容隆再次进入城中，亲自驾车将三人带出。燕将王沈、王次多、张超、贾归等人投降了魏军。乐浪王慕容惠、中书侍郎韩范、员外郎段宏、太史令刘起等人带着三百名皇家乐师，逃往邺城，投奔慕容德。

当时，中山城内无主，百姓人心惶惶，城东门打开以后，就没再关闭。拓跋珪得知慕容宝弃城北逃以后，打算趁夜进城，把守住东门，而曾经主张活埋参合陂降众的冠军将军王建，却打算白天进城抢劫，他对拓跋珪建议说，夜晚进城，担心士兵们会偷盗后燕国库财物，请求等天明再进城。开封公慕容详没能一同逃出，城中的人将其立为城主，这才关闭城门继续据守。第二天，拓跋珪发现城门重新关闭，就组织全军对中山城发起猛烈的进攻，可是，经过数日进攻，却一直难以攻下。

拓跋珪命人登上瞭望车，对城内喊话："慕容宝已经弃城而逃，你们这些百姓还白白送死，到底还为谁防守？为什么不遵从上天的旨意献出城池投降，而非要自取死亡呢？"

城上的人回答："我们只是一群无知小民，大家害怕投降以后还像参合陂的降众一样被活埋，在此固守，仅仅是为了多活一天罢了。"

当时，王建就站在拓跋珪的身边，拓跋珪听了，扭头就朝王建的脸上连连吐口水。拓跋珪又派遣长孙肥、李栗率领三千骑兵北上追赶慕容宝，一直追到范阳（今河北省涿州市）也没有追上，攻陷了后燕新城（今河北省保定市徐水区）堡垒，俘获一千余人而还。

三二三　骨肉相残

话分两头。

慕容宝率军从中山撤出以后，在阱城（今地不详）突然遇到了慕容麟，慕容麟没有想到慕容宝会到此地，不由得惊慌失措，率众逃奔蒲阴（今河北省顺平县），又南下驻扎在望都（今河北省望都县），当地很多人都来接济他粮食。驻守中山的慕容详，忙中偷闲，出兵北上，偷袭慕容麟，将其妻子儿女俘获，慕容麟又逃往山中躲避。而在蓟城城内的清河王慕容会则倾身接纳各方人才，秣马厉兵，率领步骑两万，排列军阵，南下接应慕容宝。三月十六日，慕容宝一行抵达蓟城南郊。这时慕容宝身边的亲随在半途中几乎全部逃散，只有高阳王慕容隆率领的数百骑兵，担任皇帝的警卫。

在蓟城南郊，父子相见，慕容会并不像慕容宝预计的那样高兴，反而他发现儿子的脸上现出一丝不快，经历了慕容麟背叛的慕容宝对此印象深刻，他偷偷告诉了慕容隆和慕容农，担心慕容会有异心。两人都劝说道："慕容会年纪轻轻，就被任命为一方大员，这是长期娇惯所致，怎能有别的想法！臣等当以礼责备他。"慕容宝虽然听从了二人的话，但依然下诏命令慕容会将所领之兵交给慕容隆统领，慕容隆坚决推辞，于是，慕容宝将慕容会的兵拨出一部分交给慕容隆和慕容农带领，又派遣西河公库辱官骥率领三千军队南下，协防中山。

慕容宝抵达蓟城两天之后，即命令将蓟城城内的所有财物全部装车，随着大军一起运往龙城。魏将石河子率军从后追击，三月二十日，在蓟城东面的夏谦泽（今河北省大厂县一带）追上了燕军。

慕容宝不想作战，慕容会说："臣训练士兵，就是为了杀敌。今天大驾蒙尘，人人想着誓死报国，而敌人竟敢自己送上门来，所有的人都怒火中烧。《兵法》称：'不可阻挡急于回家的军队。'又说：'置之死地而后生。'这两条我军都具备了，怎还担心不能取胜！如果我们离开，敌人必定要趁势进攻，到时候，也许会出现意外。”慕容宝听从了。于是，慕容会整顿军队，与魏军作战，慕容农和慕容隆率领从中山带来的骑兵，直冲敌阵，魏军大败，燕军又追击了近百里，斩杀数千级。慕容隆率领自己的军队又单独追赶了数十里，才回头，他对自己原来的部下留台治书阳璆说：“中山城内有数万之兵，却不能让我快意厮杀，今日之胜，令人仍有遗恨！”说罢，泪流满面。

夏谦泽大捷，让慕容会更加得意，慕容隆以叔父之尊多次训诫他，而慕容会却更加恼火。慕容会知道慕容农和慕容隆两人都在龙城做过留后，而且两人又都是自己的叔父，他担心抵达龙城以后，自己将失去对当地的控制权，又感到自己永远也不可能做嗣君，因此，开始密谋作乱。与此同时，幽州和平州之兵素来受到慕容会的笼络，都不愿意隶属慕容农和慕容隆二王，他们请求慕容宝说：“清河王慕容会英勇谋略都高过当世，臣等发誓与他共生死，愿陛下与皇太子、诸王都留在蓟城王宫，臣等跟从清河王南下去解京师之围，再将大驾迎回中山。”

暂时放弃中山，经营龙城，这是慕容宝在中山已经确定的国策，岂能中途更改？况且，此时已经放弃了蓟城，全军也已上路，更不可能回还。这些幽州、平州将领们对慕容宝说的这些话，极有可能是慕容会指使的，目的是借口南下收复中山，而要回原有的兵权，为下一步叛乱做准备。

慕容宝身边的人都厌恶慕容会，他们对慕容宝说：“清河王没有被立为太子，神色十分不满。且他才能武艺都超过常人，又善于收买人心，陛下如果听从了大家的请求，臣等担心中山解围之后，必定会有春秋时期卫国卫辄不让老父归国的事情发生。”

于是，慕容宝对大家说：“慕容会年纪尚轻，才能赶不上二王，怎能肩负统领一个方面军的重任？况且，朕将亲自统领全军，还需要依靠慕容会来辅佐朕，岂能让他离开朕！”众将听了，都很不高兴。

幽、平二州众将的建议，其实是一种逼宫行动。众将退下以后，慕容宝的身边亲信建议慕容宝杀掉慕容会，以绝后患。侍御史仇尼归风闻了这一阴谋，他向慕容会报告说：“主上的左右是这样密谋的，主上也将要听从。大王依靠的是父亲，今天父亲已经有了别的想法；所凭借的是军权，可是如今军权也失掉了，进退无路，又将去何处存身？恐怕没有自全的道理。不如诛杀二王，废黜太子，大王主导东宫，成为太子，并兼任将相职权，来匡扶社稷，这是上策。”

慕容会犹豫不决，暂时没有答应。

与此同时，慕容宝对慕容农和慕容隆说："我看慕容会将发动政变，是必然的事情，应当早点将其诛杀，不然，恐怕将酿成大祸。"

二王均表示："如今大敌当前，中原纷乱，国家危难，如同累卵。慕容会镇抚旧都，安定民众，保全国境，听说国家有难，则万里奔赴，其威名足以震动夷狄。况且，他叛逆之形尚未显露，应该暂时忍耐。如果突然将其诛杀，不仅伤害了父子之情，而且也有损主上的威望。"

慕容宝说："慕容会叛逆之心已经养成，而你们却仁慈，不忍杀他，恐怕一旦发动政变，他肯定要先害死他的叔父们，然后再加害于我。事情发生以后，当思量我今日之言。"

慕容会听到了这个消息，更加恐惧。《魏书·徒何慕容宝传》则称："宝分夺其军，以授弟辽西王农等，会怒，袭农伤之。农弟高阳王隆，劝宝收会，不获。"其表述与此不同。

四月六日，慕容宝一行抵达广都黄榆谷（今辽宁省建昌县境），当晚，慕容会派遣自己的亲信党羽仇尼归、吴提染干率领二十多名壮士，分头偷袭沉睡中的慕容农和慕容隆二王。慕容隆在自己的寝帐中被杀；慕容农身受重创，但依然生擒了仇尼归，并趁着夜色逃往深山之中。

慕容会得知仇尼归被慕容农抓获，担心事情终将败露，他当夜即面见慕容宝说："慕容农和慕容隆阴谋作乱，臣已经将其诛杀。"

慕容宝当然知道慕容会是恶人先告状，他假装十分高兴，安慰慕容会说："我本来就对二王怀疑很久了，将他们两人诛杀，做得很好。"

第二天一早，慕容会整顿军队，下令戒严，然后，大军继续北上。慕容会打算将慕容隆的灵柩丢弃原野，余崇流泪请求，慕容会这才答应拉在车上。

大军走不多远，慕容农从山中出来，慕容宝见到弟弟以后，大声呵斥道："你自己为何辜负了我？"下令将其拿下。

又前行了十多里地，慕容宝命人召集群臣吃早饭，并商议给慕容农定罪。等到慕容会就座以后，慕容宝给卫军将军慕舆腾使眼色，让其诛杀慕容会，慕舆腾拔出宝剑，朝慕容会的头颅砍去，只伤到了慕容会的头部，却并没有将其杀死。

慕容会跑回自己的军中，率军前来进攻父亲慕容宝的大营。慕容宝率领二百多名亲信，飞马逃奔了二百多里，到当日的下午，进入龙城。慕容会率军一直追到龙城以南的石城，没有追上。慕容会派人要求诛杀慕容宝左右，并请求父亲立自己为太子，慕容宝予以拒绝。

第二天，慕容会就派仇尼归率军进攻龙城。当晚，慕容宝派军从龙城城中出击，袭击仇尼归所部，将其击败。慕容会将慕容宝的御用车辆、器具全部据为己有，并把慕容宝后宫的宫女赏赐给身边的将帅，然后，他自称皇太子、录尚书事，任命百官，率领大军朝龙城扑来。

四月九日，慕容会的大军抵达龙城城下。慕容宝登上龙城西门城楼，慕容会见到父亲，竟然骑在马上与父亲说话，慕容宝在城楼上大声斥责，而慕容会则命令士兵在城下朝慕容宝鼓噪示威。城中将士看到这一情景，都怒火中烧，黄昏，慕容宝命令将士出城进攻，大破慕容会军，慕容会带领的士兵死伤了一多半，慕容会逃回军营；当晚，侍御郎高云又率领一百多敢死之士，夜袭慕容会的军营，慕容会全军溃散，慕容会本人仅仅带领十余名骑兵狼狈南逃中山，被中山城中的开封公慕容详杀死。慕容宝在龙城城内将慕容会的母亲以及三个儿子全部诛杀。

四月十日，慕容宝下诏大赦，凡是参与慕容会叛乱的同谋，全部赦免，并官复原职；论功行赏，加封数百人为将军、侯爷。辽西王慕容农头颅被刀砍破，在外面可以看到大脑，慕容宝亲自给弟弟包裹伤口，慕容农终于活了下来。慕容宝拜慕容农为左仆射，不久又拜为司空、兼尚书令；余崇出来自首，慕容宝以其忠勇，拜其为中坚将军，让其担任宫中警卫。追赠慕容隆为司徒，谥号为高阳康王。

慕容宝又将高云收为养子，任命为建威将军，封夕阳公。高云的祖父高和，是高句丽王室的疏族，慕容皝击破高句丽之后，将高氏迁往青山（今辽宁省锦州市境），从此成为后燕的臣子；慕容宝做太子的时候，高云因武艺高强而被选拔为东宫侍御郎，从此高云改称慕容云，他就是后来北燕的第一任皇帝；高云性格深沉，寡言少语，只有中卫将军冯跋与之交好，这个冯跋，小字弃直伐，是信都鲜卑化的汉人，祖父冯和躲避永嘉之乱而迁居上党，父亲冯安是慕容永的将军，慕容永灭亡被迁往和龙，此人就是北燕的第二位皇帝。

慕容会之乱，是在后燕帝国行将分崩离析之时发生的一次内乱，在这次父子残杀中，英勇而富有智谋的两个人慕容隆和慕容会均被杀死，慕容农身负重伤，再无昔日的勇气，假如当初慕容宝能够听从父亲慕容垂的遗言，册立慕容会为太子，而不是因爱立懦弱年幼的慕容策，那么，也不会发生这场变故，把慕容会、慕容隆的英武用于对付外敌，也许拓跋珪也不会那么轻易得手。

一个国家想要灭亡，自己总是将智慧用于内讧上，先自相残杀，自斩手足，可惜亦可叹！

三二四　中山陷落

据史料记载，拓跋珪在柏肆之战之后，大约又派遣弟弟东平公拓跋仪率军南下，再次包围了邺城，并且，从慕容宝撤离中山城之后，魏军即放弃了对中山的猛攻，而是改由分散冀州各地，征集军粮，同时平定冀州各地的小股叛乱，平原县人徐超聚众反抗北魏的统治，在畔城（今山东省聊城市西）发动叛乱，拓跋珪命令将军奚辱将其诛杀。到了这一年的四月，慕容宝撤出中山以后，由于军粮匮乏，拓跋珪命令包围邺城的东平公拓跋仪撤出邺城，北撤到巨鹿（今河北省平乡县），把粮草囤积在杨城（今河北省宁晋县）。中山城内的慕容详看到魏军化整为零，率领六千步兵从城中出击，趁机进攻魏军的各个堡垒。拓跋珪命令长孙肥等人率领轻装骑兵引诱燕军，假装败退，拓跋珪本人率领五千虎队从侧面横扫过来，燕军大败，斩首五千，生擒七百，拓跋珪命令全部将其放归。此时的拓跋珪才发现释放俘虏比杀死俘虏的威力更大一些吧。

后燕西河公库傉官驥率领的三千人马进入中山之后，却与开封公慕容详争权夺利，双方军队发生内讧，慕容详获胜，诛杀了库傉官驥，尽灭库傉官家族，又诛杀了中山尹苻谟。库傉官氏是乌桓人的姓氏，苻谟是氐族的代表，慕容详此举其实将乌桓和氐族都推到了自己的对立面。中山城内没有固定的城主，城内的居民担心魏军趁机攻进城内，男女老幼相互结盟，各自为战。

拓跋珪认为，魏军紧逼中山城外，城内军民在慕容详的胁迫下，即使打算投降，也没有办法，于是，他决定离开中山，让城内放松警惕，然后，秘密派人进城招诱城内军民。五月七日，拓跋珪命令魏军在城外列队，环绕中山城向城内示威之后，彻底撤离了中山，南下到鲁口东面的河间（今河北省献县）寻找食物，并督促各地上缴粮食。五月十七日，他任命弟弟东平公拓跋仪为骠骑大将军、都督中外诸军事、兖州豫州雍州荆州徐州扬州六州牧、左丞相、封卫王；拓跋珪的堂曾祖拓跋紇罗之子拓跋题，受诏安抚冀州各地，当地居民都很安定，为了表彰拓跋题之功，拓跋珪加封其为襄城王。

拓跋珪离去之后，给中山城内的慕容详一个错觉，让他自认为自己十分神勇，拓跋珪对他无能为力，于是，他自立为皇帝，改元建始，设置百官，任命新平公可足浑潭为车骑大将军、尚书令；诛杀拓跋珪弟弟拓跋觚，以表示与拓跋珪决不妥协的决心。在慕容详称帝的同时，邺城城内的人也劝说慕容德称帝，正好有人从龙城逃来，慕容德得知了慕容宝的下落，这才作罢。

慕容详集酒鬼、色鬼和杀人狂为一身。他经常喝得大醉，不爱惜百姓，杀人无度，短短一两个月间，被他下令诛杀的王公百官就高达五百多人，七月，他又诛杀了可足浑潭。中山城内的人在慕容详的淫威之下，无人敢于表示异议，与此同时，城内的粮食也吃尽，公卿大臣被饿死的就有数十人，更不用说平民百姓了，百姓们饿死的一个接着一个，而慕容详却担心军民逃散，不让大家出城搜集粮食，全城的人都希望慕容麟回来主持中山城的防守。慕容详派遣辅国将军张骧率领五千军队，南下常山，督促居民缴纳粮食。慕容麟从山区的丁零部落那里偷偷进入张骧军队，夺取了军队的控制权，然后，他率领丁零部众和张骧的军队偷袭中山，城内以为是张骧押运着粮草回城了，于是，城门大开，慕容麟轻松进城，将慕容详诛杀，并诛杀慕容详同党三百多人。

入主中山之后，慕容麟自立为帝，同意城内军民出城搜集粮食。燕军将士肚子吃饱以后，请求出城寻找魏军决战，慕容麟没有同意，不久，城内的粮食又紧张起来，守军再次困顿。拓跋珪也听说了中山城内内乱的消息，他从河间进抵鲁口，派遣长孙肥率领七千（《魏书·太祖本纪》称一千）骑兵奔袭中山，攻入了中山城的外城，被城内守军击退；慕容麟率领四千步骑一直追击到泒水（今大清河及其支流沙河），长孙肥从魏昌（今河北省无极县）进击，俘虏燕军二百全副武装的骑兵。此战长孙肥被流箭射成重伤，魏军退去。

八月一日，拓跋珪从鲁口进军常山的九门（今河北省藁城市西北）。此时，魏军中出现大范围的传染病，士兵和牛马大量死亡。拓跋珪询问情况，众将回答："生存的仅仅有十之四五。"当时，中山城一直未下，魏军不仅缺乏粮食，又遭遇了罕见的传染病，可谓是祸不单行，况且，魏军已经作战了十个多月，将士人人都想回到老家，拓跋珪知道大家的想法，他说："这是天意，又有什么办法！四海之民，都可以组成国家，关键是看我怎么样去管理，何必担心人会死光！"

于是，大家都不敢再言。拓跋珪又派遣抚军大将军略阳公拓跋遵袭击中山，收割中山郊区的庄稼，攻入外城以后，再次被燕军击退。

九月，断粮的慕容麟率领三万多人（《资治通鉴》称两万）进攻新市（今河北省正定县东北）。九月二十九日，在附近的拓跋珪决定进攻慕容麟大军。太史令晁崇进言："不吉利。"拓跋珪问："为什么？"回答："今日是甲子日，过去商纣王也是此日灭亡，因此是兵家所忌。"拓跋珪说："商纣王以甲子日灭亡，周武王难道不是甲子日成功吗？"晁崇无言以对，魏军按原计划行动。

十月二日，拓跋珪进军新市，慕容麟则退守泒水，依托渐茹泽防守。十月十日，拓跋珪亲率魏军直抵燕军大营，与燕军在义台（今河北省新乐市西南）决战，魏军大破燕军，斩杀了九千多级，慕容麟与数十名骑兵慌乱中救出妻子儿女，逃往西山，辗转南下投奔邺城的慕容德。在战斗中，刚刚被封为襄城王的拓跋题被流矢射中，死去，拓跋珪认为太医令阴光没有尽力医治，将其诛杀。

义台之战之后，中山城内再无可用之兵，中山城就像一颗熟透的果实一样落入拓跋珪的囊中，十月二十日，魏军攻克中山，后燕公卿、尚书、将吏、士兵投降的，共计两万余人。后燕部将张骧、李沈、慕容文等人此前均曾投降过北魏，后又叛变，此次中山陷落，再次被拓跋珪俘虏，拓跋珪采取了宽大的政策，一律赦免，不予追究。但是，据《魏书·宋隐传附宋洽传》的记载，拓跋珪的宽大政策并非如史书上刻意渲染的那样，这里记载，宋隐的叔父宋洽是后燕尚书，在中山保卫战中，他率军负责防守中山北面，宋洽所部作战勇敢，给予攻城的魏军极大的杀伤，拓跋珪对此怀恨在心，中山城破之后，拓跋珪专门抓住宋洽杀掉，并将他的两个儿子宋顺、宋训处以宫刑。

打下了后燕国都，拓跋珪缴获了后燕皇帝玉玺、图书以及府库中的大量财物、珍宝，数量达到数万之多，拓跋珪将其分别赏赐给群臣将士们。追谥拓跋觚为秦愍王，为了给拓跋觚报仇，拓跋珪下令，将慕容详的棺椁扒开，斩下尸体上的人头；逮捕杀死拓跋觚的刽子手高霸、程同等人以及他们五族，全部用大刀磋磨着残忍地杀死。

占领中山之后，拓跋珪即分拨三万骑兵南下，加入到卫王拓跋仪的军队序列，准备南下进攻邺城。而与此同时，从中山城逃出的后燕人，辗转来到龙城，慕容宝打听魏军的消息，他们说魏军已经是强弩之末，而且邺城又有慕容德牢牢坚守。恰在这时，听说了慕容宝确切下落的慕容德也派人来到龙城，劝说慕容宝率军南下，收复中原。慕容宝信以为真，不禁大喜，将慕容隆生前劝说他的话完全抛到了脑后，他开始整顿军队，计划再次进兵冀州，与拓跋珪争夺中原。经过一个多月的准备，到了这一年的年底，慕容宝征集的燕军全部到位，他先派将军启伦先期南下，侦察南方的形势。

而也就是这时，慕容麟也逃到了邺城，他自行去掉了皇帝称号，又称自己为赵王。到了邺城之后，他给慕容德出主意说："北魏已经攻克了中山，必将乘胜进攻邺城，邺城城内虽有大量粮草，然而城池庞大，难以固守，况且人心浮动，不能再守下去了。趁着魏军尚未来到，不如弃守邺城，南下滑台，依托黄河抗拒魏军，等待时机，再采取行动，河北也许能够收复。魏军虽然攻下了中山，其势无法久留此地，不过是掳掠当地百姓罢了。百姓们安土重迁，不愿意迁移到遥远的代北，理应会发动叛乱，然后，我们则出兵援助那些变民，让依恋故乡的变民有所依靠，我们则实行仁政，召集旧部，魏军就会腹背受敌，我们可以一举击败他们。"当时，慕容德的堂兄弟鲁阳王慕容和镇守滑台（今河南省滑县），也派出使者邀请慕容德移驻那里，慕容德同意了，开始做着弃守邺城的准备工作。

慕容德弃守邺城的计划，从保存个人实力上讲，无可厚非；但是，在他做出南迁的打算前后，却不断向龙城派出使者，请求慕容宝南下，并没有及时告知自己将要南下滑台的计划，这一点却是心存叵测。将二者结合起来看，慕容德此举是拿慕容宝来吸引北魏军队，即便慕容宝不被魏军消灭，也减轻了魏军对自己腹心的压力。可以说慕容宝待他不薄，在接见了他的使者以后，慕容宝即派鸿胪鲁邃拜其为丞相、冀州牧，南方各地郡守全部由其自行任免，可是，此时的他已经完全不再从整个帝国的利益上考虑问题，更不要说收复河北了。而慕容宝却蒙在鼓里，还热切盼望着收复中原，还于旧都，谁能知道恰恰是这一不切实际的举动，最终导致了慕容宝的一场滔天大祸。

三二五　凉州大乱（一）

这是隆安元年发生在北魏与后燕之间的事，这一年，除了东晋朝廷中王恭第一次起兵和拓跋珪占领中山之外，在遥远的陇西地区也同样发生着惊天动地的变故。

去年，吕光自立为天王，后凉政权终于羞羞答答地建立了起来。后凉建立后不久，西秦的乞伏轲弹就因与乞伏益州有矛盾，而叛逃到了姑臧（今甘肃省武威市）。乞伏轲殚的到来，让吕光又想起了乞伏乾归的反复无常。吕光将要讨伐乞伏乾归，郭黁劝谏说："今太白星没有出现，不宜行师，往必无功，终当覆败。"可是，太史令贾曜却以为必能占领秦陇之地，于是，吕光没有听从郭黁之言。

隆安元年，吕光下诏称："乞伏乾归狼子野心，前后反复。朕将要平定秦赵，立功会稽，怎能坐视这小子在眼前抗拒！况且，他们兄弟之间内讧不已，这等机会再没有今天这样好的了！命令中外戒严，朕将亲自前往讨伐！"

听说吕光将大举讨伐，乞伏乾归的下属都劝他率众迁往东面的成纪（甘肃省静宁县南）躲避，而乞伏乾归却说："过去，曹孟德在官渡击败袁本初，陆伯言在白帝战胜刘玄德，都是以权谋取胜，怎是依靠人多？吕光虽然率领凉州一州的军队前来，但他并无深谋远虑，不足担心。并且，西凉的精锐士兵都在其弟吕延军中，而吕延虽然勇敢但却愚蠢，容易上当。吕延一败，吕光自然会撤军，到时候乘胜追击，一定能够成功。"

大家都说："这是我等想不到的。"

吕光驻军在长最（今甘肃省永登县南），派遣庶长子、太原公吕纂率领部将杨轨、窦苟等步骑三万进攻金城（今甘肃省兰州市），乞伏乾归率领两万军队前去救援，吕光又派遣王宝、徐炅率领五千骑兵前往迎击，乞伏乾归不敢接战，停留不进，于是，金城陷落，后凉军队占领了这座黄河南岸的桥头堡，吕纂活捉了西秦金城太守卫鞬。卫鞬被送到吕光的大本营后，对吕光怒目而视，说："我宁愿守节断头，也不投降。"吕光为其大义所动，将其释放。

打下金城以后，吕光命令贾曜前去责问郭黁，而郭黁却秘密对吕光说："昨晚有一颗流星往东坠落，这意味着将要阵亡士兵、损失大将，虽然我们暂时打下了此城，但却是守不住的，正月上旬，黄河河冰将要开裂，如果不早早北渡黄河撤离，恐怕会有大变。"吕光不信。

吕光又派遣部将梁恭、金石生率领全副武装的甲士渡过阳武下峡（今甘肃省靖远县黄河岸边），与黄河东岸的秦州刺史、鲜卑没奕干一起，从东面进攻西秦；天水公吕延则率领枹罕（今甘肃省临夏市）的军队，进攻西秦的武始（今甘肃省临洮县）、河关（今甘肃省临夏县西）等地，全部攻陷。此时，乞伏乾归的国都在西城，即今天的甘肃省榆中县东，吕光的西凉大军来势汹汹，吕篡在西北，梁恭在东北、吕延在西南，对乞伏乾归的西城形成包围之势。

西秦十分危机。乞伏乾归流着眼泪对大家说："如今局势危急，无处可逃，死中求生，正在今日。凉军从四面而来，但是各路大军相距遥远，山河隔阻，军势不接，如果能击败他一支军队，凉军其他各军就会不战而退。"他将首先打击的目标选在了最强的吕延所部，于是，他向吕延派人伪降，声称西秦王乞伏乾归所部溃散，正向成纪方向逃窜。吕延打算率领轻装骑兵前往追赶，其司马耿稚劝谏道："乞伏乾归此人英雄勇武过人，权略难测，曾击破王广，战胜杨定，均是先以羸弱之师引诱敌人而取胜，虽然西秦不过是个蕞尔小国，但不可轻视。困兽犹斗，乞伏乾归怎能望风奔溃呢！并且，来报告这一消息的人眼睛看着高处，说话时脸色有变，肯定存有奸计。如今，我们应当整顿部伍，列阵而前，步兵与骑兵相互配合，缓慢推进，等待各路大军集合在一起以后，可以一举而消灭了他。"吕延不从，率军疾进，与做好准备的西秦军相遇，战败被杀。耿稚与将军姜显收集残兵败将，退还枹罕（今甘肃省临夏市）。吕延这次战败的消息，在郭黁预测后二日传到吕光这里，吕光赶紧率军北渡黄河，西凉主力军团渡过黄河之后，河冰就开裂了，此事传开以后，当时的人们都对郭黁十分佩服，吕光也因之加封其为散骑常侍、太常。

吕光听说吕延战败以后，命令各军撤退，退回姑臧。

吕光这次讨伐西秦战役失败以后，影响之大出乎当时人的预料。本来，河西鲜卑秃发部就与吕氏有仇，只是因为忌惮吕光的强盛而不敢公然与后凉为敌，吕光即位以后，曾加封秃发乌孤为西平王，但却遭到了拒绝。吕光战败之后，秃发乌孤自称大都督、大将军、大单于、西平王，大赦境内，建年号为太初，以廉川堡（今青海省海东市乐都区东）为都城，史称“南凉”。秃发乌孤立国之后，在广武（今甘肃省永登县）集结军队，然后，转兵南下，一举攻陷了后凉刚刚占领的金城（今甘肃省兰州市）。后凉天王吕光闻讯后，派遣部将窦苟前往讨伐，南凉军队在街亭（今甘肃省永登县北）大破窦苟部，于是，后凉南部的广武、原属西秦的金城以及廉川一带，归属于秃发乌孤的南凉所有，黄河以南的鲜卑吐秣等十二部大人也都归附于秃发乌孤，此时，中国的版图上有七个王国同时存在：东晋、后秦、北魏、后燕、西秦、后凉和南凉。

吕光伐西秦之战不仅没有消灭乞伏乾归，反而又丧师失地，秃发南凉自此崛起。

但这还没有完，吕光随后的一系列错误举措，又让后凉政权雪上加霜。居住在张掖（今甘肃省张掖市）的卢水胡头领沮渠罗仇，是匈奴左沮渠王的后裔，世代为部落酋长。后凉吕光以沮渠罗仇为尚书，跟随吕光讨伐西秦，等到吕延战死以后，沮渠罗仇的弟弟、后凉三河（今青海省西宁市东南白土城）太守沮渠麴粥对哥哥说：“主上年老昏聩，诸子各立朋党，相互倾轧，奸佞小人横行。如今军败将死，正是智慧勇敢之士被他猜忌之时，能不担心嘛！我兄弟二人历来被主上忌惮，与其被杀，不如率领部众向西平进击，出苕藋，振臂一呼，则平定凉州，将易如反掌。”西平郡，治所在今青海省西宁市，那里是秃发部和吐谷浑的势力范围，据沮渠氏的居住地在张掖这一点来看，这里的西平将另有所指；苕藋，在张掖东。

沮渠罗仇回答：“你说得很有道理，但是，我家世代忠良，为一方众望所归，宁可让人辜负我，我也不可辜负别人。”吕光果然听信谗言，追究吕延战败的责任，诛杀了沮渠罗仇和沮渠麴粥兄弟二人。他们的侄儿沮渠蒙逊，博览群书，懂得天文术数，不仅英勇有谋略，而且还滑稽善权变。两人被杀以后，沮渠蒙逊将两位伯父的灵柩拉回张掖下葬，当时，各部与沮渠部大多有着错综复杂的姻亲关系，因此，前来送葬的人达一万多。在葬礼上，沮渠蒙逊眼含热泪，哭着对众人说：“过去，西汉国运衰微，我的祖上辅佐窦融，保据西凉。吕光年老昏庸，糊涂暴虐，我怎能不上追先祖，建立伟业，却让两位伯父含恨黄泉呢！”众人均高呼万岁。于是，斩杀了吕光中田护军马遼、临松（今甘肃省民乐县南）县令井详，与各部结盟，十天之间就聚集了一万多人，然后，进据金山（今甘肃省山丹县西南）。沮渠蒙逊的堂兄沮渠男成本为吕光的将军，驻守晋昌郡（今甘肃省瓜州县东南，辖境甘肃省瓜州县至玉门市一带），听说沮渠蒙逊起兵的消息，也联合原匈奴的奴隶部落赀虏，煽动各族部众，集结了数千人马，进攻后凉的福禄（今甘肃省酒泉市）、建安（今地不详）；宁戎校尉赵策击败了沮渠男成所部，沮渠男成退至乐绾（今甘肃省酒泉市东南）。酒泉太守垒澄率领赵策、赵陵等一万步骑前往讨伐，却被沮渠男成击败，垒澄和赵策均被斩杀，于是，沮渠男成又进攻建康（今甘肃省高台县南），他对吕光的建康太守段业说："吕氏政事衰微，权臣当道，刑罚无常，百姓负担太重，凉州一州之地，背叛的城池一个接着一个，土崩瓦解之势，昭然若揭，百姓痛苦呼叫，没有依靠的人。府君怎能以盖世之才，而为即将灭亡的政权尽忠呢！沮渠男成等已经倡导大义，想让府君屈尊安定本州，让饱经苦难的人民蒙受拯救的恩惠。"段业不从。建康城北沮渠男成围困了二十多天，而后凉的援军一直未到，当地居民高逵、史惠对段业说："今孤城独立，而没有外援，府君您虽然心如田单，可是此地却不能与田单据守的即墨相比，还是思量如何转祸为福为好啊。"段业本来就与吕光的侍中房晷、仆射王祥不和，担心不被吕光所容，因此就同意了沮渠男成的请求，于是，沮渠男成等人推举段业为大都督、龙骧大将军、凉州牧、建康公，建年号为神玺。段业任命沮渠男成为辅国将军，全部军政事务都交由其全权处理，自此，北中国又增加了一个政权——北凉。

沮渠男成所向无敌，而首义的沮渠蒙逊却在忽谷（今甘肃省山丹县、民乐县一带）被吕光派来的吕纂所部击败，逃到了山中避难，听说堂兄驻屯在建康之后，沮渠蒙逊率众前来归附，被段业封为镇西将军。吕纂在击败沮渠蒙逊之后，继续向西进军，企图一举消灭北凉，两军在合离交战，吕纂大败，此战奠定了北凉政权的基础。合离，即合黎，分别指地名、山名和水名，地名在今甘肃省高台县境；山名，《元和郡县志》记载合黎山，俗名要涂山，在今张掖县西北二百里；水名，即张掖河。

三二六　凉州大乱（二）

吕光在隆安元年年初讨伐西秦失败，导致了姑臧南边建立了秃发乌孤的南凉、姑臧西北建立了段业的北凉，后凉版图大为缩水，如今，其本土与高昌（今新疆维吾尔自治区吐鲁番）被北凉隔开，在它与乞伏西秦之间又有了秃发的南凉。此时，后凉南北两线都面临着威胁，吕光正派吕纂率军北上讨伐段业，而姑臧城内却在酝酿着一场巨大的阴谋。

而这场滔天阴谋的始作俑者，就是那位神算子郭黁。

郭黁，是西平人，从小就学习周易，张天锡时代，曾准确预测了前凉灭亡；苻坚时代，又准确预测了朝觐苻坚西归的鄯善王，死于姑臧一事；尤其是他在吕光讨伐乞伏乾归时，准确预测了金城得而复失的结果，敦促吕光迅速撤离，保全了西凉军队的主力，由此，声名鹊起。当秃发乌孤和段业分别起兵之后，后凉的统治区内一片大乱，这时，郭黁看到吕光年老昏聩，他对王详说："我仰观天文，发现凉州地界将出现大的兵灾。主上年老多病，太子年幼不懂事，吕纂等人又十分残暴，一旦主上驾崩，必定会出现变乱。你我二人久居机要重地，他们对我们经常是切齿痛恨，我担心我们将首先被杀。田胡王乞基的部落最强，姑臧东苑城和西苑城内的部队大多是王乞基的人。如今，我与大人一起举义，推举王乞基为主，那么，东西二苑之众都将属于我们所有。攻克姑臧城以后，再做打算。"王详同意了。隆安元年八月的一天，郭黁命人烧毁了姑臧的洪范门，东西二苑的部众都听命于郭黁，郭黁让王详为内应。可是，王详却暴露了，被吕光诛杀，郭黁没有攻进姑臧城内，于是，就占据了东苑城叛乱。凉州百姓听说是郭黁起兵，以为圣人起兵没有不成功的道理，都争前恐后地前来归附。郭黁以为代吕者王，因此才推举王乞基为主，然而，此王非彼王，到数年以后，姚兴灭掉后凉，吕隆投降之后，姚兴任命王尚为凉州刺史，果如谶言。

变起肘腋，这让吕光大为震惊。他立即派人飞马传召太原公吕纂率军火速返回。当时，吕纂正在讨伐段业、沮渠男成前线，众将对吕纂说：“我军撤退，段业肯定要跟随我军身后，应当趁夜偷偷撤离。”吕纂却说：“不然。段业没有英雄之气，只会坐守穷城，如果我军偷偷离去，反而助长了叛军的气焰。”于是，吕纂命人告诉段业：“郭麐作乱，我现在就回师，你敢于与我决战，可以早早出城厮杀。”告知段业之后，吕纂这次大摇大摆地率军离去，段业一直不敢出城追击。在吕纂回师途中，吕纂的司马杨统对自己的堂兄杨桓说：“郭麐起事，肯定能够成功，我想杀死吕纂，推举兄长为主，我们率军向西袭击驻守张掖城的吕纂弟吕弘，然后，号令凉州各郡，这是千载难逢的机会啊。”杨桓大怒说：“我听说臣子侍奉君主，誓死无二，我即使没有申包胥救国之效，可是，我为吕氏臣子，享受吕氏俸禄，如今吕氏危难，却不能相救，怎可再平添灾难？吕氏如果灭亡，我将成为弘演。”春秋时期，狄人攻破卫国，卫懿公被杀，大夫弘演找寻到卫懿公的尸体，可尸体却已支离破碎，只剩下完整的肝脏。弘演说道：“国君无人收殓，我就以我的身体作为棺木吧。”于是，拔刀刨开自己的腹腔，将卫懿公的肝脏放入身体，壮烈而死。杨统听了堂兄的话，内心十分恐惧，等到部队抵达番禾（今甘肃省永昌县）的时候，杨统叛逃到了郭麐那里。

闻听吕纂东归，郭麐派军在白石（今地不详）拦截，吕纂大败。吕光西安（今甘肃省张掖市东南）太守石元良率领五千步骑，前来救驾，吕纂与石元良一起反击，又大破郭麐军，于是，进入姑臧城内。郭麐为人偏执狭隘，残忍无情，在他占领东苑城之后，拘押了吕光的八个小孙子，此次，他先胜后败，当他听到败报之后，十分恼火，他下令将吕光的八个孙子全部抛到长刀枪尖上，然后，剁下四肢，分开尸体，将鲜血盛到碗中与众人喝下，一起盟誓。周围的人们都捂住双眼，不忍目睹这一残忍的场景，而郭麐却举止自若，无动于衷。

郭麐起兵之后，休屠（今甘肃省武威市北）城内的张捷、宋生等人，也招集各族民众纷纷反叛，与郭麐一起推举略阳氐族人、后凉后将军杨轨为盟主。当时的杨轨，似率军驻扎在姑臧南部地区，奉命抵御秃发乌孤，接到郭麐的推举之后，杨轨部将程肇劝说道：“大人这是丢掉龙头，而追随蛇尾，不妥。”但杨轨没有听从，他自称大将军、凉州牧、西平公，也加入了背叛的行列。吕纂在姑臧城西大败郭麐部将王斐，郭麐的气焰被压制了下去，于是，他向南凉主秃发乌孤求救，秃发乌孤先命令弟弟、骠骑将军秃发利鹿孤率领五千骑兵北上姑臧，协助郭麐。

吕光给杨轨写信称："羌胡不安，郭麐作乱，南部消息，音信断绝。路人风传，将军威逼百姓，投向郭麐。将军智勇忠贞，岂能听信奸邪之言，失去气节！松柏凌霜不凋，君子临难不移，我怎能想到松柏见到微霜就凋谢！郭麐不过是一个占卜小人，有时或能说准，但从大的方面上看，多是虚妄之言。朕统治无方，致使国家混乱，百城离叛。同心协力，共渡时艰，这是我对你的期望。如今姑臧粮仓囤积了成百上千万的粮草，战士以一当百，将吞食郭麐，扫清段业，虎步凉州。我虽与你名为君臣，却情同父子，将保全你的名节，不让后人耻笑。"杨轨不听。到第二年年初，杨轨亲自率领两万步骑军团北上，帮助郭麐，而秃发乌孤也派遣另一个弟弟秃发傉檀，随同杨轨一起北上。杨轨军队抵达姑臧，在城北扎下大营。

如果没有郭麐之变，也许北凉的段业和沮渠男成就被吕纂消灭了。正是郭麐在北凉建立之初，在姑臧发动叛乱，让吕光无暇北顾，这给了段业等人宝贵的时机。隆安二年五月，就在郭麐、杨轨、秃发军团包围姑臧之时，沮渠蒙逊提出举兵南下，进攻西郡（今甘肃省山丹县东南），当时，众人都以为长途南下，胜负难料，尤其是当时吕光的儿子吕弘还占据着张掖，越过张掖，远袭西郡，如果吕弘从后面切断北凉军队的归路，与西郡城内的吕纯守军夹击，后果将不堪设想。但是，沮渠蒙逊却说："此郡占据山岭要道，不可不攻取。"段业表示同意，于是，利用吕光无暇北顾这一宝贵时机，命令沮渠蒙逊率军进攻西郡，沮渠蒙逊利用河水倒灌西郡，西郡城墙崩塌，北凉军队攻入城中，抓获了西郡太守、吕光的侄儿吕纯，于是，晋昌（今甘肃省瓜州县）太守王德、敦煌太守孟敏均率郡投降了段业，段业加封沮渠蒙逊为临池侯，任命王德为酒泉太守，孟敏为沙州刺史。

沮渠蒙逊占领了西郡，反而切断了张掖吕弘的后路，而晋昌、敦煌的归降又让北凉自己的后方得以安定，实力壮大，于是，段业命令沮渠男成和王德率军进攻张掖，在这种情况下，吕弘要求放弃张掖，率军退回姑臧。而如今的姑臧也是危如累卵，吕纂曾经在杨轨等人刚刚抵达姑臧城下的时候，率军进攻杨轨，在双方激战正酣之时，郭麐率军及时赶到，前后夹击，吕纂大败，退回城内。初战告捷以后，杨轨自恃人多，将对姑臧城发起总攻，与吕光决一死战，可是，郭麐却总是以天道制止杨轨采取行动。虽然杨轨、郭麐等人没有对姑臧发起总攻，但是姑臧城依然危机四伏，左思右想，吕光终于同意了吕弘的请求。

为了接应吕弘，吕光命令吕纂率军北上。

杨轨与众人商议说："吕弘拥有一万精兵，如果与吕光合二为一，则敌强我弱，姑臧就无法攻下了。饲养野兽而不杀死，将后患无穷。”于是，杨轨率军与秃发利鹿孤一起截击吕篡所部，谁知吕篡早有准备，他率军迎战，大破杨轨与秃发利鹿孤之军，杨轨逃奔王乞基所部。郭黁听说杨轨战败的消息，向东逃往魏安（今甘肃省古浪县东），又从那里逃往西秦，投靠乞伏乾归，乞伏乾归任命其为建忠将军、散骑常侍。而杨轨和王乞基听说郭黁南逃以后，也率军南下，驻屯在廉川（今青海省民和县），召集了一万多各族民众。王乞基对杨轨说：“秃发乌孤才高兵盛，并且是我的旧主，不如归附于他。”于是，杨轨派人表示归顺秃发乌孤。可是，不久，杨轨所部就被此地的羌族首领梁饥击败，西逃至零海（今青海湖），偷袭了青海湖附近的乙弗鲜卑，占据了原属乙弗鲜卑的土地。

秃发乌孤对群臣说：“杨轨、王乞基归顺于我，你们没有及时解救，致使二人所部被羌族击败，孤十分惭愧。”

平西将军浑屯说：“梁饥没有见识，一战即可擒拿。”

梁饥在击败了杨轨、王乞基之后，又乘胜进攻后凉孤悬于外的西平郡（今青海省西宁市），西平郡人田玄明绑架了后凉太守郭幸，自称太守率众抵抗梁饥，并送上儿子作为人质，请求秃发乌孤出兵援救。秃发乌孤打算前去救援，众人都害怕梁饥军队强盛，迟疑不定。

左司马赵振说：“杨轨刚刚失败，吕氏正强，洪池岭（今甘肃省武威市南）以北，我们就不要想了，洪池岭以南的广武郡（今甘肃省永登县）、西平郡（今青海省西宁市）、乐都郡（今青海省海东市乐都区）、湟河郡（今青海省化隆县）、浇河郡（今青海省贵德县）等五郡，大约是可以攻取的。大王如果没有开拓基业之意，我就闭口不言了，如果想要经营四方，则机不可失。如果羌人得到了西平，那么，各族民众都会震动，这对我们十分不利。”

秃发乌孤大喜，率军大破梁饥，梁饥退守龙支堡（允吾，今甘肃省皋兰县西北，一说是指在甘肃省永靖县西北）。秃发乌孤率军进攻，梁饥单身匹马又逃往浇河郡，南凉军队俘虏斩杀了数万，声威大震，后凉乐都太守田瑶、湟河太守张裯、浇河太守王稚均投降了南凉，洪池岭以南的数万羌族、匈奴族部众，都归附了南凉，到隆安二年年底，后凉兴城守将、建武将军李鸾也以兴城投降，王乞基和杨轨也率领数千户部众从西前来归附。据胡三省注，兴城在允吾县西南、龙支堡之东。

随着实力的壮大，秃发乌孤开始自称武威王。

话分两头。

当吕弘率领那一万精兵东去之后，段业就从建康（今甘肃省高台县）将国都迁到了张掖。段业商议追击吕弘，沮渠蒙逊却说：“不要阻挡急于回家的军队，不要追赶走投无路的敌人，这都是兵家大忌。不如任其逃逸，以后再作打算。”段业说：“一日纵敌，后悔不及。”于是，率军追击，果然被吕弘击败，赖沮渠蒙逊而得以逃命。段业将沮渠蒙逊比作汉高祖刘邦的谋士张良，叹息道：“孤没有采纳子房的建议，竟然受到如此惨败！”段业在张掖东面修筑西安城，任命臧莫孩为太守，沮渠蒙逊说：“臧莫孩勇敢而没有智谋，只知道进攻却不明白撤退，让其作为太守，不是给他筑城，而是给他筑坟。”果然，不久臧莫孩就被吕纂击败，沮渠蒙逊深恐段业猜忌自己，常常故作无知，借以韬光养晦。

三二七 南燕建立

隆安元年，当后凉一分为三的时候，战胜了后凉军队的西秦乞伏乾归也没有闲着。

此时，正值秃发乌孤的南凉初起，正与后凉交手，为了确保后方安全，秃发乌孤派人请求与西秦的乞伏乾归和亲，双方就此结为了姻亲；结好秃发乌孤之后，到了隆安元年的六月，乞伏乾归借着兵威，征召一直处于半独立状态的北河州刺史、羌人彭奚念征召为镇卫将军，而以自己的亲信屋弘破光担任河州牧，并以定州刺史翟瑥为兴晋太守，镇守枹罕（今甘肃省临夏市）这一战略要地。枹罕是西秦与南凉的接合部，也是西秦通向青海吐谷浑的门户，战略位置十分重要。接着，到了隆安二年年初，就在杨轨、郭麐、秃发南凉进攻姑臧之时，乞伏乾归趁火打劫，命令弟弟乞伏益州北上，进攻已经落入南凉之手的金城附近、尚被后凉占领的支阳等三座小城，俘获了一万多人离去。九月，乞伏乾归又命令秦州牧乞伏益州、武卫将军慕兀、冠军将军翟瑥率领两万军队西上讨伐吐谷浑。十年前，在太元十四年，乞伏乾归曾派出使者加封吐谷浑王视罴为使持节、都督龙涸以西诸军事、沙州牧、白兰王，然而，视罴不仅不予接受，而且还出言不逊，令乞伏乾归勃然大怒，此时，乞伏乾归就是要好好教训教训这个不知天高地厚的家伙。十月，两军在度周川（今青海省东南部）交战，视罴大败，退保白兰山（今青海省西南，疑为布尔汗布达山），送上儿子吐谷浑宕岂作为人质求和，乞伏乾归将宗室之女嫁给了他。

在隆安初年，当关东的北魏与后燕一团混战、凉州一分为三、陷于大乱之时，关中地区的后秦政权则相对稳定许多。在此期间，后秦主要是在抚定统治区。据《晋书·姚兴载记》记载："鲜卑薛勃于贰城为魏军所伐，遣使请救，使姚崇赴救。魏师既还，薛勃复叛，崇伐而执之，大收其士马而还。""鲜卑薛勃叛奔岭北，上郡、贰川杂胡皆应之。”贰城，具体位置不详，这里是匈奴曹氏部落的游牧地，并且，与鲜卑薛干部相邻。高车薛干部太悉伏由于没有将铁弗部刘屈丐（刘屈孑）送给拓跋珪，招致拓跋珪的报复，致使薛干部老巢三城陷落，太悉伏投降了姚兴，但不久，他又北逃岭北，上郡（今陕西省绥德县）以西的鲜卑、杂胡都归附了他。结合《资治通鉴》对薛干部太悉伏的记载，此处所云鲜卑薛勃也许就是高车薛干部太悉伏的异称。

当时，当薛勃遭受拓跋珪打击的时候，后秦曾经派遣姚崇解救，然而，当魏军退去之后，薛勃又背叛了后秦，姚崇率军进攻，抢掠了薛勃的大量部众、马匹；此后，薛勃包围了驻守金城（当非兰州之金城，疑为今陕西省榆林市附近）的后秦安远将军姚详，姚兴命令姚崇、尹纬率军前往讨伐，薛勃从三交（当为三交堡，今陕西省榆林市境内）直指金城，姚崇的这支远征军列营在金城城外，可是，当地各族民众供应粮草很不积极，致使姚崇军中断粮。姚崇说：“辅国将军弥姐高地、建节将军杜成等人都是当地的豪强，位列三品大员，让你们督运粮草，却让三军乏粮，应当予以严厉处罚。”于是，将二人斩首，姚崇这一杀一儆百的做法，立即发生了作用，当地各族民众都大为震动，纷纷贡献军粮，很快就上缴了五十多万石。姚兴看到前线迟迟未决，他亲自率领两万骑兵前往讨伐，薛勃听说姚兴亲自到来，十分恐惧，扔下部众只身逃往鲜卑没奕干部，没奕干也不敢得罪后秦，将其逮捕送交姚兴。

姚兴在太元二十一年占领了蒲坂，扼守住了山西方向进入关中地区的跳板；接着，又在隆安元年，消灭了鲜卑薛勃部，稳定了关中北部地区，与此同时，在西南部的仇池杨盛也向其称臣，姚兴任命其为使持节、镇南将军、仇池公，而帝国西北部的鲜卑没奕干部也表面上服从后秦的领导，在这种情况下，姚兴将目光投向了东晋占领的洛川地区。隆安元年，姚兴亲率后秦军队出潼关，朝洛阳进发，东晋弘农太守陶仲山、华山太守董迈均举城投降，后秦军队推进到陕城（今河南省陕县），遂攻陷了上洛（今河南省洛南县东南）；姚兴命令姚崇进攻洛阳，东晋河南太守夏侯宗坚守金墉城，姚崇无法攻下，就转兵柏谷城（今河南省宜阳县南），将流亡到此的西河人严彦、河东人裴岐、韩袭等两万多人，迁往关中。武都氐屠飞、啖铁等杀陇东太守姚回，掳掠了三千余家，盘踞方山（今甘肃省平凉市）发动叛乱。姚兴派遣姚绍等人率军讨伐，斩杀了二人；又派遣狄伯支将汉中的流民曹会、牛寿等一万余户，迎回了关中。

姚兴为人作风简朴，留心政事，虚怀若谷，崇尚儒教。姚兴的母亲虵氏去世，姚兴十分伤心，不再过问政事，群臣建议遵循汉魏的旧例，安葬以后，就恢复正常。

尚书郎李嵩上书说：“以孝道为核心来治理天下，是先王的为政之本，安葬以后，陛下可以身着白色的孝服临朝，处理政事，为天下树立榜样。”

尹纬反驳道：“帝王的服丧礼制，汉魏是一个标准。安葬以后，就可以恢复正常，李嵩应送交有关机关论罪。”

姚兴说：“李嵩既是忠臣，又是孝子，又有什么罪过？尹仆射抛弃先王的经典，却要遵循汉魏临时性措施，这岂是我对你们这些重臣们的期望呢？听从李嵩所说的。”

杜瑾、吉默、周宝等人就是因为上书言事而被授予官职；姜龛、淳于岐、郭高等都是名闻关中的大儒，各有数百门徒，姚兴让他们在长安开设学校，学生达一万多人；姚兴闲暇之时，多次在东堂召见姜龛、淳于岐等人，一起讨论儒学，研究名理。在苻坚末年，凉州儒士胡辩，来到洛阳，有一千多名弟子，关中的学生们很多都想去洛阳请教，此时，洛阳尚属东晋领土，姚兴下令：“学生们前去学习知识，来往出入关口，不要以对其他人员那样盘查、限制。”在姚兴的倡导下，关中地区学习儒学之风日渐浓郁。

姚兴的给事黄门侍郎古成诜、中书侍郎王尚、尚书郎马岱等，都是因为文章写得好，而被破格提拔。古成诜常以拯救天下为己任，当时，京兆人韦高羡慕阮籍，母丧期间，他也学着阮籍那样弹琴饮酒。古成诜听说以后，流下眼泪，说：“我要亲自将其诛杀，以端正风俗教化。”遂手握宝剑，前往寻找韦高，韦高吓得藏匿起来，一辈子都不敢再见古成诜。

时光就这样在纷纭复杂的世事中缓慢地步入了隆安二年（公元 398 年）。

慕容德采纳了慕容麟放弃邺城、渡过黄河、镇守滑台的建议，于这一年的正月，率领邺城四万户军民，带着两万七千辆大车，从邺城南下，向滑台转移。这支浩浩荡荡的南迁大军很快就到了黄河北岸，然而，当他们有条不紊地登上黄河渡船的时候，天气却突然变得异常寒冷，黄河之上刮起了罕见的大风，将渡船吹翻、沉没。而就在这时，又传来拓跋仪率领的魏军已经占领邺城，并挥师南下的消息，慕容德等人一片惊恐，大家商量着暂时前去附近的黎阳据守。当晚，由于气温骤降，黄河冰面结上了厚厚的冰，几乎面临灭顶之灾的慕容德不禁大喜，当晚即从冰面上跨过了黄河。第二天黎明，魏军即进抵黄河北岸，而黄河河冰却融化了，魏军眼睁睁地看着对岸的慕容德这行人，却无可奈何，慕容德以为是上天的眷顾，为了感谢上天，他将黎阳渡口改名为天桥渡口（天桥津）。

黄河，不仅是一条天然的地理屏障，而且，还对人的心理产生无形的影响。到了滑台之后，慕容麟巴结自己的这位叔叔，请求慕容德依照其父慕容垂的旧例，称燕王，改永康三年为元年，以范阳王府代行皇帝职权，设置百官。还是在邺城之时，当听说拓跋珪攻克了中山，燕主慕容宝生死不明之时，慕容德就有了自立为帝的打算。当时，他派往后秦姚兴的使者刘藻，也从长安返回了。刘藻虽然没有带回后秦军队，但是，后秦太史令高鲁却派他的外甥王京晖，随从刘藻一起来到了邺城，王京晖给慕容德带回一颗玉玺和一卷图谶秘文，写道："有德者昌，无德者忘。德受天命，柔而复刚。"当时，又有童谣唱道："大风蓬勃扬尘埃，八井三刀卒起来；四海鼎沸中山颓，唯有德人据三台。"这一切都让慕容德感觉自己是天命所归。然而，不久，慕容达从北方回到了邺城，带来了慕容宝尚在的消息，于是，慕容德暂时按捺下称帝的欲望，上书请求慕容宝从龙城南下，夺回中山。然而，慕容德这一请求也许仅仅是一种不负责任的姿态而已，接下来，他就采纳了慕容麟的计策，置邺城尚有魏军亟须的大量粮食于不顾，抛弃邺城，南下滑台，这一资敌行为，归根结底还是想自立为帝，保存个人的实力。因此，慕容德刚刚南下到滑台，就迫不及待地另立了山头，而借慕容宝的弟弟慕容麟之口劝进，又让慕容德多少有那么一点正当性，听了慕容麟的话，慕容德欣然接受。于是，改元，大赦境内，以慕容麟为司空、领尚书令，慕容法为中军将军，慕舆拔为尚书左仆射，丁通为尚书右仆射，慕容德建立的政权被史书上称为"南燕"。

至此，中国境内已经有了九个政权：东晋、后燕、后秦、西秦、北魏、后凉、北凉、南凉、南燕，除了这九个之外，还有仇池的杨氏、青海的吐谷浑等等。

在利用完慕容麟之后，史书称，过去河间地区曾经出现过祥瑞，慕容麟以为是应在自己身上，因此，此时密谋作乱，慕容德将其诛杀。其实，此时的慕容麟没有一兵一卒，根本不可能作乱，慕容德作为段元妃的妹夫，段氏之所以被杀与慕容麟有着直接的关系，当初还是慕容麟亲自到宫中逼死了段元妃，时隔仅仅一年多，段季妃岂能放过落到自己手中的慕容麟？！

也许慕容德要求慕容宝南下，一方面是让慕容宝与拓跋珪在冀州火并，自己则借机发展实力；而另一方面，也是想借拓跋珪之手，消灭慕容宝，从而为自己争得后燕的帝位。不过，远在辽西的慕容宝并不知道其中的委曲，他聚集了辽西所有的军队，在隆安元年年底计划出兵南下，不过，为了稳妥起见，他还是派启伦率领侦察部队，先行南下，侦察河北的真实情况。到隆安二年一月，也就是慕容德自称燕王之时，启伦回到龙城，他向慕容宝报告了中山已经陷落的消息，于是，慕容宝权衡再三，决定暂时放弃南下计划，而这时，慕容农却说："如今我们刚刚迁都龙城，不能南征，不过，既然已经集结了军队，倒不如趁机北上进攻库莫奚，夺取他们的牛马，补充我们的军资，在此期间，继续侦察魏军的虚实，等到明年再做打算。"于是，慕容宝采纳了慕容农的建议，一月二十六日，慕容宝率领后燕军队开始北上，第二天，他们渡过了浇洛水（西辽河上游），行将对库莫奚发动进攻，而恰在此时，南燕慕容德的侍郎李延却从南方来到了慕容宝的军中，他对慕容宝说："拓跋珪已经西去准备回到老巢，中原空虚。"劝说慕容宝南伐。慕容宝大喜，当即又下令回军龙城，计划再度南下，而这一决定，却让他付出了巨大的代价。

三二八　回师代北

拓跋珪于晋安帝隆安元年十月攻克中山，又于第二年一月占领了邺城，至此，经过一年零三个月的进攻，北魏终于占领了后燕冀州腹地，后燕慕容宝退居辽西，慕容德则在滑台建立了南燕。

隆安二年（公元 398 年）一月七日，魏王拓跋珪得知占领邺城之后，即率军从中山南下，经过常山郡的真定，驻扎在赵郡的高邑（今河北省柏乡县）。听说拓跋珪来到了这里，王猛之孙王宪前往求见。王宪，字显则，是王猛之子王休的儿子，王休早死，王宪一直跟随伯父、苻丕丞相王永生活，王永被慕容永杀死以后，王宪逃奔清河，藏匿起来。拓跋珪一见之下，十分高兴，他对大家说："这是王猛的孙子！"立即任命其为本州的中正，负责对青州人士的选拔，同时负责国务院人事部工作，兼出纳皇帝诏令，对王宪十分礼遇。在高邑稍作停留，拓跋珪即抵达了邺城，他下诏命令冀州各个郡县，对于贫苦百姓进行赈济，到邺城以后，拓跋珪游览了邺城城内的各个亭台楼阁，他边看边问黄门侍郎崔宏，崔宏对答如流，拓跋珪十分满意，也产生了定都邺城的打算。但是，拓跋珪深知此时并非迁都的最佳时机，于是，他先在邺城设置了临时政府，命令龙骧将军、日南公和跋为行台尚书，与尚书左丞贾彝率领五千下级官员和士兵，镇守邺城。《魏书·和跋传》称，和跋家族"世领部落，为国附臣"，他本人则"以才辩知名"，被拓跋珪提拔为外朝大人，参与军国大事的筹划，拓跋珪对其十分宠爱，"冠于诸将"。贾彝，字彦伦，本是武威姑臧人，其六世祖贾敷为曹魏的幽州刺史，子孙就居住在了幽州，后燕时期，贾彝为慕容农记室参军，拓跋珪过去就曾听说过贾彝之名，曾请求慕容垂将贾彝交给自己，慕容垂不从，提拔贾彝为慕容农骠骑将军长史，兼昌黎太守。参合陂之战中，贾彝是生还的为数不多的数十人，被拓跋珪任用为尚书左丞，加给事中。此时，拓跋珪命令他辅佐和跋，在邺城招抚新近归附的后燕臣民。

安顿好邺城防务之后，拓跋珪即从邺城回到中山，下诏对于大军所过的郡县百姓，免除一年的赋税，同时，对于冀州百姓减免一半的赋税。如今，对于拓跋珪而言，能否牢牢地控制河北腹地，尚没有十足的把握，于是，他采取了以下三种措施：一是命令一万名士兵修筑从中山到代郡的快速通道。这一快速通道，起点从望都铁关（今河北省望都县），开凿太行山脉的恒岭，一直到代郡（今河北省蔚县），全长五百多里。这一快速通道，保证了一旦关东地区发生变故，北魏的骑兵可以从代北之地，迅速东进。二是在中山也设置了临时政府，命令左丞相、守尚书令、卫王拓跋仪镇守中山，另外，命令抚军大将军、略阳公拓跋遵镇守渤海郡的合口（今河北省沧州市西南）。据《魏书·长孙嵩传》记载，（长孙嵩）“从征中山，除冀州刺史，赐爵巨鹿公”。也就是说，拓跋珪以中山的拓跋仪负责整个关东地区的安全，而以信都的长孙嵩、渤海的拓跋遵、邺城的和跋等人为支点，控御整个河北。三是将关东六州之民以及慕容鲜卑、高句丽等杂夷三十六万，另有十万多能工巧匠，迁往代北，以提高北魏核心统治区内的生产能力。《北史》将三十六万记作三十六署，而《资治通鉴》将十万作为这次迁徙的总人数。又据《魏书·崔玄伯传》称“及置八部大夫以拟八座，玄伯通署三十六曹，如令仆统事，深为太祖所任”云云，三十六曹或者署也是存在的，又据《魏书·食货志》称：“既定中山，分徙吏民及徒何种人、工伎巧十万余家以充京师，各给耕牛，计口授田。”因此，《魏书·太祖本纪》所称的杂夷三十六万的万字当属衍误，当时拓跋珪迁往代地的仅仅是三十六曹的十万技术工人而已。

一月二十八日，也就是后燕慕容宝从北伐库莫奚前线返回的第二天，拓跋珪从中山启程北归，北魏大军以及强制迁徙的居民队伍，浩浩荡荡，从中山一直连绵到望都的尧山。听说拓跋珪北返的消息，不仅慕容宝蠢蠢欲动，而且后燕原统治区内形形色色的势力也都开始蠢蠢欲动。魏军右军将军尹国，本来在冀州督促缴纳军粮，听说拓跋珪将要北返的消息，想趁机偷袭信都，被安南将军长孙嵩抓获，送交拓跋珪斩首；博陵（今河北省安平县）、渤海（今河北省南皮县）、章武（今河北省大城县）等郡，治安混乱，纷纷反叛，略阳公拓跋遵等人率军一一平定；广川（今河北省枣强县）太守贺赖卢，豪爽强悍，他作为贺兰部的头领，连拓跋珪的弟弟拓跋仪都看不到眼里，更不要说其他人了。此时的冀州刺史是王辅，贺赖卢偷袭信都的王辅，将其诛杀，然后裹胁信都守军，向西南而下，大肆劫掠阳平（今河北省大名县东北）、顿丘（今河南省浚县北）等地，然后，贺赖卢率军渡过了黄河，投奔南燕慕容德，慕容德任命其为并州刺史，封为广宁王。贺赖卢背叛拓跋珪，绝非一时冲动之举，也不是耻于作为王辅下属可以涵盖得了的，他的背叛里面积淀了贺兰部太多的血泪历史，我们无法知道贺赖卢带领的是否有贺兰部的部众，也无法确切地知道，当时的贺兰部是否被完全离散了，但是，从贺赖卢所驱赶的是信都的守兵这一点来看，大约贺赖卢身边已经没有原有的部众了。除此之外，隆安二年三月，离石胡帅呼延铁、西河胡帅张崇等人（均在今山西省吕梁市离石区一带）不愿意被迁往代地，率数千部众反叛，拓跋珪命令安远将军庾岳前往讨伐，庾岳率领三千骑兵击破叛胡，斩杀了呼延铁，活捉了张崇，又进山追缴余党，彻底平定了叛乱；渔阳乌桓库辱官韬也聚众背叛北魏，拓跋珪命令中坚将军伊谓前往征讨。

大军翻越恒岭的时候，拓跋珪亲自登上山顶，鼓励迁徙的新民，正看到崔宏扶着老母随众人徒步翻山，看到这一情景，拓跋珪十分感动，当即赏赐崔宏牛、米，还下诏对于行进困难的迁徙民众，赏赐车或牛。二月，拓跋珪从中山抵达繁畤宫，重新选拔禁卫军士兵，下诏给新近迁徙到代北的居民耕牛，按照家庭的人口分配田地。拓跋珪登上白登山打猎，看见一头熊带着几只小熊，他回头对冠军将军于栗磾说："你如此英勇，能徒手与之搏斗吗？"于栗磾武艺过人，拓跋珪曾说于栗磾是自己的黥布、彭越之类的猛将，于栗磾回答："天地之间，人是最尊贵的，我前去徒手搏击，万一不胜，岂不白白损失了一名壮士？要想得到这头熊，自然可以将他们驱赶过来，给陛下擒获。"于是，于栗磾前往将几只熊驱赶到拓跋珪面前，全部射杀，拓跋珪向于栗磾道歉。

居住在北秀容尔朱川的契胡（羯族）酋长尔朱羽健，率领一千七百名契胡武士，追随拓跋珪进攻晋阳、中山，被拜为散骑常侍。秀容，共有南北两个，北秀容，又被称作梁郡城，在今山西省朔州市西北，即为尔朱氏居住之地；南秀容，则在今山西省岚县南，《元和郡县志》称，刘渊感神而生，姿容秀美，所以叫作秀容，《清一统志》称，北秀容去南秀容三百余里。尔朱氏大约是在躲避冉闵杀胡之时，避难到此，他们与石勒一样没有姓氏，由于居住在尔朱川，因此就以尔朱为姓。尔朱羽健就是后来大名鼎鼎的北魏权臣尔朱荣的高祖，由于尔朱羽健有功，拓跋珪即将秀容川附近三百里的土地封给了他。开始的时候，拓跋珪考虑到南秀荣附近的土地肥沃，想把南秀荣封给尔朱羽健，可是，尔朱羽健却说："臣家世代服侍国家，追随左右。北秀容在国内，距离京师很近，怎会因土地贫瘠而迁到远处。”于是，拓跋珪同意了。据说，尔朱羽健在居住之地，经常看到狗在地上舔舐，挖开土地，得到一眼甘泉，在魏收时代还存在，被称为狗舔泉。

在拓跋珪进攻中山期间，柔然多次侵犯北魏，拓跋珪回到代地以后，他对上述右中兵郎李先说：“如今柔然屡屡攻击我边塞，朕打算讨伐他们，你认为如何？”李先回答：“柔然没有认识到天命，逃窜到北方荒野，屡屡前来偷盗劫掠，惊扰我国边民。陛下神武，率军讨伐，必将成功。”于是，拓跋珪亲自率军北伐，大破柔然，胜利之后，拓跋珪赏赐李先奴婢三名，牛、马、羊五十头。

在稳定了代北地区之后，拓跋珪即将建立正式的国家纳入到了议事日程。他将弟弟卫王拓跋仪召回代北，而以拓跋遵镇守中山，四月，拓跋珪进封堂兄弟拓跋遵为常山王，南安公拓跋顺为毗陵王，拓跋遵是拓跋什翼犍慕容皇后寿鸠之子，拓跋珪晋封他为王，是犒劳他平定博陵等地叛乱之功；拓跋顺则是拓跋什翼犍慕容皇后地干之子，加封拓跋顺是犒劳他安定代地，讨伐贺力眷的功劳。后来，拓跋珪喜好黄老之术，经常召集宗室大臣一起讨论黄老的无为哲学，听众无不聚精会神，而拓跋顺却听不进去，在座位上打哈欠，并随地吐痰，于是，拓跋珪大怒，将其免官——不过，在柏肆之战败报传来的时候，拓跋顺曾想自立，也许是后来拓跋珪知道了底细，借口废黜了他吧。又晋封历阳公穆崇为太尉，安南将军、巨鹿公长孙嵩为司徒。

三二九　建立北魏

虽然在登国元年（公元 386 年），拓跋珪即代王位，但是，北魏作为一个封建国家建立起来，则应当从道武帝天兴元年，即晋安帝隆安二年（公元 398 年）算起。

隆安二年（公元 398 年）六月，东晋向拓跋珪派去使者，为了答书的需要，拓跋珪下令确定一个国号。群臣均称："过去，在周王朝和秦朝之前，诸侯世代居住一地，等到富有天下之后，即以原来所居之地作为国号。从汉朝以来，废黜了诸侯王制度，改在地方设置郡守，那些顺应天命继位为王的，原来都没有尺寸之地。如今国家万代延续，开基于云中、代北，因此，臣等以为如果取法长远的话，应以代为国号。"崔宏建议说："三皇五帝立国号，或者是以所生之地，或者是以自己的封国名字。唐虞、夏、商、周，原本都是诸侯，等到得到天下之后，就沿用旧号，不再更改。只有商朝屡屡迁徙，改国号为殷，但仍然与原来的并称。汉高祖以汉王还定三秦，消灭项羽，所以，以汉为国号。我国统治北方广大的国土，到陛下龙飞，虽然是旧邦，但上天的眷顾却是新近才赐予陛下的，魏字是一个大的称号，曾经是中原的上等国家，臣以为应当以魏作为国号。"拓跋珪听从了，他下诏说："过去，朕的远祖虽然统治北方，登上王位，但并没有控制中原。到了如今，天下分裂，中原无主，民风虽然不同，但安抚民众全在一个德字，因此，朕亲自率领大军，扫平中原，荡涤凶顽，远近归附。应当还使用原来的国号魏。"从此，各国往来均指称拓跋珪所立之国为"魏国"，史称北魏。

确定国号实际上反映了拓跋珪是选择在代北立国，抑或是入主中原、做中原之主的问题，显然，拓跋珪选择了后者。在确定了国号之后，拓跋珪开始有步骤地进行立国的基础性工作，到了七月，拓跋珪将国都从盛乐南迁到平城（今山西省大同市），开始在平城营建宫室，建设宗庙，设立社稷（土神、农神的祭坛），皇家宗庙于每年的春分、秋分、夏至、东至、腊日，分五次进行祭祀；东至代郡，西到善无，北至参合，南达阴馆，代郡治所在今河北省蔚县暖泉镇西、山西省广灵县东北，善无位于今山西省右玉县南古城村，阴馆在今山西省朔州市东南夏官村，参合位于今山西省阳高县东北，这一区域是传统的代北地区，也就是今天的雁北地区，拓跋珪将这一地区作为京畿之地，在这一范围之外，又设置了四方四维八部帅进行管理，鼓励农耕，拓跋珪还率先垂范，亲自下地耕田；八月，拓跋珪又命令有关机关确定京师及其近郊的范围，标明道路的名称和里程，统一长短、轻重的标准，并派出使者到各个郡县巡视，对于违法乱纪的地方官员，由拓跋珪亲自审问，进行处罚。十月，拓跋珪下令开始修建最为豪华的天文殿，在天文殿的东西两侧，分别建设了两个配殿：云母堂和金华室。十一月，拓跋珪命令尚书吏部郎、前秦猛将邓羌之孙邓渊制定官制、确定品级、创制皇家音乐；命令仪曹郎董谧确定祭祀、朝觐、饮宴等种种礼仪规范；命令三公郎中王德制定法律规章；命令太史令晁崇制造浑天仪，观察天象；命令吏部尚书崔宏担任总监，制定出北魏帝国永远不变的体制制度。

拓跋珪做事历来雷厉风行，在这短短的数月之间，他完成了迁都、立法、制定官制、礼仪、规范度量衡等一系列工作，结合一直以来进行的部落离散等措施，他把原始社会末期的拓跋部一下子带到了封建社会，虽然此时的北魏尚有不少的奴隶社会残余，但是，其立国规模已经是封建社会了。拓跋珪迁都平城，标志着拓跋部城郭生活的开始，但是，在北魏草创阶段，一切都是十分简陋的，《南齐书·魏虏传》对此有一段十分生动的描写：“什翼圭始都平城，犹逐水草，无城郭，……（拓跋焘）截平城西为宫城，四角起楼，女墙，门不施屋，城又无堑。南门外立二土门，内立庙，开四门，各随方色，凡五庙，一世一间，瓦屋。其西立太社。佛狸（即拓跋焘）所居云母等三殿，又立重屋，居其上。饮食厨名‘阿真厨’，在西，皇后可孙恒出此厨求食。……殿西铠仗库屋四十余间，殿北丝绵布绢库土屋一十余间。伪太子宫在城东，亦开四门，瓦屋，四角起楼。妃妾住皆土屋。婢使千余人，织绫锦贩卖，酤酒，养猪羊，牧牛马，种菜逐利。太官八十余窖，窖四千斛，半谷半米。又有悬食瓦屋数十间，置尚方作铁及木。其袍衣，使宫内婢为之。伪太子别有仓库。其郭城绕宫城南，悉筑为坊，坊开巷。坊大者容四五百家，小者六七十家。每南坊搜检，以备奸巧。城西南去白登山七里，于山边别立父祖庙。城西有祠天坛，立四十九木人，长丈许，白帻、练裙、马尾被，立坛上，常以四月四日杀牛马祭祀，盛陈卤簿，边坛奔驰奏伎为乐。城西三里，刻石写‘五经’及其国记，于邺取石虎文石屋基六十枚，皆长丈余，以充用。”这还是拓跋珪之孙拓跋焘时期平城宫室的景象：皇家宗庙是瓦屋五间；皇家厨房就在大殿的西边，皇后经常出入厨房找东西吃；嫔妃们都住在土坯房里，宫中婢女们有卖酒的、有养猪羊的、有种菜的、有放马的、有织绸缎的，以此贩卖赚钱。而拓跋珪时期平城宫室的简陋状况，当有过之而无不及。

在一切准备就绪之后，闰十一月，左丞相、骠骑大将军、卫王拓跋仪等群臣上书请求拓跋珪登基即皇帝位，拓跋珪忸怩作态一番，三次推让，然后才同意了。十二月二日，拓跋珪登上了天文殿，太尉穆崇、司徒长孙嵩分别送上皇帝玉玺和印章绶带，百官山呼万岁，拓跋珪下令大赦境内，改元为天兴元年，下令全体国民都编起头发，戴上帽子，追尊远祖拓跋毛以下二十七位祖先均为皇帝，追谥六世祖拓跋力微为神元皇帝，庙号始祖；爷爷拓跋什翼犍为昭成皇帝，庙号高祖；父亲拓跋寔为献明皇帝。在祭祀的礼仪上，拓跋珪也逐步采纳了汉族的规矩，原来，按照拓跋部的习俗，夏天的第一个月即四月，要祭祀上天和祖先，夏季第三个月即六月，首领要率领部众前去阴山祭祀霜神，秋天的第一个月即七月，要在西郊祭祀天神。从此以后，拓跋珪采用的汉族的祭祀礼仪，规定了祭祀时采用的音乐，只有夏季的第一个月祭祀天神的时候，拓跋珪才出席，其他时候，则由有关部门代替祭祀。又采纳了崔宏的建议，拓跋珪自称是皇帝之后，以大地作为帝国的吉祥物，衣服的颜色以黄色为尊贵，数字以五为吉祥，祭祀用的牺牲用白色的等等。在举行了登基大典之后，拓跋珪又下令将全国六州二十二郡的地方官员家属、当地豪强、吏民等两千多家，又迁到了平城。

在隆安二年一年里，拓跋珪一直都在忙着登基即位的事情，围绕着这一中心工作，北魏建立了一系列的制度，并往平城周围迁徙了大量的人口，进一步巩固了北魏的统治。也许在邺城巡视的时候，在拓跋珪的头脑中就已经确定了暂时迁都平城的计划。这当然与平城特殊的地理位置有着直接的关系，据道光《大同县志序》称，平城“西界黄河，北控大漠，东连倒马、荆紫之关，南据雁门、宁武之险”，“山环采掠，水抱桑干，长城界其北，雁塞峙其南，西眺朔漠，东瞻白登”。境内山环水抱，自古为兵家必争之地，素有“北方锁钥”之称。自道武帝拓跋珪定都平城以后，直到孝文帝迁都洛阳，平城作为北魏的政治、文化、经济和军事中心，长达九十七年，历经北魏六帝七世，平城经过多次修建，形成了宫城、内城、外城三部分，宫城有大量宫殿，如浑水穿行其中，内城包裹于外城之内，外城有很多商业区、居民住宅，“坊大者容四五百家，小者六七十家”，还规划建筑了官府衙门、寺庙、园林等，外城以外还有武周山石窟、灅南宫、大道坛庙等建筑，外围以桑干河为池，以长城为边墙，也让平城步入了历史上最为辉煌的时代。

而这一切都与大规模的人口迁徙行动密切相关。大规模的向平城附近迁徙人口，主要有几个方面的原因：一是此地人口稀少。据《晋书·地理志》的记载：“魏黄初元年，复置并州，自陉岭以北并弃之，至晋因而不改。”也就是说，从曹丕时代，就已经对这一地区失去了有效的控制，后来，刘琨又将楼烦（今山西省宁武县）、马邑（今山西省朔州市）、阴馆（今山西省朔州市东南）、繁畤（今山西省浑源县西南）、崞县（今山西省浑源县）五县人民全部撤到陉南，将并州北部的五县之地割让给了拓跋猗卢，稍后虽然拓跋猗卢曾经将十万鲜卑迁往此地，但经过六修之乱，原属于拓跋部的汉人、乌桓又离开了此地，投靠了刘琨，拓跋珪要想让平城成为统治中心，就必须大量充实该地的人口。二是维护帝国稳定的需要。将全国各地的豪强大族迁往京师，这是历代统治者借以巩固地方统治的手段之一，将关东地区的大族迁到平城，就有这一目的。三是军事上的需要。大量的人口资源，是军队兵员的潜在补充力量，对于北魏迅速扩充军力作用很大。四是经济上的需要。拓跋珪从原后燕统治区迁来了大量能工巧匠，他们带来了先进的生产技术和制作工艺，极大地提高了北魏的经济发展。

据学者统计，北魏大规模的强制迁徙行动多达十六次，迁徙与反迁徙的斗争也如影随形，此起彼伏，不过，这种不同民族之间的迁徙行动，也促进了各民族的融合，加速了拓跋鲜卑的封建化进程。

三三〇　颠沛流离

当拓跋珪忙着正式立国之时，慕容宝一刻也没闲着。

也就是在拓跋珪本年一月从中山回师的前一天，慕容宝就听信了慕容德使者李延的话，匆忙从讨伐库莫奚的前线回师了。后燕军队先是试图南下，继而又北上，如今两手空空，又再次回到了原来的出发地龙城。慕容宝下诏全军就地休整，不得擅自解散回家，并且命令全军将士将家属也全部带上，慕容宝心中是想把南下夺取中山与就势移民合二为一。辽西王慕容农、长乐王慕容盛劝谏道："我军如今军队疲惫，力量薄弱，而北魏刚刚取得胜利，不可与之争锋，应当休养军民，等待魏国出现可乘之机，然后再做商议。"慕容宝想想也对，将要采纳，而这时，抚军将军慕舆腾却说："如今，我大军已经集中起来了，应当趁着魏国刚刚攻下中原、立足未稳之际，而取得收复河山的大功。百姓可以去驱使他们，与之一起享受成功的果实，但难以在事情的初始阶段，就与他们商量。此事只应由陛下一人内断于心，不应广泛征求各种不同的看法，以乱军心！"慕容宝听后，说："此事就这样定了！敢再劝谏的，斩！"纵观慕容宝此人所作出的决断，无一不是错误的：姑且不说参合陂惨败，单说参合陂之战以后，他又说动父亲慕容垂伐魏，致使病中的老父死去；继位之后，逼死段元妃，让段氏家族及其背后庞大的利益集团，与后燕上层离心离德；人口普查，搜集军户中隐藏的人户，让全国上下怨声载道；任命慕容农为并州牧，并州很快丢掉；采取坚壁清野、后发制人的策略，却没有贯彻到底的决心，致使柏肆一战，几乎全军覆没；最大的失策是弃守中山，让同样处于困境中的拓跋珪咸鱼翻身，顺利拿下河北腹地；其间还失去了两次与拓跋珪实现和解的机会，优柔寡断，摇摆不定，让后燕帝国终于土崩瓦解。而这次慕容宝的冲天一怒，不仅没有夺回中原，相反，却让其丢了自己的性命。

隆安二年（公元 398 年）二月十三日，慕容宝留下儿子长乐王慕容盛留守龙城，主持后方军国事务，自己则离开皇宫，进驻军营。同月十七日，以抚军将军慕舆腾为前军大司马，统领前军，以司空慕容农为中军，慕容宝自己率领后军，步骑三万，三军各相距三十里，连营一百多里，兵发龙城，开始南下。

二月二十日，慕容宝的后军驻扎在乙连，乙连今地不详，可能在今辽宁省建昌县和今河北省青龙县一带。禁卫军的小队长段速骨、宋赤眉等人借助众人都不愿意远行，发动叛乱。段速骨等人均为死去的高阳王慕容隆的旧部，他们拥立慕容隆之子慕容崇为主，诛杀了乐浪王慕容宙、中牟熙公段谊以及宗室诸王。河间王慕容熙，素来与慕容崇这个侄儿要好，危难之中，在慕容崇的保护之下，慕容熙才得以免难。后燕军尚未走出辽西，就发生了内乱，慕容宝率领身边十几名亲信骑兵仓皇前行，投靠中军慕容农。慕容农将出营迎接，手下抱住慕容农的腰，不让他动，说："稍等一下，等问明情况后再说。"在这几个月的血雨腥风之中，慕容农对这个哥哥心存感激，是自己和慕容隆的劝阻，致使慕容宝没有及时杀死慕容会，导致了慕容宝身陷困境、弟弟慕容隆被杀、自己也险遭不测，也是哥哥亲自给自己包扎，让自己得以活命，对慕容宝这个哥哥，慕容农心里有惭愧、有无奈，而此时更多的则是感激。如今，哥哥的后军发生变故，他岂有坐视不顾之理？他拔出佩刀，砍死抱住自己的那人，出营迎接慕容宝，见到慕容宝之后，又派人火速前往慕舆腾的军中，让其回军。第二天，慕容宝、慕容农率领中军回军讨伐段速骨等人，可是，后燕军队此时早已军心大乱，毫无战斗力，不仅不愿意南下，更不愿将屠刀伸向自己的骨肉兄弟，慕容农的中军也全部溃散，听说中军后军均已溃散的消息，慕舆腾的前军也登时瓦解。慕容宝、慕容农兄弟二人无计可施，只好逃归龙城，长乐王慕容盛听说出事，赶紧率领龙城之兵，出城迎接，慕容宝、慕容农二人险些被段速骨等的叛军活捉。

后燕尚书、顿丘王兰汗，是慕容垂的小舅，是慕容宝的舅爷。后燕帝国在慕容宝的统治之下，已经众叛亲离，岌岌可危，兰汗决定与段速骨等人联合，诛杀慕容宝。他暗中与段速骨等人联络，率军驻扎在龙城城东。当时慕容宝南下的时候，带走了几乎所有的军队，龙城留下了为数很少的守军，慕容盛下令将龙城郊区的居民都迁到城内，遴选了一万多壮丁，登城固守。当时，段速骨的同党只有一百多人，叛军其他人都是被威逼的群众，没有很强的战斗力。三月二日，段速骨叛军开始攻城，而就在此时，一件谁也意想不到的事情却发生了！

一向以忠诚、善战闻名天下的慕容农，看到城内岌岌可危，担心难以坚守，并且，城外的兰汗劝诱他出城，为了保全自己，慕容农竟然抛弃了慕容宝，在段速骨的叛军攻城的当天晚上，偷偷出城了！慕容农的心思实在让人无法理解。第二天一清早，叛军继续对龙城展开了猛烈的进攻，城上临时拼凑的将士与叛军展开殊死的搏斗，叛军被杀的有一百多人。看到一时难以攻下龙城，兰汗裹胁着慕容农来到城下，绕城一圈，向城上宣称慕容农业已投降的消息。城上军民看到一直以来是自己精神支柱的慕容农竟然弃城叛逃，立即惊恐万状，纷纷丢下武器，四散逃命。段速骨等人就此顺利攻陷了龙城，入城之后，叛军烧杀抢掠，龙城一片狼藉。慕容宝、慕容盛与慕舆腾、余崇、张真、李旱、赵恩等骑上快马，仓皇南逃。

进入龙城的段速骨，将慕容农关押在龙城的大殿之内。与段速骨同为禁卫军小队长的阿交罗，是段速骨的智囊，他认为，慕容崇年纪太小，不足以成大事，想册立慕容农为皇帝。慕容崇的亲信畷让、出力犍等人，听说了阿交罗的阴谋，三月五日，将慕容农和阿交罗两人诛杀。段速骨又杀死了畷让、出力犍等人。慕容农的旧吏宇文拔逃往辽西。

三月八日，顿丘王兰汗又袭击段速骨，将段速骨一党全部诛杀；废黜了段速骨册立的皇帝慕容崇，另立慕容宝太子慕容策为主，代行皇帝职权进行大赦，并派出使者南下，奉迎慕容宝。兰汗的使者在蓟城附近追上了慕容宝一行，慕容宝打算再回到龙城，长乐王慕容盛等人都说："兰汗是忠还是奸，尚无法判断，如今，我们单身匹马前去，万一他心存不轨，到时候后悔都来不及了。不如南下到范阳王慕容德那里，搜集慕容德那里的军队，再夺取冀州；即使无法成功，率领南方的军队，再北上回到龙城，也不晚。"此时的慕容宝等人尚且不知慕容德业已称王的消息，于是，慕容宝同意了，将兰汗的使者诛杀，一行人从蓟城再度南下。

当慕容宝一行从小路路过邺城的时候，当地群众请求慕容宝留下，慕容宝没有同意。当时，驻守邺城的魏军只有和跋的五千人，贺赖卢裹胁冀州军民从邺城附近南下，投靠慕容德，和跋也无力阻止，与此同时，邺城附近的魏国守将内部也是矛盾重重，广平（今河北鸡泽县东，后魏移至今河北省邯郸市永年区）太守拓跋意烈，是拓跋什翼犍的儿子拓跋力真之子，原先一直在后燕，拓跋珪东出井陉的时候，拓跋意烈抛妻别子前去迎接，后被任命为广平太守，他自认为是宗室，却居于和跋之下，秘密集结部众，企图偷袭邺城，阴谋败露之后被拓跋珪赐死。虽然拓跋意烈被杀，但邺城魏军在拓跋珪离开中山之后所面临的窘境，由此也可见一斑。

然而，慕容宝却没有听从当地人的建议，他继续南下，来到黎阳（今河南省浚县），埋伏在古黄河的西岸，派遣大太监赵思前往告诉慕容德的堂弟、北地王慕容钟说：“皇上在本年二月得到了丞相的上书，当即就率军南下了，到达乙连，军中发生兵变，辗转到此，大王可迅速报告丞相前来迎接！”慕容钟是第一个劝说慕容德称燕王的，听说慕容宝即将来到，十分厌恶，他把赵思关押起来，然后向慕容德报告了此事。慕容德对自己的手下说：“你们以国家大计为重，劝我代行皇帝职权，我个人也考虑到皇帝下落不明，百姓无主，因此，权且顺从了你们的意愿，做了百姓之主。如今，上天又让我们的新君回来了，我将准备仪仗，前往迎接，并请求处罚，大家看怎么样？”慕容德此言完全是在演戏，慕容宝继位之后，就是当今的皇帝，而慕容德故意称其为“嗣君”，将其作为刚刚继位的皇帝对待，可谓是别有用心。黄门侍郎张华说：“如今，天下大乱，没有英雄之才，就无法拯救众生。新皇帝慕容宝昏庸懦弱，不能承继大业。陛下如果还遵守百姓的小节，抛弃上天授予的使命，一旦权力丧失，不仅身首异处，而且祖宗也无人祭祀了！”慕舆护说：“慕容宝不识时务，轻率放弃中山，自取灭亡，无力担当艰难困苦，这不言自明。春秋时期，卫聩弃国外逃，儿子卫辄拒绝他回国，《春秋》也以为他做得正确。做儿子尚且可以拒绝父亲，何况以叔父拒绝侄儿呢！况且，赵思所言也不一定是真的，待我前往探明虚实！”慕容德含泪派慕舆护前去。慕容德当然明白慕舆护前去，即使见到慕容宝，慕容宝也是性命不保，不过，慕容德的眼泪显然不是流给慕容宝的，而是流给自己的群臣们看的。

慕舆护率领数百壮士，跟着赵思一同北上，对外宣称是去护驾，其实是要杀掉慕容宝。而慕容宝派赵思南下之后不久，就听砍柴的樵夫说慕容德已经在滑台称燕王了，他顿时浑身冒出冷汗，赶紧北逃。慕舆护在赵思的带领下来到慕容宝原来的藏身之地，却没有发现慕容宝，只好又将赵思带回。慕容德知道赵思深谙朝廷礼仪、典故，打算将其留下任用，赵思说：“一条狗、一匹马尚且知道眷恋旧主，赵思我虽然是一个受到过宫刑的废人，但还是请求您允许我北上，找寻旧主。”慕容德明知赵思并没有说假话，他再三挽留，赵思大怒道：“周王室东迁之后，依靠的是晋国和郑国这两个亲戚。大王论亲属关系是主上的叔父，论职位是帝国的最高长官三公，你却不能率先垂范，领导大家一起匡扶帝室，竟然暗自庆幸自己的国家覆亡，做赵王司马伦曾经做过的忤逆之事。赵思我即使不能像申包胥一样使自己的国家亡而复存，我却羡慕龚胜决不在王莽的朝廷里偷生！”赵思一番义正词严的话，的确是诛心之论，将慕容德虚伪的外表全部撕下，慕容德恼羞成怒，下令将其斩首。

三三一 诛杀兰汗

无路可逃的慕容宝只好再次北返，并派遣慕舆腾和慕容盛沿途招募将士，由慕舆腾在巨鹿（今河北省平乡县）召集散落民间的旧部，慕容盛在冀州招徕当地的豪杰，段仪、段温在内黄（今河南省内黄县）收集部曲。

慕容盛深知慕舆腾素来骄横残暴，为大家所怨恨，慕容盛将其诛杀。慕容宝就在冀州的巨鹿、长乐（今河北省衡水市冀州区）之间逗留，当地的豪杰都愿意起兵拥戴他，可是，慕容宝却听说兰汗祭祀燕国宗庙，行为似乎并无忤逆之处，他不愿意留在战火纷飞的冀州，还是想回到龙城老家，于是，决定再次北上。队伍行进到建安（今河北省迁安市北），居住在平民张曹家。张曹素来勇敢豪爽，他请求为慕容宝召集部众，而慕容盛也劝说慕容宝暂时停留，先察看兰汗方面的实情再说。于是，慕容宝就留驻在石城（龙城以南），而先派遣冗从仆射李旱北上龙城，前往拜见兰汗，在李旱离去期间，正巧兰汗也听说了慕容宝北上的消息，他派遣左将军苏超前来迎驾，并说明兰汗是一片忠心。慕容宝认为，兰汗是自己父亲的小舅，又是自己儿子慕容盛的岳父，肯定错不了，就不再等待李旱复命，即命令一起北上。慕容盛流着眼泪，坚决劝阻，但慕容宝就是不听，而留下慕容盛走在后面，慕容盛与将军张真不敢走大路，他们离开大路，躲避了起来。

四月二十六日，慕容宝抵达距离龙城四十里的索莫汗陉。龙城城内的居民听说慕容宝将要到来，都十分高兴。兰汗十分惊慌，打算亲自出城请罪，他的兄弟们一起劝阻。于是，兰汗命令弟弟兰加难率领五百骑兵出城前往迎接，又派遣兄长兰堤关闭城门，严禁随意出入，城内的百姓都知道兰汗将要发动政变，但又都没有丝毫办法。兰加难在索莫汗陉的北口见到了慕容宝，拜见完毕之后，就紧紧地站在慕容宝的身边，与慕容宝一起前行。余崇秘密对慕容宝说："我观察兰加难的神色，灾祸就在眼前，应当留下，三思而后行，为何轻率前往？"可是，慕容宝却不同意。一行人刚刚走出数里之遥，兰加难先捉住了余崇，余崇大骂：“你们兰家身为皇亲国戚，蒙受国家的厚恩，即使族灭也不足以报答。如今，你们胆敢叛逆，天地岂能容你！旦夕之间，你们兰家就要覆灭，只可恨我再也不能亲手诛杀你等了啊！”说完，余崇被杀。兰加难将慕容宝捉到龙城郊外的官邸，杀掉。慕容宝死时年仅四十四岁，在位三年，兰汗追谥其为灵帝。杀掉慕容宝以后，兰汗索性一不做二不休，又诛杀了慕容策以及后燕王公大臣一百多人，自称大都督、大将军、大单于、昌黎王，改元青龙，任命兰堤为太尉，兰加难为车骑将军，封河间王慕容熙为辽东公。

慕容宝自太元二十一年四月即位，到这年的四月被杀，其实才整整两年的时间。他即位以后，一刻都没有安生过，一败于并州、二败于柏肆、三弃中山，而与此同时，后燕内讧也是接踵而至，先是慕容麟之变，接着，是慕容会之乱，慕容隆被杀，然后是慕容德自立，段速骨之变，慕容农被杀，一直到兰汗之变，慕容宝最终失去了性命。在这期间，慕容宝昏招迭出，带领着后燕帝国这艘巨轮朝着暗礁险滩一股脑地撞去，直到所有的人都粉身碎骨为止。据《晋书·慕容宝载记》称，慕容皝迁都龙城以后，种植一棵松树作为土神之主，前秦灭掉前燕的时候，大风曾将那棵松树拔起，数年之后，此处又生出两棵桑树，慕容宝将死之时，大风又吹拔了一棵。

慕容盛听说父亲被杀的消息，当即就要前去奔丧，张真劝阻。可是，慕容盛却说：“我今天去，是走投无路投奔兰汗，兰汗愚蠢无知，肯定会念及婚姻之情，不忍心将我诛杀，等十天半月，我就能从中取事。”其实，此时的慕容盛也并没有十足的把握，但是，为了报仇雪恨，也只有一搏了。于是，他慨然北上龙城，拜见兰汗。

当看到慕容盛竟然出现在了龙城，兰汗兄弟以及兰汗的儿子们均要求将其诛杀，以铲草除根。兰汗的妻子乙氏和女儿兰妃都哭着请求兰汗饶恕慕容盛这个姑爷，慕容盛的妻子兰妃还亲自给自己的兄弟们磕头求情，见此情景，兰汗心中陡然生出恻隐之情，看到过去朝夕相处的这位姑爷，如今家破人亡，兰汗也不忍心再次举起屠刀，于是，他拒绝了兄弟、子侄们的要求，派儿子兰穆迎接慕容盛，并将其留在了自己的宫中，任命其为侍中、左光禄大夫，像过去一样。

太原王慕容楷的儿子慕容奇，是兰汗的外孙，兰汗也没有杀掉他，任命其为征南将军，因此，慕容奇得以与慕容盛在宫中相见。慕容盛想起建安张曹的话，他让慕容奇偷偷逃出龙城，到建安起兵，慕容奇到建安以后，征集了数千人，打起了恢复后燕的旗号。

听说慕容奇起兵的消息，兰汗打算命令哥哥兰堤率军南下讨伐。这个兰堤，素来凶狠残暴，而且荒淫无度，对兰汗很是无礼，慕容盛已经多次离间他们，这下，慕容盛感到时机再次到来，他对兰汗说：“慕容奇不过是个小孩子，不能办此大事，龙城城内肯定有内应。兰堤素来骄横，难以信任，不可将大部队都交给他。”兰汗听说觉得有理，就解除了兰堤的职务，另派抚军将军仇尼慕率军前往讨伐。自慕容宝被杀以后，到如今，龙城已经有三个月没有下一滴雨了。兰汗亲自到龙城后燕各个神庙以及慕容宝的排位前祈祷，把罪过都推到弟弟兰加难的身上。兰堤被解除统帅的职务，兰加难又被哥哥推为祸首，这令二人十分不满，七月十五日，两人率领本部人马进攻仇尼慕的军队，仇尼慕万万没有想到会被自己人偷袭，结果大败。听说两个兄弟背叛了自己，兰汗十分害怕，他命令儿子兰穆率军讨伐。兰穆对父亲说：“慕容盛，是我家的仇敌。慕容奇在外起兵，慕容盛肯定会响应的。如今，我们已经有了萧墙之祸，不应再养心腹之患了，应当先将慕容盛诛杀。”兰汗表示同意，将要召见慕容盛，视情况采取行动。慕容盛的妻子兰妃听说以后，赶紧告诉了慕容盛，慕容盛假装得了重病，无法觐见，兰汗也就此作罢，未再深究下去。

曾经追随慕容宝的李旱、卫双、刘忠、张豪、张真等人，都是慕容盛心腹，而兰穆也对这些人很好，李旱、卫双遂得以多次出入慕容盛的住所，与慕容盛秘密设下计谋。七月十七日，兰穆击败了兰堤和兰加难，二十日，兰汗设宴款待将士，兰汗与兰穆二人均喝得大醉，人事不省。当晚，慕容盛借口上厕所，脱去上衣，翻墙跃入东宫，与东宫内的李旱等人一起将沉醉中的兰穆诛杀。当时，军队尚未解除紧急状态，将士们都在兰穆的住所，大家听说慕容盛脱身前来，均欢呼雀跃，奋勇争先，进攻兰汗，将其诛杀。兰汗的儿子鲁公兰和、陈公兰扬分别领军驻守在令支（今河北省迁安市西）、白狼（今内蒙古自治区喀喇沁左翼旗境内），慕容盛派遣李旱、张真率军将二人袭杀；兰堤、兰加难逃脱，藏匿起来，也被搜出斩首。宇文拔率领数百壮士又回到龙城，慕容盛拜其为大宗正。得知慕容盛斩杀了兰汗之后，龙城人民各个都十分高兴，二十一日，慕容盛亲自到太庙里向祖先汇报说：“依赖祖宗的神灵保佑，使得社稷危而复安，不仅我个人免受不报父母之仇的责备，而且龙城的全体居民也都得以活得清清白白！”于是，慕容盛宣布大赦，改元建平，慕容盛谦虚不敢直接称皇帝，对外以长乐王暂时代行皇帝职权，将诸王都降为公，任命东阳公慕容根为尚书左仆射，卫伦、阳璆、鲁恭、王滕为尚书，悦真为侍中，阳哲为中书监，张通为中护军，改慕容宝谥号为惠闵皇帝，庙号烈宗。

再说起兵的慕容奇。慕容奇在建安起兵之后，远近居民纷纷响应，兰汗曾派侄儿兰全率军讨伐，被慕容奇全歼，北上驻扎在乙连。慕容盛诛杀兰汗之后，即命令慕容奇解散军队。慕容奇采纳了丁零严生、乌桓王龙之的计谋，不听从慕容盛的命令，七月二十四日，慕容奇率军推进至距离龙城十里的横沟，打算与慕容盛争夺后燕的最高统治权。慕容盛亲自率领龙城之兵，出城迎战，大破慕容奇所部，并将其活捉，斩杀慕容奇的同党一百多人，将慕容奇赐死，至此，一代枭雄太原王慕容恪的后嗣全部死绝。八月，慕容盛又加封叔父慕容熙为侍中、车骑大将军、中领军、司隶校尉，弟弟慕容元为卫将军；任命刘忠为左将军，张豪为后将军，均赐姓为慕容氏，改称慕容忠和慕容豪；又任命李旱为中常侍、辅国将军，卫双为前将军，张顺为镇西将军、昌黎尹，张真为右将军，均封为公。十月十七日，在后燕群臣的一再要求下，慕容盛登基继皇帝位，大赦，追尊伯父慕容令为献庄皇帝，尊慕容宝皇后段氏为皇太后，慕容令妃丁氏为献庄皇后，追谥太子慕容策为献哀太子。由此可知，慕容盛大约是过继给了伯父慕容令为继子了吧。兰妃在慕容盛逃难中，一直对丁妃照顾得十分周到，兰汗被杀以后，慕容盛欲诛杀兰妃，丁氏以兰妃有保全他们母子的功劳，坚决反对，兰妃由此得以活命，而却未能成为皇后。

第十部 晋末风烟

三三二　王恭被杀（一）

隆安二年，由于后燕段速骨之乱、慕容德自立、兰汗之乱以及慕容宝被杀，使得北魏拓跋珪得以从容立国。而远在江南的东晋朝廷同样经历着一场内讧，从而引发了帝国内部更大的灾难，沉重地打击了帝国本已脆弱的统治。

隆安元年四月中旬东晋朝廷上的那场政治危机，以司马道子接到王恭的檄文七日之后诛杀亲信王国宝而告终。在接下来的一年零两个月的时间里，中枢司马道子及其儿子司马元显与王恭、殷仲堪、桓玄之间都在紧张地布局，以便各自能够攫取到更大的利益。王恭第一次兵向建康之后，司马道子不仅诛杀了王国宝，而且还亲自给王恭写信，自我谴责，争得了王恭的谅解，与此同时，当王廞在三吴举兵的时候，司马道子还将王廞给自己的书信转交给了王恭，表达了与王恭实现和解的姿态，事变结束之后，司马道子还请求朝廷解除自己中外都督、录尚书的职务，以向地方大员们谢罪，朝廷下诏不同意。投桃报李，王恭在派遣刘牢之击灭了王廞之后，也上疏自贬，表示一定程度的自责，朝廷同样没有同意。

双方在王国宝被杀后不久，都作出了和解的姿态，东晋中枢司马道子与各个方镇之间维系着短暂的和平。然而，由于王恭与殷仲堪之任命，是孝武帝生前与司马道子主相争斗、制衡司马道子的产物，两人本来就不是司马道子的人，本不属同一个阵营，当孝武帝驾崩以后，王恭和殷仲堪失去了中枢来自皇帝的支持，司马道子总揽朝廷大权，中枢成为司马道子的天下，中枢与王恭、殷仲堪之间的矛盾立即凸显了出来，此前，司马道子为了维护和平的局面，也曾经在孝武帝驾崩不久，主动争取王恭的谅解，彼时，王国宝尚在，王恭本人又比较直爽、强硬，故此，司马道子的努力没有效果，据《世说新语·品藻》记载，过去，司马道子也曾品评过王恭，当时，他将王恭与王忱放在一起说："孝伯亭亭直上，阿大罗罗清疏。"然而，亭亭直上的王恭如今却一再给司马道子添堵，让其感到十分不安。

王国宝的被杀，是司马道子在王恭、殷仲堪外在压力下所作的无奈之举，随后而来的司马道子的谢罪，也极大地削弱了中枢的威信，虽然司马道子让局势暂时得到了控制，但是，司马道子的内心深处是不愿意的，而王国宝被杀之后，中枢与地方之间的基本矛盾并没有得到改变，双方之间也没有实现真正的和解。

司马道子的儿子司马元显，时年十六岁，史书称其有明帝之风，方镇咄咄逼人，让司马元显如芒刺在背，对王恭十分恼火，私下劝说父亲要做好应对工作。司马道子除了任命司马元显为征虏将军，将自己徐州刺史府的文武全部配给司马元显之外，还采取了以下应对措施：一是重用谯王司马尚之兄弟。谯王司马尚之，是司马恬的长子；司马恬于太元十五年去世，在其生前，即作为皇室的代表，被孝武帝任命为兖州、青州刺史，领镇北将军，镇守京口，司马恬共有四个儿子，长子司马尚之、次子司马恢之、三子司马允之、少子司马休之。司马道子以司马尚之兄弟有才能，将他们作为心腹，巩固自己的势力。二是削弱瓦解对方的力量。过去，我们说过司马道子阻挠谢重加入王恭幕府即是一例。三是排挤亲王恭和殷仲堪的人物。殷仲文是一位才子，是殷仲堪的堂弟，殷顗的弟弟。起初，殷仲文被殷仲堪推荐给司马道子，做了他的骠骑将军参军，后为司马元显的征虏将军长史。开始的时候，司马道子对殷仲文十分赏识，后来，正是由于司马道子开始戒备殷仲堪，同时，殷仲文还是桓玄的姐夫，虽然殷仲文平素与桓玄并没有多少来往，但是，由于他同时有这两层关系，让司马道子父子对其深存戒心，将其贬为新安（今浙江淳安县）太守。可以说，贬斥殷仲文一事，正是司马道子父子将王恭、殷仲堪势力从中枢排挤出去的措施之一。到隆安二年年初，谯王司马尚之对司马道子建议说："方镇强盛，而宰相权力变小，应当秘密安排心腹出任地方大员，以屏护朝廷。"司马道子深以为然，他首先将目光投向了江州。江州对于建康的重要性自不待言，它是上游荆州与下游扬州之间的缓冲地带，此时的江州刺史王凝之虽然依附司马道子，但是，琅邪王氏与陈郡谢氏、桓氏家族错综复杂的关系，让司马道子感到不是十分放心，于是，他斟酌再三，决定加封王凝之为左将军，将其暂时调回了中央，而任命王国宝的二哥王愉为江州刺史，同时，任命其兄王恺为吴郡内史，不久，又征召王恺为丹阳尹。

为了加强江州对付上游的力量，司马道子在任命王愉为江州刺史的同时，还让其都督豫州四郡，加军号为辅国将军，假节。在司马道子看来，如今，对东晋朝廷构成威胁的尚不是北中国的各个势力，而是东晋内部的各个独立王国。长期以来，东晋朝廷一直存在着“荆扬之争”，中央政府往往依靠兖州、徐州、豫州，甚至是江州，来对付上游的荆州，当荆州势力控制了江州，进而又控制豫州和兖徐兵力的时候，改朝换代的危机就会发生，桓温就是一个例子。如今的情况较以往而言，对朝廷方面更为不利：此时，一直作为中枢依靠力量的北府，也已与上游的荆州势力合流，中枢处于上下游夹击的不利态势。因此，司马道子亟须解决的问题是：稳定三吴地区，以对付王恭；充实江州力量，以阻断荆州，这就是司马道子割豫州四郡归王愉都督的原因。

然而，让司马道子始料不及的是，司马道子的这一举措，却引起了豫州刺史庾楷的强烈不满。孝武帝太元十三年，豫州刺史桓石虔去世后，孝武帝起用被桓氏家族打击的庾楷之兄庾准作为京畿重地豫州的刺史，背后明显有防备荆州桓石民之意。从那时开始，到如今庾氏已经在豫州盘踞了十一年之久，长期以来，豫州庾氏一直依附司马道子：太元二十一年王恭入京之时，正是由于庾楷率领豫州之军入卫京师，才让王恭打消了兴师问罪的打算；隆安元年，当王恭的檄文传来以后，庾楷又打算率军入卫京师，只是由于司马道子迅速杀死了王国宝、平息了事态，庾楷这才作罢。庾楷本人与王国宝私交甚好，司马道子诛杀王国宝，已经让他十分寒心，此时，司马道子又将自己的豫州四郡割给了王愉，这更让他勃然大怒。他上书称：“江州不是险塞之地，而西府（东晋称豫州为西府）则北接胡人，不应让王愉分督。”但司马道子却没有同意。

庾楷当然知道司马道子的真实目的，但是，对于军阀而言，各自拥有的地盘和军队多少，就意味着自己的权力大小，挖走自己的地盘和军队，比夺走什么都心疼。于是，庾楷很快一百八十度的大转弯，立即投入王恭的怀抱，派遣儿子庾鸿前往说服王恭，称：“谯王司马尚之兄弟掌握朝廷大权，气焰超过了昔日的王国宝，想要借助朝廷的威望，来逐步削弱方镇。考虑到过去的教训，朝局变得变幻莫测，还是趁着朝廷的安排尚未就绪，早早动手。”王恭历来就忌惮司马尚之兄弟，见庾楷站到了自己一边，喜出望外，当即表示同意，并给殷仲堪和桓玄写信约定再次兴师问罪。殷仲堪和桓玄均表示同意，两人推举王恭为盟主，约定日期，一起举兵进京。

过去，桓玄还仅仅是一个南郡公，并不是朝廷命官，但是，桓氏在荆州多年，实力庞大，尤其是在去年王恭讨伐王国宝之时，桓玄借助殷仲堪的荆州之军，在王恭罢兵之后，又与殷仲堪一起发布檄文，出兵东下，着实让司马道子吓出了一身冷汗，那时，司马道子给两人写信进行劝阻，两人这才罢兵，很快地，桓玄就不失时机地请求司马道子，任命自己为广州刺史。桓玄的本意当然不是要离开自己的根据地荆州去遥远的广州上任，他之所以如此，恰恰正是他的高明之处，因为，桓玄早已猜透了司马道子的心思，他知道，桓氏在荆州的势力甚至比刺史殷仲堪还要大，“士庶惮之，过于州牧”，司马道子深恐自己留在荆州以及周边地区，会帮助殷仲堪，所以，直接要求担任雍州刺史显然是不可能的，身为百姓的桓玄，目前最需要的就是一个进身之阶，一旦得到了一个刺史的名位之后，再作调整就容易了许多。广州刺史远在岭南，离开了桓氏久居的荆州之地，这是司马道子求之不得的事情，司马道子果然上当，很快即任命桓玄为都督交州广州、建威将军、平越中郎将、广州刺史、假节。然而，当桓玄接到朝廷的任命之后，却迟迟不去上任，因为，桓玄压根就没有远去广州的意思，他的真实目的是取代襄阳的雍州刺史郗恢，做荆州上游的雍州刺史！

荆州位于扬州的上游，而雍州又在荆州的上游。中原乱离之后，北方人士南下，高门大族大多去了江东，中级士族则到了荆州，而中下层群众则客居在襄阳附近，这些来自北方的中下层家族具有很强的战斗力，因此，当时就有“江陵人惧怕襄阳人”的说法，桓玄意欲掌握雍州，不仅是因为雍州接近荆州势力，便于控制荆州，而且也是看中了雍州特殊的人力资源。如今，桓玄的刺史名号已经到手，下一步就是伺机抓到雍州了。

而让桓玄惊喜的是，王恭的书信不失时机地就到了，对于桓玄而言，趁乱攫取更大利益的机会，也随之而来了！

三三三　王恭被杀（二）

豫州治所就在建康对面的历阳。庾楷的不满，立即让朝廷意识到问题的严重性，一时间建康局势变得十分紧张，朝廷方面很快便加强了对长江之上的警戒，严格江面上的巡逻和盘查。荆州刺史殷仲堪将书信写在绢上，放入箭杆之内，与箭头同时密封，由密使通过豫州刺史庾楷，再转交到京口王恭手中。王恭接到之后，折断箭杆，打开绢书，可是，绢书纹路散乱，无法看出是殷仲堪所书，他判断这封殷仲堪的书信极有可能是庾楷为促使自己起兵而伪造的，不过，他转念又想，去年殷仲堪虽然答应一同起兵，却最终没有遵守诺言，今年肯定也不会东下，另外，去年举兵之后，朝廷不出十日即表示屈服，斩杀了王国宝，这也让王恭自信心大增，如今，又有庾楷的豫州之兵与自己合势，殷仲堪的荆州之军即使不协同东下，也不至于倒向朝廷一方，因此，在王恭看来，此举绝无失败的可能，于是，他决定不理会殷仲堪约定的日期，自己先期举兵。

王恭的司马刘牢之是北府旧将，也是在谢玄离开北府之后北府兵的实际领导者。我们知道，王恭在讨伐王国宝之前，将刘牢之召为司马、领南彭城内史、加辅国将军。长期被东晋朝廷弃之边荒的北府将士，也乐得南下回到长江以南的原根据地京口，这是王恭得以利用北府兵作为自己王牌的一个重要因素。然而，在士庶等级十分严格的东晋社会，门阀士族对于出身较低的人士充满了畸形的鄙视，自视甚高的王恭也无法脱俗，仅把刘牢之看作一般的行伍军人，对他很是怠慢。刘牢之是武将世家，他紫红脸庞，容貌惊人，不仅勇猛而且深谙军事谋略，刘牢之家族世代以勇猛著称，他本人也是在淝水之战以及随后的伐燕之役中，威震敌国，立下了赫赫战功，有这样的背景，刘牢之当然也是自视很高，对王恭十分不满，两人逐渐变得貌合神离。当得知王恭意欲再次举兵建康的时候，刘牢之提出了反对意见，他劝说道："将军你如今身为皇帝大舅，坚守忠贞的气节，而相王司马道子则像周公一样尊贵，也是全国上下的精神支柱，去年朝廷方面已经诛杀了王国宝、王绪兄弟，送来王廞的书信，这都表明司马道子已经对您很尊重了。不久前，朝廷所作的人事安排，虽然不全合适，但也说不上有大错。将庾楷的豫州四郡割给江州的王愉，与将军您又有什么损失！举兵京师的这种事情，岂可发动两次！”

王恭当然知道割庾楷四郡，是项庄舞剑，志在沛公。司马道子此举既有遏阻上游的意图，又有提防自己的打算，尤其是庾楷所说的趁着朝廷部署未定之时清除隐患，让王恭怦然心动，因此，刘牢之的劝说自然毫无效果。王恭上书，以朝廷加封王愉、司马尚之为借口对朝廷予以指责，一时之间，荆州刺史殷仲堪、豫州刺史庾楷、广州刺史桓玄也都纷纷响应。

听说王恭将要起兵的消息，时年十七岁的司马元显撸起衣袖，慷慨激昂地对父亲司马道子说：“去年我们没有讨伐王恭，致使今年他又来一次。如今如果再次屈服，那么，太宰您的灾祸就要到了！”朝廷方面开始积极采取应对措施：首先，司马道子想把庾楷争取回来。他派人对庾楷说：“我们两人之间的交情，可以说是断金之交。昔日我们在帐中的欢宴，亲密的言谈，怎可突然相忘！您如今抛弃老友，结好新朋，难道忘记了昔日王恭欺凌侮辱的耻辱了吗！你竟然要将身心交付给人家，做人家的下属！如果王恭得志，他肯定会认为您是一个反复小人，也一定不会信任您，不仅富贵不能得到，而且，灾祸也必将很快降临！”

王恭提前举兵，也让庾楷措手不及。不过，他第一时间就响应了王恭，正忙着征召豫州的兵马。此时，接到司马道子的书信，他愤怒地回话：“过去王恭参加先帝的安葬仪式，相王担心害怕，惶恐无计可施，我知道事情危急，当即就率军入京；去年王恭讨伐王国宝，我也等待相王您的命令，随时准备行动。我对待您，没有负心之处，而相王您却不能抵御王恭，反而诛杀了王国宝，从此之后，还有谁敢为您效命！庾楷我实在是不能把全家人的性命，拿来让您随意诛杀，我将与天下人一起行动，诛除奸臣，我还担心不能开府、爵位不来嘛！”司马道子诛杀王国宝之事，的确让司马道子一党寒心，而庾楷说的正是此事。

殷仲堪听说王恭举兵的消息，自认为去年自己已经失信于王恭，这次决不能再有所延误了，他立即整军东下。《世说新语·文学》记载，殷仲堪曾说过：“三天不读《道德经》，就感到舌根僵硬。”这样一个人从来就没有带过兵打过仗，他把军事指挥权都交给了南郡相杨佺期兄弟，下令由杨佺期率领五千水军为前锋，桓玄率领本部人马随后进发，他本人则率领二万军队，在后面压阵。八月，杨佺期、桓玄之军顺江而下，突然抵达溢口（今江西省九江市附近）。新任江州刺史王愉毫无准备，仓皇逃奔临川（今江西省临川），桓玄派遣偏师将其抓获——王愉是桓玄的姐夫，王愉不战而逃，也许另有隐情。

九月二日，东晋朝廷授予会稽王司马道子黄钺，正式命令兵分两路：一路命令谯王司马尚之率军讨伐庾楷；另一路司马元显担任征讨都督、假节，率领前将军王珣、左将军谢琰、将军桓之才、毛泰、庐江太守高素等人领兵，前往抵挡王恭。在此值得一提的是谢安的儿子谢琰，谢安死后十多年，谢氏家族始终受到冷遇，此次司马道子加谢琰为都督前锋军事，显然是借重陈郡谢氏与北府的历史渊源，欲加以利用的缘故。

得知司马尚之领军前来，庾楷即派遣汝南太守段方前往迎战。九月十日，双方在慈湖（《资治通鉴》称牛渚，即采石矶，今安徽当涂县北）水战，段方大败被杀，庾楷逃奔桓玄，会稽王司马道子即以司马尚之为豫州刺史，司马恢之为骠骑司马、丹杨尹，司马允之为吴国内史，司马休之为襄城太守。司马尚之等人率军乘胜西上，九月十六日，桓玄在白石（今安徽省巢县东南）大破官军。桓玄与杨佺期一起推进至横江（今安徽省和县东南长江北岸），司马尚之退走，司马恢之所领的水军全军覆没。九月十七日，司马道子驻守在中堂（国务院），司马元显防守石头城，前将军王珣守卫建康北郊，左将军谢琰屯兵在建康南城最西面的宣阳门。当司马道子率领的部队向中堂行进时，军中突然有一匹马受惊，在人群中横冲直撞，霎时队伍大乱，人踩人，人挤人，很多人被挤到江中淹死了，可见建康当时局势十分紧张。

虽然司马尚之迅速击败了豫州庾楷，但殷仲堪的荆州之军行动迅速，建康已经面临受到两面夹击的危险。司马元显很快就得知了刘牢之与王恭之间并不融洽的消息，并且了解到刘牢之对王恭此次举兵也不赞同，他立即派遣庐江太守高素劝说刘牢之背叛王恭，应允刘牢之事成之后，即将王恭的官位让给刘牢之，并将司马道子的亲笔书信交给了刘牢之。在高官厚禄的引诱下，刘牢之表示同意。他对自己的儿子刘敬宣说："王恭曾受到先帝的大恩，如今又是当今皇上的舅舅，他却不能拥戴帝室，数次向京师举兵，我看不出王恭究竟意欲何为，事成之后，他一定能屈居皇帝、相王之下吗？我将要凭借朝廷的声威，名正言顺地讨伐叛逆，你看如何？"刘敬宣完全支持父亲的决定，他回答："朝廷虽然没有周王朝成康之时那么美好，但也并不像周幽王和周厉王那么残暴，可是王恭却凭借自己的兵威，轻视欺凌帝室。父亲大人与之在感情上没有骨肉之情，从大义上讲也没有君臣之义，虽然共事了一段时间，但关系却并不亲密，今日讨伐他，又有什么不妥！”

王恭梦见刘牢之坐在自己的座位上，第二天一早，他对刘牢之许诺说：“事情成功之后，即以您为都督北府。”王恭的参军何澹之素来与刘牢之不和，他得知刘牢之已经投靠了朝廷，即将此事报告给了王恭，而王恭却怀疑这是何澹之无中生有，故意诬陷刘牢之，因此，没有听信，相反，为了进一步拉拢刘牢之，王恭专门大摆筵席，宴请刘牢之，并当众拜刘牢之为兄长，将全部精锐部队都配备给了刘牢之，命其与自己的帐下都督颜延为前锋，率先占领了竹里（今江苏省句容县北）。此时，刘牢之本来就不同意王恭此次发兵，并且已经答应了司马元显，再无回头之理，加上平素王恭对人家十分轻慢，如今临时抱佛脚，肯定是不会有什么效果的。得到了刘牢之的准信，朝廷这才将一颗悬着的心放了下来，将注意力主要放在了对付顺江而下的荆州军队。

到达竹里以后，刘牢之就下令斩杀了颜延，率众投降了朝廷，同时，他派遣女婿高雅之、儿子刘敬宣，趁着王恭正在检阅军队，率领轻装骑兵对王恭军发动了突然袭击，王恭被这突如其来的袭击打蒙了，军队很快就溃败了；王恭打算逃回京口据守，可是，高雅之却抢先进入城中，关闭了城门。王恭只好与弟弟王履骑马逃奔曲阿（今江苏省丹阳市）。东晋名士四体不勤，王恭也是很久都没有骑过马了，骑马跑了一段路，王恭的大腿就被鞍鞯磨出了泡，再也无法骑马。曲阿人殷确，曾担任过王恭的参军，用船载着王恭，将他藏在苇席之下，打算西去投奔桓玄。船行至长塘湖（洮湖，今江苏省常州市金坛区东南），遇到商人钱强。钱强过去与殷确有仇，他风闻殷确暗藏王恭，准备西逃，就向湖浦尉告密。湖浦尉得知以后，将王恭抓获，向建康押送而来。司马道子听说王恭被抓，本打算等王恭被送到京师以后，当面与他理论，斥责他的不轨，因此，开始的时候，司马道子并没有下令将其诛杀。可是，在王恭往建康押送途中，桓玄和杨佺期率领的西军进展迅速，司马尚之兄弟均败退而还，桓玄等人已经进逼石头城，司马道子担心有变，即下令将王恭在倪塘（今南京市东南方山埭）就地正法。王恭的五个儿子、弟弟王爽、王爽的侄儿秘书郎王和及其王恭的党羽孟璞、张恪等人，也同时被杀。

三三四　智退西军（一）

王恭是一个十分矛盾的人。

他性格强直，每每读到《左传》“奉王命讨不庭”，常不由得掩卷而叹，可是，他却又心胸狭窄，斤斤计较。他在北府期间，为政崇尚简单、宽厚，他的家中除了书籍之外，再无多余的财产，可是，他却又笃信佛教，征调百姓大修佛寺，弄得怨声载道。他自高自大，与下属没有感情联络，而且又不善于用兵，却接连发动两次对建康的进攻。王恭容貌俊美，被当时的人们称为“濯濯如春月柳”“神仙中人”，被杀之时，王恭还在背诵佛经，他安静地整理整理胡须和鬓发，毫无恐惧之色，对行刑官说：“我对人过于信任，才招致今日大祸，我的本心岂能不忠于社稷！只要后人能够知道还有一个王恭，也就罢了！”王恭刚刚被抓的时候，碰到自己过去的下属戴耆之，此时，戴耆之是湖孰的县令，王恭自知将要满门抄斩，他偷偷对戴耆之说：“我尚有一个庶子，在乳母家，您替我将他送给桓南郡。”戴耆之找到以后，将王恭的这个小儿子王昙亨送到了夏口，桓玄将他抚养成人，后来，桓玄当政以后，上表朝廷要求为王恭平反昭雪，追赠其为侍中、太保，谥号为忠简；追赠王爽为太常；腰斩湖浦尉和钱强等人。义熙年间，王昙亨官至给事中。

刘牢之倒戈以后，司马道子没有食言，当即任命其为都督兖州、青州、冀州、幽州、并州、徐州、扬州、晋陵诸军事，使之成为北府名至实归的最高统帅；不过，司马道子并没有将王恭生前兼任的青州、兖州两州的刺史一并交给刘牢之，这当然有刘牢之门第、声望、资历等诸多方面的限制，也有对北府军这一支流民为基干的部队不信任的因素，当然也包括分权制约方面的考虑。基于此，司马道子在晋升刘牢之的同时，还将移至鄄城的徐州刺史刘该改任为北青州刺史，而加封自己的司马、右将军谢琰为卫将军、徐州刺史、假节，让谢琰与刘牢之同驻京口。原本徐州刺史驻节长江以南的京口，而兖州刺史驻节长江以北的广陵，孝武帝为了让兖州之兵拱卫京师，命令王恭移驻到了长江以南的京口，而徐州刺史一职在谢玄离职之后，由司马道子在建康遥领，后为了招抚淮河两岸的北府旧将，让新任刺史刘该驻节鄄城，此时，兖州刺史空缺，而让谢琰以徐州刺史驻节原京口根据地，与都督兖州、青州、冀州、幽州、并州、徐州、扬州、晋陵诸军事的刘牢之同驻一城，这种措置，是十分耐人寻味的。对于谢琰为代表的陈郡谢氏而言，在谢安死后复杂的东晋朝局中，一直处于被边缘化的境地，不过，即使是在司马曜生前，对于陈郡谢氏的影响也没有小觑。《世说新语·排调》记载："孝武属王珣求女婿，曰：'王敦、桓温，磊砢之流，既不可复得，且小如意，亦好豫人家事，酷非所须。正如真长（刘惔）、子敬（王献之）比，最佳。'珣举谢混。"《晋书·谢琰传附谢混传》对此也有记载，当时王珣推荐谢混说："谢混虽不及真长，不减子敬。"孝武帝说："如此便足。"这段历史遗存，说的是孝武帝生前为女儿晋陵公主挑选女婿的事。谢混，字叔源，正是谢琰的第三子，是位风华绝代的大才子，值得注意的是孝武帝在挑选女婿时所说的话，他以王敦、桓温、刘惔、王献之这四位驸马为例，指出这四人都是有才之士，但王敦和桓温却喜欢插手皇室事务，由此可以看出孝武帝不得不借重高门士族，同时又担心他们凌驾皇室的复杂心态。晋陵公主与谢混的婚事，因为孝武帝的暴崩而没有在孝武帝生前举办，但孝武帝许诺将晋陵公主嫁给谢混，就表明了结好以谢琰为代表的陈郡谢氏，而此时，司马道子晋升谢琰为卫将军、徐州刺史，同样是平衡各个门阀士族利益的结果，同时，京口是谢琰堂兄谢玄筹建北府的发迹之地，谢氏在此有一定的影响力，不过，虽然谢琰以卫将军之尊出任徐州刺史，但是司马道子并没有给谢琰加督，也就是说，谢琰的刺史不带都督，并不实际掌管北府兵，仅仅是一个"单车刺史"，其所领之军也仅仅是徐州刺史之兵，并非刘牢之的北府兵。由此可见，司马道子父子这样安排，其目的就是让刘牢之与谢琰两人相互牵制、相互制约，以免京口再起波澜。

成功诱使刘牢之倒戈，并顺利诛杀了王恭，不仅让建康避免了两面作战的危险，而且，也让司马道子的对手们立即失去了一个精神领袖。杨佺期、桓玄的部队很快就抵达了石头城，殷仲堪也到了芜湖，司马元显的军队本来在东线抵御北府兵，听说荆州军队进抵石头城以后，司马元显匆忙从竹里（今江苏省句容县北）驰援建康，并命令丹阳尹王恺、鄱阳太守桓放之、新蔡内史何嗣、颍川太守温详、新安太守孙泰等人，征发京师数万军民驻守在石头城上。杨佺期、桓玄上书朝廷，要求给王恭平反昭雪，并请求诛杀刘牢之，对此，司马道子当然不会接受，反而命令刘牢之率领北府精兵入卫京师。刚刚接任王恭之职的刘牢之，地位并不牢固，主要是因为其出身小将，突然高居大位，很多北府旧将并不服气，为此，刘牢之起用了许谦之等一大批亲信。此时，接到朝廷的命令，急于建功立业的刘牢之立即率领北府兵火速赶到了京师，驻守在了石头城的上游、建康西南的新亭。在新亭的北府兵，可以切断桓玄、杨佺期之军的归路，看到这种情况，桓玄、杨佺期二人不禁大惊，赶忙从石头城撤离，退至蔡洲（今江苏省江宁县西南十二里江中）。当时，朝廷不知道荆州军队的虚实，看到数万荆州军队，充斥京师近畿，十分担心。

左卫将军桓修，是桓冲的次子、桓玄的堂兄，他娶的是司马道子的亲姐姐武昌公主，前不久，他以左卫将军兼振武将军，与辅国将军陶无忌率军一起推进到句容，抵御王恭的何澹之、孙无终之军，刘牢之倒戈以后，同为北府旧将的孙无终也送上了降表，桓修也随即回师建康。此时，桓修进言说："殷仲堪、桓玄等人，都是以王恭为主心骨，王恭死后，他们均大惊失色。如今，如果下诏起用桓玄，桓玄肯定心中暗自高兴，这样的话，就能制服殷仲堪和杨佺期，让他们均归顺朝廷。"这是《晋书·桓冲传附桓修传》记载的内容，而《资治通鉴》与此稍有不同，称，当时桓修的建议是，起用桓玄和杨佺期，二人肯定会暗自高兴，桓玄能够制服殷仲堪，而杨佺期则可以让他倒戈，拿下殷仲堪。桓修所言，应该是受到了顺利瓦解北府刘牢之一事的启发，不过，桓修的真实目的是，利用这次举兵，为桓氏家族谋取最大的利益，按照桓修的打算，最大的得利者将是桓氏家族。不过，此时的司马道子迫在眉睫亟须解决的，是如何尽快解除建康的危机，在荆州各个统帅之间打入不和的楔子，迅速瓦解他们之间的团结，至于后话，司马道子再也顾及不了许多了。他任命桓玄为江州刺史；将雍州刺史郗恢召回为尚书，改任杨佺期为都督梁州、雍州、秦州三州诸军事，雍州刺史；进封桓修为荆州刺史，暂时率领他的左卫将军府的文武官员前往荆州上任，并命令刘牢之拨出一千人的军队护送；贬殷仲堪为广州刺史，派遣殷仲堪的叔父、太常殷茂前往宣布诏书，并责令殷仲堪撤军。

东晋朝廷的这一举措，立即起到了应有的作用。殷仲堪得到诏书以后，不禁大怒，他自忖，如今虽然王恭败死，但依靠自己的荆州之军也足以击败朝廷，于是，敦促桓玄、杨佺期等人迅速进兵，而二人却各有自己的盘算：对于桓玄而言，第一次王恭举兵建康之后，桓玄利用参与荆州之军的威势，顺利得到了广州刺史的头衔；而此次朝廷又将江州刺史交给自己，当然是令人满意的；杨佺期也是如此，杨佺期虽有弘农杨氏的背景，但在东晋人眼里，他与刘牢之的身份几乎不相上下，均为中下级士族阶层，能够混迹都督三州，也已经不错了，况且，如今王恭、庾楷，一死一逃，而殷仲堪又不会打仗，虽然兵临建康，但毕竟是以下犯上，名不正言不顺的，桓玄虽然志向高远，但饭毕竟是一口一口吃的，目前见好就收还是比较稳妥，而杨佺期志望本来就不高，显然现在朝廷将矛头只对准了殷仲堪一人，是孤注一掷，冒着灭门的危险与殷仲堪玉石俱焚，还是就此罢手呢？因此，桓玄和杨佺期两人接到殷仲堪敦促进军的命令以后，确实颇费踌躇，一直狐疑不决。

而恰在这时，一件让殷仲堪最不愿看到的事情却发生了！

殷仲堪的堂弟殷遹是杨佺期的司马，他深夜逃奔殷仲堪的军中，对殷仲堪密报了一件绝密情报：杨佺期已经接受了朝廷的任命，并接纳了新任荆州刺史桓修！听了这一情报，让殷仲堪不禁惊出一身冷汗，他不敢往下继续想下去了。桓修是桓玄的堂兄，朝廷任命其接替自己，自然有依靠桓氏力量，分化瓦解荆州联军的目的，而杨佺期又接受了朝廷的任命，两人倒戈西向，不是没有可能，如果事情真的发展到这一步，那么，自己很有可能立马变成第二个王恭。此时，殷仲堪方寸大乱，自顾不暇，再也无心督促桓玄、杨佺期二人继续进攻了，他率领大军仓皇从芜湖西归，在临走之前，特意派出使者到桓玄、杨佺期二人的军中传话："所属部队如果不听将令，各自散归荆州的话，大军回到江陵，将把你们所有留在荆州的家眷全部诛杀！"听了主帅严令撤退的将令，士兵们乐得回家，隶属杨佺期指挥的荆州部将刘系率先率领自己的二千本部人马西撤，桓玄、杨佺期二人直接指挥的其余部队也都军心大乱，桓玄、杨佺期二人前有朝廷大军，后有殷仲堪釜底抽薪，不禁大惊失色，他们两人如今虽然分别被朝廷任命为刺史，但直接指挥的军队并不多，滞留在建康附近，也是独木难支，自寻死地，即使朝廷不翻脸，两人绕开殷仲堪，走马上任，也是不可能的。于是，两人也率军狼狈追赶殷仲堪，一直追到浔阳（今江西省九江市），才把赌气的殷仲堪追上。

当时，殷仲堪失去了荆州刺史的职务，暂时掌管军队，不过是利用余威，事久肯定要生变，他当然需要桓玄、杨佺期二人的鼎力支持；而桓玄、杨佺期二人也明白，自己突然被朝廷加官，那不过是朝廷的权宜之计，两人身边又没有足够的兵力，因此，虽然三人各怀鬼胎，但不得不暂时结盟，共同对抗朝廷。

三三五 智退西军（二）

说三人各怀鬼胎，真是不假。

殷仲堪与桓玄二人，一个是荆州地方官，一个是当地豪强，在此之前，桓玄一直是个南郡公，在仕途上郁郁不得志，长期以来，两人维系着一种既相互利用，又心存猜忌的关系。殷仲堪在荆州期间，两人的交往是密切的。《世说新语·言语》记载："桓玄诣殷荆州，殷在妾房昼眠，左右辞不之通。桓后言及此事，殷云：'初不眠，纵有此，岂不以贤贤易色也！'"同书《排调》"桓南郡与殷荆州语次"条记载，两人在一起言谈，要求在座的人说一句能够表示事态结束的话，顾恺之说："平原之时起大火，烧得连余烬都没有了。"桓玄说了句："白布缠绕棺材，又竖起了招魂旗子。"殷仲堪说了句："将鱼儿放到深渊之中，把飞鸟放归天空。"然后，又让大家说一句形容极度危险的话，看谁说得好，桓玄说："在枪尖上淘米吃饭。"殷仲堪说："百岁的老人爬上了干枯的树枝。"顾恺之说了句："井架的辘轳上睡着了婴儿。"殷仲堪的一个参军说："盲人骑着瞎马，深夜里走近深深的池塘边上。"殷仲堪过去曾经因为服丧哭泣而将一只眼睛哭瞎，他听了之后，脱口而出："这话让我吃惊，真是咄咄逼人。"而桓玄与杨佺期的关系却十分恶劣。虽然桓玄什么也不是，但他却有一个显赫的门第、一个曾经权倾朝野的父亲和一个南郡公的头衔，而杨佺期因为父亲杨亮南渡时间较晚，一直被东晋大族视为低等士族，与边荒武将同等对待，以致"婚宦失类"，让杨佺期切齿痛恨，可是，桓玄却与其他大族一样，把杨佺期等同于寒士，极大地伤害了杨佺期的自尊心。另外，根据《晋书·桓修传》的记载，后来御史中丞江绩曾弹劾桓修，说他"承受杨佺期之言，交通信命，宣传不尽，以为身计"云云，由此可知，当时的杨佺期的确与朝廷方面的新任荆州刺史桓修，有所联络的，对于杨佺期而言，桓修和殷仲堪是新旧主子的关系，而分别依附两人，又代表着是否投靠朝廷。除了这三位主角之外，尚有一位处境尴尬的配角，那就是前豫州刺史、此次事变的始作俑者——庾楷。如今，王恭已经被杀，而庾楷也已失去了豫州刺史的职位，不仅如此，还成了朝廷的通缉犯。此时的庾楷，其实对于殷仲堪等人而言，也已经变得无足轻重，庾楷当然希望殷仲堪等三人能够击败朝廷，但是，即使到了那时，又能怎么样呢？此时的他，想的更多的当是利用荆州军队的实力，上书要求朝廷在赦免王恭的同时，赦免自己。

在这种复杂的情况下，身在浔阳的殷仲堪、桓玄、杨佺期等人达成了暂时的妥协，共同推举桓玄为盟主，相互交换人质，同时拒绝接受朝廷的诏书。而就在结盟之前，杨佺期还打算在祭坛之上当场诛杀桓玄，殷仲堪虽然对桓玄也心存忌惮，但两人毕竟均自诩为名士，多少有些共同语言，而杨佺期兄弟则骁勇无比，更加难以驾驭，他担心一旦杨佺期杀死了桓玄，将会再加害自己，在殷仲堪的苦苦劝说下，杨佺期这才罢手。十月二十三日，三人在浔阳结下盟约，联名上书，要求给王恭平反昭雪，诛杀刘牢之和谯王司马尚之，并称殷仲堪没有罪过，却单单被贬谪，庾楷也联名顺带上书为自己辩驳。为了表示公心，桓玄还让被俘的姐夫、前江州刺史王愉站在盟坛之上。

开始的时候，朝廷看到荆州军队四散而逃，并且，杨佺期也与桓修达成了共识，建立了联络，当然是松了一口气，谁料想，数日之后，就接到了三人联名的奏表，朝廷内外一片骚动。在朝廷一般人看来，桓修的计策不仅没有达到分化荆州殷仲堪、桓玄和杨佺期的目的，反而，让殷仲堪一党平白无故地从忠于朝廷的郗恢手中得到了雍州、从王愉手中得到了江州，同时，还让殷仲堪们抓住了朝廷的把柄。这真是偷鸡不成蚀把米。司马尚之也说殷仲堪没有什么罪过，为了息事宁人，司马道子只好让皇帝给殷仲堪下诏收回成命，称："不久前，因为将军你依靠的阵营错误，所以朝廷深为忧虑，过去的事情，大家都应当忘掉，将军率军回藩，顺从诏书，朝廷将你调任，也是一时的权宜之计。将军的大义让朕十分感动，如今恢复将军的职务，即行镇抚本镇，解甲释甲休兵。"朝廷深知，此时三人要求给王恭等平反昭雪以及诛杀司马尚之、刘牢之等，不过是一个借口而已，其真实用意是想保住殷仲堪的荆州刺史一职，因此，在答应殷仲堪要求的同时，却对王恭和庾楷不予赦免；又将桓修召回，御史中丞江绩，本来是殷仲堪手下的南郡相，由于不服从殷仲堪而被杨佺期所取代，此次桓修之策，又让杨佺期官升一级，江绩心中当然是五味杂陈，他上书弹劾桓修为了一己私利，与杨佺期勾结，致使朝廷措置失宜，平白失去了雍州和江州，应当将桓修投入监狱论罪。皇帝特意下诏仅仅将桓修免职，桓修自己不仅没有当上荆州刺史，反而又丢掉了左卫将军，不过，毕竟他是司马道子的姐夫，又是桓玄的堂兄，不久，即接替了王凝之的中护军一职，而把王凝之又从中央调回到地方，任命其为会稽内史。

接到皇帝的诏书以后，殷仲堪、桓玄和杨佺期这才从浔阳罢兵，各自回到了本镇。隆安二年的这场动荡，一直持续了四个月之久，在这场动荡中，最大的失利者当属王恭，他失掉了脑袋，太元王家王濛、王蕴这一支也就此谢幕；次之当属庾楷，古人说得好："无始祸，无怙乱，无重怒。"庾楷最先起意，也是最先失败，落得无家可归，如今，庾楷只得依附新任江州刺史桓玄，桓玄无视朝廷的命令，任命庾楷为武昌太守；再次，就是桓修了。桓修当然有私心，在桓修的建议中，其核心内容是以桓玄制服殷仲堪，这也是司马道子之所以采纳这一建议的基础，司马道子划出了"后殷仲堪时代"大荆州地区的势力范围：以桓修出任荆州刺史，居于大荆州地区的核心地位；以杨佺期驻守襄阳，抵御外侮；以桓玄为荆、扬接合部的江州，予以钳制。然而，出乎所有人预料的是，桓玄和杨佺期在接到了朝廷送去的大礼以后，不仅没有制服殷仲堪，反而依然与其合流，更有甚者，得到好处的桓玄竟然还做了盟主，名正言顺地要求给殷仲堪官复原职，这不单单是朝廷的脸面问题，更重要的是，雍州郗恢是倾向于朝廷的，有襄阳的郗恢在，就可以牵制殷仲堪的后方，而江州王愉虽然被俘，但江州密迩京师，朝廷不是不能夺回的。如今倒好，殷仲堪依然故我，桓玄和杨佺期又得到了江州和雍州两地！因此，桓修也被免职。而这次动乱的最大得益者，当属桓玄、刘牢之和杨佺期了。三人均基于不同的历史背景，因为这次动乱而正式成为能够影响东晋朝局的力量，这在桓玄和刘牢之两人的身上更为明显，刘牢之的上台，让北府兵不再是一支依附于门阀士族的军事力量，它开始以独立的姿态参与到东晋末年的政治生活中，成为东晋门阀政治中的一个转折点，也为东晋门阀制度的最终崩溃做了铺垫。

而桓玄呢?

此时的桓玄还有更为紧要的事情需要去做。世上没有不透风的墙，桓玄很快得知杨佺期密谋刺杀自己的计划，三人之间的誓言言犹在耳，桓玄即开始秘密做着应变的准备，开始计划灭掉杨佺期，他没有到豫章上任，而是将江州刺史的治所迁到了夏口。从表面上看，豫章紧接建康，夏口则与荆州相邻，既可以有效避免来自建康的袭击，又便于与荆州的殷仲堪声气相接，但实际上，夏口控御长江中游，作为荆州刺史，如果将重心转移至夏口，则直接威胁下游，而作为江州刺史的桓玄却将治所移至夏口，则有抵御来自上游江陵和襄阳打击的意味。桓玄在夏口，任命始安太守卞范之为长史，作为智囊。卞范之是韩康伯的外甥，而韩康伯又是殷浩的外甥，也就是说殷浩的姐姐殷氏是卞范之的祖母，《世说新语·贤媛》有两则故事，是记载殷氏行迹的，一则是说殷氏倚靠的几案坏了，卞范之想给外祖母换一个新的，殷氏却说："我如果不倚靠这，你怎么能见到古物呢？"殷氏话里有话，她是提醒外孙要忠于皇室，不要攀附新贵桓玄；另一则是说，殷氏随孙子韩绘之前往衡阳任职，在夏口附近的阖闾洲碰到了桓玄，卞范之时常来探望外祖母，殷氏对卞范之说："我这个老不死的，将看到桓玄和他侄儿桓亮两代人都将要做逆贼。"在衡阳居住几年，就碰上了桓亮叛乱，韩绘之也遇难，殷氏抚摸着孙子的尸体痛哭说："你父亲韩康伯以前被免去豫章太守，早上接到诏书，晚上就动身离去，你被免去郡守几年，却被人事牵绊，终于遭遇灾祸，这还有什么可说的！"

郗恢是站在朝廷一边的，当殷仲堪举兵以后，襄阳太守夏侯宗之、府司马郭毗均劝说不能得罪了殷仲堪，但郗恢不从，坚决诛杀了两人，然而，随着事态的发展，朝廷却又将其解职，这当然让郗恢心里不是滋味。我们知道，在桓玄没有被任命为江州刺史之前，他之所以迟迟不去广州上任，是想夺取郗恢的雍州，把郗恢赶到广州去。当时，郗恢听说后，十分担心，曾询问襄阳的下属们，大家均表示："如果杨佺期来接替大人的话，我们谁敢不尽力！只是如果桓玄来的话，恐怕就难以抵挡了。"不久就传来了朝廷任命杨佺期接替自己做雍州刺史的消息，郗恢与南阳太守闾丘羡商量，率军抵挡杨佺期。杨佺期担心自己的兵力不足，没有必胜的把握，就对外声称，是桓玄来接替郗恢，自己仅仅是桓玄的前锋。雍州军队信以为真，军心动摇，迅速溃散，杨佺期得以顺利进入襄阳，他诛杀了闾丘羡，并将郗恢放归朝廷，当郗恢一行走到杨口（今湖北省潜江市西北）的时候，殷仲堪私下埋伏了刺客，将郗恢及其四个儿子全部诛杀，对外宣称是被蛮夷所杀。

三三六　孙恩之起

东晋朝廷暂时安定了下来。

隆安二年（公元 398 年）十一月，十六岁的晋安帝司马德宗下诏任命弟弟、十三岁的琅邪王司马德文为卫将军、开府仪同三司；以会稽王世子、十七岁的司马元显为散骑常侍、中书令，又领中领军，持节、都督如故；任命六十五岁的领军将军王雅为尚书左仆射。王雅为人恭敬、谨慎、廉洁、奉公，因此，在孝武帝生前就深为礼遇，孝武帝每次设宴，必须等王雅到了才开宴；孝武帝与张贵人在华林园游玩之时，朝臣中也只有王雅一人被允许跟随。不过，由于王雅门第并不很高，而且从不直言劝谏，因此，被当时的人们视为佞幸之流。在王雅与王珣身上还曾发生过一件趣事：孝武帝时期，拜会稽王司马道子为太子太傅，拜太子左卫率王雅为太子少傅。当时王珣的儿子结婚，宾客云集，这时，大家听说王雅被加封为太子少傅以后，离席前往祝贺的就有一大半，史书上形容当时的社会风气是“无复廉耻”。本来，太子少傅一职大家都看好王珣，王珣本人也是踌躇满志，听说王雅却被任命为太子少傅，不禁怅然若失。众朝臣前往王雅家途中，天上却突然下起了大雨，有人建议带着雨伞前去，心中不是滋味的王珣却不同意，于是，大家被大雨淋得像落汤鸡一样，冒雨拜见。孝武帝去世以后，王雅没有被确定为顾命大臣，加之朝廷多事，王雅也是缄默不语，被任命为尚书左仆射后两年，到了隆安四年，六十七岁的王雅就去世了。

如今，东晋中央的实际控制区仅限于三吴部分地区，即太湖和钱塘江流域。江州荆州为桓玄、殷仲堪控制；京口以及京口对岸的长江以北地区，则为刘牢之和广陵相高雅之割据；就连近在咫尺的豫州司马尚之兄弟，也并不完全听命于司马道子父子。个中原因却在于司马尚之看不惯司马道子父子的一些作为：司马道子还是一贯地花天酒地，嗜酒如命，没有一天不喝醉的，借此打发忧愁和时间，大有死后哪管洪水滔天的架势，而司马元显则年轻气盛，明察苛刻，尤其是在隆安三年（公元 399 年）四月，时年十八岁的司马元显意识到朝臣们都不愿司马道子再执政了，他趁着自己的父亲昏醉不醒之时，暗示朝廷下诏解除时年三十六岁的父亲司马道子的司徒、扬州刺史一职，四月十日，朝廷下诏任命司马元显为扬州刺史。司马道子酒醒以后，听说自己被解职的消息，不禁大怒，但却又没有任何办法。从此之后，司马元显更是肆意妄为，他引庐江太守张法顺为智囊，在中央和扬州控制区内大肆安插亲信，朝廷众人均对其敬而畏之。司马元显自认为自己还年轻，不愿马上就登上司徒高位，他让晋安帝下诏任命司马德文为司徒、录尚书六条事。据万斯同的《东晋将相大臣年表》，到了这一年的四月，东晋中央的大员们分别是：司徒司马德文、卫将军王珣、录尚书事司马元显、尚书令王珣、尚书左仆射王雅、中书令司马元显、侍中桓石生、领军将军孔安国、护军将军桓修、扬州刺史司马元显、丹阳尹司马恢之。王珣时年五十岁，王雅六十六岁，都是东晋官场中摸爬滚打多年的人；孔安国是孔愉的少子，比他的哥哥孔汪年少二十多岁，“以儒素称”；桓石生是桓豁的二十多个儿子中间的一个，长期担任司马道子的长史，这些人对司马元显的所作所为都不会提出异议。只有司马尚之敢于对司马元显提出意见，这固然与司马尚之四兄弟均手握兵权有关，不论是司马道子，还是司马元显都依靠司马尚之兄弟作为外援。司马元显的智囊张法顺与司马元显关系亲密，每次宴会，两人坐在一起，没有尊卑的区别，一次，司马尚之入朝，板着脸对司马元显说：“张法顺不过是个供人驱使的小人，有什么才能而突然被破格提拔。当今盛世，不应该出现这种事情。”司马元显无言可对，默不作声。司马尚之又说：“宗室人数虽多，但是敢于劝谏的却很少，何况下官与你血缘关系并不远，世代受到皇家的眷顾，怎能坐视你有过失而不进忠言呢？”说罢，喝令张法顺退下，宴会上的所有人都大惊失色，而司马尚之却谈笑自若，好像什么事都没有发生似的，司马元显对此事一直怀恨在心；后来，司马元显曾命令豫州抽出两千人送到京师，司马尚之不同意，他说：“西府北接边荒，敌人来去无常，豫州的总兵力也才数千人，防守本来人数就不足，无从抽人。”司马元显更是恼怒。

向豫州刺史司马尚之要兵，只是司马元显巩固中央的举措之一。司马元显深知，要想牢牢地树立东晋朝廷的权威，对付崛起中的殷仲堪、刘牢之、桓玄等人，就必须以强大的军事实力为后盾，而如今，东晋朝廷的影响力仅仅局限于三吴地区，兵员短缺的问题就显得尤为突出。隆安三年十月，司马元显下令，将原来是奴户而被赦免成为客户的人，号称为“乐属”，全部迁往建康，征召为士兵。奴户，是指那些因犯罪或者战争中的俘虏，这些奴户被赦免以后，成为官员士族庇护下的劳动力，被称为“客户”。司马元显此举，与晋元帝太兴四年（公元321年）“免中州良民遭难为扬州诸郡童客者以备征役”，从性质上来看是完全一样的，虽然那次也得罪了门阀士族，引发了普遍的不满，但尚未激发出大规模的变乱，据《魏书·桓玄传》所附后来桓玄讨伐司马元显的檄文所称，司马元显是“苦发乐属，枉滥者众，驱逐徙拨，死叛殆尽”，由于两年来东晋发生了接二连三的动荡，已经弄得民不聊生，这次司马元显强征乐属，不仅损害了乐属家庭和原来的乐属主人的利益，而且征发枉滥，又让三吴的豪族、自耕农与乐属同起反抗，使得三吴地区人人思乱，并直接引发了一场大规模的起义——孙恩起义。

孙恩，字灵秀，琅邪人，与西晋司马伦时期的中书令孙秀同族，世代尊奉五斗米道。孙恩的叔父孙泰，字敬远，拜钱塘杜子恭为师父，而杜子恭却身怀秘术，他曾经向别人求借一把切瓜刀一用，那人索要，杜子恭说马上就还，不久，那人坐船前往嘉兴，途中一条鱼跃入船舱中，打开鱼腹，只见那把切瓜刀正在鱼腹之中。杜子恭死后，孙泰学得了他的道术，当地百姓像敬奉神明一般敬奉他，王珣向司马道子说了孙泰的事，司马道子将其流放到了广州，广州刺史王怀之任命他为代理郁林太守，交州、广州之民同样信奉他。太子少傅王雅过去与孙泰私交很好，对好色的孝武帝说孙泰知道养生之方，孝武帝将其召回，司马道子任命其为徐州主簿，后来被升任为辅国将军、新安太守。王恭之乱时，孙泰也招募了数千义兵，与王珣等人驻守石头城，当时，孙泰依然用秘术迷惑百姓，黄门郎孔道、鄱阳太守桓放之、骠骑咨议参军周勰等人都对其十分相信，司马元显也多次向孙泰请教秘术。孙泰看到天下将乱，以为晋朝将要灭亡，私下招募了不少道徒，积聚了上亿的家产，当时的朝士都担心孙泰为乱，只是由于其与司马元显关系很好，因而都不敢揭发，到隆安二年十二月二十二日，也就是在荆州之军退去一两个月之后，会稽内史谢輶首先揭发了孙泰的阴谋，司马道子命令司马元显将孙泰诱捕并斩首，诛杀了他的六个儿子，孙恩在这场突如其来的灾祸中侥幸脱逃，逃入海岛（舟山群岛），三吴的信徒都认为孙泰是羽化登仙了，对海岛中的孙恩继续供应物资。孙恩招集了一百多名亡命之徒，时时刻刻就想着杀回陆地，报仇雪恨。

孙恩在海岛上待了十个月左右，就发生了司马元显征发“乐属”的事情。于是，他趁着三吴地区民怨沸腾，率众从舟山群岛出发，进入杭州湾，在上虞（今浙江省上虞市）登陆，击斩了上虞县令，顺势进攻会稽（今浙江省绍兴市）。此时的会稽内史是接替谢輶的王凝之，琅邪王家世代信奉五斗米道，王凝之本人更是对此笃信不疑。孙恩击破上虞之后，转兵会稽郡，下属都劝王凝之早做准备，但他却不从，而是从容进入室内作法祈祷，不久，王凝之从屋内出来，对诸将说："大家不用担心，我已经请了鬼兵相助，敌人很快就会自行消灭。"不做任何防备。

孙恩顺利攻进会稽城，王凝之及其儿子们均被杀。王凝之的妻子谢道韫，听说丈夫儿子被杀的消息，命令婢女们抬着小轿，自己抽出短刀坐上小轿出门，看到孙恩的部众前来，谢道韫亲自诛杀了数人，最后被俘。谢道韫的外孙刘涛，时年才几岁，孙恩部众意欲加害，谢道韫说："事情是王家的事，与他族又有什么关系！如果你真要杀他，宁可先杀了我！"孙恩听了，将两人都放了。后来，国破家亡的谢道韫一直寡居在会稽，后来的会稽内史刘柳久闻谢道韫的大名，曾登门拜访，相谈之后，刘柳叹息说："实在是过去未曾见到过的，听了她的言谈，让人身心俱服。"谢道韫就是这样一个能文能武的女人，而相形之下，其丈夫王凝之却缺乏了父亲王羲之那种才子的飘逸洒脱，难怪谢道韫在初嫁王凝之时，有过那段"归宁抱怨"的往事。

孙恩的起事绝对是经过精心的策划的，十个月之前，孙恩的部众才仅仅一百多人，然而，在其占领会稽前后，其部众就猛增到了数万，稽（今浙江省绍兴市）谢緘、吴郡（今江苏省苏州市）陆瑰、吴兴（今浙江省湖州市）丘尪、义兴（今江苏省宜兴市）许允之、临海（今浙江省临海市）周胄、永嘉（今浙江省温州市）张永以及东阳（今浙江省金华市）、新安（今浙江省淳安县）等八郡，同时造反，杀掉地方官吏响应孙恩，十天之内，孙恩部众就达到了数十万。吴兴太守谢邈，永嘉太守谢逸，嘉兴公顾胤，南康公谢明慧，黄门郎谢冲、张琨，中书郎孔道，太子洗马孔福，乌程令夏侯愔等都被孙恩部众所杀；吴国内史桓谦，义兴太守魏鄢，临海太守、新蔡王司马崇等人都弃城而逃，孙恩以会稽为根据地，自称征东将军，号其党羽为"长生人"，传令诛杀异己，有服从的人家连婴儿也要被诛杀，居民被杀的有十之七八。变民们将县令剁成肉酱，让其妻子儿女吃掉，不吃的，予以肢解；他们焚烧仓库、住宅，砍伐树木，填塞水井，离开家乡，向会稽集中，怀抱婴儿的妇女行动不便的，竟然将亲生孩子投入水井，祷告说："祝贺你提前登上仙境，我随后再去找你。"

孙恩来势迅猛，很快就占领了三吴的八郡之地，他对自己的下属说："天下没事了，我当与你们一起身穿朝服，前往建康。”他上书朝廷，要求诛杀司马道子父子，为自己的叔父孙泰报仇。此时，建康城内外也有孙恩潜伏的党羽，各地盗贼也顺势而起，晋安帝登基以后，建康城内每年总要经历一次危机，这是第三次危机了。朝廷下诏再次加司马道子黄钺，以司马元显为中军将军，命令徐州刺史谢琰兼都督吴兴、义兴二郡诸军事，前往讨伐叛乱；刘牢之也随同谢琰一起南下，上表之后不等朝廷答复，就出发了。

三三七 独挡千人

刘牢之出兵南下，除了平叛之外，当然有他自己的打算。

富庶的三吴，历来是东晋朝廷乃至京口北府军队的大后方，是二者粮食、财帛的重要供给地，因此，三吴之地不仅是东晋朝廷所必争，而且，对于北府将来的发展而言，也是势在必得。从当时的情况看，孙恩占领会稽之后，一呼百应，三吴之民扶老携幼，纷纷响应，形势发展非常迅速，十天之内，太湖流域、钱塘江流域的八郡之地，全部落入了孙恩之手，这对于紧邻三吴之地的京口来说，也十分严峻，时间紧迫，这也是刘牢之拜表辄行的另外一个原因。第一是地理位置的重要，第二是时间的紧迫，那么，第三则是谢琰的兵力不足。当时的孙恩之众已经迅速发展到数十万，而单车（未加都督）徐州刺史谢琰，虽然刚刚加督了吴兴、义兴诸军事，但这两郡均已落入孙恩之手，仅以徐州刺史之兵显然难以击败孙恩，这也是刘牢之率领北府主力前去平叛的原因。

这次平叛行动，不论是东晋朝廷，抑或是北府刘牢之，均行动非常迅速，没有给予孙恩太多整军、抚众等的机会，也说明了东晋朝廷对于三吴地区的高度重视。听说孙恩攻陷会稽之后，刘牢之即派遣部将桓宝率军前去救援，接着，又派遣儿子刘敬宣作为桓宝的后援部队，随后出发；北府前头部队抵达曲阿（今江苏省丹阳）的时候，听说吴郡（今江苏省苏州市）内史桓谦已经弃郡逃走，于是，刘牢之率领本部人马悉数南下。谢琰率军推进到义兴（今江苏省宜兴市），斩杀了许允之，将义兴太守魏鄢迎回本郡；然后，谢琰率军南下，进攻吴兴（今浙江省湖州市）的丘尪，又击破了吴兴的变民。刘牢之之军则与谢琰协同作战，在吴郡（今江苏省苏州市）多次击败临时组成的变民军队，杀伤了很多敌人，刘牢之之军是训练有素的北府军，而谢琰的司马高素（今刘牢之的儿女亲家）也是北府旧将，谢琰所率领的军队也有北府军队，因此，这些临时组成的变民军无论如何也不是骁勇善战的北府军队的对手，谢琰和刘牢之的军队很快就将钱塘江以北地区平定，谢琰自己留屯在乌程（今浙江省湖州市南），命令司马高素率军协助刘牢之，推进到了钱塘江北岸。

为了表彰刘牢之的战功，朝廷下诏晋封其为前将军、都督吴郡诸军事，隆安三年十二月二十六日，刘牢之率军渡过了钱塘江，朝会稽郡一路杀来。

当时，在刘牢之的军中，有一个人，日后成了刘宋的开国皇帝，他的名字叫刘裕。刘裕，字德舆，小名寄奴，是彭城县绥舆里（今江苏省徐州市铜山区）人，据说是西汉高帝刘邦的弟弟楚元王刘交之后，是刘交的二十一世孙（《魏书》则称，刘裕的先祖无法查明，刘裕自己说本是彭城人，有人说他本来姓项，后改姓刘，但也说不清楚具体的世系，与丛亭、安上刘氏并非一支）。刘裕生于晋哀帝兴宁元年（公元 363 年）三月壬寅夜，（《宋书・后妃传》记载，刘裕生于兴宁元年四月二日）当天，母亲赵氏难产而死。据《宋书・符瑞志》记载，刘裕出生的时候，神光照亮屋子，其父感到非同寻常，就给他起了一个小名叫奇奴。刘裕生下以后，母亲就去世了，父亲刘翘移居到京口（今江苏省镇江市），因为家境贫寒，父亲找不到乳母，无力养育刘裕，曾打算将他抛弃。刘怀敬的母亲，是刘裕的姨妈，生下刘怀敬还不到一年，听说以后，跑到刘翘家中，将刘裕救下，给刘怀敬断奶，而喂养刘裕，改称寄奴。刘裕长大成人以后，身高七尺六寸，不仅雄武异常，而且还胸怀大志，不刻意顾及自己的品行。刘裕的父亲刘翘，只是郡里的功曹，由于家贫，刘裕也没有怎么上学，识字不多，以卖草鞋为生（《魏书》称其仅仅认识几个字，因为赌博而倾家荡产，受人贱视）。据说，一次，刘裕到京口竹林寺游玩，独自在讲堂前睡着了，僧人们发现刘裕的身上显出五彩龙形花纹，等刘裕醒来以后，告诉了刘裕，刘裕高兴地嘱咐道："高僧千万不要瞎说。"刘翘的墓地在丹徒的候山，当时，有一个叫孔恭的术士，刘裕与他一起经过刘翘的坟墓，问道："这座坟墓咋样？"孔恭回答："这是一座非同寻常的墓地。"另有一种说法是，当时的人们在野外的时候，时常能看到刘裕的两臂旁边有两条小龙。后来，刘裕割草的时候，射中了一条长几丈的大蛇，第二天，刘裕又到了那里，看见有几个身着青色衣服的小孩在捣药。刘裕问原因，小孩们回答："我们大王被刘寄奴射伤，我们在制作膏药。"刘裕又问："你们大王是天神，为何不杀了他？"小孩们回答："刘寄奴也是王，不会死，不能杀。"刘裕大声呵斥，赶跑了众小孩，将小孩们制作的膏药弄到手。后来，他出门到下邳，遇到一名和尚对他说："江东将要大乱，安定国家的，将是你吧！"刘裕过去手上有个伤口，多年不曾痊愈，和尚送给他一种黄色的药，刘裕将和尚给的药涂抹在伤口上，一涂即好。刘裕终生对和尚给的药和他从小孩们那里抢来的药都十分珍视，每当身上有创伤，涂抹一下就痊愈了，十分灵验。

琅邪王谧，是王导第五子王劭的儿子，过继给早死的伯父王协（王导第四子）为子，王谧与王珣、王珉兄弟是堂兄弟关系。一次，刘裕出门在外，住店喝醉了，王谧的一个门生恰巧也来住店，店主人说，刘裕在里屋喝酒，你也进去吧。这人刚进屋，就惊慌失措地跑了出来，对店主人说，屋里哪里来的怪物？店主人问究竟看到了什么，这位门生说看到一条五彩蛟龙。门生回来后，将自己看到的情况告诉了王谧，王谧告诫他不要乱说，并对刘裕十分关照，他曾对刘裕说："你将成为一代英雄。"

刘裕虽然家贫，却嗜好赌博。京口刁逵，是刁协的孙子、刁彝的长子，王敦之乱就是以诛杀刁协为借口，刁彝曾做过徐、兖二州刺史。刁逵三兄弟，二弟刁畅，三弟刁弘，刁逵在此前后为广州刺史，刁畅为始兴相，刁弘为冀州刺史。刁氏子弟多从事商业，被称为京口之蠹。刘裕曾经欠了刁逵三万赌债，很久没有归还，被刁逵抓住。王谧知道以后，就偷偷出钱替刘裕还清了欠款，刘裕这才被释放——琅邪王氏与渤海刁氏有世仇，王谧此举未必没有结好刘裕，以图将来清算刁氏的含义，而实际上，在刘裕当权之后，就灭了刁氏。

后来，刘裕做了北府旧将、冠军将军孙无终的司马，至今，刘裕已经三十七岁，刘牢之南下之前，请刘裕做了自己的参军。当时，刘牢之之军驻扎在虎橧（今地不详），命令刘裕率领几十人前去侦察敌情，突然，这支侦察分队却遇到了数千敌军。在众寡异常悬殊的情况下，刘裕并没有退却，而是果断率领这几十人冲入几千人之中，与敌搏战。刘裕所带的数十人全部战死，只剩下刘裕一人，也被逼到河岸之下。敌人来到河岸，要从岸上跳下诛杀刘裕，刘裕不仅没有退缩，反而在河岸下手持长刀，仰着头砍死了几个人，并奋力跃到了岸上。登上岸的刘裕，如同猛虎一般，大呼追赶，杀伤很多敌人。刘牢之之子刘敬宣在军中不见刘裕归来，担心出事，就率领轻装骑兵前去找寻，当众人来到战场的时候，发现一幕异常震撼的景象：只见刘裕在战场上，手持长刀，像追赶羊群一样，一个人在疯狂追杀那几千人！

什么是英雄？如果你能手持长刀将数千人追杀得无处藏身，你就是英雄！

看到这一幕，每个人都被震撼了。流民军害怕骑兵，看到刘敬宣率领骑兵前来，更是担心腹背受敌，于是大败，被斩杀上千人。

在刘牢之的北府军队尚未渡过钱塘江的时候，孙恩说："我占据钱塘江以东以南地区，也不失当越王勾践。"等听说刘牢之率军渡过了钱塘江，孙恩自知不敌，他又幽默地解嘲道："孤不认为逃跑，有什么丢人的。"于是，他率领二十多万男女向东转移，在东逃之路上，丢下了很多金银财宝、女子，刘牢之的军队一直处于边荒之地，进入三吴富庶之地以后，军纪很差，到处劫掠，如今看到路上丢弃如此多的宝贝，争先恐后地抢夺，也顾不上追击孙恩了，因此，孙恩之众得以顺利逃脱，再次回到了海岛上。高素之军径取山阴（今浙江省绍兴市），斩杀孙恩任命的吴郡太守陆瑰、吴兴太守丘尪、余姚县令沈穆夫（《宋书》作者沈约的曾祖）。

赶跑孙恩以后，朝廷担心孙恩会卷土重来，任命徐州刺史谢琰为会稽太守，都督会稽（今浙江省绍兴市）、东阳（今浙江省金华市）、临海（今浙江省临海市）、永嘉（今浙江省温州市）、新安（今浙江省淳安县）五郡诸军事，率领徐州刺史府的所属部队沿海岸线设防。

三三八　定都广固

在东晋朝廷后院起火之时，远在中原的晋朝旧都洛阳也失守了。

淝水之战后，北方大乱，东晋军队借机重新收复了洛阳，迄今已逾十年。可惜的是，淝水之战后谢安去世，东晋北伐事业夭折，紧接着，孝武帝司马曜与弟弟司马道子内衅又起，各树朋党，作为北伐出发地的兖州和荆州，分别由孝武帝一党王恭和司马道子一党王忱占据，王忱死后，荆州刺史一职由司马曜采取非常措施，交与亲信殷仲堪，致使孝武帝在内争中暂时取得了优势。然而，好景不长，变起肘腋，孝武帝被张贵人所杀，东晋中枢又成为司马道子的天下。这些年里，东晋朝廷一直围绕着内争，不停地进行着布局，哪有心思北伐？而且，重要方镇的大员也没有一个是能够带兵打仗的将才。就拿两任荆州刺史王忱和殷仲堪来说吧，虽然两人分处孝武帝司马曜和司马道子对立阵营，但却都有一个共同的特点，那就是名士气十足，而不会打仗。《世说新语·任诞》记载，王佛大（即王忱）叹言："三日不饮酒，觉形神不复相亲。"显然就是一个十足的酒鬼，同篇还记载，当时，桓玄被征召为太子洗马，船停在岸边。王忱服用寒食散、喝点酒以后，已经微醺，前去看望桓玄。桓玄给他摆上酒宴，王忱服药以后，不能喝冷酒，就不停地招呼身边的侍从："温酒温酒！"这个温字是桓玄亡父桓温的名讳，当面称呼他人父亲的名讳，是非常失礼的。因此，桓玄听了以后，不禁痛哭流涕。看到桓玄这个样子，王忱就要离去，桓玄用一边用手巾擦泪，一边说："触犯了我家的名讳，与您又有什么关系呢！"王忱反而说："你真是通达！"王忱当然有故意欺负桓玄的意味，但也透露出王忱的那副张狂之态，一个整日服药、喝酒、时常做出惊世骇俗举动的人，能指望他去冲锋陷阵吗？无独有偶，继任的殷仲堪也是如此，殷仲堪说的是三日不读《道德经》，就舌根僵硬，不会说话，名士有的标签，殷仲堪也都有：吃药、饮酒、清谈等等，就是不会打仗。

就这样，洛阳在东晋手中竟然奇迹般地存续了十余年之久，期间很大的原因是，北中国的各个势力之间几乎无日不战，无暇顾及包括洛阳在内的黄河以南广大地区。而此时，这里却引起了一个人的注意，那就是后秦主姚兴。姚兴在占领河东地区、稳定了关中北部的上郡以后，即将目光投到了洛阳，在隆安元年，姚兴就曾经派遣姚崇对洛阳进行了一次试探性的进攻，当时的河南太守夏侯宗之固守金墉城，姚崇掳掠洛阳附近二万多户民众而还。而到隆安三年，真正促使姚兴出兵洛阳、进而控制河南、淮北地区的原因，大约与南燕慕容德离开滑台率军东去、该地东晋兵力薄弱有关。

滑台，北面受到北魏军队的威胁，而南面又有东晋军队的侵扰。还是在慕容德刚刚进驻滑台数月，慕容宝曾经南下黎阳，想投靠慕容德，当时，慕容和的长史李辩曾经建议慕容和接纳慕容宝，但慕容和没有听从。李辩担心自己被慕容德所杀，就偷偷联络晋军，企图利用慕容德离开滑台南下迎敌之机，在后方发动叛乱，东晋南阳太守闾丘羡、宁朔将军邓启方接到了李辩的密报，率领二万军队前来讨伐，东晋军队驻扎在管城（今河南省郑州市）。谁知，慕容德本人并没有离开滑台，而是命令中军将军慕容法、抚军将军慕容和等人南下迎战，双方在管城大战，邓启方、闾丘羡等人大败，单身匹马逃回。慕容德对慕容法没有乘胜猛追晋军，十分不满，将其司马靳環诛杀。

当初，苻登被姚兴诛杀后，苻登的弟弟苻广率领三千部众逃往关东依附于慕容德，慕容德任命其为冠军将军，将他的部众安置在乞活堡，到隆安三年（公元399 年）三月，火星出现在东井星域，有人传言说秦国将要复兴，苻广信以为真，发动叛乱，自立为秦王，率军击败了慕容德的北地王慕容钟，当时，南燕统治区内的不少人又转而投靠了苻广，慕容德留下慕容和驻守滑台，自己亲自率军前往讨伐苻广，并顺利将其诛杀。

就在慕容德领军前去讨伐苻广之时，李辩再次劝说慕容和谋反，慕容和再次拒绝，李辩大怒，将慕容和诛杀，向驻守邺城的北魏和跋投降，请求魏军南下，接管滑台。北魏邺城行台尚书和跋闻讯，立即率领轻装骑兵渡河南下，可是，等到和跋的魏军抵达滑台城下的时候，李辩竟然又后悔了，关闭城门不让魏军进城。和跋命令尚书郎邓晖入城劝降，李辩这才开门让魏军入城。和跋入城之后，将慕容德的宫女、财物全部据为己有。刚刚平定苻广的慕容德，突然听说后院起火，不禁大惊失色，他立即率领三千精锐骑兵火速回救，企图夺回滑台。入城以后的魏军以逸待劳，出城迎战，一举击败慕容德之军，又击败南燕桂阳王慕容镇，俘获一千多名南燕将士，陈郡（今河南省陈留县）、颍川郡（今河南省禹州市）一带的居民纷纷投降魏军。魏军占领滑台之后，慕容麟的妻子周氏也被魏军俘获，拓跋珪将其赏赐给弟弟卫王拓跋仪。

此时的慕容德老巢被端，再无容身之地，而且，军中将士的家属都在滑台城中，不拿回滑台，军心将大乱，因此，慕容德执意要夺回滑台。韩范对慕容德说："魏军已经进入滑台城，利用我国现成的军资，过去我们是主人，魏军是客人，如今，主客之位完全颠倒，军中人心不稳，不能再战了。应当先寻找一个地方，巩固根本，然后再慢慢积聚力量，再做打算，这才是上策。"恰巧，滑台城内的南燕右卫将军慕容云斩杀了李辩，率领城内的两万家眷从滑台城内逃脱，南燕三军将士不禁个个欢天喜地，慕容德召开会议，他对大家说："虽然平定了苻广，但抚军将军慕容和失算，致使我军前有强敌，后无根据地，如今该如何是好？"李华建议道："如今东晋占领的彭城（今江苏省徐州市），有山川险阻，曾是楚国的旧都，我们可以将那里攻下，作为根据地。"慕容钟、慕容护、封逞、韩绰等人均强烈建议全军强攻滑台。尚书潘聪却说出另一个思路："滑台四通八达，不适合帝王居住。这里北面与强大的北魏毗邻，西面与后秦接壤，南面又有东晋，在这三个强国中间，我们时时刻刻都不敢安枕而眠。彭城四周是广阔的平原，人口稀少，又是东晋长期占领的要地，肯定要与我争夺，同时，那里又与长江、淮河很近，水运发达，夏秋季节雨水很多，千里之地一时会成为泽国。并且，水战是东晋军队所擅长的战法，却是我之所短，即使如今暂时攻克了彭城，也不是长久之计。青州（今山东省）沃野千里，号称'东方的秦国'，土地有两千多里，人户有十余万户，东临大海，有丰富的资源，西有泰山等险阻，可以说是用武之国。三齐豪杰各个都蓄势待发，谁不想找到一位明主辅佐、以建立伟业！广固城（今山东省青州市），过去是曹嶷所构筑，山川险阻，十分适合作为帝王的国都。辟闾浑过去是燕国的臣子，如今应当派遣一名说客，劝其投降。如果他执迷不悟，我军随后进发，青州之地必然土崩瓦解。占领青州之后，关闭险关，养精蓄锐，伺机而动，就如同西汉有关中、东汉有河内一样。"慕容德犹豫不决。高僧竺朗精通术数，慕容德派牙门将苏抚前去询问，竺朗说："对比这三条计策，潘尚书的建议才是兴邦之言啊。今年年初以来，彗星从奎星、娄星星域出现，横扫虚星、危星星域。彗星是除旧布新之星，而上述四个星域则都是代表着青州之地。应该先攻取鲁国之地，巡抚琅邪郡，等到秋天的时候，再转兵北上，平定齐地，这是天意。”苏抚又问帝国能存续多久，竺朗占卜后回答：“帝国将在公元 401 年衰亡，存续十二年，可以传给儿子。”苏抚向慕容德汇报以后，慕容德即率军向东南进发，进攻兖州（今山东省西部）北部地区，此地郡县纷纷投降，慕容德严令部队遵守军纪，秋毫无犯，当地百姓十分高兴，纷纷向军队送上牛、酒犒劳。

此时的兖州、青州在名义上均属于东晋所有。东晋青州刺史辟闾浑的父亲就是辟闾蔚，他曾是段龛的幕僚，在慕容恪讨伐段龛时被杀。慕容德派遣使者招降齐郡太守（《资治通鉴》记作“青州刺史”）辟闾浑，辟闾浑不从，于是，慕容德命令慕容钟率领两万步骑混合军团，前去进攻，而他自己则率军攻陷了琅邪（今山东省临沂一带），此时，东晋朝廷刚刚劝退了殷仲堪、桓玄、杨佺期的荆州军队，而孙恩又起，东晋根本无暇顾及山东的局势，山东省南部、西部地区居民归顺慕容德的，就有十余万人。慕容德在挺进到鲁南、补充兵员之后，转兵北上，又有四万多居民归附。慕容德进攻莒城（今山东省莒县），守将任安弃城而逃，慕容德任命潘聪为徐州刺史，镇守此地。去年，后燕兰汗之乱时，后燕吏部尚书封孚投靠辟闾浑，被东晋朝廷任命为渤海太守，此时也投降了慕容德，慕容德大喜说：“孤得到青州并没有什么值得高兴的，唯一值得庆幸的是得到了你！”随即任命封孚为高级幕僚。慕容钟向青州发出檄文，敦促辟闾浑及其下属郡县军民投降。辟闾浑听说慕容德将亲自前来讨伐，他十分担心，就将青州各地八千多户居民强行迁到广固，加强城防，并命令司马崔诞驻守薄荀堡垒，平原太守张豁驻守广固城西的柳泉，可是，二人均投降了南燕军。辟闾浑这次害怕起来，他携带妻子儿女弃城南下，准备逃奔东晋，慕容德命令射声校尉刘纲在莒城追上，将其斩杀。辟闾浑的儿子辟闾道秀来见慕容德，请求与自己的父亲一同赴死，慕容德说：“你的父亲为人不忠，而你作为儿子却能尽孝道。”特赦不杀。辟闾浑的参军张瑛多次替辟闾浑写檄文斥责慕容德，慕容德进入广固之后，将张瑛抓获，当面责备张瑛。张瑛神色与往常一样，从容回答：“辟闾浑有臣，就像韩信遇到蒯通一样，蒯通虽然曾经劝说韩信自立为王，但汉高祖刘邦却赦免了他，而臣遇到陛下却遭到杀戮，与古人相比，我确实是不幸的。大禹涂山之会，防风氏因迟到被杀，以此杀我，我实在无话可说，只恐陛下不如尧舜一般的仁爱没有加于四海啊！”慕容德听了，开始还觉得张瑛的话不错，过后想想还是于心不甘，最终还是将张瑛诛杀。于是，慕容德遂定都广固。

三三九　夺占荆州（一）

慕容德被迫从滑台东去、北魏触角延伸至河南中部一带四个月后，即隆安三年（公元 399 年）七月，后秦主姚兴命令齐公姚崇、镇东将军杨佛嵩东出，进攻洛阳。

东晋河南太守辛恭靖，率军固守洛阳。东晋雍州刺史杨佺期向北魏常山王拓跋遵派出使者求救。拓跋遵向拓跋珪汇报以后，拓跋珪以张济为拓跋遵的从事中郎南下襄阳，与杨佺期通使。杨佺期问张济："魏国当初讨伐中山之时，有多少兵力？"张济回答："三十多万。"杨佺期又问："魏军重装骑兵又有多少？"张济回答："中军精锐骑兵有十几万，别军无数。"杨佺期又说："以此讨伐姚兴这个小羌，足以将其消灭。魏国平定中山以后，迁徙了多少人家？"张济回答："七万多家。"杨佺期又问："国都在哪里？"回答："定都平城。"杨佺期听说拓跋珪定都平城之后，面露喜色，他说："有如此众多的军队，筑城有什么用呢？魏主是想久居平城，还是有迁都的打算？"张济回答："这就不知道了。"杨佺期又说："晋魏通和，过去就有，不仅是今日之事。羌贼狡猾，多次进攻洛阳地区，令我日夜忧愁。如今这里兵力弱小，府库空虚，与贵国结好，就是一家人了，我不再隐瞒什么。救援洛阳一事，全靠魏军，如果洛阳得以保全，我们一定会厚厚地报答。与其洛阳被羌贼拿下，不如让魏军占领。"

杨佺期所云也是实情，此时，江州刺史桓玄不仅对他杨佺期虎视眈眈，而且还意欲吞并荆州的殷仲堪，在这种情况下，襄阳根本无法向洛阳派出一兵一卒。为了不让洛阳落入后秦之手，杨佺期甚至答应把洛阳交给魏军，对此，张济请求东下建康，觐见东晋皇帝予以确认。杨佺期说："长江两岸的山蛮很多，水路难行。魏军已经占领了滑台，从这里北去，从滑台走东路，南下建康更为便捷。另外，东晋的法律制度与魏国不同：我如今都督襄阳，被朝廷委任疆场之事，如果有什么征讨行动，立即就可以出发，然后向朝廷报告一下即可，让朝廷知道有此事就行了。如果不行动，也不按照朝廷的指示行事。”张济从襄阳回到平城，拓跋珪询问江东的政务，张济回答：“司马曜死后，儿子司马德宗继位。东晋各个州郡之间相互攻击，如今虽然暂时安定下来，但是，主弱臣强，全无规矩。”听了张济的回答，拓跋珪十分满意。不过，对于杨佺期的求救，还是要给一个说法的。如果魏军出兵救援洛阳，那势必将与后秦翻脸，而如果对杨佺期的请求置之不理，又似乎面子上过不去。八月，拓跋珪命令太尉穆崇率领六千骑兵南下解救洛阳。对此，《资治通鉴》记作“六万”，此处是《晋书·穆崇传》《晋书·太祖本纪》的说法。拓跋珪如果真的要解救洛阳，和跋在滑台、拓跋遵在中山，均可星夜赴援，是用不着从平城长途跋涉的，而实际上，在穆崇南下尚未到达洛阳的时候，洛阳就陷落了，拓跋珪就势下令任命其为豫州刺史，让其镇守野王（今河南省沁阳市）。作为守备部队，穆崇率领的如果是六万之众，似乎数量也太大了。

辛恭靖坚守洛阳一百多天，终于在外无救兵的情况下，城破被俘。他被押解到长安，见到姚兴，立而不拜。姚兴对他说：“朕将把东南方面的军政之事，托付给你，你看行吗？”辛恭靖厉声说道：“我宁可做国家之鬼，也绝不会做羌贼的臣下！”姚兴大怒，将他关押了起来。辛恭靖被关押三年之久，到晋安帝元兴年间，他欺骗守卫的人，越墙而逃，辗转回到了江东，被桓玄任命为咨议参军，给予很高的礼遇，每次朝见都作为众人之首，不久，就因病去世了。

洛阳就这样被后秦占领了。杨佺期虽然是一位猛将，有丰富的作战经验，而且，在他接替郗恢担任雍州刺史以来，“抚将士，恤百姓，缮修城池，简练甲卒，甚得人情”，然而，以当时他所处的情形来看，也的确没有能力北上解洛阳之围。这是因为，就在他眼前的夏口，江州刺史桓玄一直虎视眈眈地注视着他的襄阳，让他不敢离开襄阳半步。襄阳、江陵、夏口，在大荆州地区如同三足鼎立，各自有各自的战略作用，襄阳作为北伐的策源地，江陵屏护来自益州的打击，同时，又给予襄阳以支撑，夏口则屏护下游扬州，且源源不断地从水路供给北伐所需的军需物资，然而，如今三地分别掌握在三人之手，而要命的是三人各怀鬼胎，尤其是杨佺期与桓玄的矛盾已经公开化了，火并只是早晚的事。

为了防患于未然，殷仲堪与杨佺期结为儿女亲家，以防桓玄吞并，即便如此，殷仲堪对杨佺期也并不放心，当杨佺期多次请求一起消灭桓玄的时候，殷仲堪却坚决不同意。殷仲堪是想在杨佺期与桓玄之间搞一种平衡，然而，树欲静而风不止。就在洛阳陷落前后，杨佺期曾整顿军队，对外声称要增援洛阳，实际目的却是要南下，与殷仲堪一起偷袭桓玄。殷仲堪苦苦劝阻，还派遣从弟殷遹率军驻扎在荆州北部边境，以防止杨佺期会强行南下，杨佺期单凭个人的实力无法与桓玄抗衡，又不明白殷仲堪的真实想法，也只好作罢。桓玄也担心自己终究会被杨佺期和殷仲堪二人所灭，他上书司马道子父子，请求增加自己的统治区域，而当时司马元显已经掌握了朝廷的实权，虽然其父司马道子还保留着录尚书事的职务，但是，司马道子却风光不再，由于他居住在东府，司马元显居住在西府，因此，人们就称司马道子为东录，称司马元显为西录，西府门庭若市，而东府门可罗雀。对于当政的司马元显来说，谢琰、刘牢之虽然刚刚击退了孙恩，但扬州地区遭此浩劫，再也经不起外部的任何打击了，因此，司马元显也想在杨、桓、殷三人之间制造矛盾，以促使三人同盟关系的解体，减轻对中枢的压力，东晋朝廷下诏任命桓玄以江州刺史的名义，加督荆州的长沙、衡阳、湘东、零陵四郡军事，又任命桓玄的哥哥桓伟为辅国将军、南蛮校尉。原南蛮校尉杨广，是杨佺期的哥哥，打算阻止桓伟到任，殷仲堪为人多疑寡断，他不同意，任命杨广为宜都、建平二郡太守，加征虏将军。南蛮校尉也驻节江陵，荆州刺史往往加南蛮校尉一职，如今，司马元显以桓玄的哥哥桓伟担任南蛮校尉，用意十分明显，那就是在殷仲堪的眼中掺进沙子。与此同时，杨佺期的弟弟杨孜敬原为江夏相，桓玄突然袭击，将杨孜敬所部吞并，并将其召为咨议参军。

这一年，荆州地区发生了罕见的洪灾，平地积水三丈深，殷仲堪将荆州粮仓积存的全部粮食都拿出来赈济灾民。桓玄感到此时是趁机夺取荆州的最佳时机，他对外宣称将要解救洛阳，率军西上，并给殷仲堪送去书信说："杨佺期受国家大恩却坐视洛阳皇陵于不顾，你我应当共同讨伐他。目前，我正率军从长江进入汉水，驻军于江口（汉水与长江的汇合处）。如果你与我的意见一致，可以将杨广诛杀；如果不同意，我就将掉转矛头，顺着长江西上进攻你。"前不久，桓玄也曾提出过类似要求，殷仲堪称："你要解洛阳之围，就直接从汉水而上，一兵一卒都不能进入长江。"当时桓玄准备不足，因此只得罢兵。桓玄屡次三番这样表示，目的就是要殷仲堪彻底与杨佺期翻脸，而殷仲堪却打算息事宁人，让杨佺期和桓玄二人都存在，自己好从中渔利。殷仲堪此举无疑是在玩火，而桓玄此次的真实目的既非北上洛阳，亦非直接进攻襄阳，他的真实目的则是先消灭了殷仲堪，这是因为，如果舍殷仲堪而北上襄阳的话，一旦殷仲堪顺江而下，抄了自己的后路，那麻烦就大了。因此，在他向殷仲堪发出书信的同时，他就已经派军西上进攻巴陵（今湖南省岳阳市），控制了那里的军粮库。新任梁州刺史郭铨刚好西上，路过夏口（今湖北省武汉市），郭铨是桓氏旧将，过去曾在桓冲手下担任竟陵太守、鹰扬将军，后为益州刺史，桓玄宣称，朝廷派遣郭铨为自己的前锋，让其率领原来江夏（今湖北省云梦县）相杨孜敬所部，督促各军齐头并进，直扑江陵而来。

与此同时，桓玄还给在江陵的哥哥桓伟写信，要求桓伟率领南蛮校尉之军作为内应，里应外合，一举吃掉殷仲堪。桓伟为人敦厚老实，接到弟弟的书信之后，惊慌失措，不知如何是好，思来想去，他拿着书信让殷仲堪看。

三四〇　夺占荆州（二）

殷仲堪看到桓玄的书信以后，当即就软禁了桓伟，并让桓伟给弟弟写信，反复劝说桓玄回军，言辞非常凄切。桓玄看了书信说："殷仲堪此人没有决断，经常是患得患失，为自己的身家性命和儿孙辈留下后路，他肯定不敢杀掉我哥哥，即使我哥哥在他的手中，性命也肯定无忧。"

果然不出桓玄所料，殷仲堪一直没有胆量杀死桓伟，与桓玄彻底决裂。不过，兵来将挡，水来土掩，他也采取了一系列措施，企图击退桓玄的进攻。他一方面命令堂弟殷遹率领七千水军驻守西江口（今湖北省监利县南），抵挡桓玄之军；另一方面，给襄阳的杨佺期写信，请求杨佺期火速南下增援。桓玄命令梁州刺史郭铨，辅国将军、前秦原太子苻宏率军西上，一举击败殷遹，桓玄随后率领大军，驻扎在巴陵（今湖南省岳阳市），就地食用荆州的粮食；殷仲堪再派杨佺期之弟杨广、侄儿殷道护等人率军抵御，桓玄分别在夏口（今湖北省武汉市）击败杨广，在杨口（今湖北省潜江市西北）击败殷道护之军，乘胜推进距离江陵仅二十里的零口，江陵城内一片震恐，殷仲堪又派遣数路军队前去抵御。

接到殷仲堪的书信，杨佺期复信问道："江陵没有粮食，怎么抵御敌人？不如你放弃江陵，率军来到襄阳，我们共同防御襄阳。"殷仲堪的目的是利用杨佺期来帮助自己守住荆州，而如今杨佺期让自己弃守江陵，北上襄阳，这当然与殷仲堪的目的大相径庭，为了能让杨佺期率军南下，他回信欺骗说："已经临时征集了粮食，如今已经有了充足的储备。"其实，此时的江陵已经断粮，殷仲堪只能拿出芝麻，煮成稀粥供应士兵们果腹。可是，见到殷仲堪的书信，杨佺期却信以为真，即刻率领八千精锐骑兵从襄阳南下，一路上旌旗招展，铠甲鲜明，十分威武。然而，等杨佺期抵达江陵近郊的时候，殷仲堪却拿不出丰美的酒肉，仅以稀饭犒劳这支援军。见此情景，杨佺期立即明白了殷仲堪欺骗了他，百感交集，不禁大怒，说道：“如今真的要败了！”于是，连见殷仲堪一面都不见，趁着初至之锐，立即投入对桓玄前锋部队的进攻。

当时，桓玄在零口，杨佺期率领本部人马与哥哥杨广会师，直接渡过长江，进击桓玄大本营。桓玄惧怕杨佺期的精锐部队，不敢接战，他从零口退到长江南岸的马头（今湖北省公安县西北）。第二天，杨佺期率领殷道护等的一万精锐部队，登上战舰出战，桓玄的江州军队也将战舰摆在长江之上，两军展开激烈的水战，荆州、雍州之军无法取得突破。杨佺期亲率麾下数十只战舰，直接朝长江对岸桓玄的旗舰杀来，却未能得手。身经百战却不习水战的杨佺期看一时无法取胜，他采取避实击虚之法，转而进击郭铨之军，大破郭铨，几乎将郭铨活捉。而恰在这时，桓玄的大军随后而至，将杨佺期的这支突击队击败，杨佺期只好退去，他所带来的八千精锐骑兵也全军覆没，杨佺期单人匹马向襄阳逃去。

马头之战的大胜，荆州、雍州之军片甲不存，殷仲堪见此情形，只好弃城而北逃至酇城（今湖北省老河口市）。在殷仲堪出走之时，荆州文武官吏只有罗企生愿意追随。据《晋书·忠义传附罗企生传》记载，罗企生，字宗伯，豫章人，曾为江州刺史王凝之别驾，殷仲堪为荆州刺史，任命他为功曹。在桓玄进攻之前，罗企生被任命为武陵太守，还没有上任，桓玄就率军西上了，殷仲堪就将他留任为咨议参军。看到殷仲堪多疑少决，罗企生十分担心，他对弟弟罗遵生说：“殷君侯仁爱却不果断，这注定是要失败的。成败之事都是天意，我当以死随之。”罗企生追随殷仲堪北逃时，路过家门，弟弟罗遵生说：“就此永别，为何不握一握手！”罗企生回马与弟弟握手，罗遵生身强力壮，就势将哥哥从马上拖了下来，紧紧抱住，说：“家中有年迈的母亲，你要去哪里！”罗企生流下眼泪，说道：“如今之事，我肯定活不成了。你们在家奉养老母，一家有忠有孝，又有什么可遗憾的啊！”而弟弟死死抱住他不放。殷仲堪在远处等了很久，罗企生冲他大声喊道：“我们生死在一起，请稍微等一会儿。”殷仲堪看到罗企生无法脱身，即策马而去。

桓玄进入江陵之后，即命令将军冯该率领部队北上追击杨佺期、殷仲堪二人。冯该在途中追上了杨佺期及其哥哥杨广，将二人就地斩杀，桓玄把两人的人头送交建康，高悬于朱雀门之上；杨佺期的弟弟杨思平、堂弟杨尚保、杨孜敬三人均逃到了深山老林之中，依附于山蛮。殷仲堪听说杨佺期被杀之后，打算率领数百人北逃到后秦，他们从酇城向东北方向出发，走到冠军（今河南省邓州市西北），又被冯该追上。冯该将其押解到江陵以北的柞溪，桓玄下令让其自杀，并将其侄儿殷道护诛杀。史书称，殷仲堪自小信奉天师道，桓玄进攻时还与王凝之一样只知道祈祷；祭祀鬼神出手大方，而对于真正需要帮助的穷苦百姓，却十分吝啬，不过，却善于沽名钓誉，贵为刺史，却能亲自给病人把脉治病；在用兵方面，没有大局观念，只会在琐碎的小计策上反复思量，不厌其烦，所以败亡。据《世说新语·赏誉》记载，殷仲堪死后，桓玄曾问殷仲文："你们家仲堪，究竟算一位什么样的人呢？"殷仲文回答："他虽然不能像您一样让一代安定祥和，而他的光辉也足以照亮九泉之下。"殷仲文是殷仲堪的堂弟、殷顗的弟弟，也是桓玄的姐夫。殷仲堪死后，他的儿子殷简之将父亲的棺柩带回建康安葬，一直住在坟墓边，后来，刘裕起义，殷简之也率领奴仆参加义军，讨伐桓玄，桓玄死后，殷简之割下桓玄尸体上的肉吃掉，以报杀父之仇。

桓玄夺占荆州之后，荆州有名望的人士纷纷前去拜见，只有罗企生不去，而是专心打理殷仲堪家的后事。有人对罗企生说："桓玄此人猜忌残忍，不会以为你对旧主忠诚就高看你一眼，这样下去，大祸将要临头了。"此人的劝说不是没有丝毫道理，《世说新语》上关于桓玄的个性，有诸多遗存可以证明：一则是说桓玄小的时候，与同族兄弟们斗鹅，桓玄的鹅总是斗不过人家，恼怒之下，桓玄一夜之间将人家的鹅全部偷偷杀死；另一则是说桓玄特别喜欢打猎，每次打猎总是车马随从很多，五六十里范围内旌旗招展，骏马如飞，如果队伍不整齐或者猎物脱逃，总要将部下捆绑起来，以示惩罚。桓道恭是桓玄的同族，腰中常常缠着一条紫红棉绳，桓玄问做什么用，他回答："您打猎喜欢绑人，我怕粗绳上的芒刺刺破手，特意自备一条棉绳。"由此可见桓玄个性中的一斑。罗企生听了，严肃地说："我是殷君侯的官吏，殷君侯像对待国士一样厚待于我，因为弟弟的强迫，没能追随殷君侯，殷君侯死后，我还有什么面目去巴结桓玄求生呢！"桓玄听了不禁大怒，但他历来对罗企生很看重，就对他传话说："如果你向我谢罪，我就放了你。"罗企生不从。桓玄就派人逮捕了罗企生，问他有什么临终遗言，罗企生回答："晋文帝司马昭诛杀嵇康，而嵇康之子嵇绍最终成为晋朝的忠臣；我请求大人放过我的一个弟弟不杀，让他奉养老母。"桓玄同意。在临刑之前，桓玄又特意将罗企生叫到跟前，说："过去我一直对你不薄，为何负心？如今你死定了！"罗企生回答："大人过去曾经兵向建康，驻军浔阳，然后你们三人均接受朝廷的命令，各回本镇，登上祭台赌咒发誓，可喝的鲜血在嘴里还未干，你就生出奸计。我自叹自己没有能力剪除奸臣，只恨我死得太晚了！”于是，罗企生被杀，死时年仅三十七岁。过去，桓玄为结交罗企生，曾给其母胡氏送上一袭羊皮袄，罗企生被杀当日，胡氏即将那羊皮袄给烧了。诛杀罗企生固然有桓玄本性残忍的一面，而更有桓玄内心深层次的隐痛，《世说新语·尤悔》记载，当殷仲堪的死讯传来时（原本记作“破殷荆州”），桓玄正在听讲《论语》，正巧讲到“富与贵，人之所欲，不以其道得之不处”一节，桓玄当时十分尴尬，心情非常不快。由此看来，罗企生存在一天，就会让桓玄多一天良心的不安吧。

这是隆安三年年底的事，此时，在三吴地区，刘牢之也刚刚将孙恩赶下海里。桓玄上书要求朝廷任命自己为江州、荆州两州刺史，朝廷下诏任命桓玄为都督荆州、司州、雍州、秦州、益州、宁州等七州诸军事，后将军，荆州刺史，假节；以中护军桓修为征虏将军、江州刺史。司马元显当然不想让桓玄得到两州，虽然桓修是桓玄的堂兄，但毕竟桓修还是司马元显的姑父，将其作为朝廷与桓玄之间的缓冲，似乎二者都能够接受。然而，桓玄的野心绝非仅仅做一个荆州王，他还要控制朝廷，恢复其父昔日的荣光，因此，桓玄坚决要得到江州，司马元显无奈，只好收回成命，任命其为都督八州以及扬州、豫州八郡诸军事，又任江州刺史；桓玄又擅自做主，任命哥哥桓伟为冠军将军、雍州刺史，朝廷再次妥协，只好同意。

隆安四年（公元400年），历史进入公元后五世纪，新世纪的第一个新年，是桓玄最为得意的新年，他得到了其父生前发迹之地荆州。据《世说新语·文学》记载：“桓玄初并西夏，领荆、江二州、二府（后将军府、都督府）、一国（南郡公封国）。于时始雪，五处俱贺，五版（贺信）并入。玄在听事上，版至，即答版后，皆粲然成章，不相糅杂。”志得意满的桓玄，曾登上江陵城的南楼之上，说：“我将给王恭写一篇祭文。”一边吟咏，一边吹着口哨，一会儿就写成了。

三四一　两燕记事

隆安四年（公元 400 年）的新年，东晋的桓玄夺得了大荆州地区，而扬州的司马元显则暂时安定了三吴，那么，北中国的诸势力又将以何种面目去迎接新世纪的到来呢？

先说与东晋毗邻的南燕。慕容德于去年三月决策放弃攻取滑台，朝东南方向杀来，先是占领了与东晋彭城相邻的鲁东南地区琅邪、莒城等地，然后迂回北上，攻取了东晋幽州刺史辟闾浑的广固，并以此为国都，渐次平定了整个山东半岛，慕容德在站稳了脚跟之后，他以登基称帝的方式迎接新世纪的到来，本年度，他正式称皇帝，大赦，改元建平，在广固城外设立临时宗庙，向祖先报告登基的消息，并改名为慕容备德，便于百姓避讳。晋封慕容钟为司徒，慕舆拔为司空，封孚为左仆射，慕舆护为右仆射，派遣度支尚书封恺、中书侍郎封逞巡视州县，犒劳将士；封妻子段季妃为皇后；设立学校主管官员，选拔公卿以下以及二品以上的士人子弟共计二百多人入学，成为第一批太学学生。

登基后的慕容德境内逐渐安定了下来，一次，他设宴款待群臣，酒酣耳热之际，时年六十五岁的慕容德笑着说："朕虽然德行不够，但是，尚且能够做到恭敬有礼，接待诸侯，身处高位而不骄傲，兢兢业业处理政务，你们说可以与古代哪位君主相提并论呢？"青州刺史鞠仲回答："陛下是建立中兴大业的圣君，就像夏代中兴之主少康、汉代中兴之主光武帝一般。"听完，慕容德扭头对身边的人下令，赏赐鞠仲一千匹布帛。一千匹布帛，数目实在太大，鞠仲赶紧推辞，慕容德这才说道："爱卿学会了调侃朕，朕难道不会调侃爱卿吗？爱卿的回答说得不是真话，因此，朕也是假装相赏，你可别当真。朕的赏赐并没有错，不用推辞了！"韩范见状，进言道："臣听说天子无戏言，忠臣无妄对。今天两位的对话，属于上下相互欺骗，可以说君臣两个做得都不对。"听了韩范的话，慕容德大喜，命令赏赐其五十匹绢。自此，南燕朝廷敢于直言的大臣越来越多了起来，各种改进政务的建议也越来越多了。

前秦时期，慕容德曾任张掖太守，其兄慕容纳就在张掖落户，已近晚年的慕容德，一直十分牵挂自己的母亲和哥哥。他派遣平原人杜弘前去长安探问消息。杜弘说："臣到长安以后，如果得不到太后的确切消息，我就西上张掖去寻找，即使一死也要完成使命。臣的父亲杜雄已经年过六十，还是个平头百姓，请求能封他为平原县令，以尽我这个做儿子的一点孝心。"张华说："杜弘还未出发就要求赏赐，利欲熏心，不能派他去。"慕容德说："朕正要散去我一向轻视的钱财，去招徕人们一直看重的生命，何况杜弘是为自己的父亲求官呢！杜弘此番是为了君主寻找亲人，为了父亲求取富贵，表面上看是贪图利益，但实际上却是既忠且孝。"于是，他满足了杜弘的要求，任命杜雄为平原县令。杜弘一路西上，在长安没有打听到慕容德母亲的下落，又辗转来到混乱不堪的凉州，途中被劫匪所杀。慕容德听到杜弘的死讯，心中十分悲伤，对杜弘的妻子儿女厚加安抚。

第二年，慕容德来到临淄，登上营丘山，眺望晏婴的坟墓，对身边的人说："根据礼仪的要求，士大夫不紧挨着城池安葬。晏婴是古代的贤人，深通礼仪，可是，他却生前居住在闹市，死后紧逼着城市埋葬，是故意为之吗？"青州的秀才晏谟说："孔子就曾经说过臣的祖先晏婴是位贤人，的确如此。他岂能不知道住在高大的房屋里，以显示气派？原因是晏婴是宰相，要以身作则，移风易俗，他生前就居住在闹市中低矮的房子里，死后岂能是有意埋葬城市边上？之所以没有安葬在他处，就是希望后世的人们能够领悟他的良苦用心啊！"慕容德听了，觉得晏谟说得有理，就让他陪同自己游历齐国故地，询问当地的风土人情，晏谟随问随答，介绍得十分详尽，慕容德非常赞赏，拜其为尚书郎。在慕容德游历期间，他遥望肥城的牛山，不禁叹息一声："自古至今没有不会死的人啊！"慕容德随着慕容垂起事以后，留在关中的儿子们均被苻氏所杀，年老的他至今膝下无子，母亲、兄长还下落不明，虽贵为帝王，不免也心生悲凉。

南燕帝国将何去何从，我们且拭目以待，让我们再将目光转向饱经战乱的后燕。

如今后燕的皇帝是慕容宝的庶长子慕容盛。

慕容盛，字道运，他出生于晋孝武帝宁康元年（公元 373 年），在他出生的前三年即公元 370 年，前秦就已经灭亡了前燕，可以说，慕容盛对于前燕是没有什么感觉的，幼年时代，慕容盛完全是在长安过着王孙公子的生活。然而，自他出生以后，身上就打下了亡国皇室的烙印，也就此注定了他一生的命运。公元 383 年，长安城内慕容盛平静的生活被远在淮河的一场战役打破了。紧接着，堂叔慕容冲率军进攻长安，长安城内的慕容家族每一个人都命悬一线，好在是慕容盛、慕容会兄弟二人与叔父慕容柔一起从长安脱逃，幸免于难；慕容冲攻下长安以后，自立为帝，而此时远在邺城的慕容盛祖父慕容垂也自立为燕王，时年十三岁的慕容盛就敏感地觉察出慕容冲政权不可能长久，继而，慕容冲果真被手下所杀，西燕军民踏上了东归之路；经过一年多的辗转漂泊和内部残酷的斗争，西燕政权终于消灭了苻丕，慕容永在长子自立为帝，时年十四岁的慕容盛又一次预感到后燕与西燕不可能共存，势必将要火并，于是，他又带着叔父慕容柔和弟弟慕容会历经千辛万苦，经过了数月惊心动魄的逃亡，回到了中山，从此，慕容盛过上了王爷的生活。

慕容盛的青年时代与后燕帝国的兴衰紧密地联系在一起，后燕仅仅粗定了十年左右，到了慕容盛二十四岁那一年，后燕帝国再次发生了一场惊天动地的大事：慕容垂驾崩、父亲慕容宝继位、国都中山被围。接下来的一两年里，后燕帝国局势一发而不可收拾，先是后燕核心统治区河北地区丢失、继而后燕内部发生了一连串的内讧，终于导致父亲慕容宝、叔父慕容农、慕容隆被杀，走投无路的慕容盛决定刀锋上舔血，只身前往龙城虎穴，投靠杀父仇人兼岳父兰汗。在龙城的短短数月之中，慕容盛再次命悬一线，随时都有被杀的可能，然而，也正是在极端险恶的境遇中，慕容盛成功地利用兰汗兄弟之间的矛盾，巧施反间计、连环计，在几乎不可能的情况下，终于诛杀了兰汗家族，自己也登上了燕王的宝座。这是隆安二年（公元 398 年）的事，此年慕容盛二十六岁。

慕容盛可谓是辛苦备尝，尤其是在后燕瓦解的前两年间，他与亡父慕容宝一起，目睹了父子相残、亲戚内讧、臣下背叛，因此，他继位以后，认为自己的父亲慕容宝就是因为糊涂且不果断而失去了国家，所以，他一改父亲的做法，严刑峻法，对于手下稍微有所猜忌，不论是功臣或者是近亲，慕容盛毫不手软，即刻下令诛杀，在他继位后的短短三年中，慕容盛就诛杀了几乎所有的旧臣：在他继位不足一月，步兵校尉马勤等人谋反被杀，事变牵连到高阳公慕容崇和慕容崇的弟弟慕容澄，均被赐死。慕容崇是慕容隆的儿子，半年前，段速骨曾拥立慕容崇，在乙连发动政变，使得慕容皇族遭到沉重打击，慕容宝父子也只得南逃，对此，慕容盛当然一直耿耿于怀，这是他继位不足一月，就匆匆诛杀了自己的堂兄弟慕容崇兄弟的根本原因；慕容盛继位半年以后，到隆安二年的年底，又以幽州刺史慕容豪、尚书左仆射张通、昌黎尹张顺谋反，将三人诛杀，慕容豪即张豪，半年前，正是这三人参与诛杀兰汗一家，将慕容盛推上了皇帝宝座，张豪也被慕容盛赐姓慕容，仅仅过了半年，慕容盛就翻脸不认人，将功臣诛杀；紧接着，到隆安三年正月，接任昌黎尹的留忠又因谋反被杀，事情牵连上了尚书令东阳公慕容根、尚书段成，均被诛杀，东阳公慕容根曾经是慕容盛弟弟慕容会的下属，在慕容会统治龙城期间，曾受命进攻叛乱的平规之弟平翰，慕容盛此举当属剪灭慕容会党羽的举措；同月，右将军张真、城门校尉和翰也因谋反被杀，张真与张豪（慕容豪）一样，在慕容盛登基之前，同为慕容盛的心腹，此时也遭到屠杀；四月，散骑常侍余超、左将军高和等又因谋反被杀，这是慕容盛对扶余前王室的剪灭；七月，慕容盛又怀疑起辽西（今河北省迁安市）太守李朗。

此时，幽州地区处于魏燕势力争夺之地，也就是在本月月初，北魏河间太守范阳卢溥率领数千家北上渔阳（今北京市密云区），占据数郡之地，攻略北魏城池，击斩魏幽州刺史封沓干，并接受了后燕的官爵，被慕容盛封为幽州刺史，李朗担任辽西太守业已十年，慕容盛多次征召，李朗都拒绝应诏。卢溥事件发生以后，李朗暗中与魏军联系，招引魏军，并向龙城派出使者，对慕容盛称魏军实力强盛。慕容盛听了，断言道：“这肯定是假话。”他将使者招来，自行盘问，果然李朗所言是假。于是，慕容盛将李朗全家处斩，并命令辅国将军李旱率军南下，讨伐李朗。李朗得知全家被杀的消息，率领两千户闭城自保，李旱所部进抵建安（今河北省迁安市北）以后，慕容盛突然又将李旱紧急召回，燕国群臣都感到莫名其妙，而李朗则认为后燕朝廷内部一定出现了内乱，就放松了警惕，他让儿子李养驻守令支（今河北省迁安市），自己则率众西去北平（今河北省遵化市），迎接魏军。谁知这正是慕容盛的疑兵之计，发现李朗离城之后，李旱突然回军，突袭令支，一举攻占了令支，攻下令支之后，李旱又命令广威将军孟广平率军西上，追击李朗，在无终（今天津市蓟州区）将其斩杀。

听说诛杀了李朗，慕容盛得意地对群臣说：“前不久之所以要召回李旱，就是为了今日。李朗刚刚反叛，肯定担心被讨伐，一则纠合同党，劫掠良民；二则逃亡深山，不易平定，所以无故将李旱召还，目的是麻痹敌人，然后突然袭击，一定能够迅速将其讨平。”

三四二　燕主之死

当李旱还在前线的时候，隆安三年（公元 399 年）十月，慕容盛又将中卫将军卫双赐死。

卫双与李旱以及前此被慕容盛诛杀的慕容豪、张真等人，均是慕容盛登基的功臣，唇亡齿寒，李旱在回师途中，得知卫双被杀的消息，内心十分害怕，他丢下军队逃命而去。逃到板陉（今地不详），走投无路的他又回到龙城自首。由于李旱仅仅是个宦官，因此，这次，慕容盛表现出难得的大度，下令恢复了李旱的爵位，他还对侍中孙勍说："李旱总统三军，肩负讨伐重任，却无故弃军逃亡，依据军法，这是不能赦免的罪过。不过，先帝遭难之时，群臣纷纷背叛，骨肉之间忘记了亲情，近臣失去了忠节，而李旱一个宦官，却始终如一，既忠诚，又勤勉，所以，朕念及他的功劳，而赦免了他的大罪。"

慕容盛继位以后，每十天总要亲自审理案件一次，即使不使用刑罚，却往往能查明案件的事实，他还下令废除以金钱赎罪的规定，他说："根据法律规定，王公大臣有罪，可以用金钱赎罪，这种办法不足于惩罚罪恶，对王室也并没有多少好处，毫无意义。从今以后，不再以金钱赎罪，要想赎罪，必须到战场上杀敌立功，才能赎罪。"慕容盛的这一改革，当然是适应客观需要的，但也在一定程度上触动了贵族的利益。

除了在刑事政策上采取一些改革之外，慕容盛还对中国古代一直尊崇的一些先贤，提出了质疑，他把矛头对准了受到历代称颂的周公和伊尹二人。提及二人，是因为慕容盛想到自己的伯祖慕容恪的功业，当时，他对群臣说："周公辅佐成王，不能以自己的忠诚感动别人，而诛杀同胞兄弟以堵塞流言，却被后世颂扬，而我朝太宰慕容恪之时，世事艰难远远超过周公时代，他临朝辅政，能让群臣和睦，拓境千里，以礼仪和谦让约束皇室宗亲，以德行和刑罚治理百姓，使国家出现祥和发展的政治局面，这岂能是周公比得过的？可是，燕国的歌咏、书传却没有称颂、记载，这是不可以的。”下令中书省制作《燕颂》，歌颂慕容恪的功劳。此时，慕容盛将死去三十余年的慕容恪抬出来，当然是有用心的：前燕慕容皝直系诸皇帝，与后燕慕容垂不是一系，抬出来并无多少用处；后燕建立十余年来，一直征伐不已，对百姓并无多少恩惠，尤其是自己的父亲慕容宝，更是惹得民怨沸腾，国家四分五裂；只有与前燕、后燕皇帝亲疏关系一般远近的慕容恪，才是宣传燕德的最合适人选，提醒乱世的人们燕国皇室曾经给予过大家恩德。

接着，慕容盛又在东堂召见中书令常忠、尚书阳璆、秘书监郎敷，他询问道：“从古到今，君子们都称赞周公是位忠诚的圣人，岂不荒谬！”阳璆、常忠均称颂周公之美。慕容盛却说：“你们两个的话，太令我感到诧异了！朕只看到周公狡诈，却看不出他忠诚。周武王过去就曾经梦到过自己可以活到九十岁，他对父亲周文王说了此梦，周文王说：‘我能活一百岁，你能活九十岁，我给你三岁。’周文王九十七岁去世的时候，周武王的寿命就应当是确定无疑的了。可是，当周武王生病的时候，周公竟然代其去死，这不是狡诈又是什么呢！如果对天意有所疑惑，那就不是圣人。另外，周公摄政，却无法让人看出自己的忠诚，以致兄弟之间大动干戈。周文王教化天下，是由近及远，因此，《诗经》上才有‘刑于寡妻，至于兄弟’的说法，而周公却忘记了父亲的教诲，身处嫌疑之地，诛杀兄弟以泄私愤，这哪里有忠诚！这都是因为当时没有正直的史官秉笔直书，致使后世谬种流传罢了！”常忠接着说：“周成王后来打开金縢，迎接周公回来，这也说明周公并不狡诈。周公遭遇二叔的流言，能大义灭亲，安定国家，完成大业，这也不能说不是有大德的。”慕容盛反驳说：“卿不过是仅仅看到书本上的说法，而没有弄明白道理。周王室从后稷开始，就积累仁德，以至成就了文王和武王的勋业，周文王、周武王上应天命，遂有天下，四海百姓都依靠他们的仁德。周武王虽然年幼，但却占卜国祚长久，并且还有吕、召、毛、毕四公作为师傅，即使没有周公摄政，王道也足以成就。周公无缘无故以安危为己任，专权临朝，不对成王行臣子之礼，管叔、蔡叔尽忠王室，以为周公代替周王之举，不是臣子应当做的事，因此，才说周公将要对年幼的周成王不利的话。在这种情况下，周公应当表明自己的忠诚，他没有这样做，反而却擅自发兵进行诛杀！他自己的不臣之罪已经大白于天下，却给成王《鸱鸮》之诗，将罪过推给主上，这又是什么意思呢！另外，周公举事，曾向吕公、召公通报，二人当然能够证明周公的忠心，却并没有这样做，而是任凭成王满腹狐疑，这反过来也说明二公对周公也是怀疑的。后来，周公觉察到天命不在自己，这才将政权又还给了成王。仔细考察周公前后的所作所为，乃是天下的罪人，又有什么德行可言！周公归政以后，二公自始至终也没有提及一点他的本心，就是隐约地表明管叔、蔡叔是忠心的。”

慕容盛又问常忠：“伊尹和周公，哪个更贤明？”常忠回答：“伊尹与皇室之间，不像周公那样血缘关系很近，却建立了大功。商王太甲无德，伊尹将其流放到桐宫，太甲改过自新以后，伊尹又将其迎接回来，主上也没有怨恨，臣民也没有流言，因此说，伊尹要比周公更贤明。”慕容盛却说：“伊尹作为旧臣，担任辅政大臣的重任，太甲继位以后，没有德行，伊尹却不能尽心辅佐，竟然将君主放逐，完全等同于叛臣，岂能与周公相比！”郎敷辩驳伊尹所为是忠心的，慕容盛反驳道：“伊尹既然能够将君主废黜，又将君主复辟，怎么就不能将君主辅佐好，让其成为贤明的君主？如果太甲的本性与桀纣一般，那么，仅仅三年也成不了贤明的君主；如果太甲的本性就贤明，则应当尽心竭力规谏，哪有将君主放逐，自己占据君主之位的道理！况且，臣子侍奉君主，理当尽心尽力，怎能隐藏自己的仁德和智慧，促成君主的罪恶？太甲之事，朕也看得清清楚楚的了。太甲是至贤的君主，他看到伊尹侍奉三朝，却没有特殊的功绩，充当辅政大臣没有什么资格，因此，太甲才甘心受到伊尹的放逐，为的是成全伊尹。‘夫非常之人，然后能立非常之事。’这不是常人能够洞悉的，就好像是太伯三让国家一样。”郎敷附和道：“太伯三次辞让天下，至仲尼传述以后，天下才知道他的大德；太甲长期以来受到后世的责难，遇到陛下您，才显示出他的大美。”

在慕容盛看来，任何威胁到皇权的行为，不论出于何种目的，不论是何人实施的，都不能容忍，这也是他贬斥周公、伊尹的根本原因。

隆安四年一月一日，慕容盛自贬为庶人天王，并实施大赦，以因应近年来越来越诡异的星变。同月七日，北魏材官将军和突率军偷袭辽西的卢溥，活捉卢溥父子，将其送往平城，拓跋珪将二人处以车裂酷刑，慕容盛派遣广威将军孟广平南下救援，等到燕军抵达令支，魏军主力已经撤离，燕军斩杀了魏国设置的辽西太守县令以后，撤离。对于继位后的慕容盛而言，最大的敌人当然是北魏的拓跋珪，时至今日，北魏领土迅速扩大，兵力相对不足，尚没有大举灭亡后燕的计划，而后燕自从丧失河北以后，内讧连连，慕容盛也无力南下夺回失地，幽州东北地区成为两家势力的接合部。除了北魏以外，为了增加实力，隆安四年二月十五日，慕容盛亲自率领三万军队，以叔父骠骑大将军慕容熙为前锋，向东面的高句丽发起了突然袭击。燕军一举攻下了高句丽的新城（今辽宁省新宾市）、南苏（今辽宁省抚顺市一带）二城，开拓七百多里的领土，将高句丽的五千多户民众掳掠回来。战后，慕容盛对这位叔父慕容熙评价道："叔父勇敢果断，像爷爷慕容垂一般，只是在谋略上不如爷爷。"三月，后燕襄平（今辽宁省辽阳市）县令段登等人谋反，被慕容盛诛杀，前将军段玑，是太后段氏的侄儿，牵连到此事，五月，段玑逃往辽西。不久，段玑又出来自首，慕容盛赦免了他，封其为思悔侯，还将公主嫁给了他，让他充任禁卫军将领。

在出兵高句丽之后，尝到甜头的慕容盛于隆安五年，又出兵库莫奚，虏获了大量人畜。在不断壮大国力的同时，慕容盛还注重人才培养，他在东堂之上亲自召见百官，逐一考察每人的才能，一共越级提拔了十二人，又册立辽西公慕容定为太子。后燕帝国逐渐步入正常的轨道，但是，由于慕容盛儿近恐怖的政策，也让帝国上下离心，人人朝不保夕，一次，慕容盛在新昌殿设宴款待群臣，他向大家征求意见建议，七兵尚书丁信，时年十五岁，是丁太后的侄儿，他说："主上不骄傲，居高而不危险，这是臣的愿望。"丁信所言就是针对慕容盛严刑峻法而言的，慕容盛听了，不禁笑道："丁尚书年纪轻轻，怎说出了年长者能说的话？"

旁观者清。慕容盛也许对丁信的话不以为然，可是，此时丁信一定敏锐地感觉到了一种不祥，这种不祥就像瘟疫一样笼罩着帝国，久久不去。也就在丁信说出这番话不久，隆安五年八月十五日，左将军慕容国与殿中将军秦舆、段赞等密谋率领禁卫军，袭杀慕容盛，事情败露后，被慕容盛诛杀了五百多人。五天之后的二十日深夜，前将军、思悔侯段玑，秦舆的儿子秦兴、段赞的儿子段泰等人，借着人心浮动，深夜在宫廷内大呼小叫。慕容盛听到出事，立即从床上爬起，率领贴身卫士出战，可是，身边的人却四散而逃。混乱之中，慕容盛被黑影中的一人砍伤，很快，事态得到控制，慕容盛被抬到前殿之上，召叔父慕容熙叮嘱后事之后，慕容盛就去世了，时年二十九岁，在位三年，被追谥为昭武皇帝，墓号兴平陵，庙号中宗。

慕容盛去世前，慕容宝的妻子段太后已经去世，因此，慕容盛伯父慕容令的妻子丁太后就有很大的发言权。中垒将军慕容拔、冗从仆射郭仲对丁太后建议，世事艰难，应该册立年纪大一点的君主。丁太后与慕容宝的少弟慕容熙叔嫂之间私通，所以，打算册立情人慕容熙为皇帝。群臣都表示赞同册立年长之君，但是，大家的意思是册立慕容盛的弟弟、慕容宝的第四子慕容元为帝，而丁太后却主张册立慕容熙，于是，就在慕容盛被杀的当夜，丁太后废黜了慕容盛的儿子慕容定，将慕容熙迎接入宫。第二天，业已入宫的慕容熙，在大殿之上还与慕容元之间反复谦让再三，慕容元坚决表示不敢继位，于是，慕容熙正式登基继位，当天即抓获段玑等人，全部诛灭三族。第三天，慕容熙宣布大赦，第五天，登上皇位的慕容熙就迫不及待地赐死慕容元，以绝后患。第二个月，在安葬慕容盛之时，中领军慕容提、步军校尉张佛等人密谋发动政变，册立慕容盛原太子慕容定，阴谋败露，慕容提等人全部被杀，慕容定也被赐死，慕容熙再次宣布大赦。

在新世纪的第二年，局促于辽西之地的后燕帝国跨入了慕容熙时代。

三四三 魏主纠结（一）

隆安二年十二月，北魏拓跋珪继皇帝位之后，即着手对高车各部落的打击。

拓跋珪此举与稍后后燕慕容盛进攻库莫奚一样，都是为了增强各自的国力。隆安三年一月，当慕容盛相继诛杀旧臣之时，拓跋珪即亲率大军开始他的征讨高车诸部之战了。

一月十三日，拓跋珪命令常山王拓跋遵等率领三支部队作为东路军，从长川（今内蒙古自治区兴和县）北上；命令镇北将军、高凉王乐真等率领七支部队为西路军，从牛川（今内蒙古自治区锡拉木林河）北上；拓跋珪则亲自率领中路大军，从驳髯水（约在今内蒙古自治区察哈尔右翼后旗一带）向西北，对高车诸部发起了全面的进攻。对于拓跋珪而言，河北之地虽时有反叛，但尚不足为虑，后燕慕容盛和南燕慕容德也是自保之贼，而高车诸部则是一只肥美的羔羊。劫掠高车诸部，不仅可以极大地增加帝国的财富、人口，起到以战养战的作用，而且，还能够解除北魏来自北方的威胁，可谓是一举两得。而此时，又正是打击高车的绝佳时机。

二月一日，北魏各路大军会合在一起，大破高车三十余部，俘获七万多高车部众，三十余万匹良马，一百四十万头牛羊；拓跋珪的弟弟、卫王拓跋仪另外都督三万骑兵，从西北方向深入蒙古沙漠一千多里，又追赶脱逃的高车七个部落，俘获两万多人，五万多匹马，二十多万头牛羊，二十多万辆大车及各种器物，高车各部大为震恐。战后，拓跋珪回军牛川和薄山（今地不详），刻石立碑，以纪念这次大捷。在牛川之南，拓跋珪下令驱赶着俘获的这十余万高车部众，让他们用身体作为围墙，连绵七百多里，围成一个巨大的移动狩猎场，将方圆七百里以内的野兽往南驱赶，一直赶到了平城（今山西省大同市）。到平城以后，拓跋珪就势下令这十万高车奴隶建筑养鹿苑，南起台阴，北接长城，东包白登，西至西山，方圆数十里，开挖水渠，将武川河水注入苑中，分成三个河沟，分别从大同宫城内外流过，又开挖了鸿雁池。三月二十二日，当南燕慕容德决策放弃滑台东进之时，拓跋珪命令建义将军庾真、越骑校尉奚斤，率军讨伐盘踞在太浑川中的库狄部帅叶亦干、宥连部帅窦羽泥。太浑川，今地不详，但据《魏书·刘库仁传》的记载："库仁西征库狄部……置之桑干川。"可知，在刘库仁时期，库狄部已经被全部或者部分安置到了桑干川，从地望上分析，太浑川当在平城的西南。另据《姓解》，此处的库字，音舍，因此，库狄部应读作舍狄部。魏军击破两部，库狄勤支的儿子库狄沓亦干率领其部落投降；庾真、奚斤又继续进攻侯莫陈部，虏获马牛羊十余万头，跟踪追击，进入大峨谷（《读史方舆纪要》称："大娥山，在故五原塞外北。亦曰大娥谷"），搜罗三部的残余部众。据《周书·侯莫陈崇传》的记载："其先魏之别部，居库斛真水，世为渠帅。"库斛真水，今地不详。魏军虏获了该三部部众之后，将未主动投降的宥连部和侯莫陈部，迁到了塞南（疑为今雁门关以南地区），后来，在北魏大规模改姓中，库狄部被改为狄姓，宥连部改为云姓，侯莫陈部被改为陈姓。在魏军强大的军事压力下，不少部族纷纷归附魏国，隆安三年八月，西河胡帅护诺于、丁零帅翟同、蜀帅韩砻，相继归降；十二月，慕容盛征虏将军、燕郡太守高湖，率领三千多户投降，拓跋珪赐其爵位为东阿侯，加右将军，统领代郡以东各部，此人即是北齐献武王高欢的曾祖；隆安四年十一月，高车别帅敕力犍率领九百多帐篷投降；隆安五年一月，另有高车别帅率领三千多帐篷投降。到隆安五年七月，拓跋珪又命令镇远将军、兖州刺史长孙肥率领两万步骑南下，掠取许昌、彭城附近郡县，东晋将军刘该投降，魏国将势力范围一直深入到淮河北岸。

从隆安三年（公元399年）三月至隆安五年（公元401年）十二月，在长达两年零九个月的时间里，北魏军队再无大规模的行动。在此期间，东晋爆发了孙恩之乱、桓玄吞并荆州、南燕慕容德平定青州、后燕慕容盛被弑等大事，而令人疑惑的是，拓跋珪为何不趁此良机进一步扩大自己的版图呢？

理由是，拓跋珪在逐步消化新占领的土地和大量风俗习惯迥异的各族民众，也在努力设计出一整套立国的制度。研读这段历史，我们发现，拓跋珪在此期间，似乎一直在大兴土木，不停地建房：继隆安三年即道武帝天兴二年二月，建起鹿苑之后，七月开始兴建天华殿；八月，增开平城十二门，兴修西武库；十月，太庙建成，将神元皇帝（拓跋力微）、平文皇帝（拓跋郁律）、昭成皇帝（拓跋什翼犍）、献明皇帝（拓跋寔）的牌位迁到太庙；十二月，天华殿建成。第二年三月，引城南渠水入城，开凿东西两个鱼池；七月，兴建中天殿、云母堂、金华室。隆安五年五月，兴建紫极殿、玄武楼、凉风观、石池、鹿苑台等等。拓跋珪大兴土木当然有自我享受的因素，但更多的则是展示抛弃游牧民族旧有的生活方式，而采用安土定居的汉人生活方式，并以中原王朝的统治模式实施统治。

继去年拓跋珪登基前进行大规模的创立制度，隆安三年三月，拓跋珪北伐刚回来，就下令设立《诗经》《书经》《礼经》《易经》《春秋》五经各经的博士，将太学的学生名额增加三千人。八月，拓跋珪下诏命令礼官完备各种礼仪，写入法令。隆安五年十二月，拓跋珪召集博士儒生，对比各个经书的文字，合并同类项，便于阅读，合为一集，共计四万多字，被称为《众文经》。在此期间，拓跋珪尝试着用汉族皇帝的办法实施统治，他命令官员巡视州县，体察民意，察举不法官吏；祭祀尧舜之庙；下令地方官举荐有才能的隐士；拓跋珪还效仿中原君主亲耕籍田的做法，带头耕种田地，亲自下河捕鱼，进献给宗庙；命令宫廷乐师入学学习，向儒家先贤献礼。在拓跋珪大力推动汉化、周边部落纷纷归附的同时，北魏统治区内的汉人似乎并不买他的账：先有隆安三年三月，中山太守仇儒，弃官不做，竟然逃奔赵郡，推举强盗赵准为主，号称使持节、征西大将军、冀州青州牧、巨鹿公，聚众叛乱，拓跋珪命令领军将军长孙肥将其讨平，拓跋珪下令将仇儒杀死吃掉，把赵准押送平城，处以车裂之刑；继而，到四月，后燕清河太守傅世，聚众一千多家，自称抚军将军，拓跋珪命令征虏将军庾岳前去剿灭；七月，就有了范阳人卢溥事件，杀死了魏幽州刺史封沓干。

这些被统治区民众的激烈反抗让拓跋珪非常头痛，除此而外，不少汉人知识分子发自内心的不屑，也让拓跋珪内心十分恼火。在拓跋珪建国之初，汉人张衮运筹帷幄，深得拓跋珪的宠信，拓跋珪进兵中山前后，曾让张衮推荐才能之士，张衮与卢溥是同乡、又听说崔逞不错，就将二人推荐给了拓跋珪，拓跋珪任命崔逞为御史中丞，卢溥为河间太守。魏军进攻中山之际，拓跋珪询问如何解决军粮的问题，崔逞回答："拾取桑葚可以充当军粮。飞来飞去的猫头鹰吃了桑葚，尚能让叫声好听，《诗经》上对此说得明白。"《诗经·鲁颂·泮水》中的确有一句这样的话："翩彼飞鸮，集于泮林。食我桑葚，怀我好音。"猫头鹰，在古代被指为恶鸟，原诗借猫头鹰暗喻被鲁侯征服的淮夷，像猫头鹰那样吃了我们的桑葚，就变得顺从了。拓跋珪听了，怒火腾地一下子就上来了，他听出了崔逞是将自己的军队比作恶鸟，不过，当时军中实在缺乏粮食，拓跋珪只好强忍怒火，就听任冀州民众用桑葚代替粮食交租；可是，崔逞又说："应该命令士兵们及时到树上摘取，耽误了时间，桑葚就落完了。"拓跋珪大怒说道："敌人尚未平定，士兵们怎能卸去铠甲、放下兵器，散在山野中取摘取桑葚？你这是说的什么鬼话！"由于中山尚未攻下，拓跋珪隐忍不发，没有进一步追究崔逞的责任；等到后来，后秦姚兴发兵进攻东晋襄阳外围堡垒的时候，东晋当时的雍州刺史郗恢曾求救于北魏常山王拓跋遵，郗恢的书信上有一句"贤兄虎步中原"的话，拓跋珪看了认为郗恢所言无君臣之礼，要求崔逞和张衮在回信的时候，也贬损东晋皇帝以示报复，虽然崔逞和张衮的草稿中没有尊称东晋皇帝为陛下，而仅仅称其为"贵主"，但是，这让拓跋珪看了，仍然十分不满，他大怒道："让你贬损对方的君主，可你仍然称其为贵主，这个称呼与贤兄能相比嘛！"崔逞降魏以后，并不看好拓跋珪，因此，将妻子张氏和四个儿子都留在了老家清河，只带着幼子崔赜到了平城，慕容德占领青州之后，张氏及崔逞的四个儿子就落入了慕容德之手，基于上述原因，拓跋珪当即将崔逞赐死。

三四四 魏主纠结（二）

除了崔逞、卢溥等人，给拓跋珪添堵的还有封懿。

封懿的哥哥封孚，曾任后燕吏部尚书，就是让慕容德说出“得到青州也不如得到你高兴”的那位。封懿虽然名望没有其兄封孚高，但地位却差不多，封懿也曾是后燕的中书令、民部尚书，慕容宝败亡之后，封懿投降，被拓跋珪任命为给事黄门侍郎、都坐大官、宁朔将军、章安子。拓跋珪频频召见，询问后燕朝廷旧事，可是，封懿却态度懈怠，应对散漫，拓跋珪一怒之下，也将他废黜在家。张衮在中山平定之后，被任命为奋武将军、幽州刺史，赐爵临渭侯，后被征召到京师平城，在崔逞被赐死前后，同为张衮推荐的卢溥又背叛北魏，因此，张衮也被废黜为尚书令史，十一年以后，到北魏明元帝拓跋嗣永兴二年（公元 410 年），张衮病死，终年七十二岁。《资治通鉴》称其被废之后一年多即去世，错误。

北魏统治集团与汉族士人的合作早已有之，在代国时代即任用了大量的汉族士人，同时，在拓跋珪强力推行汉化的时候，也必须有汉族士人的合作，由于民族间的隔阂、正朔观念的影响等诸多因素，拓跋珪新统治区内的汉族民众对北魏统治的反抗，持续不断，这也促使了拓跋珪以及后来的北魏统治者，在任用汉族士人的时候心存疑忌，大多让汉族士人担任文官或参谋人员，即便是像张衮这样立下大功的人，也仅仅被拓跋珪任命为幽州刺史不久，就被剥夺了实权。

除此之外，让拓跋珪感到恐惧的还有错乱不已的天象。据《魏书·天象志》《资治通鉴》《晋书》的记载，在隆安四年前后，出现了不少不同寻常的天象，比如，隆安三年八月，月亮侵犯牵牛星，占卜“国家有忧”。隆安四年二月，彗星起于奎星、娄星星域，进入紫薇星座；三月，月亮入侵镇星；彗星出现在太微星座；六月初一，出现月食，占卜称“外国入侵，土地分裂”；（《晋书·安帝本纪》记作日食）七月，月亮入侵哭星；十二月，彗星从天市星域出现等等。笃信天人感应的古人，对此高度重视，不论是东晋朝廷，或者是南燕慕容备德，或者是后燕的慕容盛，或者是后秦的姚兴，均对此作出了相应的反应，同样地，拓跋珪也惶恐不安，亲自查看天文占卜书籍，根据书中指示，大多是预言王位将要改变，政府将被推翻，对此，拓跋珪如坐针毡，他采取了以下办法进行应对：一是不断变更官职的名称，以应对政府更迭的预言；二是开始服用丹药，以图长生不老；三是开始严刑峻法，防患于未然；四是连续下诏教育国民，自己是天命所归，不要产生妄想。

隆安四年也就是北魏天兴三年（公元400年）十二月乙未日，拓跋珪下了乙未诏书，诏书中称："大家都说汉高祖刘邦只是一个平头老百姓，竟然能当上皇帝，这是糊涂的缘故。刘氏上承尧帝，世代积累德行，有龙蛇和五彩的征兆，是天命所在，不是凡夫俗子可以妄求的。可是，一些凶悍狡黠之徒不断发动动乱，就是因为不明白天命，以致荼毒乡里，自己也身败名裂，祸害九族，帝王之业，是天人合一的结果，这不是假话。"教育大家要安分守己，安贫乐道，知足常乐。拓跋珪屡屡更改官名，带来了很大的混乱，他又担心大臣们心中不满，紧接着，第二天，又下了丙申诏书，对自己的行为作出解释，首先他说，在上古时代，崇尚道德，而不在意官职的名称，古代设置三公，职务虽高但责任重大，因此被称为"待罪宰相"，而如今都以登上宰相、三公之位为贵，其实，官职的重要与否，与君主的重视程度密切相关。君主委任这个官，这个官就重要，不用就轻，不在于名称云云。

拓跋珪开始服用丹药，是因为仪曹郎董谧献上了一本书，叫作《服饵仙经》。为此，拓跋珪专门设立了仙人博士，修筑仙人作坊，负责熬炼各种草药，拓跋珪还下令将西山封锁，山上所有的木材均由皇家砍伐，以备熬药之用。等药熬好以后，拓跋珪让犯下死罪的人先行尝试，可是，服下丹药的人大多中毒而死，并不灵验。可是，拓跋珪对此却深信不疑，多方探访成仙良方。后来，拓跋珪在太医令阴羌的指导下，开始服用东晋名士们服用的寒食散，可是，等到阴羌死后，拓跋珪服药之后，没人能够进行控制，药物多次发作，直接影响到了拓跋珪的身心健康，令其变得神志错乱，喜怒无常。

拓跋珪看到后燕慕容垂委任各个儿子，以致大权旁落，结果败亡，认为这是十分错误的，因此，他高度重视树立皇帝个人的权威，容不得臣下有半点违抗。而拓跋部以及归顺的各个游牧部落，都是刚从原始社会、奴隶社会直接跨入封建社会，传统的民主议定制给予了部民头领乃至部民一定的发言权，这种根深蒂固的传统与拓跋珪加强皇权的思想完全背道而驰，成为拓跋珪加强集权的最大障碍，就在这时，博士公孙表觉察到了拓跋珪的想法，于是，他向拓跋珪献上了《韩非子》一书。《韩非子》是中国古代法家的代表作，主张一切以法律为准绳，以严厉的刑罚统治国家。拓跋珪看到此书之后，立即予以采纳。左将军李栗，是元从二十一之一，可以说是北魏的开国功臣，在讨伐后燕的战斗中，李栗以左军将军率领五万铁骑为前锋，所到之处，攻无不克，战无不胜，被加封为左将军。不过，李栗虽然立下大功，但却没有什么背景，并非拓跋部的旧人，而李栗本人性格素来轻率傲慢，恃宠而骄，在拓跋珪面前，总是举动自由，舒展任情，于是，拓跋珪决定拿李栗开刀。

天兴三年年底的一天，拓跋珪突然发怒，抓住李栗在公开场合，随地吐痰一事，下令将其诛杀。随地吐痰，不仅是不文明的举动，在特定的场合还可能被杀头，不管你是不是功臣，这就是皇帝拓跋珪给所有的人发出的一个令人印象深刻的信号！这对于刚刚从部落联盟中走出来的全体北魏臣民而言，不啻晴天霹雳。在诛杀了李栗之后，拓跋珪专门下诏要求群臣要遵守谦卑之道，不得随意放纵，从李栗被杀开始，北魏朝廷才顿时肃穆了起来……

三四五　三凉角力

在新世纪到来前后，凉州秦州地区同样发生着天翻地覆的巨变。

吕光在隆安元年年初讨伐西秦失败，导致了姑臧南边建立了秃发乌孤的南凉、姑臧西北建立了段业的北凉，继而，后凉国都姑臧城内又爆发了郭麐、杨轨之乱，这场突如其来的内乱，持续了十个月左右，几乎让后凉覆国，也让刚刚建立的段业北凉站稳了脚跟，更让秃发乌孤的南凉变得更为强大。随后的数年中，凉州地区的巨变，变得更为错综复杂，秃发乌孤曾说过这样的话："陇右地区不过数郡之地罢了！由于兵乱，这里分裂为十多个割据势力。乞伏乾归割据黄河以南，段业占领张掖，暴虐的吕氏氐人偷生在姑臧。我凭借着父亲兄弟遗留下来的基业，计划统一西部，兼并弱小的、消灭昏庸的，三股势力应该优先攻击哪一个？"从秃发乌孤的这番话里，我们可以看出，在陇右之地，大的势力是四股，其余尚有史料上未存下来的数个小的割据势力。当时，秃发乌孤已经自称武威王，到隆安三年（公元 399 年）年初又将国都从金城（今甘肃省兰州市）迁到了乐都（今青海省海东市乐都区），封其弟秃发利鹿孤为骠骑大将军、西平公，镇守在安夷（今青海省海东市乐都区）；另外一个弟弟秃发傉檀为车骑大将军、广武公，镇守西平（今青海省西宁市）；以叔父秃发素渥镇守湟河（今青海省化隆县）；叔父秃发若留镇守浇河（今青海省贵德县）；堂弟秃发替引镇守岭南（今甘肃省武威市洪池岭以南）；堂弟秃发洛回镇守廉川（今青海省民和县）；堂叔秃发吐若留镇守浩亹（今青海省海东市乐都区东，与甘肃省永登县接壤），以乐都为中心，构建了严密的防御体系。秃发乌孤还以杨轨为宾客；依靠当地豪强金石生、时连珍、阴训、郭倖；以杨统、杨贞、卫殷、麹丞明、郭黄、郭奋、史暠、鹿嵩为文臣武将；选拔中原地区的人才梁昶、韩疋、张昶、郭韶等人；又招徕秦陇地区的大族金树、薛翘、赵振、王忠、赵晁、苏霸等人，随才授官，各得其所。

秃发乌孤发问后，杨统建议道："乞伏乾归与我同宗，最终必将归附。段业一介儒生，并无经世才能，权臣沮渠氏专权，我千里前去讨伐，粮道太远，况且，段氏与我修好，我们曾经答应与其同甘苦共患难，趁着人家疲敝，进攻人家，不仗义。后凉吕光年纪衰老，世子吕绍年少暗弱，吕光两个儿子吕篡、吕弘，虽有文武之才，但却相互猜疑。如果我大军进攻，后凉军队必然土崩瓦解。应该派遣车骑将军秃发傉檀镇守浩亹，镇北将军（具体是谁不详，疑为秃发洛回）占据廉川，两军乘虚交错出击，迷惑敌人，敌人救援右路，我们就攻击他的左路，敌人救援左路，我们就攻击他的右路，让吕篡疲于奔命，后凉军民不能安心生产。兼并弱小、攻击昏庸，正在此时，不出两年，我们即可轻松占领姑臧（今甘肃省武威市）。占领了姑臧以后，剩余的乞伏西秦和段业北凉，就自然会归降。"秃发乌孤深以为然，暗中为征服后凉做着准备。

当秃发乌孤正积极为进兵姑臧做着准备的时候，隆安三年二月，也就是北魏拓跋珪大破高车各部的同时，北凉的段业正式登基即凉王之位，改元天玺，以沮渠蒙逊为尚书左丞，梁中庸为尚书右丞。此时，距离后凉郭黁之乱被平定已有八个月了，北凉段业的这一举动，立即刺激了刚刚经历了郭黁之乱的后凉，对于后凉而言，段业当然属于叛贼，因此，必欲将其消灭而后快。果然，在段业称王一个月后，到了隆安三年四月，后凉主吕光即命令太子吕绍、太元公吕篡率部北上，讨伐北凉。此时的北凉在三凉中，属于最弱小的，因此，北凉王段业得知消息以后，立即派出使者，请求南方的南凉秃发乌孤救援，秃发乌孤派遣弟弟、骠骑大将军秃发利鹿孤和杨轨北上救援。段业将要发兵出战，沮渠蒙逊劝说道："杨轨前来，凭借着强盛的鲜卑部众，居心叵测；吕绍、吕篡深入我国国境，部队置之死地，难以抵挡。如今，我们不主动出战，则有泰山之安；如果出战，将有累卵之危。"这次，段业听从了，果然不出沮渠蒙逊所料，吕绍、吕篡生怕姑臧出事，不敢久留，不久即烧毁氐池（今甘肃省民乐县境）、张掖郊区的麦田撤军了。六月，秃发乌孤以弟弟秃发利鹿孤为凉州牧，镇守西平；将原来镇守西平的弟弟秃发傉檀召回，负责政府工作。八月，秃发乌孤酒后骑马，从马上摔下，摔伤了肋骨，他感觉问题不大，笑道："似乎让吕光父子喜出望外。"可是，真的让吕光父子喜出望外了，秃发乌孤的病情很快恶化，临终前，他对群臣说："大乱尚未平定，应当册立年长之君。"这当然是一个方面的因素，其实，秃发乌孤是想把王位传给弟弟秃发傉檀，这是因为，秃发傉檀从小就聪明过人，在其父秃发思复鞬生前，就曾对几个儿子们说："秃发傉檀聪明干练，不是你们能比得过的。"因此，秃发乌孤没有将王位传给儿子，但是，由于弟弟秃发利鹿孤年长，又掌握着军权，秃发乌孤也不愿明说。秃发乌孤说完就死去了，如果从他自称西平王起计算，共在位三年，但从他自称武威王算起，仅仅在位不足一年。秃发乌孤去世后，群臣拥立秃发利鹿孤为王，秃发利鹿孤继位后，大赦境内，并将国都从乐都迁到了自己的防地西平（今青海省西宁市）。新继位的秃发利鹿孤为了争取外援，继位不久，就派遣记室监麹梁明前往北凉，巩固两国的关系。段业见到麹梁明后，问道："贵国先王开创大业，功高先祖，应当作为太祖，他的儿子为何不立？"麹梁明回答："先王有子秃发羌奴，不立是先王的遗命。"段业又说："过去，周成王年幼，周公召公做宰相；汉昭帝八岁登基，金日磾、霍光二人辅佐。虽然世子年少，而两位叔父却很贤明，足以辅佐，这不是也很好吗？"麹梁明回答："宋宣公能将国家让给弟弟，《春秋》称赞；孙策将国事授予弟弟孙权，最终开创了吴国的基业。况且，兄终弟及，这是商汤的制度，也是万代的通例，何必非要传给儿子才算正确，传给兄弟就算错误呢？"段业听了，不禁叹息道："说得好啊！这番话深得外交辞令的精髓。"

吕光父子并没有高兴多久。

在秃发乌孤去世数月后，同年年底，当东晋的刘牢之忙着讨伐孙恩、桓玄忙着进攻殷仲堪的时候，时年六十二岁的吕光也走到了生命的尽头，在吕光病重期间，他预感到自己行将离开人世，立太子吕绍为天王，自称太上皇帝，以吕纂为太尉，吕弘为司徒。他对吕绍说："我的病情加重，恐怕好不了了。段业、秃发利鹿孤、乞伏乾归三个贼寇窥伺我国，我死之后，你全权委托哥哥吕纂统领军队，让哥哥吕弘执掌朝政，你就无为而治，完全将大权交给两位哥哥，国家可能还有救。如果你们兄弟之间相互猜忌，祸起萧墙，那么，灭亡就指日可待了。"他又对吕纂、吕弘二人说："你们的弟弟吕绍，才能不足以治理乱世，只是由于他是嫡长子的缘故，我才立其为继承人。如今，境外有强大的敌人，国内人心浮动，你们兄弟之间要团结一致，国运才会长远；如果要内讧的话，则大祸临头。"吕纂、吕弘哭着说："不敢怀有二心。"吕光还独独握住吕纂的手，说："你的性格粗暴，令我十分担心。要好好辅佐永业（吕绍），不要听信谗言！"当天，吕光就去世了，在位共计十一年，庙号太祖。

三四六　吕纂篡位

吕纂，字永绪，是吕光的庶长子。

吕纂年少时就谙熟骑马射箭，喜欢打猎，前秦时期，进入长安太学学习，不爱读书，只爱交游。长安大乱，吕纂逃奔上邽，等得知父亲占据姑臧以后，又辗转来到了姑臧，被父亲封为虎贲中郎将，封太原公。吕光死后，吕绍秘不发丧，这当然是因为在吕绍看来，自己的地位尚不稳固，部署尚未到位。吕纂听说以后，强行闯入宫中，在父亲的尸体前痛哭而去。吕绍担心吕纂动手加害自己，赶紧对吕纂表示愿意将王位让出，他对吕纂说："哥哥功劳很大，年纪又长，应当继承王位，哥哥不要怀疑我的诚意。"吕纂感觉时机尚未成熟，他回答得冠冕堂皇："臣虽然年纪大些，但陛下是国家的合法继承人，不能因为私情而坏了伦理。"吕绍再三推让，吕纂就是不同意。骠骑将军吕超对吕绍说："吕纂统兵多年，威震内外，临丧没有哀戚之色，走路趾高气扬，观其举止不合常情，恐怕将要发动政变，应当趁早除掉他，以安定社稷。"据《高僧传》记载，吕超是吕光的弟弟吕保的儿子，小字胡奴，与吕绍兄弟为堂兄弟关系。《资治通鉴》将吕保写作吕宝。吕绍听了吕超之言，说道："先帝临终遗命，言犹在耳，兄弟是最亲近的，岂能这样！我年纪尚轻而担当重任，正要依靠两位兄长辅佐。纵然他要杀掉我，我也视死如归，无论如何我也不会先起杀心，你还是不要再说了。"吕超却接着说："吕纂历来威名很盛，残忍无情，如今不早作打算，悔之无及！"吕绍回答："我常常想到袁尚兄弟骨肉相残之事，未尝不痛心疾首，寝食难安，我宁可坐以待毙，也不忍做此等事。"吕超仍然劝说道："圣人称，能够在事情尚未发生之前，作出准确判断的人为神人。陛下在关键时刻不作出决断，臣感觉大事去矣。"不久，吕纂在湛露堂拜见吕绍，吕超持刀侍立在一旁，他给吕绍使眼色，请求趁机诛杀吕纂，但吕绍没有同意。

然而，树欲静而风不止。

当初，吕光将要册立吕弘为世子，恰在这时，听说吕弘母子尚在仇池，于是，就打消了册立吕弘的念头，后来，吕绍从仇池逃奔姑臧，被父亲立为世子，因此，吕弘对吕绍十分不满。这时，他派遣尚书姜纪秘密对吕纂说："先帝驾崩，主上暗弱，哥哥您总统内外，远近威服，请您效仿汉朝废黜昌邑王的先例，登基继位。"吕纂当然对王位垂涎三尺，之所以没有动手，就是忌惮吕弘的军队，此时吕弘已经表明了自己的态度，吕纂再也不犹豫了。吕纂趁夜率领数百壮士，翻越北城，进攻皇城的广夏门，而吕弘则率领驻扎在东城的军队砍开了皇城的洪范门。当时，左卫将军齐从驻防在融明观，他发现事情有变，上前询问："来者何人？"回答："太原公。"齐从说："国家出现大难，主上刚刚即位，太原公出行不走正道，深夜擅自闯入皇城，难道说将要发动政变吗？"齐从说完，拔出宝剑，一剑砍来，正中吕纂的额头。可是寡不敌众，吕纂手下将其活捉，吕纂说："这是位义士，不要杀。"闻听外面有变的吕绍，匆匆命令虎贲中郎将吕开率领禁军在端门前迎战，可禁卫军将士素来畏惧吕纂，两军尚未接战，即一哄而散。吕纂从青角门进入宫城，登上了谦光殿，吕绍走投无路，登上紫阁自杀身亡，吕超逃奔广武（今甘肃省永登县）。

吕纂忌惮吕弘所部兵强马壮，假装要将王位让给吕弘，吕弘说："吕弘我因为吕绍是弟弟，而继承大统，众心不服，所以才违背先帝的遗命，将其废黜，实在是无言以对黄泉下的亡父。如今，如果我吕弘再越过哥哥登基，那还有什么脸面偷生在人世间！大哥您年长而且贤明，威名震于秃发和段业二敌，应当赶快即位，以安定国家。"吕纂让吕弘出外宣布："先帝临终遗命，让我等这样做。"群臣均说："只要国家有了君主，谁还敢违背？"于是，吕纂登基继位为后凉天王，大赦，改元咸宁，追谥吕光为懿武皇帝，庙号太祖，追谥吕绍为隐王。以吕弘为大都督，都督中外诸军事，大司马，车骑大将军，司隶校尉，录尚书事，改封番禾郡公。

吕纂登基以后，对齐从说："爱卿前天竟然用刀来砍我，是不是太过分了。"齐从哭着回答道："隐王，是先帝所册立，陛下虽然上应天命，下顺人心，可是愚臣却未能理解，当时只恐陛下不死，还说什么过分不过分呢！"吕纂本人虽然行忤逆之事，但却想让手下忠于自己，因此，他对齐从的忠心十分赞赏，对其十分优遇。吕纂的叔父征东将军吕方镇守在广武，吕纂向吕方派出使节说："吕超其实是位忠臣，他的义气和勇敢都值得褒奖，只是不懂治理国家的大略和随机应变的道理。朕正要依靠他的忠诚和节义，共渡难关，你可以将我的这番心意转达给他。”吕超得到吕纂的口谕，赶紧上书表示谢罪，吕纂又恢复了他的官爵。

在继位之初，吕纂采取了宽厚的策略，很快就稳定了后凉的政局。然而，就在吕纂继位后不到三个月，姑臧城内再次上演了一场骨肉相残的惨剧。虽说兄弟二人前不久还相互谦让，但一山不容二虎，如今，哥哥吕纂登基继位，弟弟吕弘手握朝廷大权，主相之间的矛盾随之而生，因此，吕纂对吕弘心存猜忌，而吕弘本人对此也有觉察，深恐自己有朝一日也会像弟弟吕绍一样身首异处，吕弘再次选择先发制人，再次从东苑起兵，劫持尹文、杨桓为谋主，又请宗燮同行。宗燮回答：“老臣受先帝大恩，位为公卿，不能为国捐躯，死有余辜，而又跟从殿下，亲自作为乱首，天地怎能容我！况且，我的智慧不足以为殿下出谋划策，我的部众很少，也不足以给殿下提供多少帮助，召唤我毫无用处！”吕弘听了，说道：“君为义士，我为乱臣！”于是，率军进攻吕纂。吕纂派遣部将焦辨率军迎战，吕弘之众被击溃，吕弘仓皇南逃广武。吕纂纵兵大肆劫掠，将东苑吕弘将士的家属全部赏赐给军中将士，吕弘的妻子也被士兵侮辱。吕纂笑着对群臣说：“今日之战，怎么样？”侍中房晷回答：“上天将灾祸降临到我们凉国，叛乱起自于王室近亲。先帝刚刚驾崩，隐王就被逼死，二位先王刚刚埋葬，大司马又因为惊恐疑虑而发动叛乱，京师之内顿成战场，友邻顷刻之间相互诛杀。虽说吕弘是自取灭亡，但归根结底也是因为陛下没有手足亲情。应当亲自反省自身，以向百姓谢罪，反而却纵兵大掠，侮辱良家妇女。叛乱是因吕弘而起，百姓们又有何罪！况且，吕弘之妻，是陛下的弟媳，吕弘的女儿，是陛下的侄女。为何却让无赖小人作为婢女小妾侮辱！天地神明，怎能忍心看到此情此景！”说罢，房晷禁不住呜咽流泪。吕纂听了，不禁不好意思起来，连连向房晷道歉，立即将吕弘之妻及其子女召进宫中，厚加安抚。吕弘打算从广武南去，投奔秃发利鹿孤，当他路过广武的时候，前去拜见叔父吕方，吕方见到吕弘后，大哭着说：“天下之大，你为何偏偏来到我这里啊！”于是，将吕弘逮捕，投入监狱，并派人飞马向吕纂报告，吕纂派遣力士康龙前去，采取撕裂两肋的残忍之法，将吕弘杀死。杀死吕弘的当月，吕纂册立妻子杨氏为皇后，以岳父杨桓为散骑常侍、尚书左仆射、凉都尹，封金城侯。

安定内部之后，吕纂即决定起兵讨伐南凉、北凉两个敌国。他首先将矛头对准了南凉的秃发利鹿孤，中书令杨颖劝谏说：“兴师动众，一定要上顺天时，下合人心，如果不合时宜，圣贤之人是不会去做的。秃发利鹿孤上下同心，其国没有可乘的内乱，不可擅自讨伐。我们应当修缮铠甲，养精蓄锐，鼓励农耕，等待敌人出现可乘之机以后，再一举将其荡平。这些年来，我国接连发生了很多大事，公私仓储都已枯竭，如果再不巩固根本，我担心将来会给我们带来灾祸，请求主上暂时按下怒火，深思万全之策。”吕纂不从。秃发利鹿孤命令弟弟秃发傉檀率军迎击，隆安四年（公元 400 年）四月，吕纂率领后凉军队渡过浩亹河（今大通河），推进到三堆（今青海省海东市乐都区北），当时，后凉军队气势很盛，南凉上下一片震恐，临战之前，秃发傉檀从战马上下来，端坐在胡床（折叠椅）之上，以安定军心。在秃发傉檀的指挥下，南凉军队击败后凉军队，斩首两千多级，击退了吕纂的进攻。

吕纂看到在南方无法取胜，决定转军西上进攻相对弱小的北凉。姜纪劝说道：“如今正值盛夏，此时出兵，会让百姓荒废农业生产，得不偿失。如果大军西进，越过乌鞘岭以西，南凉一定会乘虚进攻姑臧，应当回师，再做打算。”可是，吕纂却说：“南凉鲜卑没有大志，听说我军北上，肯定会认为是巩固防御的好机会，如今采取迅速动作，袭击北凉，一定能够成功。”吕纂率军马不停蹄又迅速包围了张掖，别军一直推进到建康（今甘肃省高台县）。当南凉听到吕纂西上之后，并没有像吕纂预料的那样按兵不动，南凉君臣深知，只有与北凉联合，双方互为掎角之势，才能维系三个凉国之间短暂的力量平衡，于是，南凉采取围魏救赵之计，派遣车骑大将军秃发傉檀率领一万骑兵火速北上，也包围了后凉的都城姑臧，吕纂弟弟陇西公吕纬依托北城固守。秃发傉檀占领了姑臧城的南门，他在南门朱雀门之上大摆筵席，敲钟击鼓，犒赏将士，接着，又在姑臧东门青阳门举行盛大的阅兵仪式，裹胁后凉八千多户军民而去。吕纂听说后院失火，只得解了张掖之围，退回姑臧。

三四七　西秦覆灭（一）

当吕篡进攻北凉前后，北凉的西边和南凉的东边也都发生了一些天翻地覆的大事。

先说说北凉的西边究竟发生了什么。段业自隆安元年五月自称凉州牧，到如今的隆安四年，已经整整三年。段业自立以后，任命敦煌太守孟敏为沙州刺史，统辖王国西部地区，任命李暠为效谷（今甘肃省敦煌市西）县令。

这位李暠，可是大名鼎鼎的人物，他字玄盛，小字长生，是陇西成纪（今甘肃省秦安县境）人，是飞将军李广的十六世孙，也是二百多年以后李唐皇室的先祖，唐代开国皇帝李渊，就是李暠的七世孙。

秦昭王二十八年（公元前 279 年）始设陇西郡，郡治在狄道城（今甘肃省临洮县），以秦国官员李昙的长子李崇（第六十二世）为首任陇西守，李崇即为陇西李氏始祖。李崇之孙李信，为秦将，在秦始皇统一六国之战中灭掉了燕国，被封为陇西公；李信之孙李仲翔，在西汉初年的时候，担任将军，在狄道与叛羌交战，战死在此处；其子李伯考奔丧至此，将父亲埋葬在狄道的东川，埋葬父亲之后，李伯考就在此安家，李伯考即为汉飞将军李广的爷爷；李伯考之子、李广之父李尚担任成纪县令，大约在此时，李尚将家又从狄道迁居成纪。

陇西李氏，世代为秦陇大姓，李暠的高祖李雍、曾祖李柔，为西晋郡守；祖父李弇，为前凉张轨武卫将军，封安世亭侯；李暠的父亲李昶早死，李暠是李昶的遗腹子。李暠从小就喜爱学习，性格深沉宽和，善于写文章；年纪大一些，又练习武艺，能背诵《孙子兵法》。后凉时期，李暠曾与郭黁以及同母异父弟弟宋繇同宿，郭黁对宋繇说："你将位极人臣，李暠将成为一国之主，你们家母马产下白额马的时候，预言就应验了。"

孟敏被段业任命为沙州刺史不久，就去世了；段业的敦煌护军郭谦、沙州治中索仙等人，认为李暠为人宽厚爱民，就推举其为宁朔将军、敦煌太守。开始的时候，李暠还有些犹豫，正巧，在张掖担任段业中散常侍的弟弟宋繇，从张掖请假回到了敦煌，他偷偷对哥哥说："段王没有宏才大略，早晚将要败亡。哥哥难道忘记了郭麐说过的话了吗？家里的白额马已经出生了。"听了弟弟的话，李暠终于接受了大家的推举，向张掖派出使者请求段业的正式任命。敦煌偏处一隅，张掖又时刻面临吕篡的打击，当时，段业只好顺水推舟，接受既成现实，正式任命李暠为敦煌太守。到隆安三年段业称凉王之后，北凉右卫将军索嗣对段业说："不能再让李暠在敦煌待下去了。"于是，段业让索嗣担任敦煌太守，让其率领五百骑兵前往敦煌上任。索嗣一行距离敦煌二十里的时候，派人进城要求李暠出城迎接，突然得知此事，李暠又惊又疑，将要出城迎接。效谷令张邈和宋繇都劝说道："吕氏后凉政治腐败，北凉段业又十分暗弱，这正是英雄有所作为之时。将军占据一国现成的资源，为何要束手让人！索嗣自以为敦煌是其故乡，人心服从自己，不会想到将军会抗拒，可以趁其不备，一举将其擒获！"宋繇也对哥哥说："大丈夫已经为百姓推举，一旦将身家性命交予索嗣，岂不为天下耻笑！哥哥天资英杰，有霸主之风，哥哥可以轻松平定整个凉州地区，达到前凉张轨的成就！"李暠这才回答："我从小即没有称雄一时的志向，没有想到因为在此地做官，而被大家推举。刚才说迎接索嗣，也是因为不知道大家的真心啊！"于是，李暠确定了抗拒段业之命、擒拿索嗣的计划。他先派遣宋繇拜见索嗣，对索嗣态度十分恭敬，放松索嗣的警惕。宋繇回来之后，向李暠报告说："索嗣骄傲自满，兵力又弱，容易得手。"听了弟弟的汇报，李暠派遣自己的两个儿子李歆、李让与张邈、宋繇以及司马尹建兴等率领军队，与索嗣所部接战，将索嗣率领的这五百骑兵击败，索嗣狼狈逃归张掖。本来索嗣与李暠为刎颈之交，可是，李暠没有想到自己竟然被索嗣陷害，因此，在击败索嗣以后，李暠接着就上书段业，要求处分索嗣，沮渠男成向来也非常讨厌索嗣，也建议段业诛杀索嗣，以安抚李暠，稳定张掖以西局势。于是，段业诛杀了索嗣，派出使者前往敦煌，给李暠赔礼道歉，将敦煌的凉兴（今甘肃省瓜州县东）、乌泽（今地不详）、晋昌的宜禾（今甘肃省瓜州县境内）三个县组成凉兴郡，进李暠为持节、都督凉兴以西诸军事、镇西将军，领护西夷校尉。

段业的绥靖政策，并没有让李暠停下扩张地盘的脚步。在他被段业加官晋职数月之后，与敦煌紧邻的北凉晋昌郡太守唐瑶，也背叛北凉，向敦煌郡（今甘肃省敦煌市）、酒泉郡（今甘肃省酒泉市）、晋昌郡（今甘肃省瓜州县东南）、凉兴郡（今甘肃省瓜州县东）、建康郡（今甘肃省高台县）、祁连郡（今甘肃省张掖市南）等六郡发出檄文，要求共同推举李暠为大都督、大将军、凉公、领秦凉二州牧、护羌校尉。李暠大赦境内，改元庚子，以唐瑶为征东将军，郭谦为军咨祭酒，索仙为左长史，张邈为右长史，尹建兴为左司马，张体顺为右司马，张條为牧府左长史，令狐溢为右长史，张林为太府主簿，宋繇、张谡为从事中郎，宋繇另加折冲将军，张谡另加扬武将军，索承明为牧府右司马，令狐迁为武卫将军、晋兴太守，氾德瑜为宁远将军、西郡太守，张靖为折冲将军、河湟太守，索训为威远将军，西平太守，赵开为骍马护军、大夏太守，索慈为广武太守，阴亮为西安太守，令狐赫为武威太守，索术为武兴太守。又遣宋繇率军东伐凉兴，并攻陷了玉门以西北凉的各个城池，于是，屯军玉门、阳关（此处当指今甘肃省玉门附近），积聚粮草，为东下做准备。这一年是晋安帝隆安四年（公元400年），由于李暠所建立的凉国位居四个凉国最西边，因此，史称西凉。在这一年，整个中国版图上，还是九国并存，他们分别是：东晋王朝、北魏、后燕、南燕、后秦、北凉、南凉、后凉和西凉。那么，西秦呢？

隆安四年（公元400年），这个进入五世纪的第一个年头，注定是北中国的政治格局出现大变的一年：在这一年，南燕慕容德定都广固，南燕进入平稳发展期；李暠建立西凉政权，使北凉领土大为缩水；东晋孙恩败而复起，令司马元显焦头烂额，桓玄在荆江蓄势待发；北魏拓跋珪开始严刑峻法；后燕慕容盛行将被弑杀；后凉吕纂进攻北凉段业，南凉秃发傉檀包围后凉姑臧，吕纂被迫撤军。而除了这些，最大的变故当属后秦灭亡西秦了。

西秦自乞伏国仁于太元十年（公元385年）建立，迄今已历十六年之久。在西秦建立之初，东面有强大的苻登前秦军队和后秦姚兴，西面有同样强大的后凉吕光，因此，长期以来，西秦政权局促于榆中周边地区，无所作为。苻登死后，西秦曾经试图东进，占领秦州重地上邽，虽然击斩了仇池杨定，但却遭到了姜乳的打击，继而，姜乳投降后秦，姚兴收复上邽，西秦更无力东下。虽然在隆安元年，乞伏西秦击退了后凉吕光的进攻，促使后凉集团的分裂，但接着西秦西部又出现了实力强大的秃发南凉，基于上述原因，数年来，乞伏西秦击败了破多兰部没奕干、吐谷浑王视罴、收降了陇西诸多部落，但疆域一直没有扩大，东没有占领陇山要地，西没有控制黄河天险，与周边势力相比，西秦的战略态势处于劣势。

隆安三年，鲜卑叠掘河内率领五千户，脱离北魏统治，投降西秦乞伏乾归，乞伏乾归以叠掘河内为都统，并将宗室之女嫁给了他，同时，由于秃发利鹿孤确定了打击后凉的策略，因此，与乞伏西秦也采取了和亲政策，对于西秦而言，一切似乎都显得那么顺利，然而，也就在此时，一双眼睛却牢牢地盯上了他，那双眼睛属于后秦国王姚兴。

太元十九年（公元 394 年）后秦姚兴灭掉前秦苻登以后，一直也没有大的作为，而是将注意力主要放在了恢复饱经战乱的国内经济、整顿国内秩序上了。在太元末年到隆安初年间，后燕慕容垂灭掉西燕慕容永，继而崛起的北魏道武帝拓跋珪又与后燕交恶，相继发起了参合陂之战、吞并并州之战、占领河北之战等一系列战斗，姚兴趁乱占领了河东地区，又两次东进洛阳，并最终占领了洛阳。隆安三年（公元 399 年），由于灾疫屡屡出现，姚兴下令自贬为王，群臣各降一等，大赦，改元弘始，整顿吏治，抚恤贫民，选拔贤才，精简法令，后秦王国出现了蒸蒸日上的局面。当时，韦华、夏侯轨、庞眺等人率领一万襄阳流民背叛东晋，逃奔后秦。姚兴在东堂召见韦华等人，他问道："晋朝南迁以后，内部安定了很久，如今政治局面如何？"韦华回答："晋主虽有南面之尊，但却只是一个傀儡，晋朝的实权在宰相那里，政令不一，皇室失去权力已经很久了，逐渐形成了习惯。晋国国内刑罚很重，生活奢侈，自从桓温、谢安以后，治国之人均失之偏颇，要么过于宽和，要么过于严急。"姚兴听了大喜，拜韦华为中书令。兵部郎边熙上书称军令烦琐苛刻，应当简单明了，姚兴看了，即采纳孙子、吴起约束军队的办法，对原有军令进行简化。他还在长安学校里开设法律课程，要求郡县的小吏都入学学习法律，考试合格的，放还郡县充当法官。对于复杂疑难的案件，上呈廷尉，姚兴经常亲自断案，史称"于时号无冤滞"。

三四八 西秦覆灭（二）

内部修明的后秦，开始寻找下一个猎物了。

在姚兴看来，北魏的拓跋珪是潜在的最大敌人。如今，拓跋珪全取河北，兵强马壮，虽然后秦与北魏之间尚未公开翻脸，但是，随着拓跋珪势力日渐强大，双方之间的关系也变得疏远起来。据《魏书·贺狄干传》的记载，太元十六年（公元 391 年），拓跋珪攻灭铁弗部刘卫辰之后，曾于第二年就派遣使者贺狄干向后秦奉献一千匹马，请求与后秦结为婚姻。拓跋珪此举当然是担心自己消灭铁弗部，会引起后秦的不满，而当时的实际情况则是，姚苌已经将前秦王苻登打得山穷水尽，而姚苌本人却很快驾崩了。果不其然，拓跋珪消灭了铁弗部，继而进攻鲜卑薛干部太悉伏，太悉伏逃奔后秦避难，这当然引起了后秦的不满，后秦新主姚兴拒绝了拓跋珪的求婚，并将使者贺狄干扣留了下来。到太元十九年（公元 394 年），当慕容垂消灭了西燕慕容永以后，为了避免后燕可能的打击，姚兴主动请求与后燕实现和解，第二年，即发生了慕容宝出兵进攻北魏之举，当时，惶恐不安的拓跋珪逃到黄河河套以南地区，情急之下，他派遣许谦前往长安，请求姚兴发兵支援。当时的姚兴感到，慕容垂已经消灭了西燕慕容永，占据了并州大部，业已对后秦的河东地区构成了威胁，如果慕容垂再将拓跋珪消灭，兼并塞北高车、鲜卑各部的话，那么，将从北面对后秦产生巨大的压力，因此，他不计前嫌，接受了拓跋珪的请求，派遣杨佛嵩率军北上，支援惊慌失措的拓跋珪。看到后秦军队到来，拓跋珪大喜过望，他让许谦与杨佛嵩盟誓道："如今两国盟誓以后，言归于好，分担灾难，休戚与共。违反此盟，神祇诛杀。"继而，慕容宝退军，拓跋珪在参合陂大破后燕军队，坑杀后燕降卒四五万人，也使得北魏与后燕的军事实力发生了逆转，随着拓跋珪对后燕的节节胜利，他也将与后秦的盟誓抛到了脑后。隆安二年（公元 398 年），拓跋珪接受了后秦敌国仇池公杨盛，并加封杨盛为征南大将军、仇池王；第二年，当姚兴出兵进攻东晋的洛阳之时，拓跋珪又下令太尉穆崇率军解救，虽然魏军未到洛阳，洛阳即被后秦军队攻陷，但此时，双方之间已经形同敌国了。

拓跋珪一直牢牢控制着节奏。还是在前年的时候，当拓跋珪还在中山城外苦苦鏖战之时，占领河东的后秦军队与并州魏军时有摩擦，当时的北魏并州刺史奚牧，深为拓跋珪宠信，被拓跋珪称为“仲兄”，奚牧写信给姚兴指责秦军不该进犯边境。姚兴看到奚牧书信的称呼与自己平起平坐，不禁大怒，他告知了军中的拓跋珪。拓跋珪当时正为攻击中山的事情急得焦头烂额，为了息事宁人，他不惜诛杀曾经在独孤部解救过自己的“仲兄”奚牧，给姚兴谢罪。而此时的拓跋珪，再也不是躲避慕容宝大军、逃往到黄河以南的拓跋珪了，也不是屯军中山城下、后院四处起火的拓跋珪了。他把下一个目标指向了后秦。

姚兴对此心知肚明。他也知道，北中国这两个势力最为强大的国家，终将一战。为了应对即将到来的决战，姚兴决定趁着双方开战之前发兵西上，一举平定四分五裂的凉州，壮大自己的实力。于是，就在西凉李暠自立、后凉吕篡与南北二凉混战不已之时，姚兴命令征西大将军、陇西公姚硕德率领五万军队，从南安峡（今甘肃省秦安县南）西上讨伐西秦，西秦王乞伏乾归率领众将，屯军陇西（今甘肃省陇西县），抵御后秦军队。

亡国的预兆还是有的。在隆安四年（公元400年）一月，西秦国都西城（今甘肃省靖远县）的南景门无故崩塌，乞伏乾归心生厌恶，于是，他决定将国都从西城又迁回到了旧都苑川（今甘肃省榆中县）。而到了这一年的五月，后秦大军就西上了。西秦王乞伏乾归命令武卫将军慕兀等将坚守沿边各个据点，后秦军队砍柴及粮草的补给路线，全都断绝了。姚兴得知前线军队陷于困境，他亲自率领大军西上解救。乞伏乾归听说此次姚兴亲自前来，对众将说：“我自从登基以来，战无不胜，算无遗策。如今姚兴率领国中全部兵力而来，军势甚盛。这里山川狭隘，我军骑兵无用武之地，应该选择平地，摆开战场，等秦军疲劳以后，予以痛击。存亡之机，在此一举，望大家努力！如果诛杀了姚兴，则关中之地将全部落入我的囊中。”于是，他命令卫军将军慕容允率领两万中军转移到柏阳（今地不详），镇军将军罗敦率领四万外军转移到侯辰谷，乞伏乾归亲自率领数千骑兵前去侦察秦军动向。不料，天上突然刮起了大风，霎时间浓云迷雾，不辨方向，乞伏乾归这支骑兵部队与中军失去联络，被秦军追赶，慌乱中，乞伏乾归逃入外军的防地。第二天早晨，双方交战，西秦军队被击败，乞伏乾归仓皇逃归苑川，然后又西逃到金城。后秦军队俘虏西秦三万六千人，缴获身着铠甲的战马六万多匹。后秦军队纪律严明，陇上百姓十分怀念，姚兴率军一直向西推进到枹罕（今甘肃省临夏市），遍赏全军将士。逃至金城的乞伏乾归对部下说：“我的才能不足以成为一代君主，却被大家推举为王，心中志在平定天下，可是德行却不是当今英雄，割据一方，称王称霸，至今已超过十二年，竟然遭此惨败！如今部众已经四散，难以与敌人抗衡，我打算退守允吾（今甘肃省永靖县境），以躲避其军锋。如果大家一起西去，肯定都难以逃脱，你们可以投降后秦，以保全妻子儿女。”群臣均说：愿意与陛下一起生死相从。乞伏乾归说：“自古以来，从来没有不灭亡的国家，兴盛与衰败，这都是天命。假如上天不灭亡我国，希望以后还能中兴，为何要一起去死！大家珍重，我将在他国寄食，以度残年。”于是，君臣大哭而别，乞伏乾归率领数百骑兵西去允吾，向南凉投降，南凉王秃发利鹿孤命令弟弟秃发傉檀前去迎接，将他安置在晋兴（今青海省民和县境），待以上宾之礼。至此，西秦政权存续了十六年后灭亡。

秃发利鹿孤的弟弟、镇北将军秃发俱延对哥哥说：“乞伏乾归本为我国的属国，趁着天下大乱而自立为王，如今他走投无路，前来投降，并非是其真实想法；如果以后再投奔姚兴，肯定会成为我国的大患，不如将其迁徙到乙弗（今青海湖以西地区），让其不能轻易东去。”秃发利鹿孤回答：“人家走投无路投奔我们，我们却怀疑人家，这样怎能给后来者树立榜样？”后秦军队在枹罕停留不久，就退去了。后秦军队东归以后，南羌梁戈等人秘密联络乞伏乾归，请求他回到故地，乞伏乾归打算同意。他的臣下屋引阿洛将这一绝密情报报告给了南凉晋兴太守阴畅，阴畅飞马报告给了秃发利鹿孤。秃发利鹿孤命令弟弟秃发吐雷率领三千军队，驻扎在扪天岭（今甘肃省永靖县西），以防乞伏乾归东逃。乞伏乾归担心有朝一日会被秃发利鹿孤所杀，他对自己的太子乞伏炽磐说：“我不能担当重任，致使国家遭此大难。本以为秃发会顾及两家的姻亲关系，希望能给我们以唇齿之援，而如今他们却忘记大义，将要谋害我们父子，忌惮我的威名，不会留下我。姚兴后秦正强，我打算去投靠他们，如果一起东去，肯定会被追兵追上。如今，我将你们兄弟和你的母亲送到西平，作为他们的人质，他们肯定不会怀疑。这样，我就能顺利脱逃，我到秦国以后，他们也不会加害你们。”于是，乞伏乾归将乞伏炽磐兄弟送到西平，八月，他自己则偷偷逃奔长安。姚兴见到乞伏乾归以后，不禁喜出望外，任命其为持节、镇远将军、都督河南诸军事、河州刺史、归义侯，不久，姚兴即让乞伏乾归回到苑川，将其原有部众全部归还给他，乞伏乾归到苑川以后，任命边芮为长史，王松涛为司马，原有公卿大将全部降号为偏将裨将。后来，乞伏炽磐打算逃归苑川，被南凉武威王秃发利鹿孤抓获，秃发利鹿孤将要诛杀乞伏炽磐，弟弟秃发傉檀却说："儿子追随父亲，无足过分责备，因此，魏武帝曹操赞赏关羽离去，秦昭王宽恕楚襄王脱逃，乞伏炽磐虽然叛逃，但孝心可嘉，应当饶恕了他，以显示我们如大海高山一般的大度。"秃发利鹿孤同意了。

三四九 二王之死

隆安五年（公元 401 年），是新世纪的第二个年头，在北中国的大地上，这一年死了三个王：一是我们说过的后燕慕容盛；另外两个分别是后凉王吕纂、北凉王段业。

到隆安五年，后凉王吕纂已经继位一年有余。据《高僧传》及《晋书·艺术传》记载，吕纂继位以后，后凉出现了一系列怪异现象：母猪生下三只头的猪崽；一条龙从东箱井中出来，盘卧在后凉大殿之前，一直到天明才消失。吕纂以为这是祥瑞，称其殿为龙翔殿。不久，又有一条黑龙在当阳的九宫门上盘旋，吕纂将九宫门改为龙兴门。鸠摩罗什说："近日潜藏的龙出现，猪妖现身，龙属于阴类，出现潜藏都有一定的时辰，而今天却屡屡出现，这是灾难到来的预兆，一定有下人企图谋害君主。应当克己修德，以回应上天的警诫。"吕纂没有听从。吕纂曾经与鸠摩罗什下棋，每当吃掉鸠摩罗什的棋子，吕纂总是高喊道："砍掉胡奴的头！"鸠摩罗什回答道："不是砍掉胡奴头，而是胡奴要砍人头。"

吕纂沉溺于酒色，且酷爱打猎，太常杨颖劝谏道："臣听说上天只保佑有德之人，而德行全靠人来弘扬。自陛下登基以来，疆域局限在两岭之间（姑臧南边的洪池岭和北边的乌鞘岭），应当小心翼翼，经营四方，继承先帝遗志，救万民于水火之中。可是，陛下却沉溺饮酒，出入无度，从未考虑到眼前的敌人，实在让臣十分担忧。"吕纂承认了错误，他回答道："这是朕的罪过啊。如果没有贞节忠诚之臣，谁还去匡正犯错误的君主呢！"然而，说归说，做归做，吕纂只将自己和杨颖说过的话当耳旁风，自己的行为一点都没有收敛，他还是经常乘着酒醉，与身边的近臣在沟壑之间飞马驰骋。殿中侍御史王回、中书侍郎王儒拉着吕纂的马劝说，吕纂就是不听。

吕纂的堂弟、番禾太守吕超擅自讨伐鲜卑思盘部，思盘派自己的弟弟乞珍向吕纂告状，吕纂将吕超召回。吕超担心吕纂处罚自己，到了姑臧之后，十分担心，就结好殿中监杜尚。吕纂见到吕超以后，一脸怒容，厉声斥责吕超说："你依仗你家兄弟们势力很大，还想欺负到我的头上，看我不杀了你，天下才能安定。"吕超赶紧跪下，连连谢罪。吕纂其实就是吓唬吓唬吕超而已，根本没有诛杀吕超兄弟的意思，于是，吕纂让吕超起身，与思盘和群臣一起到内廷饮宴。酒宴当中，吕超的哥哥、中领军吕隆频频向吕纂劝酒，不一会儿，吕纂就喝得大醉，酒后，醉眼迷离的吕纂乘着人力小车，带着吕超等人在后宫内游玩。一行人行至琨华堂东阁的时候，由于有门槛，车子无法通过，吕纂贴身卫士窦川、骆腾二人，将手中的宝剑靠在墙壁上，推着车子通过。说时迟，那时快，就在这一瞬间，身边的吕超拿起墙边的宝剑，抽剑向吕纂砍来，吕纂下车要去抓吕超，被吕超一剑洞穿前胸，当场毙命。吕超带剑逃到宣德堂，窦川、骆腾二人追上与其格斗，均被吕超诛杀。变起突然，吕纂皇后杨氏命令禁卫军捉拿吕超，而殿中监杜尚喝令禁止，禁卫军士兵均丢下兵器散去。将军魏益多闯进宫中，斩下吕纂的头颅，传示众人说："吕纂违背先帝的遗命，杀死了太子，迷恋喝酒打猎，亲昵小人，残害忠良，视百姓为草木。番禾太守吕超以骨肉之亲，而担心社稷倾覆，已经将其诛杀。上安社稷，下为太子报仇，凡是我等平民，都因此义举而蒙恩同庆！"

吕纂的叔父巴西公吕他、弟弟陇西公吕纬，当时住在北城，有人劝说吕纬道："吕超犯上作乱，人心不服，明公是天王的亲弟弟，挥戈而起，姜纪、焦辨在南城，杨桓、田诚在东苑，都是我们的人，不用担心不会成功！"于是，吕纬下令戒严，对叔叔吕他说："吕隆、吕超忤逆，应予讨伐。昔日田恒之乱，孔子为邻国之臣，还请求鲁哀公发兵平乱，何况如今变起萧墙，岂能坐视！"吕他将要听从，而他的妻子梁氏却劝说道："吕纬、吕超都是侄儿，为何要舍弃吕超而帮助吕纬呢？"于是，吕他对吕纬说："吕超已经得逞，占领了武库，拥有精兵，再想打败他，将很困难。况且我年纪已大，无所作为了。"吕超听说吕纬在动员吕他，就登上城楼，对吕他说："吕纂听信谗言，将要诛灭我们兄弟。吕超为了活命，且担心社稷覆灭，这才万死不辞，为国家举义，叔父肯定会明白我的苦心。"吕超的弟弟吕邈，与吕纬关系很好，他对吕纬说："吕纂残害国家，诛杀兄弟，吕隆、吕超此举实在是上应天意，下顺人心，目的就是为了拥立明公你啊！如今在世的先帝儿子们，只有明公您年纪最长，这没有丝毫异议，吕隆、吕超再无知，也绝不会以小宗代替大宗，觊觎王位，明公不必怀疑。"吕纬竟然听信了吕邈的花言巧语，与吕隆、吕超立下盟誓，然后，单身匹马进入姑臧城内，进城之后，吕超即将其擒获，杀掉。这时，我们陡然想到，吕超的小字，就叫胡奴！

吕超将王位让给哥哥吕隆，吕隆面露难色，吕超说：“如今就好像是乘龙上天，岂能半途下来！”于是，晋安帝隆安五年二月，吕隆即天王位，吕超在番禾的时候，曾经得到一个小鼎，他私下认为这十分吉祥，就改元为神鼎，大赦。吕隆追尊其父吕宝为文皇帝，立母亲卫氏为皇太后，妻子杨氏为皇后，拜吕超为使持节、都督中外诸军事、辅国大将军、司隶校尉、录尚书事，封安定公。

吕纂的皇后杨氏是弘农人，美艳而有气节。吕纂死后，她亲自带领十几个侍女将吕纂埋在姑臧城西，埋掉亡夫之后，杨氏将要离开皇宫，吕超担心她私藏珍宝，命令手下搜身。杨氏说：“你们兄弟之间不能和睦，亲自持刀相互残害，我不过是一个早晚将死之人，要珍宝有什么用！”吕超听了，满脸羞惭而退，他又令人询问玉玺的下落，杨氏回答：“已经销毁。”吕超对杨氏的美色垂涎欲滴，想娶杨氏为妻，他对杨氏的父亲、右仆射杨桓说：“皇后如果自杀，你全家立刻会大祸临头！”杨桓对杨氏说了吕超的意思，杨氏说：“父亲大人将女儿卖给氐人，本来是想要富贵，一次已经过分，岂能再卖一次！”于是，自杀，杨桓害怕吕超加害，逃奔河西王秃发利鹿孤那里，被任命为左司马。这是《晋书·列女传》的说法，另据《晋书·秃发利鹿孤载记》则称，吕隆继位之初，南凉的秃发利鹿孤即趁机发兵，企图占领姑臧，在姑臧城下大破后凉军队，俘获了杨桓，秃发傉檀还嘲笑杨桓说：“安卧在危险的国家，没有想到良禽择木而栖，到老却成为阶下囚，岂能说有智慧？”杨桓回答：“受到吕氏的厚恩，位列重臣，即使大难临头，尚思帮助一起脱难，实在不忍成为叛臣，去选择明主！”秃发傉檀说：“爱卿是位忠臣啊！”于是，任命其为左司马。

无独有偶，被吕纂杀死的隐王吕绍之妻张氏也是一位烈女子，她年仅十四岁，请求削发为尼，吕隆见到之后，也想占有张氏，张氏说：“投身大道，誓不受辱。”于是跳楼自杀，双腿折断，口诵佛经而死。

后凉的吕纂被杀，他的死对头北凉王段业也走到了他生命的尽头。北凉自隆安元年建立以来，一直处于岌岌可危的境地，好在是后凉吕光很快死去，诸子内讧，加上结好南凉，互为犄角之势，这才得以生存下来。不过，段业是一位文人，秘书出身，没有其他权略，亦无威严，尤其相信占卜、谶言之类，到隆安四年，敦煌的李暠又脱离北凉，建立了西凉政权，将势力推进到玉门以西地区，更让北凉疆域大为缩水。北凉的酒泉太守王德也效仿李暠，自立为河州刺史，段业命令沮渠蒙逊率军讨伐，王德焚毁了酒泉城，率领部曲西去投靠李暠部将唐瑶，沮渠蒙逊追到沙头（今甘肃省玉门市西北），大破王德所部，俘虏王德的妻子儿女和部落而还。

段业忌惮沮渠蒙逊的雄武，就罢免了沮渠蒙逊的张掖太守一职，改任其为临池太守，又以沮渠蒙逊的堂叔沮渠益生为酒泉太守，同时任命门下侍郎马权接替沮渠蒙逊为张掖太守。马权英气逼人，段业十分看重，沮渠蒙逊对马权既忌惮又怨恨，于是，他向段业进谗言，诬陷马权，并对段业说："天下不足多虑，只是应当警惕马权啊！"段业听了沮渠蒙逊的谗言，竟然将马权诛杀。沮渠蒙逊看到段业杀了马权以后，就对堂兄沮渠男成说："段业愚蠢不明，没有救世之才，听信谗言，喜爱佞人，没有明察秋毫的能耐，过去我一直忌惮的只有索嗣和马权二人，如今二人均被其诛杀，我打算除掉段业，奉哥哥为主，你看如何？"沮渠男成说："段业寄居此地，本为我兄弟册立，段业有我兄弟，就像鱼儿有了水一样。他人对我亲近，我反而背叛人家，这不吉祥。"看到哥哥不从，沮渠蒙逊只好作罢。

不过，沮渠蒙逊并没有停止自己的阴谋，他请求担任西安（今甘肃省张掖市东南）太守，段业也害怕沮渠蒙逊在身边早晚会发动政变，也答应了。

沮渠蒙逊离开张掖不久，就派人对自己的堂兄沮渠男成捎信，定下日子邀请沮渠男成与自己一起到兰门山（今甘肃省山丹县西南）祭祀，沮渠男成答应后，沮渠蒙逊又秘密派遣司马许咸向段业告发说："沮渠男成将要在休假那一天发动政变，如果他向您请求去兰门山祭祀的话，那臣的话就应验了。"到了那一天，果然沮渠男成请求到兰门山祭祀。愚蠢的段业看到沮渠男成真如许咸所言，立即断定沮渠男成将要谋反，于是，将其逮捕，赐死。沮渠男成此时这才恍然大悟，他对段业说："沮渠蒙逊将要谋反，已经对臣说过，臣因为兄弟之情，没有告发。他因为臣还活着，恐怕部众不听他的话，所以，才诱骗与我一起祭祀兰门山，却反而诬告陷害于我。臣如果早上被杀，沮渠蒙逊必定晚上就会背叛。臣请求大王对外假称我已经被您所杀，陈说我的罪恶，沮渠蒙逊肯定会作乱，届时，我再出现，奉大王之命前去讨伐，一定能够成功。"如果段业听从了沮渠男成的话，那么，沮渠蒙逊就聪明反被聪明误了，可惜的是，段业不仅自己虑不及此，而且，在别人给出正确答案的时候，也没有能力接受，他果断地将沮渠男成杀掉了！

沮渠男成素来深得人心，段业此举给沮渠蒙逊帮了大忙。沮渠蒙逊得知沮渠男成的死讯以后，他痛哭流涕地对部众说道：“沮渠男成忠于段公，却被人陷害致死，诸位能为我哥哥报仇吗？况且，此州兵连祸结，以段公之才也似乎难以安定一方。我之所以开始的时候拥戴他，是因为要其做陈胜、吴广啊，可是，现在却发现他相信谗言，很多忌讳，枉害忠良，我怎能隔岸观火，不救民于水火之中呢！？”听了沮渠蒙逊的一席表白，大家个个义愤填膺，泪流满面，纷纷加入叛军。等沮渠蒙逊的叛军抵达氐池（今甘肃省民乐县），人数已经达到一万余人，镇军将军臧莫孩率领本部人马加入到沮渠蒙逊的部队，羌族、匈奴族人也都纷纷响应。沮渠蒙逊的部队一直推进到张掖东面的侯坞，在那里安营扎寨。前不久，段业怀疑右将军田昂也有可能有异心，就将田昂关押了起来，如今看到沮渠蒙逊果然背叛，就将田昂予以释放，并表示歉意，让其率军与武卫将军梁中庸等人一起抵御沮渠蒙逊。段业的部将王丰孙对段业说道：“西平田氏，世代都有叛贼，田昂本人也是外表恭顺，而内心却十分狠毒，心存大志且居心叵测，不可信任他。”段业回答：“我也怀疑他很久了，只是目前除了田昂以外，无人能够抵御沮渠蒙逊。”疑人不用，用人不疑，既然段业已经觉察田昂靠不住，却还委任他，这就是和自己过不去了。

果然，田昂与诸军一起抵达侯坞以后，就率领五百骑兵临阵哗变，投降了沮渠蒙逊，随即梁中庸也投降了。沮渠蒙逊乘胜推进到张掖城外，城内的田昂侄儿田承爱里应外合，率众打开了张掖城门，将沮渠蒙逊的叛军引入城内，段业身边的亲随看到叛军攻入城中，各自四散逃命去了。沮渠蒙逊来到内廷，大呼道：“段业何在？”军士们说：“在此！”段业对沮渠蒙逊说：“孤单一人，寄寓在此，被大人一门所推举，如今请求宽恕我一命，让我东归与家人团聚。”沮渠蒙逊何等心狠之人，哪能放过段业，他二话不说，一刀将其斩首。沮渠男成的弟弟沮渠富占与前秦右将军俱石子之子将军俱傫率领五百户部众，南逃到河西王秃发利鹿孤那里，这是隆安五年（公元401年）五月的事，距离后凉吕纂被杀仅仅一个多月的时间。这前后两起弑君事件，有着极其惊人的相似之处：后凉吕纂是被堂弟吕超所杀，而北凉沮渠蒙逊在夺取政权之时，也是借刀杀人，设计杀死了堂兄沮渠男成，从而达到了自己的目的。

第二个月，梁中庸、房晷、田昂等人共同推举沮渠蒙逊为使持节、大都督、大将军、凉州牧、张掖公，大赦境内，改元永安。沮渠蒙逊任命堂兄沮渠伏奴为镇军将军、张掖太守、和平侯，弟弟沮渠挐为建忠将军、都谷侯，田昂为镇南将军、西郡太守，臧莫孩为辅国将军，房晷、梁中庸为左右长史，张骘、谢正礼为左右司马。提拔贤能之士，逐步稳定了国内政局，此时距离沮渠蒙逊最初起兵也已近五年之久。

三五〇 后凉降秦

后凉、北凉相继易主，北凉在沮渠蒙逊的治理下，逐渐恢复了正常的秩序，而后凉吕隆却给饱经灾难的后凉，带来了灭顶之灾。

由于吕隆得国不正，所以，他继位以后，开始严刑峻法，大肆杀戮当地的豪强大族，以树立自己的威名，致使姑臧内外一片哗然，人人自危。在这种情况下，焦朗派遣使者对后秦陇西公姚硕德说："吕氏趁着前秦大乱，割据一方，自从吕光去世以后，诸子内讧不已，刑罚错乱，非常残暴，致使当地百姓因饥饿而流离失所，死亡的有一多半，百姓向上天哭诉，却未能感动上天。明公德行超过先贤，地位尊贵，应当趁着后凉弱小昏暗，拿下此地，救生灵于涂炭之中，此时吕隆刚刚夺位，应该很容易就能够成功。"并留下自己的儿子作为人质。姚硕德上报姚兴同意以后，在隆安五年五月，即吕隆继位两个月后即率领六万步骑，发起了对后凉的大规模进攻，已经降秦的原西秦王乞伏乾归也率领七千骑兵随后秦大军一起西上，朝姑臧扑来。

七月，后秦大军从金城（今甘肃省兰州市）渡口渡过黄河，向广武（今甘肃省永登县）进发。此时，姑臧（今甘肃省武威市）城南洪池岭以南的地区，都落入到南凉秃发利鹿孤之手，并且，秃发利鹿孤也想趁机拿下姑臧。不过，当看到后秦也想吃掉姑臧这块肥肉时，秃发利鹿孤只得咽下口水，审时度势，立即命令南凉驻扎在广武的军队撤离，给后秦军队让出一条通路。秦军顺利推进到姑臧，姚硕德的部将姚国方对姚硕德建议道："如今我军长途跋涉三千里地，大军没有后援，这是我军的短处。应当展示我军的威猛，挑衅诱使敌人出战。敌人认为我军远来，必然会决死一战，即可一举平定姑臧。"姚硕德听从了。果然，吕隆命令辅国大将军吕超、龙骧将军吕邈等率军出城决战，结果被后秦军队打得大败而还，后秦军队活捉了吕邈，斩杀俘虏近万人。吕隆收拾残兵败将，固守不战，驻守东苑的吕隆叔父、巴西公吕他率领东苑二万五千人马投降了姚硕德。秦军的到来，对于凉州的各个势力来说无疑都是一个巨大的压力：西凉刚刚建立，实力最弱；北凉沮渠蒙逊也刚刚上台数月，国内不稳；秃发利鹿孤虽说实力最强，但也不敢与秦军发生正面冲突，于是，西凉公李暠、已经自称为河西王的秃发利鹿孤和北凉的沮渠蒙逊，都向姚硕德派出使臣，奉献礼物，表示臣服。

当初，后凉尚书姜纪投降了南凉，南凉广武公秃发傉檀与姜纪讨论用兵之策，对姜纪的才能十分赞赏，讨论起来常常通宵达旦。秃发利鹿孤说："姜纪的确很有才能，不过，此人眼界太高，必然不会在此久留，不如杀掉。姜纪投降后秦的话，必然对我不利。"秃发傉檀回答："我诚心实意，与姜纪结为朋友，姜纪肯定不会背叛我的。"可是，不出他的哥哥所料，看到后秦大军包围了姑臧，八月，姜纪率领数十骑兵逃离南凉，投奔秦军。见到秦军主帅姚硕德以后，姜纪献计道："吕隆困守孤城，没有外援，明公率领大军将其团团包围，吕隆势必会投降。不过，那只是书面上的投降而已，并非真心实意的臣服。请求配给我三千步骑，与王松怱一起率领焦朗和华纯的部众，在姑臧城附近监视吕隆，等待机会，可以一举拿下姑臧。不然的话，如今秃发利鹿孤在南边，国富兵强，一旦姑臧落入秃发利鹿孤之手，南凉的力量将更为强大，届时，北凉的沮渠蒙逊和西凉的李暠都不是他的对手，一定要向其投降，这样的话，整个凉州就成了秃发利鹿孤的天下，会成为我国最大的敌人。"此时，姚硕德也深知后秦军队无法长久留在凉州，于是，他采纳了姜纪的建议，上书姚兴任命其为武威太守，拨给他两千人马，让其驻扎在姑臧西北的晏然。

至此，秦军已经包围了姑臧近两个月之久，彗星划过帝星星域，姑臧城内大批燕雀在太庙里打斗，斗死的有数万只之多。城内不少祖籍关中的人们都阴谋开城外逃，将军魏益多又暗中煽动群众，密谋诛杀吕隆、吕超兄弟，事情败露后，吕隆将魏益多诛杀，牵连而死的就有三百多家。城内危机四伏，而城外的姚硕德却毫无撤军的意思，他安抚投降的各族群众，在后凉各地任命官吏，节减饮食，征集粮草，打算跟吕隆拼拼谁能坚持到最后。

吕隆尚能坚持，可是，后凉的群臣却坚持不下去了，他们一起上书吕隆，请求与后秦签订和约，吕隆不同意。吕超对哥哥说："交往与绝交，随着情况的变化而改变；国运的顺畅与艰危，也是此起彼伏，想当初孙权臣服于曹魏，谯周劝说刘禅投降，他们难道说都不是大丈夫吗？只是因为局势不妙的缘故啊。前凉张天锡凭借着七代人积累下来的资本，在凉州树立了近百年的恩德，拥有十万精锐之师，谋臣布满朝廷，前秦大军抵达国境的时候，洞察世事的人劝说他投降，可是他却刚愎自用，结果是姑臧城沦为废墟，殷鉴不远，也是我们可以借鉴的教训啊。陛下应当考虑到变通的办法，做到能屈能伸，何必吝惜一纸文书、一个使者，用卑微的言辞去退敌、让社稷转危为安呢！敌人退去之后，我们再实施德政，让百姓休养生息，国家的兴盛和衰败，全在于当政者，我们暂时采取的权宜之计，无损大局。”吕隆说：“我虽然只是个平常之人，却肩负国家的重任，却不能保全现成的基业，安定社稷，将太祖的基业交给他人，我还有什么面目在地下见到先帝呢！”吕超又劝说道：“龙蛇以能屈能伸为神灵，当政者以及时发现事物苗头为美德。如今，兵连祸结将近一年，城内再无一点粮食储备，强敌就在城外，而城内的全体军民无不饥饿难耐，即使是张良、陈平、韩信、白起再世，也无力回天。陛下还是要采取权变之法，忘掉心中那点常人的感情，假如国运长久，何愁过去的基业不能恢复，假如天命不在，也可以保全宗族，不然坐守穷城，又能怎么样呢？”于是，吕隆终于听从了。九月，吕隆派遣使者来到姚硕德军营，请求投降。姚硕德上书推荐吕隆为使持节、镇西大将军、凉州刺史、建康公；吕隆则向长安送上同母兄弟、儿子以及文武旧臣慕容筑、杨颖、史难、阎松等五十多家作为人质，于是，姚硕德开始率军东还。

姚硕德率领的后秦军队，军纪严明，秋毫无犯，在凉州期间祭祀先贤，礼遇士大夫，凉州民众对这支部队都十分怀念。秦军在姑臧期间，刚刚篡位一个多月的北凉张掖公沮渠蒙逊是日夜提心吊胆，当时，北凉的酒泉郡（今甘肃省酒泉市）和凉宁郡（今甘肃省玉门市玉门镇附近），又在西凉李暠的压力下，背叛北凉，投降了西凉，这更让沮渠蒙逊惴惴不安，一直用焦虑的目光注视着秦军的动向。当听说吕隆投降的消息，沮渠蒙逊判断秦军下一步进攻的方向就是张掖了，他更加惊恐，赶忙派遣弟弟建忠将军沮渠挐、长史张潜前往姑臧拜见姚硕德，并请求率领张掖部众一起东迁到长安。姚硕德听了，不禁大喜，即拜张潜为张掖太守，沮渠挐为建康太守。回到张掖以后，张潜主张沮渠蒙逊率众东去，而沮渠挐却偷偷对沮渠蒙逊建议说：“吕氏并没有彻底投降，姑臧城也并没有被后秦军队占领，姚硕德军粮将要吃尽，秦军很快就会东返，不会在凉州久留。为何要离开故乡，受制于人呢！”于是，沮渠蒙逊诛杀了张潜，下令责备自己，减免百姓的赋税，鼓励农业生产。确定了息兵安民之策以后，沮渠蒙逊向河西王秃发利鹿孤称臣，并送上自己的儿子沮渠奚念作为人质，以继续段业时代与南凉的友好关系，但是，秃发利鹿孤对于沮渠蒙逊诛杀段业尚耿耿于怀，拒绝接受沮渠奚念，他对使者说："沮渠奚念尚年少，可送上你的弟弟沮渠挐做人质。"十月，沮渠蒙逊对秃发利鹿孤上书说："臣前不久送上儿子，以表达忠诚，可是，陛下却不明白，要求征召我的弟弟。臣私下认为，如果双方有诚信的话，那么儿子作为人质也不算轻；如果没有诚信，那么，弟弟也不为重。如今我这里尚不安定，因此不敢奉诏，请陛下原谅。"接到沮渠蒙逊的上书以后，秃发利鹿孤大怒，他立即派遣张松侯秃发俱延、弟弟兴城侯秃发文支率领一万骑兵，长途奔袭张掖，南凉军队进抵万岁（今甘肃省山丹县东南）、临松（今甘肃省肃南裕固县马蹄乡，在甘肃省民乐县北），生擒沮渠蒙逊的堂弟沮渠鄯善苟子，俘获北凉六千多户民众。沮渠蒙逊的堂叔沮渠孔遮前往拜见秃发利鹿孤，答应以沮渠挐为人质，这样，秃发利鹿孤才下令俱延、秃发文支回师，并归还了抢掠来的北凉部众。

姚硕德撤军以后，后凉政权开始清除异己势力，吕隆派遣吕超先进攻驻扎在姑臧西北晏然的姜纪，未能取胜，继而，吕超率军南下，又进攻驻守魏安（今甘肃省古浪县）的焦朗。焦朗派自己的侄儿焦嵩作为人质，请求河西王秃发利鹿孤派兵救援，并承诺归降南凉。南凉秃发利鹿孤自本年年初自称河西王，当时，他意欲称帝，安国将军鍮勿仑说道："过去，我们的祖先兴起于北方，披散头发，敞开左襟，并无中原冠带之义，迁徙无常，没有城池的限制，因此才能威震八方，如今登基称号，实在也顺应天意，不过，固定居住在一地，不是我族的传统；积聚粮食布帛，容易引起敌人的贪欲，况且，自古以来，最先起兵称号的，没有不覆灭的，陈胜、项羽都是这样。应当把晋人安置到城池之中，鼓励他们从事农耕，以供给军队；而我族兵士则从事攻战，讨伐未服从的部落，如果东西两面有什么变故，我们均能节制；如果敌人比我们强大，我们也能够迅速逃避，这样，不是很好嘛！"于是，秃发利鹿孤没有称帝，而是称为河西王。当姚硕德进攻后凉的时候，南凉军队更是避开后秦军锋，隐忍不发，并对后秦称臣。刚刚投降南凉的后凉左仆射杨桓，其哥哥杨经曾经是姚兴父亲姚苌的部下，姚兴听说杨桓贤能，就给秃发利鹿孤写信征召杨桓，秃发利鹿孤不敢不从，只好忍痛割爱，与杨桓洒泪而别。从种种迹象表明，南凉秃发利鹿孤在此时是后秦的忠实属国，因此，焦朗请求南凉救援，也在情理之中。果然，秃发利鹿孤接到焦朗的求援之后，立即命令弟弟秃发傉檀率军北上，可是，等秃发傉檀之军抵达魏安的时候，吕超的后凉军队已经撤离了，而焦朗却食言而肥，拒绝南凉军队入城。秃发傉檀勃然大怒，将要强行攻城，镇北将军俱延劝说道："安土重迁，这是人之常情，焦朗孤城没有粮食，今年不投降，明年一定会投降，何必现在强攻杀伤士卒呢！如果攻不下魏安，以后焦朗投降也会改投他国。不如好言安抚他们。"秃发傉檀听从了俱延的建议，与焦朗签订盟约，于是，在姑臧城外检阅军队，炫耀武力，并在胡阬（今甘肃省武威市西）安营扎寨。秃发傉檀料到吕超晚上一定会偷袭大营，于是，他提前准备了火把，严阵以待。果然，吕超深夜派遣中垒将军王集率领二千精兵前去偷营，后凉这两千人马悉数进入南凉大营以后，秃发傉檀一声令下，南凉士兵一齐点起火把，军营四周亮如白昼，然后，南凉伏兵四起，阵斩后凉大将王集和全副武装的甲士三百多人。吕隆大为惊恐，假装与秃发傉檀结盟，请求南凉派人前去苑中签订合约。秃发傉檀派遣俱延前往，俱延怀疑后凉埋伏有伏兵，在进入苑中之前，下令士兵将苑中的围墙推倒。果然发现后凉有伏兵，情急之下，俱延丢下战马，仓皇而逃，南凉陵江将军郭祖殊死力战，俱延这才侥幸脱逃。遭到吕隆欺骗的秃发傉檀大怒，率军进攻后凉昌松太守孟祎驻守的显美（今甘肃省永昌县东南），经过近一个月的攻击，到晋安帝元兴元年（公元402年）南凉军队终于攻下城池，活捉了孟祎，秃发傉檀对孟祎说："见机而作者，先赏；执迷不悟者，将罚。我正要东扫秦陇，西定玉门，而你却固守穷城，国家有法律，你还有什么可说的？"孟祎回答："大王威名震于河右，我竟敢抵挡王师，被严厉惩处，这是我应该的。然而，尽忠于彼，也会尽忠于此。我受到吕氏厚恩，被任命为一方大员，明公一来就投降，恐怕您也会降罪的。"秃发傉檀听了大喜，下令解开了捆绑孟祎的绳索，任命其为左司马，将显美、丽轩二千多户民众迁移到本国。孟祎又请求道："吕氏将要灭亡，贵朝将统一河右，这十分清楚。但为他人郡守而不能守住，却担任敌人的高官，我内心非常不安。如果明公垂恩，让我回到姑臧被杀，死而无悔。"秃发傉檀为孟祎的大义所感动，同意了他的请求，将其释放回家。

此时的南凉是凉州实力最强的政权，秃发利鹿孤对群臣说："我没有治理国家的才能，却继承了先王的基业，至今已经三年，虽然日夜思考安定国家，可是国内的政治却不尽如人意；军队多次出征，疆域却不见增加；提拔贤才，可是，人才仍然无法脱颖而出。难道是我任用的重臣不称职，或是我昏庸所致呢？你们要敞开胸襟，无所保留地把真实想法说出来。"祠部郎中史暠说："古代的圣王救民于涂炭之中，向东征伐，而西方的百姓就心生埋怨。如今，我们作战总是以迁徙被征服区的居民为目的，而不是去安抚他们。百姓安土重迁，所以才不时发生叛乱，攻下了不少城池，却无法有效的占领，王国的疆域并未扩大。如今选拔人才，总是以武艺为标准，以为文章学术是无用的。孔子说过，不学礼，无以立。应当改变观念，设立学校，选拔大儒教育贵族子弟。”秃发利鹿孤听从了史嵩的建议，任命田玄冲、赵诞为博士祭酒，教育宗族子弟。

后凉投降以后，后秦主姚兴的谋臣都说：“吕隆凭借着伯父的基业，统辖凉州，如今虽然饥饿困窘，尚能自守，将来等到他们恢复元气以后，终归不会臣服。凉州处于西北边陲，天下大乱，他最先背叛，天下大治，他最后臣服，因此，应当趁此时将其一举拿下。”姚兴同意了，于是，派遣使者西上凉州窥探这里的虚实。然而，没有等到姚兴采取进一步的行动，一场看似突如其来其实却蓄谋已久的战争已不期而至了。

三五一 柴壁大战（一）

当魏主拓跋珪建立北魏国家制度的时候，后秦姚兴采取迅速动作，分别于隆安四年和隆安五年相继灭掉西秦、降服后凉，凉州境内北凉、西凉、南凉均向后秦表示臣服，然而，此时的凉州各个势力仅仅是书面表示投降而已，后秦并未取得凉州地区的实际统治权。这也是姚兴在姚硕德回师以后，另外派遣使者前往凉州打探虚实的原因，一个全面征服凉州的计划，也许已经纳入后秦最高统治者的议事日程了。

姚兴在秦、凉二州取得的一系列成功，光是灭亡西秦，后秦就获得全副武装的战马六万多匹，这绝非拓跋珪所愿意看到的。一旦后秦全取凉州，实力将大为增强，后秦军队就可以从河西之地、河套地区、河东地区三个方向向北魏发起进攻，再加上目前柔然社伦已经与后秦结好，从北向南进攻北魏；蜗居辽西的后燕残余势力从东向西打击，这样的话，北魏将遭到灭顶之灾。好在是，如今后秦对凉州的统治尚不牢固，后秦即便是对自己的属国的统治也并不巩固，比如，在姚兴讨伐西秦的时候，后秦属国破多兰部没奕干就曾打算趁着秦军西上而背叛后秦，偷袭安定（今甘肃省泾川县北），只是由于他的长史皇甫序的再三劝阻，没奕干这才作罢。因此，对于拓跋珪而言，此时正是进攻后秦的绝佳机会。

拓跋珪与后秦的过节，已经不是一天两天了。早在七年前的晋孝武帝太元十八年（公元 393 年），当拓跋珪趁着后秦与前秦苻登鏖战之际，消灭了铁弗部和薛干部以后，曾经请求与后秦姚苌结为姻亲，但正巧姚苌病死，新继位的后秦皇帝姚兴不仅没有同意与拓跋珪联姻，而且还扣押了拓跋珪的使者贺狄干。在拓跋珪与拓跋珪的敌人之间，姚兴显然倾向于近在姚兴眼前的拓跋珪的敌人，也正是由于姚兴的庇护，破多兰部的头领、被后秦封为高平公的没奕干，才敢于接纳铁弗部刘屈丐，并将他招为女婿；也正是由于姚兴的倾向性，也促使了遭到拓跋珪打击的薛干部太悉伏一度依附姚兴。只是当时的拓跋珪羽翼未丰，并且，拓跋珪刚刚与后燕的慕容垂交恶，而慕容垂紧接着又灭掉了西燕慕容永，直接从南面威胁到了拓跋珪，这才使拓跋珪没有立即与姚兴翻脸。当慕容宝大举进攻拓跋珪的时候，面临灭国危险的拓跋珪还惊慌失措地请求重臣、右司马许谦前往后秦，恳请姚兴发兵支援。

一旦后燕消灭了拓跋珪，将从北方威胁到后秦的安全，姚兴做出了支援拓跋珪的决策。然而，随之而来的事态变化却令人无法逆料——拓跋珪很快即取得了参合陂大捷，后燕皇帝慕容垂又很快去世，然后拓跋珪采取迅速动作将后燕势力赶回了辽西，后燕土崩瓦解。由于在拓跋珪最危险的时候，后秦曾经帮助过他，双方的关系也曾一度改善，当拓跋珪在中山城下进退两难的时候，姚兴不满拓跋珪的并州刺史奚牧无礼，拓跋珪曾果断地诛杀了自己的重臣奚牧，以讨好姚兴；然而，当拓跋珪稍微站稳了脚跟，就与后秦对立起来，并于隆安三年（公元399年）派遣太尉穆崇率军解救被后秦围困的东晋洛阳。仅仅数年，拓跋珪已经今非昔比，到隆安四年（公元400年）四月，当姚兴决定进攻西秦之前，为了防备拓跋珪可能的进攻，他曾派遣使者出使北魏，五月，拓跋珪则派遣谒者仆射张济回访后秦。此时，对于姚兴而言，是为了修复前一年因拓跋珪决定派穆崇解救东晋洛阳而陷入僵局的两国关系，也为大军西进争取一个良好的外部环境，而对于拓跋珪而言，则有窥探后秦虚实的意思。大约在张济回去复命以后，一个趁着后秦兵力分散、佯攻后秦西部、突击东面的大的作战计划，就在拓跋珪的脑海中酝酿成熟了。

隆安五年（公元401年）七月，拓跋珪首先任命长孙肥为镇远将军、兖州刺史，命令其率领二万步骑南下许昌，攻略土地，一直抵达彭城，东晋北青州刺史刘该投降。我们还记得，在隆安三年（公元399年）十月后秦攻陷东晋洛阳以后，淮河、汉水以北的很多城池都表示归顺后秦，上述地区已经成为后秦的势力范围。虽然拓跋珪此举的直接结果导致了东晋刘该的投降，但实际上受到损失最大的还是后秦，可以说拓跋珪是在削弱后秦在河南中东部地区的影响，也可以视为是拓跋珪在大规模进攻后秦之前的投石问路之举。在将姚兴的注意力吸引到东方之后，拓跋珪即于同年十二月命令征西大将军、常山王拓跋遵，定陵公和跋率领五万大军出自西方，对后秦高平公破多兰部没奕干发起了突然袭击；命令材官将军和突率领六千骑兵对同为后秦属国的高车黜弗部、素古延诸部发起进攻。《资治通鉴》称，后秦与北魏之所以产生矛盾，除了拓跋珪发起对没奕干、黜弗等部的打击之外，尚有以下原因：拓跋珪曾向姚兴求结婚姻，而姚兴听说拓跋珪已经册立了慕容氏为皇后，所以，扣留了贺狄干而拒绝了拓跋珪的请求，致使两国关系不和。按：根据《魏书·贺狄干传》的记载，拓跋珪派遣贺狄干献马千匹求婚一事，发生在姚苌病死前后，也就是公元 393 年，该传明确说明贺狄干此行正碰上姚苌病死，因此，确认贺狄干此行发生在公元 393 年无疑。而当时的姚兴可能是出于对拓跋珪进攻铁弗部、薛干部的不满，才扣留了贺狄干。拓跋珪纳慕容宝之女慕容氏，则是在魏军攻陷中山之后，即公元 397 年，而拓跋珪册立慕容氏为皇后更是在以后的公元 400 年三月；隆安四年（公元 400 年）四五月间，两国之间的使者往来并无结为婚姻的信息，而且，此时的北魏使者也并非贺狄干，而是张济，姚兴也没有扣留过张济。由此推断，姚兴因拓跋珪册立慕容氏为皇后而扣留贺狄干之事，纯属《资治通鉴》误记，作者将贺狄干在七年前的献马求婚一事，错误地嫁接到了隆安四年张济出使后秦一事中去了，而如今不少解读此段的著作，未加考证无一例外地照抄了《资治通鉴》的错误说法。

送走了拓跋遵、和突这两支突袭部队不足一个月，拓跋珪即于第二年即晋安帝元兴元年（公元 402 年）一月，下令在国内大规模选拔士兵，并下诏命令并州各郡（《魏书·太祖本纪》称“各军”）将粮食全部集中在平阳（今山西省临汾市）的乾壁（今临汾市南汾河东岸）。《资治通鉴》均称拓跋珪此举，是为了预防后秦的进攻，《魏书》更说是拓跋珪听说后秦将要入侵，才这样做的，如果真是这样的话，随后发生的大战就成了拓跋珪的一次被动的防守反击战，然而，拓跋珪此时在平阳积聚大量粮草，绝不仅仅是为了防御，而极有可能是为了在东部地区对后秦发起另外一起大规模的突然进攻，这是因为，此时的北魏突击部队尚未抵达目的地，还未展开攻击，所以，《魏书》所称拓跋珪听说姚兴将要入侵的话，完全是虚辞，而拓跋珪在平阳囤聚大量粮草极有可能蕴含着更为隐秘的阴谋。那么，现在，让我们回过头来，顺着拓跋珪半年来的动作，慢慢理出他那缜密的计划：先是在后秦帝国的最东方中原地区，发起试探性进攻，这里不是后秦的腹地，后秦政权对洛阳以东地区大致处于羁縻状态，拓跋珪趁着后秦一半兵力西上而对中原地区进行攻击，一没有威胁到后秦的核心区域，不足以引发后秦的强烈反应；二又将后秦的注意力吸引到东方，迷惑、搅乱后秦最高层对北魏下一步可能的进攻方向的判断；接着，到这一年年底，拓跋珪命令拓跋遵等人对没奕干、黜弗等部的突然袭击，各书均对此战的特点表述一致，即袭击，拓跋珪当然知道对上述各部的打击，就意味着与后秦和柔然的全面开战——此时，与北魏为敌的尚有柔然社伦，柔然社伦与后秦结好，共同对抗崛起中的拓跋珪。史书遗漏了黜弗部和素古延部的游牧位置，而据《魏书·蠕蠕传》的记载，大致可以判断此时柔然社伦游牧地区在今内蒙古自治区杭锦后旗以西以北，而该两部当在原铁弗部河套以西地区。《魏书·高车传》仅称两部富有而无礼，这当然只是拓跋珪的借口而已。其实，这里有更为复杂的因素，而这一因素与拓跋珪的仇人——刘屈丐有着直接的关系。据《晋书·赫连勃勃载记》，刘屈丐容貌俊美，身长八尺五寸，腰带十围，聪明善辩，他成为没奕干的女婿以后，姚兴见到他也十分欣赏，拜其为骁骑将军，加奉车都尉，对其十分宠爱，常常让其参与军国大事的谋划，姚兴的弟弟姚邕劝说姚兴："刘屈丐天性不仁，难于亲近。陛下对他太优待了。"而被刘屈丐迷惑的姚兴却认为:"刘屈丐有济世之才,我正要与之一起平定天下,有什么不可以呢！"于是，姚兴打算任命刘屈丐为安远将军、封杨川侯，让其协助没奕干驻守高平（今宁夏回族自治区固原市），将三城（今陕西省延安市）、朔方（今内蒙古自治区巴彦淖尔市临河区）各族民众以及铁弗部旧部共计三万余众，交给刘屈丐。在姚兴看来，这样即可以在拓跋珪的西部建立起一个以高平的没奕干、朔方的刘屈丐、高车黜弗素古延诸部、柔然社伦的自南向北的完整防御体系，而姚邕坚决不同意，姚兴说："你怎么知道刘屈丐的心性？"姚邕回答："此人对上简慢，对下残暴，既贪又暴，冷酷无情，没有立场，对他过于宠信的话，将终成帝国的灾难。"姚兴听从了，但是，不久就又任命其为持节、安北将军、五原公，交给他三交（疑为三交城，今陕西省宝鸡市西）五部鲜卑以及杂虏两万多帐篷的部众，让其镇守朔方（今内蒙古自治区巴彦淖尔市临河区），姚兴的这一庇护、扶植自己仇人的一系列举措，显然是一种敌对行动，当然引起了拓跋珪的强烈不满，因此，拓跋珪命令拓跋遵、和突这两支部队攻击没奕干和黜弗等高车部落，就是要在即将到来的大战中，先行解除自己的西线威胁，同时，企图再次把姚兴的注意力引向西北，一旦后秦主力西上救援没奕干等部的话，拓跋珪将迅速从东线的平阳（今山西省临汾市）南下，攻陷进入关中的重要跳板河东地区，控制蒲坂，全取山西。如果进展顺利的话，北魏军队可以乘虚直指长安；退而求其次，也可以牢牢控制对后秦的主动权，既可以南下配合滑台之军夹击洛阳，又能选择最佳时机跃入关中。

不过，这仅仅是拓跋珪的一厢情愿。

三五二　柴壁大战（二）

晋安帝元兴元年（公元 402 年）一月十九日，北魏材官将军和突的突袭部队最先打响了战斗，他们入侵黜弗部、素古延部等高车诸部，大获全胜，缴获三千多匹马，七万多头牛羊，得知魏军突袭的消息之后，柔然社仑立即派遣骑兵前去救援，同月二十二日，和突率军迎战，在山南河曲（当指黄河几字形西北拐弯处）大破柔然援军，缴获全副武装的战马二千多匹，凯旋而归。这次局部战斗对柔然的影响却是深远的，此次战败之后，使得社仑意识到在大漠以南再也无力与北魏抗衡，如果继续在此地苟延残喘，只能是坐以待毙。他及时调整了策略，做出了远远北逃至大漠以北，占领高车游牧区，逐渐吞并漠北高车各部，再壮大自己以后，伺机南下的决策。他率众北渡弱落水（有称为今内蒙古自治区西拉木伦河，也有人称此处的弱落水当为今蒙古国乌兰巴托附近的土拉河），开始确立军事制度：每一千人为一军，设置一员“将”统领，一百人为一幢，设置一员“帅”统领；勇猛作战的赏赐以战利品，胆怯退缩的用石头砸脑袋砸死，或者即时鞭打。当时柔然还没有文字，将帅用羊屎粒计算部队人数，后来才慢慢学会在木棍上刻记号。在漠北柔然游牧区的西北，还有一个匈奴残余的部落，非常富强，其首领叫拔也鸡，率军进攻柔然，社伦率众迎战，双方在頞根河（今蒙古鄂尔浑河）交战，社伦大胜，遂逐步兼并了这个部落，成为漠北强国，统治区域西到焉耆（今新疆维吾尔自治区焉耆县），东达朝鲜（今朝鲜半岛），北尽瀚海（今贝加尔湖），南抵蒙古大沙漠北沿，社伦的居住地主要在敦煌和张掖以北一带，于是，自称丘豆伐可汗，丘豆伐大致是开拓的意思。拓跋珪听说柔然北去之后咸鱼翻身，对尚书崔宏说：“柔然之人，向来愚蠢固执，过去他们前来抢掠，总是骑着母牛，赶着小公牛，可是母牛无力，跑不动。有人对他说骑上小公牛，柔然人却回答：‘它妈都跑不动，它怎么能行？’结果被人抓获。如今，社伦学习中国，设立军法、战阵，成了中国的祸害。道家说：‘圣人生，大盗起。’此话真不假啊！”根据史料推断，社伦取得这一系列的成功，似乎仅仅用了不足一年的时间。

回过头来，继续说拓跋遵的那支部队。在和突消灭高车黜弗素古延二部、击退柔然之后，北魏征西大将军、常山王拓跋遵与定陵公和跋于二月十四日也在长途跋涉了近两个月后，抵达了没奕干的据点高平（今宁夏回族自治区固原市）。对于从天而降的北魏军队，没奕干和女婿刘屈丐毫无心理准备，二人抛弃部落，率领数千贴身骑兵仓皇南逃，魏军骑兵一直猛追到瓦亭（今甘肃省平凉市西南），没有追上，不敢再深入后秦国境，只好返回。魏军缴获了没奕干的所有库藏，共计获得四万余匹战马，杂畜九万多口，破多兰部的所有部众全部被魏军强迫迁徙到代郡，其余侥幸脱逃的部众也都四散而去，曾经显赫一时的高车破多兰部就此瓦解。与此同时，拓跋珪命令平阳太守贰尘对后秦的河东地区发起牵制性进攻，后秦首都长安大为震动，关中各个城池白天城门紧闭，于是，后秦姚兴下令选拔壮士，训练士卒，在长安城西举行大规模的阅兵仪式，准备与北魏决一死战。姚兴下令将选拔出来的壮勇之士召入殿中，亲自慰问，又在东堂召开由群臣参加的会议，讨论如何应对即将到来的大战。然而，让姚兴不解的是，后秦群臣没有一个赞同伐魏的，司隶校尉姚显退而求其次，他说：“陛下是天下安危所系，不应当亲自出征，只用派遣诸将前往，陛下只用在朝廷上指挥即可。”然而，姚兴深知与北魏此战非同小可，他说：“做王的，其任务就是要以澄清天下为己任，我怎能推辞！”

其年，姚兴三十七岁，而拓跋珪三十二岁，长期以来，两人均战功赫赫，开拓了一代伟业，此时，两雄争霸，看谁能成为真正的王者！姚兴绝非慕容宝可比，而拓跋珪也不是昔日的苻登，两雄相争，自然与众不同。拓跋珪原想既除掉没奕干和刘屈丐这两个仇人，又能引诱后秦大军西上高平，然而，姚兴并没有上当，也没有随着拓跋珪的指挥棒行动，他一眼就看出了拓跋珪的险恶用心，以拓跋遵之军作为诱饵，引诱后秦主力西进，而北魏主力则会乘虚在东部突然发起攻击。

强者之间的决斗注定会十分精彩。

姚兴没有理会拓跋珪在西线发起的攻势，他敏锐地意识到拓跋珪有可能在河东地区发动攻势，只是拓跋珪的攻势设计在后秦主力西进的前提下，而此时，正是后秦趁机东进，直出并州，径捣北魏巢穴的绝佳机会。于是，姚兴不顾群臣的反对，他没有下令秦军主力西上追击拓跋遵的北魏西路军，而是出人意料地采取

“你打你的，我打我的”之法，于晋安帝元兴元年（公元402年）五月命令义阳公姚平、尚书右仆射狄伯支等人率领四万步骑，直出并州，向拓跋珪的屯粮之地平阳杀来。

姚兴的长子姚泓，宽和仁厚，博学善清谈，喜文章诗词，身体又不太好，经常生病，长期以来，姚兴一直对长子姚泓的执政能力心存疑虑，所以一直没有册立储君，这次，姚兴深知即将到来的是一场决定后秦王国命运的大战，于是，在这场大战之前，姚兴快刀斩乱麻册立了姚泓为皇太子，由此可知，姚兴对这场大战是何等的重视。在决定亲征之后，姚兴命令姚显及尚书令姚晃协助太子姚泓镇守长安，由没奕干暂时镇守上邽（今甘肃省天水市），中军将军、广陵公姚钦镇守洛阳。在安排好帝国后方之后，姚兴还命令光远将军党娥、立节将军雷星、建忠将军王次多（原北魏降将，曾仕慕容永、慕容垂）等率领杏城（今陕西省黄陵县境）之兵以及岭北突骑增援，越骑校尉唐小方、积弩将军姚良国率领关中精锐之师作为姚平的后援部队；姚绪率领河东地区的现有部队作为姚平之军的前锋；姚绍率领洛阳以东地区的军队，姚详率领朔方现有骑兵，一起在平望（今地不详）会合，加入姚兴的增援大军。可以说，此时的姚兴聚集了王国除姚硕德的陇西军团之外几乎全部的主力，欲与拓跋珪展开一场殊死决斗。姚兴之所以没有使用姚硕德的陇西军团，一方面是为了防备神出鬼没的拓跋珪西路军团；另一方面大约也是为了防备凉州自后秦军团撤离以后日益恶化的局势吧。

也许是后秦置西路于不顾，全力直扑并州打乱了拓跋珪预定的部署，在战役之初，北魏应对措施并没有立即跟上。姚平的五万大军迅速北上，包围了拓跋珪苦心孤诣经营的囤粮之地乾壁。在秦军包围乾壁六十余日之后，将拓跋珪的这一重要军资集结地占领，秦军占领了乾壁，标志着拓跋珪企图从东线发起对秦国进攻的破产，也让拓跋珪原本计划的东路突袭演变成了一场防守反击战。为什么秦军能够如此准确地掌握北魏这样绝密的情报，从而实施如此精准的打击呢？我们说过，晁崇世代为史官，其本人善于天文术数，在当时非常有名，曾为后燕的太史郎。参合陂之战后，晁崇是为数不多的几个未被拓跋珪坑杀的后燕官吏，因拓跋珪迷信术数，故此晁崇也深受拓跋珪的宠信，后被任命为太史令，在北魏夺取河北之战中，晁崇曾以甲子日为由阻挠拓跋珪与慕容麟决战，而被拓跋珪拒绝。据《魏书·艺术传附晁崇传》的记载，晁崇的弟弟晁懿也因为会说拓跋部的语言而为黄门侍郎，而且，晁懿的声音与拓跋珪极其相似，拓跋珪身边的人每每听到晁懿的声音，都以为是拓跋珪，吓得魂不附体，由此引起了拓跋珪的厌恶。晁崇兄弟特殊的身份决定了他们能够得到北魏军国的最高机密，而他们的家奴又向拓跋珪报告他们兄弟与后秦将领王次多联络，导致后秦掌握了北魏最高层真实的战略意图而实施对乾壁的精准打击。《魏书》对此的记载，极有可能是真实的，这是因为，一、晁崇以甲子日不宜出兵为由阻止拓跋珪进攻慕容麟未果，生性多疑的拓跋珪极有可能会怀疑，晁崇此言是为了保护母国，对此，晁崇会有所警觉，生怕有朝一日会被拓跋珪所杀；二、晁懿因声音与拓跋珪绝似，已经让拓跋珪十分忌讳，对此，晁懿也担心某一天会大祸临头；三、拓跋珪此时已经因为服药的缘故，性情大变，随意诛杀大臣，这都是晁崇兄弟背叛的心理基础；四、在晁崇降魏前后，后燕大约十五位大臣也投降了北魏，可是，在这十五人中很快就有贾彝、张骧、徐超、李沈、张超、慕容文、王次多七人，又改投了后秦，这不会不对晁崇产生影响。此外，王次多曾为西燕慕容永的将领，西燕灭亡以后，投降后燕慕容垂，与晁崇兄弟同朝为臣，这也使双方联络成为可能。

可以说，在后秦伐魏战役的第一阶段，后秦取得了初战胜利，出乎拓跋珪意料，也打乱了拓跋珪的部署。

三五三　柴壁大战（三）

然而，毕竟引起这次大战的是拓跋珪，他早在本年年初即发布了总动员令，做好了应对一切的准备。

同年七月，也就是在乾壁失守的第二个月，拓跋珪命令毗陵王拓跋顺、豫州刺史长孙肥等三将，率领六万骑兵为前锋朝乾壁扑来，拓跋珪随后亲自率领大军也迤逦而来，拓跋顺是拓跋什翼犍的儿子地干之子，与拓跋珪为堂兄弟关系，柏肆之战后，驻守后方的拓跋顺曾经打算自立为王，后被拓跋珪封为毗陵王。长孙肥本为兖州刺史，去年七月，拓跋珪曾率军二万进攻许昌，如今，得知后秦入侵，拓跋珪在挑选诸将时，他感到没有一个比长孙肥合适的，于是，就将长孙肥征召到平城，任命其为先锋。与此同时，后秦姚兴也亲自率领四万七千军队，增援姚平，当姚兴听说北魏军队人数众多，他驻军蒲坂，不敢贸然前进。

拓跋珪的大军推进到永安（今山西省霍州市），后秦义阳公姚平派遣猛将率领二百精锐骑兵，前去侦察敌情。魏军先锋官长孙肥发现了这股敌军，立即下令迎击，将后秦这支侦察部队全部擒获。本来姚平是想侦察敌情，结果弄巧成拙，自己的这股侦察部队悉数被魏军擒获，后秦的兵力、位置反而暴露了，于是，姚平不敢孤军深入，离开乾壁南撤。得知秦军南撤的消息，拓跋珪立即组织大军追击，八月九日，在柴壁（今山西省襄汾县西南汾河东岸柴庄），魏军终于追上了南撤的秦军姚平所部。姚平依托柴壁，修筑防御工事，固守待援，而北魏大军将后秦的四万人马团团包围在柴壁之内。姚平这支部队被围之后，驻扎在蒲坂的后秦主姚兴，赶忙率领自己的四万七千军队北上救援，试图占领汾河西岸的天渡，给东岸柴壁的姚平军运粮。

北魏主拓跋珪询问博士、定州大中正李先说：“姚兴屯兵天渡，姚平盘踞柴壁，相互支援。今将全歼敌人，有何妙计？”李先曾任慕容永的秘书监，谙熟兵法、占卜及司州、并州地形，他回答道："臣听说战争强调奇正配合，军队正面接触以后，要出奇兵夺取胜利。好像听说姚兴将要夺占天渡，给姚平送粮。等他尚未到来之际，立即派遣一支奇兵抢先拿下天渡，而柴壁的左右则严密警戒，预先设下伏兵，防备敌人里应外合。以陛下神明的决策，随时而动，姚兴将进不能，欲退不得，兵法称：'居于高处，将被敌人围困；居于低处，将被敌人俘虏。'这是兵法所忌，而秦军恰恰犯了这两条兵家大忌，我军可不战而胜。"于是，拓跋珪下令在围绕柴壁构筑层层长墙，一方面防备城内的姚平军突围；另一方面制止城外姚兴的援军到来。在魏军构筑长墙的时候，广武将军安同又向拓跋珪建议说："臣曾经受命到绛（今山西省绛县）督运租税，发现汾河东岸有一个叫作蒙坑（今山西省曲沃县东北）的地方，东西三百多里，没有道路可通，因此，姚兴的援军不会从汾河东岸北上，必定从汾河西岸而来，居高临下，直至柴壁。如果这样的话，敌人内外就联系了起来，即使有重重长墙，也难以阻止。应当在包围柴壁的长墙南北临水，各架设一条浮桥，部队越过汾河，在汾河西岸也构筑长墙，汾河西岸的长墙建好以后，即使姚兴来到，也无能为力了。"蒙坑是一条东西走向巨大的黄土冲击沟，足以横断南北，坑宽一千米左右，深约百米，它的东面是乔山，西面是汾河。乔山"高而锐"，山体异常陡峭，一般为七十度左右，大军队无法行进，因此，乔山、蒙坑同为兵家必争之地；而汾河河床三百余米，两岸均为陡峭的山崖。李先与安同的策略，从实质上是一致的，其目的就在于将姚兴、姚平两军分割开来，李先所言更为宏观，而安同的计策则更具体，李先建议夺占汾河西岸的天渡，就是要阻止姚兴的援军抵达汾河西岸，但是，如果在西岸不构筑长墙，加强防御的话，多留兵，则围城军兵力不足；少留兵，则西岸魏军有可能被姚兴援军吃掉，一旦秦军抵达汾河西岸，两支秦军就可以渡河联络起来，魏军的围困计划就将付之东流；而按照安同的计策，则是将柴壁的包围圈一直扩展到汾河西岸，虽有汾河从中流过，但东西两岸的包围圈通过南北两条浮桥，连为一体，不论哪一支秦军如果无法突破魏军坚固的长墙，两军就不可能会师。

姚兴忌惮北魏军势浩大，也许是等待其他部队的到来，也许是姚兴担心北魏的西路军会危及关中，总之，姚兴的四万七千人马在蒲坂逗留了多日，五月，姚平进攻乾壁，六月，拓跋珪命令拓跋顺、长孙肥南下，七月，拓跋珪南下，八月，将姚平包围于柴壁，也直到此月，姚兴才北上援救姚平，这给了拓跋珪宝贵的时间，构筑对柴壁的包围圈。当对柴壁的包围圈已经巩固之后，拓跋珪听说姚兴即将到来的消息，放心大胆地率领三万步骑南下，欲采取围城打援之法，对姚兴这支援军打一个措手不及。八月二十八日，拓跋珪的这三万步骑度过蒙坑，前突至蒙坑以南四十多里，当时，姚兴率军从清晨开始向北前进，尚未安营，突然就发现了魏军，秦军十分惊恐。拓跋珪命令拓跋顺率领精锐骑兵径直而上，冲击秦军，缴获秦军数百全副武装的战马，斩杀秦军一千多人，姚兴退军四十多里，拓跋珪这才回师，而柴壁城内的姚平也不敢乘虚突围，只是命人焚烧了几百步魏军的长墙而已。初战告捷以后，拓跋珪以柴壁为中心，部署部队占据各个险隘，南杜绝蒙坑的入口，东面防守新坂险隘，驻守天渡，屯兵贾山，把姚平柴壁军团的水路、陆路逃生的道路，全部堵死，也阻止姚兴秦军接近柴壁，与此同时，拓跋珪还下令沿汾河岸边山岗上设置几十里长的栅栏，护卫上山砍柴的士兵。九月，姚兴率军驻扎在汾河西岸，依托山谷构筑壁垒，他又率领数千士兵登上西岸眺望魏军的中军大营，并在汾河上游砍伐柏树，投入河中顺流而下，企图撞断魏军的浮桥，而魏军却站在浮桥、岸边用长钩将木头捞出，用作煮饭的木柴，姚兴劳而无功，只好返回堡垒。看到姚兴前来侦察，拓跋珪断定当夜秦军肯定会偷袭西岸长墙，于是，他下令立即加高城墙、加深壕沟，当夜，秦军果然发起对西岸长墙的进攻，可是，由于携带的梯子不够长，秦军士兵无法登上长墙，只得将梯子丢弃在壕沟内，撤军而还。姚兴又分出一部分军队，在汾河西岸临水扎营，一直逼近魏军长墙的水口，与汾河东岸的姚平军遥遥相望，拓跋珪就势将秦军的这支部队与姚兴大营分割开来，秦军内外被分割包围，士气低落。

就这样，两军僵持了一个多月，后秦姚兴没有丝毫打破僵局的办法，秦军既无法消灭汾河西岸的魏军，又难以从柴壁突围，而随着时间的推移，被围困在柴壁的四万秦军的处境却越来越困难，到了十月，坚守了两个月的姚平终于粮食吃完，弓箭射尽，一天夜里，姚平率军向西南方向突围，姚兴则整顿军队，在汾河西岸列阵，高举烽火，擂鼓呐喊，声援河东的姚平军。拓跋珪选拔精锐部队驻扎在汾河西岸，在南面的浮桥上驻扎了重兵，堵在水口之上。姚兴深夜听到柴壁的秦军有动静，希望姚平能够率部死战，杀出一条血路；而姚平军听到外围秦军的鼓声，也期望姚兴能够从外猛攻长墙，突进解救。本来姚平是要力战突围的，结果听到了姚兴的呐喊声和战鼓声，却让他误判姚兴正在外围进攻，于是，姚兴、姚平内外两支秦军，都是呼叫呐喊，彼此响应，但却不敢进逼魏军的长墙。姚平眼看无法突破魏军的包围圈，无计可施，于是，他带着两个妾投水而死，秦军安远将军不蒙世、扬武将军雷重等四千多秦军将士，也都随着姚平跳入汾河之中，希望能够侥幸生还。拓跋珪命令善于游泳的，手持长钩，将未被淹死的秦军全部从水中钩了上来，无一逃脱；其余柴壁中的三万秦军全部束手就擒，魏军活捉秦尚书右仆射狄伯支、越骑校尉唐小方、积弩将军姚梁国、建忠将军雷星、北中郎将康宦、姚兴侄儿姚伯禽以下四品将军以上的，就有四十多人，抓获以前的叛将王次多等人。

姚兴以及汾河西岸的全体秦军，都眼睁睁地看着自己的骨肉兄弟无路可逃，要么投水自杀，要么束手就擒，可是，西岸的秦军却无能为力！秦军全军悲恸欲绝，放声痛哭，声震山谷，直冲云霄，数日不止。

姚兴亲眼领教了北魏的军事实力和拓跋珪高超的指挥艺术，他强忍悲痛，多次向魏军派出使者，请求两国实现和平，但拓跋珪予以拒绝，这是因为，柴壁之战以后，北魏群臣都劝拓跋珪趁机南下，进攻蒲坂，夺取进入关中的门户。可是，恰在这时，十月十三日，中书侍郎晁崇却对拓跋珪说："月晕左角（角宿左星旁发生月晕），这预示着'角虫将死'，即带角的动物将暴死，不利于进军。"角宿只有左、右两星，左角属室女座 ζ 星，据今人推算，当时并无出现月晕左角这一天象的可能。据《开元占经》记载，"月晕左角"的占辞除"角虫将死"外，尚有"晕左角，左将军有殃""晕左角，大臣谋"等语，《晋书·艺术传附戴洋传》记载，在苏峻之乱前也曾发生了月晕左角的天象，戴洋当时对祖约引用的占辞则是有以下犯上的兵乱，而晁崇却只是引用"角虫将死"，这里面十分耐人寻味。拓跋珪到底是听从了晁崇的话，就此撤军了，还是听从群臣的话，继续领军南下了呢？

对于北魏军在柴壁之战以后的动向，《魏书·太祖本纪》《资治通鉴》均称，在晁崇于十月十三日建议之后，拓跋珪就下令撤军了，但是，《资治通鉴》又说魏军还是进攻了蒲坂，《晋书·姚兴载记》也说魏军乘胜进攻蒲坂，《魏书·天象志》明确说："十月戊申，月晕左角，……丙戌，车驾北引。"十月戊申日，就是十月十三日，而丙戌日则是十一月二十一日，两者相差整整三十八天。当时的真实情况应当是，在十月十三日晁崇以天象建议拓跋珪撤军后，拓跋珪并没有听从，这大约是因为拓跋珪对晁崇已经有所怀疑，并且牛死并不是特别大的灾害，于是，拓跋珪还是命令大军南下，进攻蒲坂。然而，在行军途中，负责拉动拓跋珪乘坐的大车的数百头牛，一天之内都得病，死于路边！

拓跋珪没有过多在意，而是继续率领南下，驻守蒲坂的后秦晋公姚绪固守不战。魏军在蒲坂城下整整一个多月，毫无进展，到了十一月，一方面是因为拓跋珪担心柔然会乘虚南下；另一方面，则是由于魏军业已出师数月之久，到了休整的时候，十一月二十一日，拓跋珪下令撤军北上。

在回军的路上，心细如发的拓跋珪突然想到，晁崇的家奴曾经告发晁崇兄弟与王次多暗中联络，招来秦军，又结合晁崇在秦军大败之后，借口天象有牛疫而企图阻止自己进军，而在进军的途中皇家驾车的大牛同日竟然一起死掉，牛死一事未必不是晁崇为了给自己圆谎，而人为下毒所致？于是，到了晋阳之后，拓跋珪即下令逮捕晁崇兄弟，将两人赐死。

柴壁之战，是北魏与后秦之间一次非常重要的战役，经过此战，北魏帝国成为北中国最为强大的国家，而后秦则由此步入衰落，姚兴本人经过此战以后，性情大变，他再也不是曾经的马上英雄，而成为一名虔诚的佛教徒，师从鸠摩罗什。柴壁之战后秦之所以失败，大约有几点原因：一是国力不足。此时的北魏从国力上超过后秦。二是兵力分散。此战后秦的参战部队大都是关中部队，秦州军队没有参与，造成兵力不足，（这当然与拓跋珪提前派出拓跋遵西线部队牵制、镇守陇西的需要等诸多因素有关）而且，姚兴、姚平共计八万七千军队，又一分为二，兵力再度分散。三是进攻目的不明确。从战役的发展前期来看，秦军是在得到魏军情报之后，对魏军乾壁实施的精确打击，而不是企图一举消灭北魏的倾国之战，这是因为，以姚平的区区四万人马，无论如何都是不可能实现灭国目标的。然而，如果将秦军北上的目的仅仅看作焚毁乾壁的魏军粮草，迟滞敌人的将要展开的大规模进攻，那么，在完成上述任务以后，姚平应当果断撤离，可是，他却逗留在乾壁，结果被魏军缠住。四是战术运用不当。在得知魏军南下的时候，姚兴要么立即率军北上，与姚平合势；要么立即命令姚平不惜一切代价南下，然而，姚兴由于惧怕魏军，驻守蒲坂，迟迟不进，致使秦军最终惨败。

三五四 击破孙恩（一）

世事如棋。

仅仅是前年（隆安四年，公元 400 年），后秦消灭了西秦乞伏氏，去年臣服了南凉、后凉、北凉、西凉，可是到了今年，在与北魏的交锋中，就遇到了惨败，并就此一蹶不振。而在这激荡不已的三年间，东晋也面临着巨大考验，东晋政府的这种考验不仅来自卷土重来的孙恩，还有来自上游咄咄逼人的桓玄。

孙恩初起于隆安三年（公元 399 年）十月，年底即被刘牢之、谢琰之军赶入海岛，朝廷担心孙恩再度登陆，即任命谢琰为会稽内史、都督五郡军事，原先官职一概照旧，并命令谢琰率领徐州刺史府文武驻守在海岸线。果然，到第二年，即隆安四年（公元 400 年）五月，孙恩再度从海岛率军朝会稽杀来。孙恩之所以能够卷土重来，主要与刘牢之和谢琰的措置失当有关：刘牢之的北府兵本来就是淮北流民，处于社会的最底层，风云际会登上了历史舞台，在进入富庶的会稽等郡以后，军纪很坏，致使当地百姓大失所望，纷纷逃往深山老林避难，郡县为之一空；谢琰都督五郡军事以后，朝廷群臣均认为，谢琰身为宰相之子，又是淝水之战的将帅之一，东土就此可以安定，而谢琰本人也十分自负，但是，谢琰久居上层，根本不了解东晋各地尤其是经过了孙恩之变以后的东土各郡极端复杂而深刻的社会矛盾，东晋政府正在逐渐失去民心，他一方面没有采取有效措施安抚惊恐不安、犹豫不定的百姓；另一方面又自恃自己的威名，加强军备。谢琰手下众将纷纷建议他说：“强贼就在近海，时刻窥探我们的虚实，寻找卷土重来的机会，应当采取宽大政策，分化瓦解他们，给予他们一条改过自新之路。”而谢琰却不同意，他回答道：“苻坚百万雄师，尚且在淮南送死，孙恩狼狈逃归海岛，岂能再次回来？如果他胆敢再次登陆，那说明上天不会豢养贼寇，让其速死而已！”

隆安四年五月，也就是孙恩被赶回海岛休整三四个月以后，他再次率军从海岛上杀回，这次孙恩首先进攻浃口（今浙江省宁波市镇海区东南甬江口），然后攻陷了余姚（今浙江省余姚），接着继续向西，又攻下了上虞（今浙江省上虞），部队一直推进到会稽郡首府山阴（今浙江省绍兴市）东北的邢浦，距离山阴仅三十五里。谢琰命令参军刘宣之率军迎战，初战击破了孙恩之军，孙恩向后退去。数日之后，孙恩军再次进攻邢浦，上党太守张虔硕战败，孙恩所部士气大振，争先恐后地向山阴扑来。谢琰部将均建议，应当持重待敌，严加防守，并将水军安排在南湖，设下埋伏，以待敌人，谢琰又不听从。孙恩军队抵达山阴城下的时候，谢琰尚未进食，他大言道："一定要先灭了此寇，我再吃饭！"于是，飞身上马而出。谢琰的徐州军队还是有一定的战斗力的，广武将军桓宝为先锋，他率军一路杀去，给予孙恩所部以迎头痛击，杀伤很多敌人，可是，由于山阴近郊沟壑纵横，水塘边上的道路狭窄，不便于大部队穿行，谢琰的追击部队不能有效展开，只能沿着田埂上鱼贯前行，而孙恩的水军却在旁边的战船上射击，将谢琰的追击部队一分为二，致使其首尾不能相顾。冲在前面的谢琰部人数渐少，在千秋亭被反身杀回的孙恩陆军击败。败退中，谢琰帐下都督张猛，心生叛意，持刀从背后突然砍倒谢琰的战马，谢琰从马上掉到地上，与长子谢肇、次子谢峻均被叛军所杀，桓宝也在此战中被杀。（《建康实录》记载与此不同，称：（孙恩）"使帐下督张猛别攻，杀内史谢琰"。说的是张猛是孙恩的帐下督。而《晋书·谢琰传》则明确说张猛是谢琰的帐下督）十一年以后，到晋安帝义熙六年（公元410年）十二月二十六日，刘裕指挥东晋军队在左里（今江西省都昌县西北左蠡镇），与孙恩余党卢循交战，取得决定性胜利，在此役中，东晋政府军擒获了张猛。刘裕命令将张猛送交谢琰的幼子，时任侍中、录尚书事、扬州刺史谢混，谢混持刀将张猛的肝挖出，生生吃掉，报了杀父杀兄之仇。按：谢安共有两个儿子：谢瑶、谢琰；长子谢瑶早死，留下四子谢该、谢模、谢澹、谢璞；谢安次子谢琰一共三个儿子，谢琰如今只剩下谢混这一个儿子。关于谢混，我们在谈及孝武帝为女儿晋陵公主选择女婿的时候，曾经有所提及，谢混的文章被称为"江左第一"，从辈分上讲，他是谢玄之孙谢灵运的堂叔，胡应麟认为他的《游西池》诗"景昃鸣禽集，水木湛清华"，可与谢灵运的"池塘生春草""清晖能娱人"等名句媲美，给玄言诗盛行的东晋诗坛带来了一股清新之气。谢混在孝武帝去世以后，娶妻晋陵公主，在两人成婚之前，江东三绝之一的袁乔之孙袁山松，曾打算将自己的女儿嫁给谢混，王珣听说后，开玩笑地对袁山松说："你可不要接近禁脔。"禁脔一典出自东晋初年：在司马睿镇守江东之初，财政十分紧张，当时，臣下每每弄来一头猪，大家都认为是难得的美味，尤其是猪脖子有一块肉味道非常鲜美，臣子们总是留给司马睿享用，当时这块猪脖子肉被称为“禁脔”，王珣借此将谢混视为皇室的禁脔，别人是动不得的。

话说远了，我们接着说谢琰死后浙东地区的局势。

谢琰的死，引发了普遍的恐慌：吴兴（今浙江省湖州市）太守庾桓（疑为庾亮少子庾龢之子庾恒之误），担心百姓响应孙恩，将屠刀伸向了手无寸铁的百姓，诛杀了数千男女；同样恐慌的还有东晋朝堂上的司马元显，他赶紧派遣冠军将军桓不才、辅国将军孙无终、宁朔将军高雅之（刘牢之女婿）三将率军迎敌。然而，出乎意料的是，孙恩并没有继续从陆路北上，与东晋主力决战，而是转兵东南，进攻临海（今浙江省临海市）去了。

在接下来的数月之内，晋军由北向南推进，与孙恩多次交手，到同年十一月，宁朔将军高雅之在余姚（今浙江省余姚市）与孙恩所部交战，晋军大败，几乎全军覆没，高雅之逃归山阴。于是，东晋朝廷下诏任命刘牢之为镇北将军、都督会稽五郡诸军事，率领北府兵再次东征；又命令吴国内史袁山松构筑沪渎垒以防备孙恩进入长江，沪渎之名，不在今天的位置，而在上海市西青浦古吴淞江口。

听说刘牢之率军前来，孙恩又逃入海岛之中。刘牢之驻扎在上虞（今浙江省上虞），分军防守各县，命令参军刘裕率领数百人驻守在句章（今宁波市鄞州区）。句章城是抗击孙恩登陆的最前线，可是，句章城池很小，城墙很低，而刘裕又仅仅率领数百人驻守在此，因此，每当孙恩从浃口进攻之时，刘裕总是身先士卒，冲在最前面，多次杀退敌人。《宋书·武帝本纪》记载，当时参与东征的各路将领都放纵军纪，官军所到之处烧杀抢掠，百姓们深受其苦，只有刘裕的部队纪律严明，为百姓所爱戴。

隆安五年（公元 401 年）二月一日，孙恩再次从浃口出击，进攻刘裕所部据守的句章，刘裕多次击破孙恩的进攻，孙恩再度退回海上。孙恩看到无法在句章取得突破，三月，转兵北上，直扑海盐（今浙江省海盐县）。发现孙恩大军北上以后，刘裕率军尾随而至，在海盐旧城构筑防御工事。孙恩水军抵达海盐后不久即对晋军发起了进攻，当时，海盐城内兵力十分薄弱，刘裕从部队中挑选出数百人组成敢死队，全部脱去铠甲，光着膀子，手中仅持短刀，大开城门，如天神一般狂呼杀出。孙恩登陆的部队突然看到这股凶神恶煞之人，不禁心惊胆战，一阵迟疑，晋军即杀到眼前，个个丢盔卸甲，狼狈而逃，此战斩杀了孙恩大将姚盛。虽然多次击退孙恩的进攻，但刘裕深知敌众我寡，终难持久，他对此十分忧虑，左思右想，终于想出一条计策，一天深夜，他命令部队全部隐蔽起来，将军旗卷起，好像已经撤军的样子，第二天清晨，大开城门，只让几个老弱病残之人登上城墙。孙恩的士兵们远远问道："刘裕跑哪去了？"回答："昨夜已经离开了。"孙恩信以为真，命令大部队弃船从容登岸。刘裕趁着敌人没有防备，发起突然袭击，再次大破孙恩。孙恩感到海盐无法攻下，就离开海盐继续北上，而刘裕又率领军队沿着海岸线，亦步亦趋，边追边打，迤逦跟踪而来。刘裕临出发的时候，海盐县令鲍陋派遣儿子鲍嗣之率领一千由吴地士兵组成的军队，请求担任刘裕军的前锋。刘裕说道："敌人都是精兵，吴人不会作战，如果先锋失利，肯定会连累我军，一起失败，可以在我军后面作为声援。"鲍嗣之不同意。当夜，刘裕在四面八方安排了多处疑兵，每处不过几个人，携带战鼓、战旗，第二天，孙恩所部一万多人发起进攻。前锋刚一交手，刘裕即下令各处伏兵高举战旗，擂响战鼓，敌人以为漫山遍野均是晋军的伏兵，赶忙撤退。鲍嗣之率军一路追击，可是，孙恩的士兵们跑着跑着，发现晋军人数并不多，于是，又反身杀来，鲍嗣之被乱军所杀。刘裕且战且退，他身边的士兵几乎死伤殆尽，当时，刘裕感到自己也可能无法幸免，猛然间，他孤注一掷，当他们逃到原来伏兵埋伏之处的时候，刘裕让大家都停下来，让他们剥下路边尸体身上的衣服，以示闲暇。孙恩追兵看到这种情况，不禁疑窦丛生，担心还有伏兵。看到敌人犹豫不定，刘裕下令身边的士兵反身朝敌人杀来，攻势甚猛，敌人这下都确信刘裕这支部队不过还是诱饵，晋军肯定还有伏兵，于是，率军离去。

九死一生的刘裕也率部慢慢撤退了下来，收拢打散的部队。

三五五 击破孙恩（二）

五月，孙恩的大军继续北上，进抵沪渎垒。

此时，孙恩大军人数已达十万之众，很快就攻陷了沪渎垒，诛杀了吴国内史袁山松，此战晋军被杀的就有四千多人。

刘牢之都督会稽五郡之后，北府主力都调到了浙江，而北府巢穴京口、广陵空虚。孙恩当然看到了这一点，于是，他不再在陆上与北府兵争锋，而是采取避实击虚的办法，从海上一路北上，企图乘虚突破长江口，直插建康。孙恩一路北上，一路寻找合适的登陆地点，得知孙恩北上的消息以后，刘牢之即命令刘裕为先锋率军尾随而去，而自己则率领大军随后进发。刘裕在娄县（今江苏省昆山市境）又击破了孙恩别部，将孙恩所部又赶下了海。

六月一日，孙恩挟攻陷沪渎垒之威，率领十万大军继续西上，进入长江口，一直推进到丹徒（今江苏省镇江市东丹徒镇），当时，刘牢之的北府主力仍驻扎在山阴（今浙江省绍兴市），鞭长莫及，京师建康一片惊恐，六月二日，建康内外戒严，朝廷百官全部住进国务院办公。冠军将军高素（高雅之之父）等率军驻扎在石头城，辅国将军刘袭在秦淮河入长江口，布置木栅栏，阻挡孙恩水军，丹阳尹司马恢之率军在沿长江南岸布防，冠军将军桓谦等人驻守在建康城西的白石垒，左卫将军王嘏等人率禁卫军驻屯在中堂（皇宫），同时，下诏征召豫州刺史司马尚之率领西府军队，返回京师协防。

刘裕的前头部队日夜兼程，入援丹徒，与孙恩大军同时到达丹徒城外。当时，刘裕所率之军不足千人，加上一路强行军，将士十分疲劳，而丹徒的守军看到敌人十万大军，战舰上千，也都军心动摇，无心恋战。当时的京口、广陵一带，巨浪滔天，从水路逆流而上，十分困难，而丹徒是京口的门户，孙恩就是要乘虚夺占京口，在此建立陆上据点，一方面扼守刘牢之主力对建康的增援；另一方面，可以水陆并进，直扑建康。孙恩亲自率领数万人马登陆，呐喊着登上了蒜山（今江苏省镇江市西），当地居民对孙恩的部队并不惧怕，都放下手中的农活，拄着扁担，远远地站在一旁观看即将到来的大战。刘裕不顾疲劳，不给孙恩以喘息之机，抵达战场以后，即迅速命令部队投入战斗，登时喊杀声四起。刘裕率领的这支如狼似虎之军，杀入数万敌军之中，竟然如入无人之境，大破孙恩，投崖落水而死的孙恩士兵，不可胜数，孙恩本人也差一点被杀，狼狈逃上大船。虽然丹徒惨败，但孙恩仍然依仗自己人多，决定从水路继续西上，进攻建康，然而，由于战舰高大，逆流而上，风大浪急，孙恩的一千多艘战船经过了十天左右，才抵达白石，而此时，刘牢之的北府军团已经利用着宝贵的十天，回到了建康。

在此期间，司马道子日夜到蒋侯庙中祈祷，司马元显率军与孙恩交战，屡屡战败，京师百姓更是惊恐不安。当孙恩大军逼近建康以后，谯王司马尚之已经率领豫州精锐部队，来到了建康，驻防在宫城的积弩堂；他还听说刘牢之的主力也回到了京师，驻扎在新洲（今南京市以北长江的小岛）之上，本来，孙恩打算趁着晋军兵力分散，对建康发动突然袭击，可是，由于丹徒惨败，致使从陆路无法进攻建康，此时，已经丧失了战役的突然性，于是，他决定放弃原计划，率军从原路返回，北上郁州。郁州，即今江苏省灌云县东北的云台山，古代的时候，在海中，被称为郁州。孙恩顺江东下途中，命令别将攻克了与京口隔江的广陵（今江苏省扬州市），斩杀三千余人。宁朔将军高雅之一直追到郁州，与孙恩交战，战败被擒。此时，荆州桓玄已经诛杀殷仲堪一年有余，权倾朝野，时时想利用机会东下，当他听说孙恩进逼建康的消息以后，立即上书朝廷，请求率领荆州、江州、雍州之军大举东下，司马道子父子看到桓玄的上书以后，大为惊恐，正好孙恩旋即退去，司马元显这才长出了一口气，让皇帝下诏制止，桓玄只好作罢。

八月，东晋朝廷以刘裕为建武将军、下邳太守，由其与刘牢之之子刘敬宣等率领水军一直追到郁州，再次大破孙恩。孙恩只好率众南下。

十一月，刘裕跟踪追击，又追至沪渎、海盐，再次大破孙恩，三战三捷，共俘虏、斩杀一万多人。至此，孙恩军在海上漂泊、往来作战近十个月，死亡一多半，军中粮食开始出现短缺，再加上又出现了传染病，于是，他率军躲入深海，而后又从浃口继续南下，试图进攻临海。

到第二年，也就是晋安帝元兴元年（公元 402 年）三月，孙恩进攻临海，临海太守辛景又击败了孙恩。连续战败，让孙恩心灰意冷，手下将士也日渐稀少，一年前的十万之众，到如今仅存数千人，孙恩担心变生肘腋，自己被晋军生擒，于是，就率领死党和姬妾等近百人，投水而死，自称转世为水仙。

孙恩死后，剩余部众推举孙恩的妹夫卢循为主。卢循，字于先，小名元龙，是司空刘琨从事中郎卢谌的曾孙，卢谌曾随刘琨转投段匹磾，刘琨被段匹磾所杀以后，卢谌为段末柸所得，石虎攻灭段氏，卢谌又被石虎任命为中书侍郎、中书监等职。想当年，范阳卢氏也是高门大族，卢谌之父卢志就曾经看不起江南高门陆机、陆云兄弟，但是，今非昔比，据《三国志·魏志·卢毓传》注引《卢谌别传》的记载，卢氏子孙渡江，应当在卢谌死后，石赵覆灭、后赵亡、中原大乱之时，因此，被东晋士大夫视为晚渡伧人，是无疑的，这与发生在杨佺期身上的情形，几乎如出一辙。由于无缘进入东晋统治的最高层，过江的卢氏家族大约也主要从事传道活动，据学者们推测，发生在咸安二年（公元 372 年）十一月的卢悚趁着简文帝司马昱之死，而让海西公复辟，就是卢氏家族企图利用宗教力量，登上东晋最高层的一次尝试。卢循双目清澈，擅长草书、隶书，工于围棋，据《高僧传·慧远传》的记载，慧远年轻的时候，曾与卢循之父卢嘏是同学，过江以后，慧远见到卢循，对他说："君虽然风采照人，但却心存不轨。"

孙恩与卢循家族有着共同的特点，他们都是晚渡侨民，信奉道教，被东晋朝廷视为次等士族，也有着打破门阀政治的共同要求，但是，孙恩起事之初，并不以推翻东晋政权为目的，而仅仅是以诛杀司马道子父子，以报杀叔父之仇；这也可以解释为何在孙恩之变中，上虞谢氏被诛杀甚多的原因，一方面这里是谢氏庄园集中的地区，更主要的因素大约是与会稽内史谢輶首先揭发孙泰阴谋，导致孙泰被杀有关。

在东晋末年，次等士族反抗高门士族，企图打破高门垄断统治权的斗争，此起彼伏，从性质上来看，荆州地区的杨佺期、京口的刘牢之甚至不被中枢信任的殷仲堪、桓玄，包括后来的刘裕，都与孙恩、卢循没有二致，但是，其他势力则是依靠强大的军政力量作为后盾，而孙恩、卢循却利用宗教的力量，企图重新分配政治权力。实践证明，宗教力量虽然十分强大，但是，没有训练有素的军队作为后盾，攫取最高权力的努力，都是不可靠的。

三五六 荆扬冲突

隆安五年（公元 401 年），司马元显刚好二十岁。

此时，他的职务是尚书令、中书令、扬州刺史，并且，在去年五月谢琰被杀以后，司马元显又请求兼任徐州刺史一职，朝廷以其为开府仪同三司，都督扬州、徐州、兖州、青州、幽州、冀州、并州、荆州、江州、司州、雍州、梁州、益州、交州、广州等十六州诸军事，兼徐州刺史，又加封其子司马彦玮为东海王。

孝武帝司马曜死后，晋安帝继位之初的隆安年间，仅仅持续了五个年头，在这五年里，北中国的北魏政权彻底摧毁了后燕，兼并高车各部，迅速崛起；后凉吕光病死后，内讧不断，国土分裂，北凉、南凉、西凉相继兴起；关中地区的后秦相继灭掉西秦，臣服了四凉，但在接下来的元兴元年（公元 402 年）与北魏的柴壁大战中，一败涂地，逐渐走上了衰落。与此同时，在这五年中，东晋朝廷也经历了残酷而又激烈的权力之争。孝武帝司马曜驾崩以后，东晋中枢与地方之间的权力平衡被打破，隆安元年王恭即发动了第一次讨伐王国宝的军事行动，这次行动以司马道子诛杀王国宝、给王恭谢罪而告终；但是，双方的矛盾并没有因此而消除，为了加强中枢的力量，司马道子一方面依靠儿子司马元显和宗室司马尚之兄弟；另一方面增强中央在地方的影响力，任命王国宝之兄王愉为江州刺史；然而，恰恰是司马道子此举招致了豫州刺史庾楷的不满，他联络王恭、殷仲堪于隆安二年再次发动对中央的军事行动，在这次争斗中，司马元显成功地说服北府将刘牢之背叛王恭，中央军在荆州殷仲堪、桓玄、杨佺期兵马到来之前，迅速平定了王恭、庾楷，接着，他又采取桓谦之计，促使了殷仲堪、桓玄、杨佺期三人相互猜疑，虽然经过浔阳莅盟，三方暂时消除了矛盾，但也就此撤军，顺利化解了一场危机，在荆州三人之间埋下了冲突的种子；为了进一步增强中央的势力，司马元显在隆安三年下诏征发三吴“免奴为客”者参军，号称乐属，致使三吴激起孙恩之变，经过两年多的平乱，暂时消除了孙恩的威胁，而就在这两年多的时间里，由于司马道子父子因孙恩之变，无暇顾及上游，在司马道子父子的纵容之下，桓玄迅速夺占了荆州、雍州，诛杀了殷仲堪和杨佺期二人，司马道子父子无奈，只得任命其为都督荆州、司州、雍州、秦州、梁州、益州、宁州、江州以及扬州、豫州十郡诸军事，荆州、江州刺史；桓玄又擅自任命其兄桓伟为冠军将军、雍州刺史。在孙恩之乱被暂时平定之后，桓玄进一步加强对大荆州地区的控制，并将防守的重心放到了对付下游上，他上书请求中央任命自己的哥哥雍州刺史桓伟为江州刺史，镇守夏口（今湖北省武汉市）；任命自己的司马刁畅为辅国将军、都督八郡诸军事，驻守襄阳，刁畅是刁协的孙子，前徐兖刺史刁彝的二儿子，他的哥哥刁逵为广州刺史；桓玄还命令部将皇甫敷、冯该率军驻守湓口（今江西省九江市境），将沮漳河一带的少数民族迁往长江以南，在今湖北省荆门市一带设置武宁郡；召集流民，在今湖北省沔阳县一带设立了绥安郡。随着实力的膨胀，桓玄自认为已经拥有东晋三分之二的地盘，逐渐产生了企图取而代之的野心，多次让人向他呈献吉兆符瑞，以迷惑人心；东晋朝廷征召广州刺史刁逵、豫章太守郭昶之，但桓玄均将他们扣留下来。

与此同时，司马元显也在不断巩固自己的地位，除了兼任了徐州刺史之外，他还诛杀朝中的异己势力。江绩，先为司马道子骠骑将军主簿，后为殷仲堪的下属南郡相，拒绝追随殷仲堪反叛，后被司马道子征召为御史中丞；车胤，就是那位囊萤夜读的主人公，此时为吏部尚书，这两个人都可以说是朝廷的柱石。司马元显深夜大开皇宫六门，江绩作为御史中丞，他秘密对司马道子通报，并称将要上书皇帝，司马道子没有听从，车胤也对司马道子建议说："元显骄傲放纵，应当予以制止。"司马道子听了，默不作声。司马元显听说以后，问司马道子："车胤屏退他人，与你秘密说些什么话？"司马道子没有回答。司马元显再三询问，司马道子被问恼了，说道："你是想软禁我吗？不让我与朝廷重臣说话！"司马元显退下以后，对自己的同党们说："江绩、车胤想离间我们父子关系！"司马元显派人指责江绩、车胤二人，不久，江绩就自杀了，车胤也去世了，二人死后，朝野十分痛惜。

对于司马道子父子的专权跋扈，荆州的桓玄看在眼里，喜上眉梢。他借孙恩之乱大做文章，给司马道子写信说："贼人逼近京师，因大风而迟迟不进，因大雨而无法生火，粮尽而去，并非是力量不足。昔日王国宝死后，王恭没有趁此机会，入朝统领朝政，由此可知，其人本心并不是要与明公对抗，可是，却身负不忠之名。如今的朝廷清贵们，能够称得上当世名流的还有谁呢？岂能说没有这样的人，只是你们不信任罢了。任用有理想有抱负的人，才能指望他们既忠且义；对于贪财忘义之徒，为何要信用他们呢？如此一来，逐渐酿成今日之祸。宰相之位，谈何容易，自求多福则马上福到，如果找事则也会大祸临头。朝廷的大员们，岂能不知此理？只是不愿惹祸上身而已。桓玄我身处边陲，所以才披肝沥胆，说出实情。”想当年，桓玄在司马道子府上曾被吓得汗流浃背，伏地不起，但今非昔比，言语之间咄咄逼人，指斥朝廷用人不当，司马元显看到以后，不禁大为恐惧。

于是，司马道子父子与桓玄之间的矛盾，立即就凸显了出来。司马元显的亲信张法顺对司马元显说：“桓玄凭借其父祖积累下来的声望，一直以英雄自诩，兼并殷仲堪和杨佺期以后，全取大荆州地区。桓氏长期以来盘踞那里，当地军民也许会为其效命，而您所能控制的地区，仅有三吴区区之地。孙恩叛乱，又让三吴生灵涂炭，百姓饥馑，国库空虚，桓玄肯定会趁此机会，以达到他卑鄙的目的，我对此十分担忧。”司马元显问计，张法顺接着建议道：“桓玄刚刚得到荆州，人心尚未完全归附，他还忙于安抚本地，而未暇他顾。趁着他如今的这种状况，发兵将其诛灭，让刘牢之作为前锋，而您则率领大军随后进发，桓玄的人头肯定会悬挂于您的帐前。”司马元显表示同意，他派遣张法顺前去京口，与刘牢之商量此事，刘牢之听了，自忖桓玄年轻气盛，素来有英雄之名，担心难以取胜，他又想到，假如灭掉了桓玄，自己将功高震主，肯定不会被司马元显所容，因此，面露难色。张法顺从京口回来以后，向司马元显报告说：“我观察刘牢之的脸色，其人肯定不会为我所用，不如将其征召到京师以后，先行诛杀，不然的话，肯定会坏我大事。”司马元显不从。张法顺的计策，可谓是知彼而不知己，正如张法顺所言，桓玄的确是刚刚占领了荆州不久，如果朝廷出兵荆州，桓玄内部极有可能会出现内讧，然而，朝廷可资依靠的军队也只有北府兵和豫州的军队，而且，京师建康刚刚经历了孙恩之乱，实力也非常薄弱，在这种情况下，兴师讨伐桓玄，并没有必胜的把握。

原豫州刺史庾楷自投奔桓玄以后，被任命为武昌太守，桓玄在前不久整军要求东下平定孙恩之乱时，又任命他为右将军，此时，庾楷看到桓玄与朝廷发生矛盾，他担心桓玄将会失败，为了保全自己，他主动结好司马道子父子，秘密对司马元显说：“桓玄不得民心，军队不愿为其效力，如果朝廷派军前来讨伐，我将作为内应。”在这种情况下，司马元显决定先发制人，利用刚刚打退了孙恩的北府兵，一举将桓玄击败，重树朝廷的威信。

元兴元年（公元 402 年）一月一日，东晋朝廷在击退孙恩一个多月以后，即下诏指斥桓玄的罪状，并加司马道子为侍中、太傅，设置左右长史、司马、从事中郎四人，骠骑将军的文武全部划归太傅府；任命尚书令司马元显为侍中、骠骑大将军、开府仪同三司、征讨大都督、都督十八州诸军事，加黄钺，班剑二十人；任命镇北将军刘牢之为前锋都督、征西将军、领江州刺史；以前将军谯王司马尚之为刘牢之的后继，以司马尚之的儿子司马文仲为宁远将军、宣城内史，同时，大赦天下，改元元兴。

一时之间，在北中国的两大强国北魏与后秦之间行将展开柴壁对决的时候，平静多日的东晋荆扬之间也剑拔弩张起来。

三五七　兵临京师

在决定正式讨伐桓玄之初，司马元显本来打算将桓氏家族彻底铲除。

史书没有告知我们桓玄何以产生这个想法，究其原因，大约来自两个方面的考虑：一是军事上的原因，避免处于建康的桓氏家族成员响应桓玄；二是出于司马氏家族对桓氏的仇恨。司马昱被桓温推上帝位以后，只有武陵王司马晞这一个同父异母兄长，因此，桓温深为猜忌司马晞，以谋逆之罪加以陷害，将司马晞父子四人均予以废黜；自此，司马晞家族与桓氏结下深仇，后来，右将军桓伊曾经拜访司马晞最小的儿子司马遵，司马遵对身边的人说："为什么要通报姓桓的人？"手下回答："桓伊家族与桓温家族不是近亲，你们相见没有关系的。"司马遵回答："我听到有人姓木字旁的姓，就想杀死他，何况也是一个姓桓的！"司马遵历任散骑常侍、秘书监、太常、中领军，此时，他的职务当是中领军。作为司马道子的堂兄弟、司马元显的堂叔，司马遵当然会对司马元显的决策起到一定的作用。

不过，桓氏家族势力庞大，与其他门阀士族有着盘根错节的姻亲关系，彻底灭掉桓氏谈何容易！我们知道，桓彝共有五个儿子：桓温、桓云、桓豁、桓秘、桓冲。桓温六子：桓熙、桓济、桓歆、桓祎、桓伟、桓玄，桓熙、桓济与叔叔桓秘在桓温死后与桓冲发生冲突被废，桓歆袭爵临贺公，桓伟此时被桓玄任命为江州刺史；桓云儿子桓序，为宣城内史；桓豁有子二十人，有名的有桓石虔、桓石秀、桓石民、桓石生、桓石绥、桓石康六人，桓石虔有名的儿子有三：长子桓洪，为襄城太守；桓洪弟弟桓振为扬武将军、淮南太守；桓石虔的第五子桓诞嗣爵做唐侯。桓石秀有子桓稚玉。桓石生为侍中、历任骠骑将军、太傅司马道子的长史。桓石绥为司徒左长史。桓石康为桓玄钟爱，为振威将军。桓秘儿子桓蔚为散骑常侍、游击将军。桓冲七个儿子：桓嗣、桓谦、桓修、桓崇、桓弘、桓羡、桓怡；

桓嗣儿子桓胤为中书郎、秘书监；桓谦为司马元显咨议参军、转司马；桓修是司马元显的姑父，为中护军。桓氏又与东晋各个高门有着姻亲关系：桓温三个女儿分别嫁给琅邪王氏、王廙曾孙王敬弘；太原王氏王坦之之子王恺（王国宝之兄）；殷仲堪堂弟殷仲文。桓石民的妻子是谢安哥哥谢奕的女儿谢道辉，谢道辉是王凝之之妻谢道韫的妹妹。桓秘的女儿又嫁给了庾冰的孙子庾叔宣。王导之孙王混之女嫁给桓冲，也就是说王混之子王诞，是桓修等人的舅舅。而王诞一直是司马元显的近臣，他结好司马元显的亲信张法顺，因此，深为司马元显所信任，司马元显纳妾，身为琅邪王氏的王诞不惜降尊纡贵，亲自前去迎接，被司马元显任命为骠骑将军长史、龙骧将军、琅邪内史。

当听说司马元显打算将桓氏灭门的消息以后，王诞赶紧面见司马元显，痛陈桓修等人与桓玄志向不同，不会为桓玄所用，大约司马元显又考虑到桓氏错综复杂的关系，这才最终放弃了这一计划。然而，当张法顺从京口回来以后，他发现刘牢之可能不会与朝廷一心，于是，他立即想到了一个借刀杀人的毒计，他对司马元显建议说："自从举行大事以来，朝廷没有威断，桓谦兄弟常为上游的耳目，应当将其斩首，以孤立荆州桓玄。况且，事情的成败，关键在于前锋，而刘牢之是一反复小人，万一有变，失败即在眼前。可以让刘牢之诛杀桓谦兄弟，以显示他没有二心。如果刘牢之不从，我们也好提前除掉他。"司马元显回答："只有刘牢之能够制服桓玄。并且，兴兵之初，即斩杀大将，必然会引起军心浮动，万万不可。"张法顺再三劝说，司马元显就是不同意。司马元显不仅没有诛杀桓谦兄弟，相反，他想到桓谦之父桓冲镇守荆州多年，为了分化瓦解桓氏，他还任命桓谦为都督荆州、益州、宁州、梁州四州诸军事，荆州刺史，以争取荆州的民心。

接到朝廷讨伐自己的檄文之后，桓玄第一反应就是断绝了长江水路，不允许商人从上游向扬州贩运粮食，由于扬州刚刚经历了孙恩之乱，政府没有一点粮食储备，桓玄的这一措施，立即导致京师的物资极度匮乏，朝廷只能拿出谷皮、橡果，发给士兵们充饥。即便如此，司马元显依然下令实施讨伐军事行动，声讨檄文发出以后，即定下了出军的日期。本来，桓玄认为，扬州经过孙恩之乱以后，百姓饥馑，况且，目前朝廷只是击退了孙恩的攻势，并没有完全将其消灭，根本不可能全力西上，讨伐自己，因此，自己正好利用这个机会，养精蓄锐，时刻窥伺朝廷的漏洞，然而，桓豁的儿子、桓玄的堂兄，现任太傅司马道子长史的桓石生，给桓玄写下密信，报告了朝廷的出兵日期，这的确大大出乎桓玄的意料，他没有想到朝廷竟然真的不顾一切，决心发兵西上，对此心理准备不足的桓玄，看了之后，不禁十分恐惧，计划固守荆州治所江陵城。桓玄的长史卞范之，是济阴宛句人，当是卞壶的族人，他聪明过人，为当世之人称美，卞范之与桓玄自小交好，桓玄为江州刺史的时候，即任命卞范之为长史。听了桓玄的打算以后，卞范之建议道："大人的雄才大略威震天下，司马元显乳臭未干，刘牢之不得人心，如果我军兵临京师，向敌人展示威力，拉拢犒赏，敌人将很快就会土崩瓦解，哪有将敌人请到我方境内，自取其辱，自陷险境呢？"卞范之的建议，可以说是抓住了问题的关键，这是因为，在当时对立的双方，均有薄弱之处：朝廷方面，北府兵、西府兵与朝廷军队，并非铁板一块；后勤保障不足；而对于桓玄一方来说，同样存在人心不稳的问题。在这种情况下，以积极进攻代替消极防守，把战火引向对方的辖区，正是转被动为主动、提高军队士气的有效手段。

于是，桓玄听从了卞范之的建议，他没有妥协退让，而是发布了一道反檄文，直斥司马元显的罪状，并命令哥哥桓伟从夏口回到江陵，驻守后方，自己则亲自率领大军立即东下。接到桓玄的檄文之后，司马元显没有想到桓玄没有被自己的檄文所吓倒，竟然敢主动出兵东下，这让他十分恐惧，二月七日，晋安帝司马德宗在宫城的西池设宴给司马元显壮行，皇帝赏赐的践行酒喝完以后，司马元显也登上了战船，可是，由于心存恐惧，他迟迟没有下令开船。其实，心存恐惧的岂止是司马元显一人，对立阵营的主帅桓玄同样对战事的发展，没有丝毫把握，自从兵发江陵以后，桓玄一直担心自己以下犯上，人心不服，军队不会替自己卖命，事情不能成功，因此，时常打算回师江陵，然而，当荆州之军进抵浔阳（今江西省九江市）以后，竟然没有发现朝廷的军队前来迎战，过了浔阳，扬州就在眼前，桓玄不禁大喜，手下的将士也都士气大振；也就是在此时，庾楷与朝廷之间秘密联络的事情也败露了，桓玄将其暂时囚禁了起来。二月十八日，晋安帝司马德宗命令南顿王司马宗的儿子司马柔之，携带驺虞幡西上，制止西军东下。可是，如今的驺虞幡已经失去了昔日的威力，桓玄的前锋部队根本没有予以理睬，当场斩杀了司马柔之。《资治通鉴》称，司马柔之是司马宗的儿子，但考察《晋书》，司马宗并没有司马柔之这个儿子，也许是《资治通鉴》另有出处，也许是《晋书》漏记。二月二十八日，桓玄大军进抵姑熟（今安徽省当涂县），西军已经抵达南京的近郊，在此，桓玄命令部将冯该、苻宏、皇甫敷、索元等人，进攻豫州治所历阳（今安徽省和县）。当时，驻守历阳城内的是司马尚之之弟、龙骧将军、襄城太守司马休之，司马休之率军登城，固守城池。桓玄水军驻扎在历阳以南的洞浦，切断了历阳对外的交通线，并焚毁了豫州的战舰。失去了大部分战舰，前将军、豫州刺史司马尚之率领九千军队，在洞浦岸上列阵，另派武都太守杨秋率军作为奇兵，驻守在横江（今安徽省和县东南长江北岸），然而，出乎司马尚之预料的是，杨秋竟然率先投降了桓玄。杨秋军的投降，立即动摇了司马尚之所部的军心，听到这一消息的豫州主力，很快就不战而自行溃散了。司马尚之逃到涂中（今安徽滁州市区一带），隐藏了十余日，谯国人韩连、丁元等向桓玄告发，桓玄派军将其抓获。司马休之率领五百守军出城死战，战败逃归城中，携带子侄弃城北逃。

三五八　桓玄得志

有些时候，战争就是一场难以逆料的赌博，在桓玄与司马元显的这场较量当中，这一点表现得尤为明显。

两军相逢勇者胜，在双方内部均不很稳定的情况下，先声夺人，向对方展示勇气和信心，从心理上夺得优势，就为战争赢得了一丝胜机，这大约就是卞范之鼓动桓玄将战火引向对方的原因。初战告捷，极大地鼓舞了西军的士气，也使得原本矛盾重重的东军内部发生动摇。首先是司马元显没有采纳张法顺的建议，没有采取果断措施，诛杀诸桓，与桓玄彻底决裂，致使诸桓依然盘踞在京师，他们当然不会与朝廷同心，因此，东军的军事机密源源不断地泄露到桓玄那里。其次，大敌当前，司马道子父子却依然嗜酒如命，整日昏醉，一次，前锋都督刘牢之临时拜见司马元显，而司马元显却大醉不起，以致两人没有见面，主帅和前锋都督两人仅在晋安帝安排的饯行宴会上见了一面，军事方略根本无从谈起。最后，东军的关键人物刘牢之并不支持西讨行动。刘牢之作为荒裔边将，依靠北府兵，凭借着背叛王恭登上高位，不论从出身上抑或是道义上，均不被社会舆论所容；对于他而言，有北府兵，就有他刘牢之的一切，而有桓玄在荆州作为朝廷的一支异己势力，司马元显就不得不看重他刘牢之，如今司马元显一旦消灭了桓玄，朝廷的力量加强以后，极有可能将矛头对准自己，把兖州纳入皇室的手中。因此，刘牢之从开始的时候，就对此次讨伐行动不积极，只是不得已才率领兖州文武驻屯在溧洲（今江苏省南京市西江宁境内长江的小岛中），本来，刘牢之是前锋都督，司马尚之的豫州军队次之，然而，桓玄的西军已经打败了司马尚之以后，刘牢之的军队尚未离开溧洲半步——刘牢之一直在观望。

在他看来，如果桓玄失败的话，自己也只好与朝廷一道，先将桓玄灭掉再说，而如果桓玄得胜，则暂时投靠桓玄，除掉司马道子父子，然后，再瞅准时机，灭掉桓玄，自己登上最高权力，因此，他迟迟不肯与桓玄的西军交战，而此时，豫州军队瞬间覆灭，更让他坚定了暂时与桓玄合作的打算。

桓玄呢，他也深知豫州军队当然无法与兖州的北府军相提并论，长期以来，豫州军队一直作为兖州军队的辅助力量，打败了豫州军队，虽然在士气上鼓舞了西军，但要想一举消灭百战百胜的北府军队，谈何容易！在这种情况下，桓玄派遣刘牢之的族舅何穆前往劝降，何穆对刘牢之劝说道："自古以来，在乱世之中，君臣相互信任的只有燕昭王与乐毅、刘玄德与诸葛孔明，然而，他们都是功业未就，二主就去世了，假设乐毅和诸葛亮的功业成就以后，难保他们不会受到猜忌而面临大祸。俗语说：'飞鸟尽，良弓藏；狡兔死，走狗烹。'因此，文种被勾践所杀，韩信、白起为秦汉所灭，他们所服侍的君主，都是英雄豪杰，尚且不敢信任他们，何况是那些个平凡昏庸、残忍凶暴的主子呢！自天地开辟以来，手握威震君主的权威，建立君主无法封赏的功业，却在昏暗的政治中得以生存下来的，又有谁人？而且，历史上，管仲在齐国做宰相，雍齿又被汉高祖封侯，这都是有的，何况你与桓玄之间，并无管仲射中齐桓公小白的衣钩、雍齿屡屡威逼高祖之仇呢！如今，你战败则被灭族，战胜也会被杀，将何处存身？倒不如彻底改变立场，保全富贵，则可以与金石一般长保富贵，岂不比身首异处，为天下所笑要好！请你三思。"当时，司马尚之已经失败，朝廷豫州之军覆灭，刘牢之自认为手握强兵，自己的才能也足以经营江东，于是，他接受了何穆的劝说，开始与桓玄联络。此时，桓玄之军已经在夺下历阳以后，进抵溧洲附近，建武将军、下邳太守刘裕请求刘牢之主动出击，刘牢之不同意。刘牢之的外甥、东海（今江苏省常熟市）中尉何无忌，刘牢之的儿子刘敬宣，此时为司马元显的从事中郎，两人均与刘裕关系很好，当刘裕、何无忌听说刘牢之将要投降桓玄，两人极力劝谏，但刘牢之始终不听；刘敬宣也劝说父亲道："如今国家纷乱，四海鼎沸，天下重任，在于父亲您和桓玄二人。桓玄凭借着先父打下的基础，占据了荆州之地，虽然没有周文王那样的德行，但与朝廷是三分之形。一旦放纵他，使之凌驾于朝廷之上，等到其威望养成，就难以再制约他了，董卓之变将在今日重演。"刘敬宣与其父不同，心中尚存忠义之心，他八岁丧母，日夜哀号，当时，辅国将军桓序镇守芜湖，刘牢之是桓序的参军，桓序叹息着对刘牢之说："你家孩儿既是孝子，必为国家的忠臣。"刘牢之背叛王恭的时候，刘敬宣极力赞成，也是出于拥护朝廷的意思，如今，刘牢之意欲背叛朝廷，当然刘敬宣不同意了。听了儿子的话，刘牢之大怒说："我岂能不知今日我取桓玄，易如反掌，但是，桓玄被平定以后，让我如何对付司马元显？"最终，三人无法说服刘牢之，三月一日，在豫州刺史司马尚之覆灭后，刘牢之即派遣刘敬宣前往桓玄军中作为人质，向桓玄投降，桓玄任命其为咨议参军。其实，桓玄并没有将刘牢之看作自己人，他早已决心除掉刘牢之了，不过，即使如此，他依然大摆筵席，隆重地招待刘敬宣。桓玄是个书画迷，据《晋书》记载，顾恺之曾经将自己毕生最为珍爱的一小箱画，用封条封好，送给桓玄赏玩。桓玄为了占有这些珍品，将小箱的下面弄开，把画取出，而小箱的封条如故，桓玄派人把小箱送还，只是说没有开封。"才绝、画绝、痴绝"三绝的顾恺之看到封条依旧，而箱内却空无一物，百思不得其解，思来想去，竟然认为好的画也是通灵的，已经变化而去，就像是人成仙一样。为了安抚刘敬宣，桓玄还将自己珍藏的书法、名画拿出，让刘敬宣观赏，刘敬宣信以为真，对桓玄的阴谋毫无察觉，桓玄手下官员都暗自发笑。

司马元显的中军还没有出发，就传来了刘牢之投降、桓玄之军已经进抵新亭（今南京市南）的消息。他赶紧弃船登岸，率军退守京师的国子学堂。三月三日，也就是刘牢之投降两天之后，司马元显又命令部队出城，在宣阳门外扎营。此时，谣言四起，人心惶惶，有人甚至说桓玄已经推进到朱雀桥外，司马元显的很多部下都偷偷溜走了，司马元显率军将要回到宫城，而刘牢之投降以后，充当桓玄的先头部队，刘牢之参军张畅之率众袭来，人人拔出长刀，冲着禁军高声呼喊："放下武器！"霎时间，禁军将士四散奔逃。司马元显骑马逃往司马道子的东府避难，身边只有张法顺一人追随。逃归相府的司马元显询问父亲有什么办法，司马道子只有落泪而已，再无一言。桓玄命令太傅从事中郎毛泰率众逮捕了司马元显，将其押送到新亭。

毛泰是毛宝的孙子，毛宝两个儿子，长子毛穆之、次子毛安之，均为名将；桓冲时期，桓冲举荐毛穆之接替周仲孙担任益州刺史，曾进攻被前秦占领的益州未果，淝水之战后，东晋收复益州，益州刺史先后由罗友、郭铨和毛穆之之子毛璩担任，此时担任益州刺史的就是毛璩，以淝水之战为节点，毛穆之家成为继周家以后统治益州的土皇帝；而毛宝的二儿子毛安之的几个儿子，却都在朝廷中任职，这个毛泰就是毛安之的二儿子，毛泰兄弟均为司马道子父子信任，一次，司马元显曾到毛泰家喝酒，不一会儿，司马元显想离去，可是，毛泰却苦苦相留，并戏说道："大人如果一定要走，我要留下大人的脚。"司马元显听了，不禁大怒，愤衣而去，自此两人产生了矛盾。这次，桓玄命令毛泰抓捕司马元显，就是瞅准了两人的矛盾，果不其然，毛泰将司马元显抓获以后，在押送途中，亲自动手殴打司马元显，以泄私愤。到了目的地以后，桓玄命人将司马元显捆绑在船前的栏杆上，历数他的罪状，司马元显回答道："我是被王诞和张法顺蒙蔽了的。"三月四日，在桓玄的授意下，东晋朝廷下令恢复隆安六年的年号，废除因讨伐桓玄而改的太兴年号，当日，晋安帝派遣侍中王谧前往桓玄军中犒劳，桓玄遂率军进入京师建康。晋安帝下诏解除戒严，并任命桓玄为总百揆（统管文武百官）、侍中、都督中外诸军事、丞相、录尚书事、扬州牧，兼徐州刺史，荆州、江州刺史不变，又加黄钺、羽葆鼓吹、班剑二十人，设置左右长史、司马、从事中郎四人，上殿时有全副武装的甲士二百人担任护卫。桓玄将司马道子父子的扬州、徐州刺史拿到手以后，又任命哥哥桓伟为荆州刺史，堂兄桓谦为尚书左仆射、负责吏部、加中军将军，任命桓谦之弟桓修为都督六州诸军事、右将军、徐州兖州刺史、假节，任命通风报信的堂兄桓石生为前将军、江州刺史，卞范之为建武将军、丹阳尹。

桓玄趁着兵威，立即着手培植自己的势力，除了在朝廷内外大肆安置自己的亲信以外，对于朝廷的名士和改投自己的故交，桓玄也都加以重用，而与此同时，京师的各个门阀士族，也都愿意看到桓玄能够去除司马道子父子专权，恢复司马氏与各个门阀之间的共治局面。王导之孙王谧（替刘裕还刁氏赌债的那位），年少之时，与桓冲之孙桓胤、王坦之之孙王绥齐名，在受命犒劳桓玄时，王谧与桓玄谈得很投机，此时，他要求朝廷任命王谧为中书令、领军将军、吏部尚书、又晋升为中书监、散骑常侍，代理司徒。桓玄此举，当然是为了安抚京师里的各个士族；殷仲堪的堂弟殷仲文也是桓玄的姐夫，虽然平素与桓玄交往并不多，但当桓玄起兵以后，就被司马元显贬为新安太守，此时，听说桓玄攻克了建康，也弃官前来投奔，被桓玄任命为咨议参军；殷仲文，文采很好，后来，谢玄之孙谢灵运（《世说新语》上称傅亮）曾说："殷仲文如果读书有袁豹一半那么多，文采将不次于班固。"因此，桓玄对他这个姐夫十分敬重，当时，王谧虽然被桓玄尊崇，却并不亲近，卞范之虽然被桓玄亲近，却并不尊重，只有殷仲文兼而有之，后为侍中、兼领军将军。据《世说新语》记载，在此前后，羊孚也从京口前来投奔桓玄。羊孚，字子道，是西晋名臣羊祜的曾孙辈，他同样是位名士，又是位文士，他曾写一首《雪赞》："资清以化，乘气以霏，遇象能鲜，即洁成辉。"桓胤听说后，十分赞赏，把这四句写到扇子上。羊孚从小与桓玄交好，此时，他任兖州别驾，从京口来拜见桓玄，他在拜函上写道："近来世事纷扰，与我内心背离，我内心郁闷，情绪低落。您于黑暗中开启光明，澄清百流归于同源。"桓玄看到此函，忙让羊孚进来说："子道，子道，你来得太晚了！"马上任命羊孚为记室参军。孟昶任刘牢之的主簿，到桓玄这里谢罪，见到羊孚说："羊侯，羊侯，我们一家老少的性命就靠你了。"对于曾经的仇人，桓玄也表现出宽宏大量。十年前，年轻气盛的桓玄，在当时的荆州刺史殷仲堪面前跃马挺枪，殷仲堪的参军刘迈曾指斥桓玄，差一点被桓玄派人所杀。此时，刘迈也前去拜见桓玄，桓玄说："你不怕死吗？敢来见我？"刘迈回答："管仲曾射中齐桓公的衣钩，勃鞮曾砍断晋文公的衣襟，都被后来的君主重用，再加上我刘迈，正好凑够三个。"桓玄听了很高兴，即任命其为刑狱参军，后为竟陵太守。

王谧、殷仲文、羊孚、刘迈，代表了当时京师中的各个阶层，史书称，桓玄刚入京的时候，斥去奸佞，提拔贤才，京师上下都十分高兴，希望他能结束隆安以来持续混乱的局面。

三五九　诛杀异己

得志后的桓玄动作迅速，立即开始了对司马道子父子一党的清算。

三月五日，也就是在桓玄进入京师的第二天，就有人举报会稽王司马道子酗酒、不孝，按照法律，应当被斩首。晋安帝下诏，将司马道子流放到安成郡（今江西省安福县东南），命令御史杜竹林负责防卫；斩杀司马元显以及包括世子东海王司马彦璋在内的他的六个儿子，斩杀谯王司马尚之、前豫州刺史庾楷父子、张法顺、太傅从事中郎毛泰及其弟弟游击将军毛邃、太傅参军荀逊、吏部郎袁遵等人；将司马尚之的二弟、丹阳尹司马恢之，三弟、辅国将军司马允之，毛泰的四弟、太傅主簿毛遁均流放到广州。桓玄在充分利用毛泰之后，又将其诛杀，可谓狠毒；据《宋书·王弘传》的记载，当时朝中人人自危，琅邪王弘还在父亲王珣的丧中，但他听到司马道子被流放消息以后，作为司马道子的故吏，他挺身而出，在路边拜别，攀着囚车，泪流满面。对于流放到外地的司马道子等人，桓玄当然不会放心，在司马道子、司马恢之、司马允之等人流放途中，就被押送的人员诛杀。司马道子死时年仅三十九岁，司马元显年仅二十一岁。刘牢之的外甥何无忌，作为司马元显世子东海王司马彦璋的东海国中尉，在司马彦璋被杀以后，何无忌冲入刑场，大哭一场而去。桓玄还要诛杀王诞，王诞外甥桓修苦苦求情，说出王诞替自己求情的经过，桓玄终于赦免了王诞，也将其流放到了广州。在迅速清除了司马道子一党以后，桓玄入居司马道子的府邸。

司马道子一党顷刻之间土崩瓦解，桓玄随即又将矛头指向了刘牢之。其实，几乎处治司马道子等人的同时，桓玄在任命其堂兄桓修为徐州、兖州刺史的时候，就已经暴露出了他要处治刘牢之的决心。刘牢之在背叛王恭之后，司马道子即以其为都督兖州、青州、冀州、幽州、并州、徐州、扬州晋陵诸军事，成为名副其实的北府镇将，稍后，谢琰被孙恩所杀，朝廷又任命其为镇北将军、都督会稽五郡，但前此对刘牢之的任命，并没有废止，因此，桓玄以桓修为都督六州诸军事、右将军、徐州兖州刺史、假节，当然就是要将北府兵权从刘牢之的手中夺去。在任命桓修的同时，桓玄改任刘牢之为征东将军、会稽内史，仅仅从名号上看，“征镇安平”，由镇北将军到征东将军，刘牢之是受到提拔了，但征东将军与镇北将军一样属于二品，更重要的是，刘牢之失去了北府军队。如果是在十年以前，刘牢之当然会兴高采烈地前往会稽这一富庶之地，时移世易，如今的会稽早已今非昔比，再也不是什么富庶之地，成了对付孙恩义军的最前线。接到这一任命以后，刘牢之说：“一开始就要夺去我的兵权，我的大祸将要临头了！”然而，此时刘牢之的儿子刘敬宣还在桓玄的手中，况且桓玄刚刚取得大胜，刘牢之不敢动手。不过，刘敬宣却对桓玄说，请求让自己回到刘牢之身边，说服父亲接受任命，桓玄竟然同意了。

当时，桓玄住在司马道子的相府，刘敬宣熟悉相府的地形，他回到父亲身边以后，即与父亲商量偷袭桓玄，两人商定以后，刘敬宣又回到了相府。到了第二天一大早，正巧当日天上出现大雾，相府没有按时开门，直到日上三竿以后，相府才开门，因此，刘敬宣无法按照约定的时间从相府中脱身。而刘牢之却以为是两人的阴谋败露了，刘敬宣可能已经被桓玄逮捕，他赶忙率军从京师转移到城外北郊的班渎，他偷偷对下邳太守刘裕说：“如今，我将北渡长江，去广陵依靠女婿广陵相高雅之，你能追随我吗？”刘裕回答：“将军以数万精锐之兵，不战而降，对手刚刚得志，威震天下，朝廷内外人心归附，广陵虽近，岂能容你逃到？刘裕我将脱下军装，以百姓身份回到京口。”与刘裕交好的何无忌问刘裕道：“我该怎么办？”刘裕说：“镇北将军此次北去，一定不会幸免，你可以与我一起回到京口。桓玄如果能够遵守臣节，我们就臣服于他，不然的话，我们再寻找机会除掉他。如今正是桓玄矫揉造作之时，肯定会重用我们这些人的。”果然，后来，桓修镇守京口以后，任命刘裕为中兵参军，其建武将军、下邳太守如故。

回过头来，再说方寸已乱的刘牢之。他将手下的幕僚、将佐全部集中起来开会，在会上商议割据长江以北，与桓玄对抗。参军刘袭厉声说道：“有一种事情，是绝不可以做的，那就是背叛。将军往年背叛王恭，近日又背叛司马郎君，现在又要背叛桓公。你一人一生中三次背叛他人，将如何自立于天地之间！”说罢，刘袭立即起身，从帐中快步走掉，在座的其他将佐也都纷纷散去。此时，刘敬宣已经从京师逃出，刘牢之让他去京口，提前接出家眷，可是，刘牢之左等右等，刘敬宣再次耽误了约定的日期。刘牢之误以为刘敬宣以及自己的全家已经被刘袭所杀，而自己阴谋起兵的消息也已经败露，于是，他惊慌失措，率领他的私人卫队向北逃窜。行至新洲（今南京市北长江中的小岛），众叛亲离的刘牢之一下子精神崩溃，他不再留恋这个变幻莫测的尘世，选择了自缢而死。不一会儿，刘敬宣就随后赶到了，他看到父亲已死，没有时间去哭吊父亲，匆匆忙忙地逃奔高雅之。其他将士将刘牢之的尸首装入棺木，送归丹徒（今江苏省镇江市东），桓玄下令刨开刘牢之的棺材，将尸体斩首，陈列在集市中。会稽内史一职，桓玄任命自己的姐夫、原江州刺史太原王愉担任。我们还记得，在王恭被杀之前，他曾嘱托旧吏湖孰令戴耆之，将寄养在乳母家的庶子送给桓玄抚养。王恭风流倜傥，为当时所宗，也是与桓玄同一阵营的人，桓玄对王恭被杀一事一直念念不忘，而刘牢之正是王恭被杀的罪魁祸首，桓玄诛杀“叛徒”刘牢之，自然会有为王恭报仇的成分，他还上书朝廷，要求给王恭平反昭雪，朝廷下诏追赠王恭为侍中、太保，谥号为忠简。为了给王恭报仇，桓玄还下令逮捕了抓获王恭的湖浦尉以及告密的商人钱强，并将二人处以腰斩酷刑。

逃到广陵的刘敬宣，与高雅之、司马休之一起继续北逃，一行人带着家眷，辗转来到后秦占领的洛阳，各自向长安派出子弟作为人质，请求姚兴发兵消灭桓玄。然而，此时的姚兴正在应付即将到来的柴壁大战，根本无力兼顾东南，因此，他给司马休之等人符节，允许他们在后秦刚刚占领的黄河与淮河之间招募军队，他们招募了数千军队，又返回到彭城附近，继续搜集北府旧部，准备报仇。

对于桓玄来说，一切都进行得十分顺利：本无把握的战争，不战而击败对手，刘牢之的叛乱，也很快瓦解，更让桓玄高兴的是：也就在桓玄刚刚拿下京师，被击败的孙恩在进攻临海不胜的情况下，竟然跳海而死！孙恩旧部残余数千人公推孙恩妹夫卢循为主，桓玄为了安抚浙江地区，对于卢循采取了招安的策略，任命其为永嘉（浙江省温州市）太守；对于卢循而言，当初起兵的借口已经失去，因为，此时孙恩的仇人司马道子父子均已被桓玄所杀，而且，此时义军处于低潮，于是，卢循接受了东晋朝廷的任命，担任永嘉太守，虽然如此，卢循的野心绝不只是做一个太守，所以，在任期间，依然率众四处劫掠。不过，在桓玄看来，可谓是顺风顺水，志得意满的他，让出了丞相、荆州、江州、徐州刺史的职务，改任太尉、都督中外诸军事、扬州牧、兼豫州刺史，总百揆，增班剑为六十人，剑履上殿，入朝不趋，赞奏不名；又任命皇帝的弟弟司马德文为太宰，大赦，并改元为大亨。

在京不足一月，桓玄即办理了诸多大事，他打算效仿其父桓温，住在京师附近的姑熟，他询问大家是否同意，王谧回答：“《公羊传》说过，周公为何不去自己的封国鲁国？是因为有安定天下的志向。您应当学习周公的做法，让根本安定。”桓玄虽然称赞王谧的回答，但却没有听从他的建议，他下令在姑熟大兴土木，修建华丽的府邸，然后，在四月离开建康，屯驻在姑熟，坚决推辞掉录尚书事一职，朝中大事全都向其咨询，而小事则由尚书令桓谦和丹阳尹卞范之定夺。

自孝武帝司马曜死后，东晋政局一直处于风雨飘摇之中，先是王恭两次起兵，后是孙恩之乱、桓玄崛起，至此司马道子被杀，百姓早已厌倦了战争，一心指望着桓玄能够让国泰民安。桓玄刚刚抵达京师的时候，拨乱反正，诛杀了司马道子父子及其党羽，一扫司马道子父子贪婪、昏庸的做法，让东晋朝堂的面貌为之一新。然而，桓玄诛杀司马道子父子，仅仅出于党争，而非为社稷，因此，当桓玄执掌朝廷大权以后，与司马道子父子一样不体察民情，穷奢极欲，大兴土木，朝令夕改，独断专行。当时，扬州地区因连年战争而发生严重的饥荒，桓玄命人减少皇宫的贡奉，以致晋安帝本人也不免饥寒。当时，灾情最为严重的是一向富庶的三吴地区户口减半，会稽地区户口减少十之三四，临海（今浙江省临海市）、永嘉（今浙江省温州市）等处几乎没有人烟，当地的富人都身着绫罗绸缎，怀抱珠宝玉器，紧闭大门，活活饿死。桓玄得志以后，任命自己的姐夫、原江州刺史王愉（王国宝二哥）为会稽内史，桓玄下令朝廷调去粮食赈济会稽地区的百姓，于是，王愉就将分散在江湖之中采摘菱角充饥的百姓召回，可是，由于中央调来的粮食不多，下级官吏又不及时发放，致使前来领取粮食的灾民，一个接着一个因饥饿而倒毙在道路上。

三六〇 密谋篡晋

桓玄的目的，绝非做一个中兴晋室的一代名臣。

然而，如今三十四岁的桓玄还不得不按捺着自己的野心，逐一清除自己篡位道路上的一个个障碍。

对于桓玄而言，首先要清除的就是司马道子、刘牢之的余党，这些人包括逃往南燕、东晋、后秦接合部彭城的司马休之、刘敬宣等人，也包括刘牢之亲信的一些北府旧将。在桓玄看来，这些北府旧将迟早都是一个个隐患，必须将他们逐一清除，以绝后患，桓玄遂将屠刀举向了北府旧将吴兴太守高素、辅国将军竺谦之、竺谦之的堂兄高平相竺朗之、辅国将军刘袭以及刘袭的弟弟彭城内史刘季武。我们知道，高素，是高雅之的父亲，与刘牢之是亲家，高素在纷繁复杂的东晋末期的政治生活中，先投靠司马道子，后投靠司马元显，并在王恭第二次出兵京师的时候，凭借着与刘牢之的特殊关系，说动了刘牢之背叛王恭，使得司马道子父子转危为安，可以说，为司马道子父子立下了汗马功劳，这也是司马道子父子将一向为高门士族盘踞的吴兴太守一职交给他担任的主要原因。竺谦之兄弟生平不详。刘袭就是斥责刘牢之"一人三反"的那位。这些人均为北府的中坚力量，桓玄要想彻底瓦解北府军队，在北府领袖人物刘牢之死后，就必须剪除这些人，于是，桓玄将高素等人全部诛杀。

诛杀了高素等人，桓玄命令同为北府旧将的孙无终，率军北上山阳（今江苏省淮安市），进攻刘袭的哥哥、冀州刺史刘轨。为了自存，刘轨邀请司马休之、刘敬宣、高雅之等人率众从彭城南下，协防山阳，并以此为依托，寻机讨伐桓玄。然而，在孙无终的进攻下，刘轨等人这支临时拼凑出来的军队根本不是对手，一战而败；再战昌平涧再败，部队登时溃散。辅国将军袁虔之、宁朔将军刘寿、冠军将军高长庆、龙骧将军郭恭等人，都追随他们一同北逃。开始的时候，他们打算逃奔北魏，途中，听说了拓跋珪将汉族士大夫崔逞诛杀的消息，临时决定不再投奔北魏，在陈留以南某地，一分为二：刘轨、司马休之、刘敬宣一起投奔南燕慕容德；袁虔之、刘寿、高长庆、郭恭等人投靠后秦。袁虔之等人到达长安以后，刚刚经历了柴壁之败的后秦主姚兴在东堂接见了他们，他问道："桓玄名为晋臣，其实晋贼，其才能谋略与其父相比怎么样？最终能有所作为吗？"袁虔之回答："桓玄凭借祖上的资历，雄踞荆州，趁着晋室混乱，窃据宰相高位，此人猜忌残忍，赏罚不公，不是因人的才能、仅因个人的喜爱而授予官职、爵位，以臣下观察，不如其父桓温很多啊。如今，桓玄已经掌握东晋大权，在不久的将来，肯定要篡夺东晋的皇位，不过，由于他没有治国安邦的大才，所以，他的所作所为无非是为他人作嫁衣裳罢了。这是上天将机会给予陛下，请求陛下迅速制定南下的战略，一举平定江南。"姚兴听了，不禁大喜，当即任命袁虔之为大司农，其余人等也都授予官职。袁虔之再三推辞，请求领兵效命疆场，于是，姚兴改任其为假节、宁南将军、广州刺史。

袁虔之等人的叛晋，让后秦姚兴的心中激起了一丝波澜，不久，晋顺阳太守彭泉也投降了后秦，于是，姚兴命令杨佛嵩率领五千骑兵南下，与后秦荆州刺史赵曜一起接应彭泉，并顺便攻陷了东晋的南乡（今河南省淅川县），活捉东晋建威将军刘嵩，一直攻城略地到梁国（今河南省商丘市）。不过，对于刚刚惨败的后秦军队而言，实在是无力南下，并且，摆在姚兴面前亟须做的是：与北魏争夺在凉州地区的统治权，进一步稳定包括仇池地区在内的秦州地区，在此，我们暂且不提。

司马休之等人投靠南燕慕容德，同样也在南燕引起了巨大的影响。慕容德在前年，即晋安帝隆安四年（公元 400 年）定都广固以后，当四凉角力、凉州一片大乱之时，慕容德的旧吏赵融也于去年从长安归来，向慕容德报告了其母亲、兄长在战乱中被杀的确切消息，慕容德得知噩耗，老泪纵横，失声痛哭，口吐鲜血，自此一病不起。看到慕容德身染重病，司隶校尉慕容达因此谋反，他派遣牙门将皇璆率众进攻端门，殿中帅侯赤眉开门响应。仓促之中，中黄门孙进搀扶着慕容德翻墙逃出宫城，藏匿在孙进家中。段宏等人听说宫中有变，即整顿军队，驻守四门，局势安定下来后，慕容德回到宫中，诛杀了侯赤眉等叛将，慕容达逃往北魏。慕容法与北魏军队在济北的摽榆谷接战，击退了魏军。

变生肘腋，当源于慕容德未立储君，岁月荏苒，也让慕容德平添苍凉之感，不过，当他得知自己的哥哥慕容纳尚有一个遗腹子沦落在长安后，即派人西行前去迎接。我们知道，当初，苻坚攻破邺城以后，任命慕容纳为广武太守，后来，慕容纳就定居在张掖。淝水之战前夕，慕容德随大军南下，留下金刀作为凭证，等慕容垂在山东起兵以后，苻昌诛杀了慕容纳以及慕容德的所有儿子。当时，慕容纳的母亲公孙氏因为年老被赦免，而慕容纳的妻子段氏又在怀孕期间，暂时羁押在监狱，没有判决。狱吏呼延平，曾是慕容德的下属，过去犯有死罪，慕容德饶恕不杀，此时，呼延平要报恩，就从狱中将段氏和公孙氏一起带出，逃到了羌中，段氏生下了慕容超。慕容超十岁的时候，祖母公孙氏去世，在祖母临终前，她对慕容超说："如果天下太平，你能够回到东方，就将此刀送还你的叔叔。"后来，呼延平又带着慕容超母子逃奔后凉的吕光。等到吕隆投降姚兴以后，慕容超又随着凉州人一起被迁徙到了长安。慕容超的母亲段氏对慕容超说："我们母子性命全靠呼延平，呼延平虽然去世了，但我将为你娶呼延平的女儿为妻，以报答他的恩惠。"于是，慕容超娶了呼延平的女儿为妻。慕容超知道自己的叔叔们都在东方，担心被后秦所杀，就假装得了精神病，在长安街市上以乞讨为生，后秦国人都对他十分贱视，只有东平公姚绍见到以后，对姚兴说："慕容超姿貌魁伟，不是真狂，请求陛下随便赏赐给他一官半职，以约束住此人。"姚兴召见慕容超以后，慕容超故意说错话，或者沉默不语，姚兴也被慕容超高超的演技所迷惑，对慕容超非常鄙视，他对姚绍说："俗话说：'妍皮不裹痴骨'，真是胡说八道！"由于慕容超长相魁伟，而言语呆傻，所以，姚兴才这样说。自此，后秦人对慕容超不再看管，任其自由行动。慕容德得知慕容超的下落以后，派出使者吴辩前去后秦迎接，吴辩乔装打扮，扮作一位算命先生来到了长安，在同乡宗正谦处落脚，将慕容德的意思传达给了慕容超。慕容超来不及告诉母亲和妻子，偷偷与宗正谦更名换姓逃往南燕。慕容德闻讯，立即派遣三百骑兵前去迎接，一行人走到梁父（今山东省泰安市境）的时候，镇南长史悦寿报告兖州刺史慕容法，慕容法说："过去，汉朝有人诈称卫太子，这个怎知不是如此？"对慕容超十分无礼，慕容超自此怀恨在心。到了广固以后，慕容超向慕容德献上金刀，并报告了祖母的临终遗言，慕容德睹物思人，一手抚摸着金刀，一手抱着慕容超，不禁号啕大哭。慕容超身高八尺，神采飞扬，慕容德一见之下，十分高兴，当即取名为超，加封其为北海王，拜侍中、骠骑大将军、司隶校尉，开府，置佐吏，为他在万春门内建筑府邸，不久，即册立他为太子，饱经苦难的慕容超入则尽心承欢，出则虚心下士，南燕臣民无不以为得到了一位贤明的储君。

南燕尚书韩倬上书称，战乱以来，生灵涂炭，陛下哀怜万民的苦难，所以轻徭薄赋，但是，这种政策只可以守境，而要想经营四方，就捉襟见肘了。如今，晋、秦、魏环绕三方，时刻觊觎我国，而百姓却为了逃避赋税，要么百家合成一户，要么一千人登记到一人名下，因此，应当严加查验，增加国家的收入，以备不时之需。慕容德遂命令车骑将军慕容镇率领三千骑兵，在边境巡逻，以防百姓出逃，另外任命韩倬为使持节、散骑常侍、行台尚书，巡视各县进行查验，查出了五万八千多隐匿户口。在此前后，泰山叛民王始称太平皇帝，号其父为太上皇，其兄为征东将军，弟征西将军。慕容镇将其生擒，慕容德下令将其斩首。临刑，有人问他父亲和兄弟的下落，王始回答："太上皇帝蒙尘于外，征东、征西被乱兵所害。如今只剩下朕一个人，独无聊赖。"王始的妻子也将要被处斩，听了他临刑还嘴硬，怒斥道："你就是因为你这张嘴巴，才遭此杀身之祸，还这样说！"王始却说："皇后！自古哪有不败落的人家，不灭亡的国家呢！"刽子手用刀背狠狠地打他，他抬起头说："山崩就山崩了，我终究不会改帝号！"慕容德听了王始的故事，不禁轻蔑地冷笑了一声。